U0634031

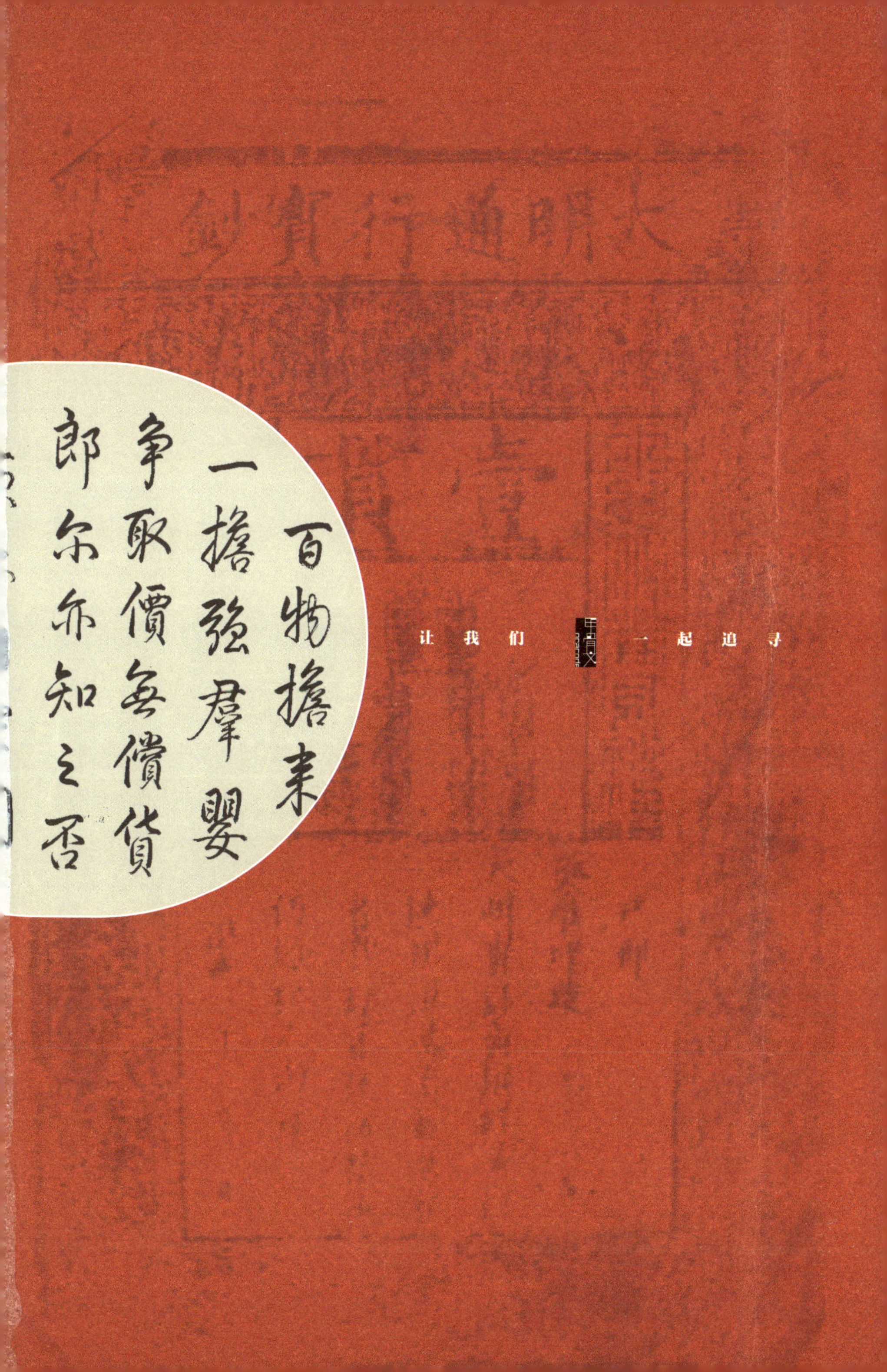

让我们 一起追寻

衰退 与 繁荣

中国市场经济

（1000~1500年）

The Chinese
Market Economy
1000–1500

刘光临—著

李春圆—译

社会科学文献出版社
SOCIAL SCIENCES ACADEMIC PRESS (CHINA)

惹忙

目　录

第一部　中国帝制晚期的市场经济

第二部　宋代

第三部　明代

第四部　农业

图表目录

中文版序一

刘光临的《繁荣与衰退——中国市场经济（1000~1500年）》一书从原来的英文译为中文出版，我很愿意写几句话，表示祝贺，同时也略做介绍。

光临在北大学习期间，本来是中国史专业的学生，后来他转到我们世界史专业，说要学习世界史的一些方法，以研究中国史。我当时也尝试着研究世界中世纪的农业经济，但并没有什么方法，只是设法了解西方的一些经济史的理论、思路而已。光临提出了方法论这个问题，表示他在求学过程中，已经先声夺人，有了自己的独立思考。

中国史学从梁启超提倡"新史学"起，就提出了学习西方史学理论与方法，改造和推进我国史学的问题，其后王国维、陈寅恪、胡适、傅斯年诸先贤，都在这方面有所发明创造，中国的史学已经大有进步。新中国成立后，马克思主义史学成为中国史学的主流，学习苏联史学成为风尚，应该说也有一定成绩。改革开放以后，西方史学的新理论、新方法大量涌入国内，流派纷呈，让人目不暇接。那么，光临这时提出的学习世界史的方法，有什么意义呢？

从光临所写的《繁荣与衰退——中国市场经济（1000~1500年）》一书可以看出，他不是简单地介绍西方史学的理论和方法，而是要深入其中，融会贯通，了解它们的长处与短处，结合自己的研究，批判地吸收其成果，摒弃其不足，通过实证研究建立起自己的理论和方法，以成一家之言。

光临此书，首先是比较详细地考察了西方经济史的理论。西方经济史理论，主要是古典的斯密型增长理论，亚当·斯密根据他当时所处欧洲（主要是英国）的情况，认为经济发展的动力就是工业化、经济增长、市场扩张，把经济增长的动力放在生产力增长上；另外一种就是马尔萨斯人口论，主张经济发展的动力归根结底是人口，人口增加带动农业生产上升，但人口上升到一定限度，就会出现土地供应不足以养活上升的人口，于是生活水平下降，人口减少，经济倒退。经过一段调整，人口又复上升，经济又复增长。马克思主义的生产力发展论，则认为经济的不断增长应该归功于生产力的不断发展，而生产力的发展动力，就是人对自然的开发利用。上述这些理论，大都可以推衍出商品经济的较早发展推动西方实现工业化，而古代东方各国自然经济长期统治，缺乏商品经济的发展，所以落后，沦为不发达国家、发展中国家。后来日本学者提倡唐宋变革论，主张唐宋之际，中国经济已经逐渐"近代化"。伊懋可则更进一步说宋代已经有五大革命性变革，不过陷入高技术平衡陷阱，无法继续发展。最近的加州学派认为，直到18世纪，中国江南地区和西欧相比，在市场发展、人均消费水平等方面都不相上下。这时双方在发展中都遇到资源紧张、生态退化的问题，在欧洲，特别是在英国，大量煤炭提供了生产资源，而新大陆的资源更解决了这些问题，所以西欧才阔步走上工业化的道路。光临对这些理论、方法都进行了细致的分析，指出它们的长处和缺陷，吸收其有用之处，构建自己的理论框架。

光临此书，虽然书名里有"市场经济"一词，但是时间限定在 1000～1500 年，所以他的框架是对比市场经济和管制经济这两种不同的经济体系下各方面的不同之处。他的市场经济理论，一共包括五个方面：第一，人口增长；第二，商业化程度；第三，税收结构；第四，人均国内生产总值（GDP）；第五，农业生产力。光临用这五个方面来考量市场经济的水平，核心是要对比宋代和明初市场经济和管制经济的差异造成的这几方面的不同情况。而且理论框架中每一项目，都有扎实的经济数字为后盾。这些数字，都是经过仔细审查、推算出的，他在引用别人的数据时也进行详细校核或改正。

他认为不是人口增长促使农业生产力提高，而是市场的作用，因为宋代农民可以自由择业、自由流动，当时地权确立，农民对市场的信息也相当灵通，所以农民的生产积极性很高，不断设法提高生产水平，同时从事各种副业、工商业生产。生产力水平的提高，表现在宋代长江下游地区，亩产稻米可达 266 斤，而在清代的 1800 年，亩产稻米为 255～375 斤。也就是说，宋代已经达到六百年之后清代的水平，这时世界上是西欧国家生产力大踏步前进、走向工业化的时期了。他还估计，在 980～1195 年的约一个世纪里，人口从 6418500 户增加到 19526273 户，增长至 3 倍。人口的增长是农业生产力提高的结果，这期间粮食增加，足以供应 3 倍人口。其中 2/3 来自耕地面积增加，1/3 来自亩产量的增加。这样就把马尔萨斯的人口论驳倒了。

由于市场经济发达，宋代的工资比去市场化的明代要高出很多。他用军人的工资作为估算标准，计算出北宋军人工资是每月 300 公升粮，南宋因为兵士数量增加，工资下降为每月 100～200 公升。但在 1125 年之前，宋代军人工资比明代军人工资高 1~2.5 倍，在 1125 年之后，仍然高 50%~80%。光临更从人均 GDP 和国民收入来比较宋和明的不同。在宋代的 1080 年，人均 GDP 为 7.5 石（粮），折合白银 7.5 两，国民收入为 6 亿 7300 万两白银；而在去货币化的明代的 1400 年，人均 GDP 为 3.8 石（粮），折合白银仅为 0.73~0.95 两，国民收入则为 8100 万两，只是 1080 年的 12%。

光临特别比较了宋、明两代税收的不同，以说明商品经济和管制经济之不同。中国古代国家长期征收人头税，把人口控制在土地上，以征收实物和劳役，如此一来，控制户籍是第一要务。检刮户口，大索貌阅，是常用的手段。所以，国家不允许人民自由流动。宋代商品经济发达，税收主要是流通税，人头税很少，而且户籍分为主户（有地农民）和客户（无地农民），客户不纳税，主户按地产多寡纳税，税额也不高。他计算出宋代 1077 年土地税收入为 2021.3 万贯，占税收总数的 32.2%；而间接税（包括各种流通税、工商业税）为 4248.4 万贯，占比为 67.8%。可见当时国家税收主要依靠间接税。到了明代，朱元璋又把税收放在人头税上，主要收入是土地税，即便有非农税收，也是以实物形式缴纳的。

光临计算出宋、明两代长途贸易额在国民收入中的比重：在宋代的 1077 年，长途贸易额为 1 亿贯，而国民收入为 6 亿 6200 万贯，占比为 15.1%；而在明代的 1381 年，长途贸易额为 667 万~860 万贯，国民收入为 1 亿 4000 万~2 亿 3000 万贯，占比为 2.9%~6.1%。这说明了明代长途贸易的衰落。他还估算出，1077 年国内市场总值为 1 亿两白银，而 1381 年，该数值跌落到仅 530 万~860 万两白银，约为 1077 年的 5%~10%。这些也都比较了市场经济和管制经济的不同。

　　光临还分析了市场经济和管制经济形成的原因：宋朝执行重商主义政策，国家保证货币充足供应，保护私有财产，法律保证契约的执行，大力促进外贸发展，财政方面也高度货币化，政府大量实行货币采购与和雇政策；而明朝去货币化、去商业化，倒退向一切都以农业为中心的经济体制，国家几乎所有工作都以征发无偿劳役完成，农民要向不同的地方缴纳各种实物并自行运输，而军人在驻屯地进行生产，自给自食，断绝了所有的流通，其结果是生产倒退，人民生活水平下降，使中国的发展大为落后。我觉得，这方面的分析还可以更进一步，宋代政治环境宽松，公开声明不杀士大夫，朝廷上"异论相搅"，大臣敢于提出各种不同意见。皇帝了解到这些意见后，就会采取合乎实际的政策。这是当时能够执行重商主义政策的一大原因。明太祖朱元璋厉行专制统治，对经济严格控制，反对商业，支持农业，希望平均财富。他按照自己的设想管理国家，独断专行，不允许有任何不同意见。主观上也许他真想为农民谋幸福，结果造成中国历史的大倒退。政治对经济发展的作用，还是不容忽视的。

　　光临此书，围绕着对市场经济和管制经济不同情况的对比，论述了宋代市场经济的各个方面，在中国经济史的论述中，开辟出一个新思路、新方法，为此略做介绍。我的专业是世界史，对中国历史略知一二，所以介绍得可能不全面、不准确。此书英文版早已发行，现在译成中文出版，便于让国内更多治中国史、中国经济史的同人阅读，相互交流、相互对话，促进我国史学的发展。是为序。

北京大学历史学系　马克垚

2022 年 7 月 25 日

中文版序二

过去的七十年中，中国经济史的研究取得了很大进展。在此之前，对中国历史的研究聚焦于政治、思想方面，其他领域值得关注的论著为数寥寥。第二次世界大战结束以后，越来越多的历史学家开始研究各种经济议题，如工农业技术演进、长途贸易的发展、历代的货币体系，等等。这些成果为我们书写包括经济方面在内的、更全面的中国历史奠定了基础。

这项工作至少在一开始并不受经济学家重视，因为它呈现的形式与正式的经济学分析有很大差距。另外，1900 年以前的史料都用古汉语写成，经济学家普遍缺乏直接阅读的能力，不得不主要依赖二手论著。因此，致力于研究、书写前近代中国经济问题的，基本上都是日本和中国的历史学家，来自其他领域的学者为数寥寥。

这些早期成果为构建更全面的前近代中国经济史奠定了关键基础，而刘光临教授的这部著作则是一次重大的推进。作为历史学家，他具备处理前近代史料所必需的语言能力，特别是处理宋、明两代史料所必需的相关知识。这使他有可能深入研究宋代经济的性质和规模，他揭示了宋代水运系统的发展推动了商业的发展和商税的大幅增加，进而大大增进了我们在这方面的认识。他将此与明代商业衰落、明朝重新依赖土地税收进行对比的分析也非常精彩。他还对宋、明两代的货币体系及其对物价的影响做出了重要研究。他收集了数量可观的工资数据，并且利用自己对货币、物价的研究，估算出了特定部门特别是士兵的实际工资情况。他为这些数据（以及其他相关内容）编制了多篇附录，它们将成为其他历史学家研究宋、明两代经济的宝贵资源。

不过，刘光临教授这部著作的价值，远不只是为研究宋、明两代的其他历史学家或任何研究前近代中国经济史的学者提供"建筑"材料。首先，他的研究不局限于一个朝代，而是具有明确设计的比较框架，也就是要比较宋、明两代截然不同的经济结构。其次，虽然刘光临教授主要接受了历史学家的学术训练，但为了充分揭示相关数据的内涵，他也努力学习并掌握了基本的经济分析方法。[①]

宋、明两代经济的对比非常明显。刘光临教授的比较研究很清楚地揭示，宋代商业、城市的发展程度远远超过了明代初期。宋朝政府依赖并致力于促进市场经济的迅速扩张，而明朝政府则转向了——用刘光临教授的话来说——一种前近代"管制经济"（command economy），一种几乎完全不借助市场力量来实现国家管治与国防动员的经济体制。

刘光临教授的研究中，最具有争议性的部分应该是他为大致估算宋、明两代的 GDP 而做出的努力。当然，可用数据的不足使我们不可能对宋、明两代的 GDP 进行现代式的全面测算。李伯重曾经估算了晚清江南地区的 GDP，并将之与地理

[①] 深入理解现代经济学对于研究经济问题的历史学家而言当然有用，但即使只掌握少数简单易学的概念也能使研究分析得到很大的改进。见 Thomas G. Rawski and Lillian Li, *Chinese History in Economic Perspective*, Berkeley：University of California Press, 1989。

面积大致相当的荷兰进行了比较。[1] 就 20 世纪之前的中国而言，这是唯一称得上接近全面的 GDP 测算研究。但由于数据的限制，我们无法对无论是宋代还是明初的任何一个重要区域展开像李伯重那样对逐个经济部门进行的详细分析。

西蒙·库兹涅茨（Simon Kuznets）在 20 世纪 30~40 年代发展出 GDP 的概念，相关工作为他赢得了诺贝尔经济学奖。在此之前，经济学家和相关学者只能看到工业、农业或能源的增长，库兹涅茨则希望 GDP 能够提供对经济整体增长的度量。本质上，刘光临教授这部研究宋、明经济的著作也希望提供类似的东西，即对宋、明两代中国经济做总体规模的测算——无论人们是否称它为 GDP。有了对经济总体规模的测算和人口规模的数据，就可以进一步尝试回答两个时期的人均 GDP 或人均收入孰高孰低。

刘光临教授的数据显示，宋代士兵的实际工资大致是明初士兵的 2 倍。这意味着，宋代的生活水平也可能达到明代初期的 2 倍。明朝政府给士兵发低薪的原因可能很多，但绝大部分经济学家会倾向于认为，对工资差别的最合理的解释是它体现了军队无技术劳动力从其有可能从事的替代性职业中所获得的机会收入的差别。当然，这些工资数据会存在不可忽视的误差。这项研究所用的数据样本并不算很多，而且从名义工资推算实际工资时所用的物价指数也可能存在误差。如果计算结果显示的工资差距是 10% 或 20%，那么完全可以用样本偏差或

---

① 李伯重：《中国的早期近代经济：1820 年代华亭－娄县地区 GDP 研究》，北京：中华书局，2010。

物价指数误差来解释。① 但是，宋、明两代的工资数据差距达到了 100%。在我看来，这种程度的差距应该不能仅仅归因于误差。

不仅如此，刘光临教授研究的有力之处还在于，他对宋代平均生活水平显著高于明代的这一论断并不仅仅建基于工资数据。实际上，工资数据只是一种验证手段，用来检验书中所阐明的宋、明两代经济的其他各种差异是否真的意味着宋代生活水平会显著高于明代生活水平。例如，宋代人均贸易量是明初的 7~10 倍；宋朝税收主要来自商业税，这明显区别于主要依赖土地税的绝大部分其他朝代；为了应对巨大的贸易规模，宋朝政府还投入大量精力、资源来发展和改善水运体系；这些贸易的相当一大部分是服务于城市人口的，后者占总人口的比例也显著高于明初的比例。宋代相对较高的人均收入估算值可以部分地归因于其巨大的贸易规模和高度的城市化，这一关系的重大意义无法在这篇简短的序言里充分展开论述，但至少可以说，这种贸易和城市化代表了一种在明初并不存在的超出基本生存线的经济剩余。

刘光临教授业已说明，他的这部著作并不是对宋代与明初的收入、产出的终结性研究，而是建立了一个论证宋代和明初发展水平的理论框架，并在这一框架下提供了大量相关信息。刘光临教授承认这一点，并欢迎其他学者进一步发展、修正乃至否定他的若干论点。他自己也提到，在许多方面他的估算可

---

① 在经济快速发展的现代，很难真正衡量跨越一个世纪或者更长时间的实际工资变化，因为在这么长的时间内，商品、药品及其他诸多消费品会发生很剧烈的变化。不过，在前近代如宋、明两代，普通人消费品的变化并不是一个大问题。

能会被未来的研究所修正或验证。

我期待研究者会接受挑战，因为这将有助于加深我们不仅仅是对中国经济史，更是对世界经济史的认识。现在，从事近千年甚至更长时间内的世界比较经济史研究的学者一般都使用安格斯·麦迪逊（Angus Maddiso）早前发表的中国数据，麦迪逊的估算又建基于中国学者的两部主要研究明清时期的著作。他假设明清的人均收入与前代的相差不大，从而将数据直接上推了一千年。但刘光临教授的研究清楚地显示，麦迪逊的假设并不成立。

如果我们接受刘光临教授的结论，即鼎盛时期的宋代经济已经远远超越农业主导型的经济，而具有一个大规模的商业部门和相对高得多的人均收入，那么很自然会引出许多很有意思的、有待进一步研究的问题。例如，明代对市场经济的背离是迫于客观形势的压力，还是明朝君臣的主观选择？蒙古人入主中原对这一衰退的影响有多大？宋代所取得这些商业与技术进步与八个世纪之后、1870 年代前夕在英格兰发生的早期工业化与商业发展之间又有何异同？

总之，刘光临教授的这部著作大大推进了我们对宋代与明初经济的认识，我不仅希望它会被广泛阅读，而且期待它能作为基础支撑起许多新的学术研究。

德怀特·H. 珀金斯
马萨诸塞州贝尔蒙特

致　谢

谨以此书献给德怀特・H. 珀金斯（Dwight H. Perkins）教
授。虽然文中的分析部分由我独自承担，但若没有教授在哈佛
大学对我的指导，本书的研究将很难完成。珀金斯教授鼓励并
指导我利用现有资料中的历史数据完成了博士论文。他对中国
经济历史的研究，尤其是对 1368 年以后中国农业发展的研究，
无疑为我的研究工作提供了诸多有益借鉴。

　　在此，还要感谢所有给予我莫大支持和帮助的个人和机
构。首先要感谢包弼德（Peter K. Bol）教授，他是我见过的
最能激发学生灵感的老师。还要感谢孔飞力（Philip Kuhn）
教授、杰弗里・威廉姆森（Jeffrey Williamson）教授以及哈佛
大学研究生院的其他教员。感谢哈佛大学燕京学社及哈佛大学
燕京图书馆的支持。在准备本书写作的过程中，与众多老师、
朋友和同事的探讨和交流使我受益良多。在过去的十年里，许
多学者对我的写作和演讲提出了宝贵的意见和建议，在此无法
一一致谢。我要特别感谢彼得・林德特（Peter Lindert）教授、
菲利普・霍夫曼（Philip Hoffman）教授、帕特里克・K. 奥布莱
恩（Patrick K. O'Brien）教授、凯文・奥鲁克（Kevin O'Rouke）
教授、蔡涵墨（Charles Hartman）教授、濮德培（Peter Perdue）
教授、彭慕兰（Kenneth Pomeranz）教授、万志英（Richard
von Glahn）教授、马克垚教授、曹树基教授、吴松弟教授、

梁庚尧教授、李伯重教授、李中清（James C. Lee）教授以及龚启圣教授。感谢美国国家科学基金会和美国全国经济研究所（NBER）对原始数据收集的资助，这对本书研究至关重要。感谢香港科技大学（我在国内任职的研究机构）以及香港研究资助局的慷慨支持，使我能够留在波士顿开展研究并完成手稿。同时还要感谢章琛及吴嘉欣细心阅读手稿并提出宝贵的修改建议。感谢纽约州立大学出版社南希·埃勒盖特（Nancy Ellegate）和戴安·加内尔斯（Diane Ganeles）在本书审校、编辑和出版过程中的指导。

刘光临

朝代、历史事件及计量单位

一　朝代与历史事件

唐代（618~907 年）

宋代（960~1279 年）：

　　北宋（960~1127 年）

　　南宋（1127~1279 年）

元代（1271~1368 年）

明代（1368~1644 年）

　　明初（1368~1450 年）

清代（1644~1911 年）

安史之乱（755~763 年）

元朝统一中国（1206~1279 年）

二　重量、体积及其他计量单位

1. 重量

1 担 = 100 斤 = 50 公斤

1 斤 = 16 两 = 500 克 = 1.1 磅

20 担 = 1 吨

2000 斤 = 1 吨

1 唐斤 = 670 克

1 宋斤 = 640 克

1 元斤 = 620 克

1 明斤 = 590 克

1 清斤 = 590 克

1 两 = 10 钱 = 100 分 = 37.3 克

xvi 　1 宋两 = 40 克

1 明两 = 36.9 克

1 清两 = 37.3 克

2. 体积

（1）粮食

"石"是中国古代粮食体积的基本计量单位：1 石相当于 100 公升；1 石糙米重 150 斤、75 公斤或 1.5 担；1 石小麦重 140 斤或 70 公斤。

1 石 = 100 公升 = 22 英制加仑

1 石 = 10 斗 = 100 升

1 升 = 1 公升

1 宋石 = 0.67 石 = 67 公升

1 元石 = 0.95 石 = 95 公升

1 明石 = 1.0 石 = 100 公升

1 清石 = 1.0 石 = 100 公升

（2）纺织品

"匹"是手工棉布的基本单位。

1 匹 = 3.63 平方码

1 匹棉布重 0.375 磅

3. 距离

"里"是中国古代距离的基本计量单位。

1 里 = 0.3107 英里

1 隋里 = 415 米

1 唐里 = 450 米

1 宋里 = 465 米

1 明里 = 510 米

1 清里 = 510 米

4. 面积

"亩"是中国古代土地面积的基本计量单位。

1 亩 = 0.1647 英亩

1 顷 = 100 亩 = 16.4737 英亩

1 宋亩 = 0.1399 英亩

1 元亩 = 0.1399 英亩

1 明亩 = 0.1434 英亩

1 清亩 = 0.1518 英亩

三 货币单位

xvii

1. 白银

"两"是中国古代白银的基本计量单位。

1 两 = 37.68 克

1 吨 = 26000 两

10 万两 = 3.846 吨

1 宋两 = 40 克

1 明两 = 36.9 克

2. 钱币

"文"是中国古代钱币的最小单位：通常 1 个铜钱价值 1 文；1000 文即 1 贯（或 1 缗）。在宋代，1 贯钱币常少于 1000 文，但由于钱币严重短缺，即作 1000 文使用。宋朝设置了官方单位"省陌"，规定 770 个钱币为 1 贯。

前　言

20世纪70年代末，中国开始实行改革开放。四十多年　1
来，中国在市场扩张和经济增长方面屡创佳绩，有望在未来二
十年内成为全球最大的市场经济体。对于社会科学家来说，这
是一个振奋人心的成功发展案例。但从历史的角度看，中国的
经济发展早在千年前就达到世界领先水平，现在只是重拾了往
日辉煌。中国独特的市场经济发展曲线，使所有以线性增长为
基础的理论面临挑战。1000~1500年中国市场经济的跌宕兴衰
史将成为世界史上一个重要的篇章。

750年后，随着市场的不断扩张，中国的社会和经济发生
了翻天覆地的变化。11世纪末，朝廷通过在自己掌控的关键领
域发挥市场的作用，使商业水平和收入增长均取得了前所未有
的成果。元朝统一中国（1206~1279年）的战争以及明初
（1368~1450年）管制体系的兴起使中国的市场经济严重受挫，
低迷态势一直持续到15世纪中期。据估算，1080~1400年，在
曾经繁华的长江下游地区，人均生活水平至少下滑了50%。

因领土广袤，人口众多，帝制时期的中国经济体系比较复
杂。虽然宋朝的领土面积是过去两千年来所有统一王朝中最小
的，但以欧洲标准衡量，当时的宋朝依然是一个巨大的政治经
济体。据估算，北宋领土面积约为264万平方千米，几乎是当
今西欧国土面积最大的国家——法国本土面积的5倍。[1]12世

纪初，宋朝的人口达到 1 亿。以工业文明时期形成的现代标准来看，中国传统经济在手工业技术、农业商品化和经济融合等方面尚处于初级发展阶段。尽管如此，当时的人们并不完全是自给自足的，人与人之间也不是孤立存在的。到了 11 世纪，中国社会人口流动性增大，经济一体化程度提高，其积极因素主要有：木版印刷促进了知识和技术的传播；铜钱供应充足，经济货币化程度大幅提升；运河的修建和造船新技术的应用促进了水路运输的发展。市场也随之迅速扩大。当代读者可能很难想象一千年前中国市场经济的繁荣景象。为了帮助读者更好地了解中国古代市场，先带领大家一起领略一座古城的风采，它是当时的城市中心。

我们首先要看的历史场景来自宋代画家张择端（1085～1145 年）的全景画《清明上河图》。[2]这是一幅在中国广为人知的传世名画，在世界上也具有标志性意义。虽然《清明上河图》被誉为"中国的蒙娜丽莎"，[3]但它呈现的不是单人画像，而是一座城中众多普通百姓的形象。画卷共描绘了 814 个人物、28 艘船、60 头牲畜、30 座建筑、20 辆车、9 顶轿子和 170 棵树。这 814 个人物形象涵盖了当时社会各行各业的从业者：小商贩、杂耍艺人、优伶、乞丐、游僧、算命先生、店小二、郎中、客栈老板、账房先生、当铺老板、磨坊主、金属工匠、木匠、泥瓦匠、教书先生、书生和一些官吏。

这幅巨作充分展现了工业化以前中国城市生活的原始面貌：有背上驮着炭块在街上结队行走的驴和骡子，这些炭块是城中 100 多万人过冬的必需品；有餐馆、酒馆和各式各样的客栈；还有马车和轿子。在城门的拐角处，一名税收官把守着院子的入口，还有一名官吏手里拿着一张物品清单，与旁边的商家核对装好的货物。画卷的中心焦点是一座横跨河道的拱桥：一艘大船正在向拱桥驶近，桅杆却还没有完全收起来，似乎要撞到桥上。桥上和河边的人纷纷向大船喊着、比画着，桥的最高处有人把一根绳子放到下面船员伸出的手中……

《清明上河图》描绘了宋代商业和城市文化空前繁荣的景象。[4]这幅画的主题是在一个看似平凡的春日里，无数人来观看这些船只逆流而上，驶向都城城门。作者选择这一主题是很自然的。因为画中的城市原型——开封在1127年之前一直是宋朝的都城，也是全国内河运输的最大枢纽。对于历史学家来说，《清明上河图》是11世纪中国市场扩张时期城市商业和长途贸易的微型百科全书。画中的汴渠是宋朝皇家乃至整个京城的经济命脉。据估计，当时开封的人口有120万至140万，占全国总人口的1%~2%，这种城市化程度在前工业化时代是非常了不起的。为满足城内居民的粮食需求，每年从4条水路运往开封的粮食在600万石以上，其中沿汴渠运输的粮食约有400万石。[5]

汴渠促进了商业的发展，也充实了国库。宋朝对所有货物征收2%的"过税"和3%的"住税"。1077年，汴渠和泗水沿岸的17个港口城镇共缴纳商业税约70万贯，其中东京都商税院缴纳235612贯，再加上开封府诸县镇的商税，则京城地区缴纳商税合计达388314贯，约占全国所征商税868万贯的4.5%。[6]随着市场的不断扩张，国库也凭借税收日益充盈，当时大部分税收来自商业税。《清明上河图》的作者对当时的税收官员及其日常工作进行了生动形象的描绘。

我们可以通过另一组数据来了解贸易和商业税的重要作用。研究人员表示，画中的大多数人都是按日赚取薪酬，生活贫困。[7]以画中一名士卒为例，他是驻守京城的一名普通禁军士兵，年俸为50~70贯钱：按365个工作日计算，每天约为170文；按300个工作日计算，每天是200文左右。而驻扎于地方州府的厢军士兵每年的俸禄大约为40贯：按300个工作日计算，每天约为130文。因此，开封每年征收的235612贯赋税可供养约4000名禁军或约6000名地方厢军。运输部门雇用的体力劳动者的薪酬也差不多是这个水平。然而城中很多贫民的收入甚至比士卒还要低。画中的普通人，如走街串巷的小贩、杂耍艺人、工匠、店小二等，每天的收入只有100文甚至更少。当时，开封共有30万至70万军事相关人口（士兵及其家庭成员）和70万名居民，他们大多属于低收入家庭。因此，尽管在11世纪中国市场扩张迅速，但是生活在这座当时世界上最大城市中的人大多谋生不易。上文提到，宋朝经济的发展可能是由于市场扩张，但本书在分析这一前工业化发展的特殊案例时，也将研究这种贫富分化的问题。

我们要说的下一个场景是由明朝郑和（1371~1433，宦官、航海家）和他统率的宏伟舰队谱写的。1405~1433年郑和七下西洋，充分展现了明朝初期的军事实力和以北京为中心的朝廷政治雄心。1405~1407年，郑和率2.7万人和317艘船进行了第一次航海，这是近代早期全球远洋探险中规模最大的一次。虽然李露晔（Louise Levathes）在《当中国称霸海上》（*When China Ruled the Sea*）一书中痛惜道，郑和舰队突然撤离，使中国失去了在近海和印度洋地区的势力——这也是学术界关于郑和下西洋的主流说法，但她也发现为了安排郑和远航，永乐帝和宣德帝调动全国沿江沿海半数地区的人力、物力。在建造这些航海船只时，朝廷征召民工和工匠到长江下游和东南沿海的官府船坞。远航船只装载的瓷器和丝织品等都是官窑和官营纺织作坊无偿生产的。[8]1433年，郑和开始第七次远航的三年后，朝廷从宦官掌管的景德镇官窑调发了443500件瓷器，这个窑厂同时负责向郑和的船队提供瓷器。全国共有29个纺织作坊，主要分布在长江中下游的各府县城中，是明朝初期官营产业中规模最大的一个部门。南京的内织染局是当时最大的纺织作坊，由宦官直接管理。这些纺织作坊每年的定额产量为35436匹，其中仅南京的内织染局就生产5000匹。[9]郑和舰队中的众多船员包括船医，都是从卫所中选拔出来的。根据同时代文献的记载，第四次航海共有28568人参与，其中26800人是卫所士兵，另有338人是军官。[10]郑和七下西洋从各方面来看都是建立在劳役制度基础上的。

值得注意的是，货币在这项宏大的计划中所起的作用微乎其微。明朝初期，朝廷发行了大量的"宝钞"作为支撑帝国指挥体系运转的费用，尤其是为士兵和官员发放军饷和俸禄。如后文所述，"宝钞"不是真正的货币，而是取代硬通货和调节价格的一种强制性支付手段。郑和船队返回长江下游港口后，朝廷奖励全体船员纸币"宝钞"，共计约4万贯。在对外贸易中，船队多以瓷器、纺织品、金属制品和其他手工艺品换取犀牛角、象牙、宝石、珊瑚、玳瑁壳、苏木、胡椒和丁香等物品。换取的所有物品都是进献给皇上的贡品。当某种物品如苏木的供应量远远超过朝廷所需时，朝廷会将多余的部分作为月饷发放给士兵和军队指挥官，而不是向市场出售。当然，在这种情况下，朝廷会通过"宝钞"调控交换比率。

从《清明上河图》到郑和下西洋，我们不禁要问，在前工业化时期的中国，市场的作用为何发生了如此根本性的变化。笔者认为，正是这一巨变使中国从宋朝的市场经济体制转向了明朝头一个世纪（1368～1450年）盛行的管制经济体制（a command economic system）。通过郑和七下西洋可以看出，管制经济是明代的基础政策之一。熟悉中国历史的学者应该知道，明朝初期正是开疆拓土的关键时期，其领土范围远远超出宋朝君臣的想象。虽然1393年明朝的人口只有12世纪20年代宋朝人口的一半多一点，但明朝初期的领土几乎是12世纪初宋朝的2倍。明廷推出了一系列举措：先后建造了南京、凤阳和北京三个都城；修建大运河；征伐蒙古草原和越南。所有这些都体现出朝廷调动人力和物力的巨大能力。然而，这些措施大多依赖劳役制度运作，以牺牲民众的自由和幸福为代价。

郑和下西洋前后，明朝皇帝曾多次颁布禁令，严禁民间商人进行海外贸易。这并不会触及统治者的利益，反而可以体现出朝廷垄断对外交往的能力。然而，禁止海上贸易的政策给沿海民众的生活带来了严重的后果。澉浦是浙江的一个乡镇，在宋朝就是重要的海上贸易港口，镇上居民多达5000户。1236年，当地监镇税兼烟火公事张思齐在石碑上欣然题词："户口日繁，民与军而相安，商与贾而共悦，俱曰：澉川当由此而益盛矣！"[11]而到了16世纪中叶，编写新志的作者哀叹，由于两个多世纪以来的海禁政策，"利源既绝"，澉浦的经济每况愈下：

5　　　　人情事变与前代大异，盖自禁海筑城，官兵守御，利源既绝，往迹俱非，不见异物，亦无外慕，男惟力穑渔

樵，女则绩纩并臼而已。迄于成弘之末，百五十年，虽以
贫见摈于诸方，实以拙自成于乐土。[12]

这段话简要说明了明初管制政策对沿海地区经济的持续影
响。地方民众不仅被剥夺了从事贸易的机会，还被迫靠农耕养
活自己，军事动员与守备体制也与市场脱节。明初有 2240 名
士兵驻守澉浦，防御海盗。其中，有 112 名士兵负责耕种土
地。但军队主要还是依靠附近农民缴纳的税粮为生。明初的军
事制度，尤其是军屯，推动了经济的去货币化。

尽管以直接控制人口为基础的管制机制的萌芽最早可以追
溯到战国时期（前 475～前 221 年）盛行的法家思想，[13]但 14
世纪中国管制经济的兴起，主要是因为蒙古入主中原后国家政
权发动战争的模式有所改变。蒙古统治结束后，在游牧民族军
事动员模式的启发下，明朝试图通过管制机制系统化地调动资
源和人力，从而取代市场机制。因此，这种处于严格控制下的
经济体系剧烈地乃至暴力性地改变了传统市场社会的生活
方式。[14]

从定义上讲，管制经济是指通过政权自上而下，而非市场
机制，来进行资源分配。[15]明初中国的管制经济是一种激进的
国家干预，其目的是通过强制手段，极大限度地遏制市场对生
产资源分配的影响，形成一种自给自足的人类社会模式。这里
的核心问题是，明初的皇帝是如何成功地凭借政治力量改变了
几个世纪以来百姓的生活方式的。正是由于在工业革命之前，
传统经济中普通的政权模式缺乏必要的技术手段和严密制度，
难以渗透社会，所以大多数社会科学家认为，管制经济体制的
兴起是最近才出现的现象。明初朝廷在建筑、工业、公共服务

等领域使用了大量徭役，这一点虽然可以显示明代国家的威慑力，但并不足以证明这种制度剥夺了普通民众的权利，并对其生活水平造成了严重影响。因此，漱浦等沿海地区日常生活的变化可以作为重要证据说明管制经济的运作足以影响和限制百姓生活。

明初管制经济的推行，远远不止于沿海地区。农业正是宋明两代的主要经济部门，当时的大多数人口是在内地耕作的广大民众，如果将明初管制体制的性质定义为反市场性质，就必须深入说明和解释明代国家政权是如何控制农业和农民的。为从理论上全面说明此一制度如何运作，笔者通过以下几点来定义明初的管制经济：第一，限制民众迁徙、出行和就业的自由，全面限制了社会流动性；第二，发行纸币，禁止贵金属流通，以管控物价，实际取消了货币的独立性，使其不能服务于民间自主交易；第三，在公共财政和其他服务及工业领域推行实物支付和劳役，推动经济去货币化；第四，试图通过抄没江南商人、地主的私人土地来控制农业生产，并在北方、四川和湖北实行大规模的强制性移民和屯田。

以上是明初实行管制经济体制的四个方面。笔者对每一方面都用数据和案例加以说明，并在量化的基础上，将明初的管制体系与宋代的市场体系进行逐一比较。宋代商业革命和明代中期（嘉靖朝、万历朝）资本主义萌芽是中国史学界广为流传的理论假说，已经家喻户晓，却从来没有学者尝试在全面收集证据的基础上，利用宏观经济数据来验证这两次经济繁荣。特别是关于这两次繁荣之间的历史时段，也就是宋元明过渡时期，更缺少可靠的经济解释。定量分析将有助于澄清历史假设，并从跨朝代的角度来解释各朝制度运作效率和市场规模的长期变化。

　　历史学家所能获得的前工业化时期的经济和人口数据很难满足社会科学家研究现代世界的那种标准。笔者除了尽量收集可信赖的历史数据，也在必要时做了一些估算。本书所做的所有估算只是近似值。然而，通过验证不同数据来源得出一致性结论是形成有说服力的解释模型的关键。这种一致性还包括这些数据所呈现的内容与其特定历史背景之间的匹配。

　　通过采用宏观经济方法，笔者将数据分析与历史研究联系起来。为了观察市场经济在中国前工业化时期的表现，笔者将研究的重点集中在以下五个主要方面：商业化程度、人口增长、人均 GDP、实际工资和农业生产率。笔者根据现有数据就每个方面从经济角度审视其方向、趋势和模式，并将这些发现分别与各自的制度背景和各时期的重要事件对应起来。

　　宏观经济分析模式涵盖了供给和需求两方面的变化。中国经济史学家遇到的普遍障碍是信息不足，这无疑将给评价中国市场经济长期变化带来诸多限制。由于很少有前人对经济变化的需求面给予足够的关注，笔者的研究变得更加复杂。本书首先分析了这些基于需求的数据（工资、物价、货币存量和消费等），从而揭示中国前工业化经济的长期发展趋势和结构关联。这有助于验证从供给角度对经济变化进行观察的结果，例如，人口增长、耕地面积与农业亩产量之间的关系。

　　本书除正文外还含有八个附录和附加论述，主要探讨了中国历史资料的质量和一致性。本书中用于比较宋朝和明朝的经济体制的主要数据来源于两个时期，即 11 世纪和明代的头一百年。幸运的是，这两个时期的数据是现存所有历史数据中最丰富、最可靠的。

　　本书的独特之处在于以一种基础且系统的方式使用宋代的

经济数据。虽然现存的宋代数据可能只有明代数据的 1/5 或 1/10，但其质量远远高于明代数据。宋代数据大多来自《宋会要辑稿》，这是收集了宋代官方文件和财政数据的最重要的文献。除了《宋会要辑稿》之外，《文献通考》和《续资治通鉴长编》都是根据原始资料和官方档案编撰而成的，也为本书研究提供了一些重要信息。宋代数据的性质与国家的市场征税能力密切相关。正如笔者将在第二章讨论的，宋代与中国其他朝代的不同之处在于，相比土地税，间接税是朝廷税收的主要来源。正因如此，宋代的户籍登记制度允许乃至鼓励自由移民，并且不按照户籍登记对家庭征收人头税。这项政策大大减少了纳税人在官方登记时瞒报人口的现象。因此，现存的关于宋代总户数的记载大多是一致的。与此相对，耕地数据可能会遭到质疑，因为任何耕地一经登记，地主就必须纳税。在宋代官员和文人看来，瞒报导致土地税分配不公。

　　研究 11 世纪经济发展的重要定量信息来自中央财政部门编写的年度财务和行政报告。这些报告不仅包含北宋总户数、耕地面积、税收收入和国家预算的信息，也包括路级和府级的财政细目。虽然没有宋代年度预算报告留存至今，但值得庆幸的是，《宋会要辑稿》和《文献通考》中保留了 1077 年大部分公共财政类目。现代学者推测，这很大程度上是因为《中书备对》的撰写和发行。《中书备对》是毕仲衍于 1080 年编写的官方文件和财务报告集。该资料主要记录了每两到三年间的情况，为现代研究者研究 11 世纪中国经济提供了难得的机会。同时，其数据的精细程度远远超过了我们的预期，大多数据涵盖了当时所有的府州军监，有的详尽到县一级。商税的征收范围甚至延伸到镇一级。

　　明初的数据相对丰富，主要保存在《明实录》中，这是一部记载明代重要日常事件的编年史。在明代的第一个世纪，管制经济在全国推行。所有人都要纳入里甲体系管理并且定期向朝廷报告。《明实录》记载的第一手资料，以及其他主要数据来源如《诸司职掌》和《明会典》，现已成为研究 14 世纪末和 15 世纪初中国经济体制的珍贵资料。

　　由于何炳棣和德怀特·珀金斯做出的重要努力，明初数据的价值已经得到了广泛的认可。何炳棣肯定了 1393 年人口普查的质量，但也质疑了接下来几个世纪里的所有人口数据，认为其主要反映了纳税单位的变化，而非真实的人口情况。[16]根据何炳棣的研究结论，珀金斯进一步研究了明初的主要经济数据。[17]他利用大量的原始资料和二手资料，努力重现了明代全国和省级层面的耕地面积和人口信息。通过研究，何炳棣和珀金斯证明了明初管制经济数据的可靠性。沿着他们的思路，本书描述了这一时期有关军屯、强制移民，以及以物易物的一些新信息，这有助于我们进一步理解明初的经济体系。

　　定量分析清楚地表明，由于市场的发展，中国在 11 世纪发生了巨大的变化。这一时期的各类数据体现了经济各个方面的快速发展，它们在宏观层面的一致性证实了整体经济水平的上升，因而高度可信。人口数据显示，全国家庭数量迅速增长。1077 年的商税数据证明，宋代水运的快速发展应该放在安史之乱后的几个世纪政治和经济变更的背景下加以理解。除了促进经济增长外，水运在 11 世纪无疑发挥了另一个至关重要的作用：高效的交通运输系统是宋代商业得以维持的关键。基于市场的其他数据，例如，1077 年国内市场规模的重现、北宋时期货币存量的估算以及 11 世纪贸易中主要商品量的估算，均表明市场经济在 11 世纪达到了空前的繁荣。

本书详细描述了 1368 年到 1450 年间中国经济由繁荣的市场经济倒退回刻板的管制经济的新奇现象。这一倒退堪称帝制中国最后一千年里最大的变化。明初的丰富资料让我们得以细察工业化以前这个世界上最大的管制经济体的各个方面。通过对里甲制度、世袭服役、强制移民、军屯等方面的资料分析，我们不难发现明初朝廷强制权力的运作基础。顾名思义，管制经济建立在严格的人口控制之上，禁止自由迁徙。各种旨在巩固国家绝对权力的政策，如实物支付、强制移民、禁止私人海外贸易以及在公共项目中依靠徭役等，都严重制约了经济发展。明初商业交易量递减，致使物价跌至极低水平，并持续了近一个世纪，这是市场退化的显著表现。到了 14 世纪后期，物价几乎退回到 10 世纪中叶宋朝建立之前的水平。

与市场有关的其他数据进一步显示了明代经济的倒退。明代田赋数据显示了经济尤其是公共财政的去货币化。到 1500 年，无论是税收还是商业，都以实物支付为主。明初登记的户籍数量只有 1060 万户，仅占 1078 年宋代人口的 2/3。1077 年与 1381 年国内市场规模的差距甚至比人口的差距还要大。以货币计算，11 世纪中叶每个家庭的贸易量是 14 世纪 80 年代的 7~10 倍。与宋代相反，明初农民在生活中几乎不需要用钱。尽管明廷最终未能将管制经济维持下去，但反市场政策遏制了贸易，缩小了国内市场。

本书的一个关键论点揭示了明初专制统治所造成的严重经济后果。比较 11 世纪晚期的宋代经济和 1400 年前后的明初经济，可以发现市场在促进工业化以前中国的经济发展方面发挥了重要作用，而且能够让大部分百姓维持较高的生活水平。打压市场会影响平民寻求经济机会的自由，并导致他们的收入大幅下降。更重要的是，笔者考察了这一时期朝廷对贸易和工业的态度，包括税收和货币化政策，以及维持市场基础设施和促进农业改善的措施，这有助于提醒政治经济学家，任何国家的市场政策都会产生短期和长期的经济后果。本书专注于市场发展对经济史的影响，因而会对一些历史学观点提出质疑，并仔细审视一般史学理论和范式中使用的各种假设。

本书主要收集、验证并分析了各种直接的和间接的数据。虽然笔者是首次尝试通过经济数据来研究宋明时期市场扩张与收缩，并因此引入了关于方法论和资料性质的众多争论，但是这一研究挑战了中国过往上千年历史中关于市场经济动力和结构的普遍假设，并反驳了李嘉图 - 马尔萨斯（Ricardo - Malthusian）的观点，指出明代头一百年人们的生活水平有所下降。

本书包括四个部分、八个章节和八个附录。第一部分包括第一章和第二章，讨论了对比宋明市场表现所必需的方法和数据问题。第二部分包括第三、四章，旨在从不同角度研究宋代市场经济的规模和结构。第三部分和第四部分包括第五、六、七、八章，描述了元朝统一中国后人口的下降和市场的破坏，并考察了 11 世纪以市场为基础的体制向 1400 年前后盛行的管制体制的转变对经济增长和人民生活的影响。八个附录列出了所有经济数据以供参考。接下来，笔者将简要阐述每章的要点。

第二章主要讨论中国史料的性质。笔者简要概述了历史上三种不同类型的税收数据，按时间顺序依次为人头税数据、间接税数据和土地税数据，每种数据都反映了各自的制度背

景。从这一比较中可以得出一个重要结论：现存的 900~1500
年这六个世纪的数据是定量分析 1800 年以前中国经济的最可
靠的官方数据来源。此外，宋代经济数据，特别是间接税数
据，突出了充满活力的市场经济的表现和结构。相比之下，
明初的数据清晰地显示出严格控制人口与社会的管制经济在
兴起。

在第三章和第四章中，笔者考察了中国市场的表现。第三
章基于两种独立的方法研究了中国市场经济的规模。笔者首先
比较了两个转型时期的货币存量总量和人均水平，然后根据商
税数据重现了北宋 1077 年和明代 1381 年的国内市场规模。用
这两种方法得出的证据表明，在所讨论的六个世纪中，11 世
纪末标志着市场发展的顶峰。

第四章描述了 11 世纪以围绕开封的水运网为基础的全国
性市场的出现。笔者以 1077 年的商税资料为依据，论证了宋
代水运网络的快速发展应放在唐宋转型时期经济、政治变革
的背景下来理解。水运在 11 世纪所起的重要作用远不止促进
经济增长，因为宋朝的重商主义政策离不开高效的运输
系统。

第五章主要探讨了 1271~1450 年即宋元明过渡时期的生
态、人口和经济变迁。这一时期是中国经济史上被研究得最少
的时期，造成这一情况的原因有很多，包括与宋代丰富的历史
记录相比，这一时期的历史资料较少。幸运的是，我们可以找
到重要的人口和税收数据。这些数据揭示了人口和经济在
1200~1400 年的两个世纪里是如何急剧下降和衰退的。此外，
虽然元代税收高度货币化的现象展现了 14 世纪之初充满活力
的市场，但进一步的分析表明，由于其经济体系的结构性弱

点，元代市场非常不稳定。正如笔者进一步论证的，1125 年以后华北地区贸易的衰落是其水路运输解体的结果。生态变化、战争和朝廷管控失调都造成了内河航运网的崩溃。水路运输的落后导致长途贸易恢复缓慢，直到 15 世纪 50 年代，水上基础设施才重新得到重视。

第六章对明代国民收入和实际工资进行了初步估算，并与 1080 年和 1880 年的情况进行了比较。价格的变化是体现市场周期最重要的标志。以白银为基础的大米价格标准指数清晰地显示了 960～1279 年出现的周期性上涨。明代的物价走势相反。到了 14 世纪后期，物价几乎回落到 10 世纪中叶的水平。本章还试图通过士兵实际工资的长期变化来比较宋代和明代人们的生活水平。工资数据显示，宋代士兵的工资比明代士兵的要高得多。在明代大部分时间里，士兵的工资水平一直很低。 11 1550 年以后，明代士兵的工资才开始上升到与 13 世纪相当的水平。

笔者以士兵工资为基础来估算宋明时期的国民收入和实际人均收入。笔者选择了三个基准年，即 1080 年、1400 年和 1580 年。通过比较，笔者发现明初人均实际收入非常低，仅为 12 世纪初的一半。同时，明初税收收入占国民收入的比例是 11 世纪的 2 倍，笔者也尝试总结了这一引人深思的事实产生的历史影响。

在第七章中，笔者以江南地区为例，对本书中关于生活水平的论述加以验证。根据详细的文献资料，笔者证实了在明太祖实行其土地政策之后，江南地区的家庭收入立即严重缩减。农村家庭收入的减少极其重要，因为江南不仅是 13～14 世纪中国农业最发达的地区，也为明初国家政权奠定了经济基础。

然而，笔者发现江南地区人民生活水平的下降并不必然表现为农田亩产量的下降。土地税的大幅增加极大地加重了农民负担。

在第八章中，笔者提出不应高估对江南个案进行研究的重要程度，因为江南的耕地面积只占全国总面积的一小部分。无论是从 1080 年前后的官方记载，还是 1393 年调整后的土地面积来看，长江以北的耕地面积均占中国耕地总面积的 2/3。为了形成一个更平衡的视角，第八章考察了全国的农业发展情况，同时重点考察了华北农业，以及农业与市场经济相结合的方式。农业是传统经济的主要部门，但也是最难商业化的部门。在前几章对货币经济进行讨论的基础上，笔者在第八章展示了如何通过唐宋转型期间形成的市场一体化解释农业增长。由于唐宋转型和明清转型的范式主要建立在中国经济史的市场扩张理论基础之上，笔者对 980~1580 年中国农业的长期变化进行了考察，从而突出市场趋势与农业生产力之间的关系。

笔者对长期农业变化的研究表明，元朝统一中国前后，中国超过一半的地区盛行着以下两种模式：集约型农业和粗放型农业。1400 年上报的大部分耕地集中在华北、华中和华东的人口稀少地区。朱元璋的反市场政策为粗放型农业在这些地区开辟了道路。大多数农民每户须耕种近 100 亩土地，由于生产工具简陋，微薄的收成几乎无法养活农民及其家庭。最终，明初的政策导致农业向粗放型倒退，全国平均亩产量异常低。

总之，笔者的目的是探讨前工业化中国的人民生活水平与市场之间的关系。笔者首先考察了宋明时期市场在经济中所起的作用。11 世纪的市场扩张逐步被 1400 年前后明初管制经济造成的倒退所代替，在这两个截然相反的经济体系中，农民的生活水平形成了鲜明的对比。11世纪国内市场的发展，是前近代中国市场扩张的可以系统地以量化数据加以证明的唯一例子。鉴于这种市场发展状况，农业方面的数据表明，农户的生活水平相对较高。集约型农业的兴起为宋代粮食总产量的增加奠定了坚实的基础。通过描述中国在1368~1450年从繁荣的市场经济向令人窒息的管制经济的倒退，笔者对这段众所周知却缺乏研究的时期进行了解释和分析。笔者认为，由于缺乏刺激生产的自由市场，农民遭受了很大损失。此外，强制移民以及资本和牲畜的缺乏，导致了农业向粗放型倒退。因此，即使在帝制中国晚期人口土地比达到峰值时，人们的生活水平也出现了严重的下降。

　　笔者的研究证明了人口、市场和福利变化之间的复杂关系。在传统经济中，市场在宏观和微观两个层面上对提高生产力和人民生活水平均发挥了重要作用。在宏观层面，经济稳定必须依赖于充足的货币供应、水运发展和组织创新，以降低交易成本，提高市场整合程度。这是实现跨地区、跨部门生产最大限度专业化的关键一步。在微观层面，市场扩张改变了城市和农村生活。农民私有财产受到法律保护，并享有迁徙和选择职业的自由。生机勃勃的市场带来了丰厚收益，为开发先进的农业技术提供了经济基础。本书认为市场扩张是一个复杂的机制，是前工业化经济增长的主要来源，笔者的研究挑战了一些主流理论，如施坚雅（G. William Skinner）模型和"农业本位主义"（如李嘉图-马尔萨斯理论），这些理论出于各种原因而未能重视市场机制。施坚雅模型认为市场扩张是人口密度增加的结果。李嘉图-马尔萨斯理论明确把人口变化放在中心位置，否定了农业生产力与人口增长之间的相互影响。这些理论假设市场充其量只能略微缓和经济萧条，而劳动力投入的边际回报下降已经决定了这种经济状况。只有对市场表现进行量化数据衡量，才能全面评估市场在历史上对人民生活水平和经济发展起到的作用。

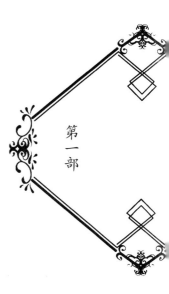

第一部

中国帝制晚期的
市场经济

第一章　问题与方法

本书主要阐述了前工业化时代中国市场的扩张与收缩及其
对人民生活水平和社会福利的影响，特别聚焦于两个互相关联
的理论性问题，一是市场与传统经济增长（农业生产力的提
高）之间的关系，二是市场对维持较高生活水平的重要作用。
换言之，这里提出的问题是，在前工业化时代的社会中，如果
要提高生产效率或改善平民经济福利，除了市场机制之外是否
还有其他选项。

提出这一问题的出发点是传统经济之下自由和福利之间的
关系。随着农业社会中市场经济的兴起，曾经主导农业生产的
自给自足模式也向市场驱动的生产模式转变。在新的模式之
下，商业化促使农民将土地、劳动力和资本结合起来，以实现
生产效率最大化。但这种转变的实现有一个前提，那就是农民
即当时社会上的大多数人能够自由迁移、自主选择职业、拥有
一定私有财产并且可以比较容易地获得市场信息。因为只有当
个人按照法律或惯例有权在市场上行使谈判权时，他才会有充
足的动力按照市场需要进行生产。简而言之，市场扩张与赋予
了农民更多自由、更多提升社会地位之机会的种种制度变革之
间有密切的关联。不过在不同的文化或社会背景下，这种传统
经济与制度之间的关联也强弱各异。另外，即使是在前工业化
时代的经济中，市场扩张也始终伴随着不平等的现象，这会引

发一种道德思考：是不是少数人获益而大多数人受损了？与现代人相比，当时大多数农民的生活中货币化程度较低，与市场机制的关系相对疏远，那么他们是否可能通过另一种以自给自足为基础的模式来提升自己的社会经济地位呢？

　　本书会选择历史案例加以比较：一个是市场驱动的北宋，另一个则是实行管制经济体制的明初，从而展示市场在经济发展和社会福利中的作用。中国市场经济在 1000～1500 年这五个世纪中的跌宕起伏，为历史学家提供了一个难得的机会来比较前工业化时代两种截然不同的经济体系模式——宋代的市场驱动模式和明初反市场的自给自足式管制模式，以及这两种经济体系对生产力和生活水平造成的巨大影响。借助明初这样一个反例，我们可以很确定地得出一个初步的结论，即市场扩张在中国前工业化时代的发展过程中发挥了积极的重要作用。

　　一直到最近，多数学者仍认为这个问题难以证实。经济学家通常会区分人口增长带来的经济扩张与技术创新带来的经济增长，前者意味着生活水平没有提高，而后者通常会带来人均产值的增加。由于缺乏技术创新和资本投资，以农业为主的前工业化经济的典型特点就是生活水平停滞或下降，所以在工业革命开始之前，各国的经济状况并没有太大的差异。

　　然而，对从中世纪晚期到近代早期欧洲经济发展的实证研究引发了人们对上述马尔萨斯式看法的严重质疑。各国学者现在开始赞同前近代经济增长即斯密型增长，这种增长被认为源于专业化程度的提高，而推动专业化程度提高的是市场扩张。[1]近年来关于中欧大分流尤其是 18 世纪长江下游核心区（江南）与英国之间生活水平差距的争论，凸显了市场对推动前工业化时代中英两国社会发展的重要作用。[2]研究 18 世纪中国经济史的加州学派用江南这一案例，证明了在中国江南和前工业化时代的西欧，市场在农村生活水平的提高方面发挥了相似的作用。尽管存在定量数据不全和部分观点相互冲突的问题，但参与争论的大多数学者都明确肯定，在 17～18 世纪的中国，"其产权安全性和市场有效性均与欧洲处于相同水平"，而这是前工业化时代经济发展的先决条件；同时，学者们一致认为，这一时期中国和欧洲的经济确实都得到了发展。[3]另外，李伯重、彭慕兰等学者根据农书提供的信息，重新评估了中国农村家庭收入和农业生产力情况，进而得出了一个重要的假设性结论：江南地区的生活标准与同时期代表近代早期欧洲最高水平的英格兰地区的生活标准基本相当。[4]然而，东西方之间的比较研究面临许多艰巨的挑战，例如，怎样衡量过去的生活水平，怎样处理同一国家不同地区之间的巨大差异（中国就是典型的例子）。这反映了"前工业化时代生活水平模式的复杂性和多样性"，因此中国传统经济增长的许多领域都需要更多实证研究。[5]

　　问题的复杂之处还在于，这一时期中国国内经济在时间和空间上均出现发展不平衡的现象，并且从 11 世纪至 18 世纪早期，中国一直是世界上最大的市场经济体。中国贡献了世界经济总产品中的 1/6～1/3。[6]然而，令人惊讶的是，这个曾经领先世界的市场经济体并没有率先向工业经济转型。相反，随着欧洲强国工业化的推进，中国很快便落后于西方。工业化进程迅速拉大了西欧与世界其他国家在人均 GDP 方面的差距。中国经济在早期的一度成功与西方经济在后来的迅速崛起引起了诸多学者的关注，他们急切地想知道不同传统社会中经济增长的来源和路径。

17

　　大分流之争的核心正是市场扩张如何推动前工业化经济增长。中国历史上所称的前工业化增长通常指的是两个特定阶段的技术创新和经济增长。第一个阶段出现在宋朝，或者用伊懋可（Mark Elvin）在对中国经济史的定性研究中的说法，是中世纪经济革命。这一时期见证了农业、水路运输、货币和信贷、商品贸易和城市化，以及科学技术等诸多方面的创新和增长。[7]第二阶段始于 1500 年后的市场经济复苏，市场经济复苏又进一步促进了城市化发展和农业生产力提高。

　　前工业化增长理论主要包含两条推理线：市场扩张，以及随之出现的经济各领域的发展与由此带来的生产力和生活水平的提高。在这两条推理线中，经济数据对学者衡量市场机制和规模至关重要，而市场机制和规模又是进一步评估市场扩张对社会福利影响的必要根据。如果没有量化证据，经济史学家最多只是做出一种论断，而难以给出有力的论证。遗憾的是，正如笔者的先行研究回顾将指出的，学者们仅仅将目光集中于16 世纪以后的中国，这使我们几乎没有量化证据来支撑前文所说的那种实证研究。这也是长期以来阻碍人们进一步认识中国经济史的重要原因。

　　下文将按照上述两条推理线，即市场扩张和农业生产力变化，对现有的相关研究文献做一回顾。在本章最后，笔者将提出一个具有包容性的理论框架，通过比较宋代（960～1279年）和明初（1368～1450 年）的经济体系，来研究市场在前工业化时代的中国所发挥的作用。笔者希望考察在大分流发生之前的五个世纪里，市场在维持增长、改善福利等方面发挥了怎样的作用。这需要对 11 世纪的市场扩张与明代头一百年管制经济的兴起做对比研究，因此需要一个综合性的框架来界定、描述具体经济系统的效率，从而使市场经济与管制经济的比较成为可能。而且，在宋代的市场经济中，我们看到经济发展的同时，不平等的问题也愈加严重并引起统治者和士人的注意。而与此形成强烈对比的是，明初社会以里甲为基础编制，贫富差别基本消失，因为明朝开国皇帝朱元璋清洗了江南的大地主和商人，没收了他们的财产和土地。因此，笔者也对两种经济体系下农民的境况做了比较：市场机制是否增加了普通农民的家庭收入，甚或减少了农村的不平等现象？明代早期那些与市场严重脱节的农民，能否从朝廷实施的平等主义社会体制中受益？本书探讨了所有这些关键问题。幸运的是，关于这一时期的大部分时段，笔者都能够找到大量可靠的资料，基于这一优势，这项比较研究深入考察了三大方面：国内市场规模和结构的变化、农业生产力的变化，以及实际收入（实际工资、家庭收入等）的变化。

中国前工业化时代的市场扩张

要对市场扩张驱动的前工业化时代经济增长进行历史学考察，应考虑许多制度性和技术性因素，如水运、货币流通和财政税收等。如果没有这些因素支撑，市场就很难成为整合原本孤立的农业经济的重要力量，也很难激励农民发展技术、增加投资以实现更高的产出。市场经济的兴起也离不开制度的创新。制度创新降低了交易成本，让更多人可以参与贸易。政府对市场的支持是传统经济转型的先决条件，政府可通过保护私有财产、允许平民迁徙、提供自由的职业选择机会、给予充足的货币供应以及投资交通运输项目等，来推动劳动力、资金和货物的自由流动。

实际上，帝制中国延续了两千年，在此期间市场制度的演化非常缓慢而且常常相互矛盾，这使整个过程变得非常复杂。在中国，尽管市场的存在最早可以追溯到战国时期，但受到各种社会和经济因素的制约，比如，对人口自由迁徙的禁止、奴役制度和契约劳工的存在，以及门阀贵族土地所有制（又称大土地所有制）等，市场的作用并未得到充分发挥。另外，魏晋时期物物交换占据着主导地位，在安史之乱（755～763年）之前的几百年里，丝织品一直充当着主要的交易媒介。

那么，市场最早是在什么时候、以何种方式改造了中国的经济和社会？这是中国经济史研究中的一个核心问题。这个时间点一定具有下述特征，即市场的发展把物物交换从许多重要经济活动中驱逐了出去，并且跨地区的贸易把各地方市场连为一个整体，从而使市场能够对社会施加决定性的影响。在这个时间点，市场经济已经能够靠自身的力量长期持续地发展，而不会轻易地被无论是内部矛盾（如制度变化）还是外部冲击（如游牧民族南下、自然灾害等）所逆转。

关于这样一个转折点的时间，近一个世纪以来学者们的观点分为两派：认同唐宋转型的学者认为在 1100 年前后，支持明清转型的学者认为在 1550 年。[8] 早在 20 世纪初，日本学者，特别是京都学派的学者认为，唐宋变革解放了奴隶，使其变为自由农民，中国由此转变为一个"近代"国家，这比欧洲早了几个世纪。这种主要由内藤湖南、宫崎市定二人开创的"早期近代中国"（日文中称"近世中国"）范式，又被称为唐宋变革假说，它是 20 世纪中国史研究的一个分水岭。京都学派对以欧洲为中心的历史范式发起了猛烈抨击，他们明确提出宋朝"文艺复兴"几乎改变了经济、社会和政治领域的各个方面，比欧洲文艺复兴早了三个世纪。

另外一些学者则认为，如此大规模的全国性变革只有到四个世纪后的 16 世纪才出现，还有些学者甚至认为直到 18 世纪末才出现。举例来说，第二次世界大战结束后不久，傅衣凌就呼吁人们关注明代中后期市场力量（同一时期出现的城镇贸易和商帮兴起等）的变革作用。[9] 傅衣凌的著作对中国历史学家产生了非常深远的影响，市镇和商人后来成为明清经济史的焦点。[10]

对中国历史学家和战后日本的新一代左翼历史学家来说，16 世纪市场经济的出现标志着中国历史进入了一个新时代，他们称之为"资本主义萌芽"。这种说法承认了中国前工业化时代的市场发展，但也指出这种发展是继西欧市场经济崛起之后的。对这些学者来说，承认唐宋转型范式就意味着否定以西欧范式为基础的线性发展观念：如果中国是第一个出现市场变革的国家，为什么随后没有出现工业资本主义呢？尽管两种范式都旨在摆脱启蒙运动以来西方历史学家所描绘的中国停滞的形象，但两者之间存在本质的差异。如何调和这两种范式，成为中国经济史研究的重要课题之一。

施坚雅的宏观区域市场体系理论将这两种范式整合起来，形成了一套农村市场持续发展的叙事。施坚雅提出，中国"看上去是统一的，实际上是分裂的"，要解释"中国前工业化时代的结构复杂性"，就应该着眼于农村市场这个中国传统社会的基本单元。他还指出，日益加强的农村市场网络推动了农业商业化，因为基层市场使农民能够方便地交换货物和服务。在他的理想模式中，一个市场网络的中心位置取决于地形，在一定程度上也取决于需求密度（需求和购买力的分布，以及各个方向大致均等的交通运输条件）。假设所有其他的条件都相同，那么需求密度最终由人口密度决定，人口密度是形成市场网络的主要动力。[11]

施坚雅的分析模型有两个主要概念：一是中国社会和官僚机构的等级化，二是宏观区域内"核心"和"边缘"的区分。[12]这两个概念打破了中国作为一个统一的均质化帝国的神话，得到了学界的广泛认同，并促进了区域研究的兴盛。[13]尽管施坚雅模型成功界定了前工业化中国经济增长的空间和社会背景，但由于农村基层市场这一概念缺乏量化证据的支撑，难以准确界定前工业化经济增长的动因，更不用说透彻解释这些动因了。与其他遵循新古典主义经济增长模型的研究不同，施坚雅模型完全没有涉及价格、贸易和运输、工资和收入以及税收等宏观经济指标。当用于分析经济总量的长期变化，特别是市场经济结构的变化时，施坚雅模型的解释力就明显减弱了。他提出的所有主要概念如多个自成一体的宏观区域、所谓核心与边缘的关系、诸多农村市场的形成等，都缺乏实证数据的佐证。[14]

施坚雅热衷于研究唐宋和明清转型时期商业和城市化的发展情况，他将这两个经济周期分别命名为"中世纪城市革命"和"帝制晚期城市发展"。然而，他对这两个周期之间关系的解释模棱两可，甚至自相矛盾。一方面，他认为市镇的兴起在唐宋转型时期还仅限于长江下游地区，到明清时期则扩展到了全国。因此，后期的城市发展"更加成熟""更加完整"。[15]然而，这一观点缺乏量化证据支撑。另一方面，通过比较11世纪和19世纪中叶的城市化情况，他得出结论：在最先进的地区（很可能也包括许多其他地区），"中世纪城市革命"期间的城市化水平高于帝制晚期。[16]传统社会的城市化率非常重要，因为它体现出非农产业与农业之间的比例，并与前工业化时代的经济增长直接相关。施坚雅声称直到宋代之后城市化才更加成熟和完整，但宋代之后估算的城市化率有所降低，这无疑形成了一个悖论。[17]

施坚雅关于这两次转型及其关系之论述中的悖论，源于其对帝制中国市场结构的错误理解。实证研究已经表明，传统经济中的市场呈现出复杂的结构：大量的市镇和农村市场处于市场等级的底端，上面是区域内贸易和以小城市为基础的商业，最顶端的是长途贸易和大城市消费。[18]这几类市场的重要性与各自所处的等级相对应，故大多数经济学教科书都关注长途贸易和大城市。

然而，对施坚雅来说，对贸易的研究就是对农村市场的研究，市场和城镇的数目基本上被认为与贸易的规模等同（或具有同样的重要性）。按照这一逻辑，人们花了大量精力研究方志中的记录，以证明从1550年到20世纪，中国农村市场的数量在不断增加。记录显示，晚明时期农村市场有6674个，到18世纪这一数字持续攀升到18645个，在两百年的时间里增加了近2倍。[19]这种显著的增加常常被用作证明市场经济的空前发展。

实际上，在全国层面上比较宋明两代农村市场数量只能说明农村集市地点的增加。根据宋朝政府的记录，11世纪的农村市场数量已经达到20606个，[20]但我们绝不能因此就认为北宋的贸易规模已经达到16世纪晚期的3倍。因为仅凭市场的数量无法确定实际的货物交易量。通过比较可以得出的唯一结论是，11世纪和16世纪的贸易发展都极大地受益于农村市场的增加。[21]然而，这些研究却没有涉及对了解经济史至关重要的宋明两代长途贸易规模的长期变化。[22]

几十年来，学者们一直认为有必要建立一个全面的框架，能够同时将中国帝制后期的唐宋转型和明清转型包纳进来并做出整体性的解释。伊懋可和施坚雅都提出了这两个时代的连续性和/或差异性等问题。施坚雅模型本质上采取的是一种社会史的路径，难以准确预测市场经济规模和结构的长期变化，也无法揭示一个迅速扩大的市场经济的关键指标，如生产专业化、交易成本下降等。鉴于当前研究中仍存在这些尚未解决的问题，我们需要用经济学的方法来研究中国帝制晚期市场的扩张与收缩。在前人研究市镇发展的基础上，本书的经济学路径研究将把重点放在国内市场主要商品交易量的变化、水运的发展、货币总存量及其人均存量的波动等议题上。

郝若贝（Robert Hartwell）试图对中国 750 年至 1550 年各宏观区域的周期性变化做全面考察，这项具有开创性但可惜未能真正完成的工作，足以警示学者们留意宋、元、明时期中国经济的长期变化。[23]郝若贝的分析框架看上去很有解释力，但他的考察在很大程度上并不充分，因为他和施坚雅一样，几乎没有思考市场机制如何在宏观层面影响经济和社会结构转型，特别是市场如何通过价格和工资发挥作用。[24]他认为，人口变化是区域发展模式乃至唐宋转型和明清转型的唯一关键变量。根据他的解释，人口既是几个世纪以来宏观区域经济长期变化的原因，也是这一变化的结果。[25]要避免这样的同义反复，就必须重构 1500 年之前中国市场经济的全貌，通过分析全国市场和生活水平的长期变化，帮助读者了解中国经济的主要趋势。

衡量农业生产力

　　探讨市场与社会福利之间的关系，无疑有助于评估市场经济的表现。而这一切均与生活水平有关。如果对"生活状况改善"下一个定义，那么狭义上来说，它一般指收入和实际工资增加，且财富分配更为平等；广义上来说，它还包括更多层面的改善，如平均寿命延长、医疗服务更加便利、城市化程度加深、文化素质提高，等等。[26]此外，如果说前工业化经济中居民福利的提升与自由程度呈正相关，则市场对农民福祉的提升可能有决定性作用。

　　实证研究往往用生产率的提高来代替对福利水平的直接测量。由于过去没有直接的系统化证据能体现中国人的生活水平，且中国的经济和社会以农民为主体，所以大多数历史学家将农业生产力的变化作为衡量生活水平的指标。人们相信，市场扩张带来的前工业化经济增长会带来人均产出的提高，从而意味着生活水平的提高。其中最主要的问题是农业劳动力投入的边际产出是否会超过成本。这也是我们探讨的核心问题之一，即中国帝制时期的耕地总面积或单位面积产出的增加能否跟上人口数量的增长。[27]

　　珀金斯提出了农业发展的三个关键变量：人均产出、人口数量和耕地面积。他的总体结论是，从1368年到1968年的六个世纪里，中国的人均产出和生活水平大致保持稳定。换言之，耕地总面积的扩大和农业平均亩产量的增加支撑了人口从6500万到6.47亿近9倍的增长。[28]不过，珀金斯也坦言，他的研究存在不足，即缺乏1450年至1850年间几个世纪的量化证据。通过对中国所做的案例研究，珀金斯支持了埃斯特尔·博斯鲁普（Ester Boserup）关于人口增长与经济发展之间关系的重要理论。[29] 与博斯鲁普类似，珀金斯认为，在千百年里，人口增长带来的需求决定了中国的农业总产量和生产方式。然而，珀金斯的研究路径是存在纰漏的，因为他假定人均谷物消费量不变。一些学者基于对江南地区的研究，开始提出相反的观点。[30]

这里有必要对近半个世纪有关农业生产力的研究做一个概括。首先，传统的供给决定论（supply fundamentalism）认为，单位面积耕地的粮食产量是衡量农业发展的关键指标，且农业平均亩产量的增加是经济和社会发生重大变化的唯一原因。最近的研究出现了向生态农业史路径转变的倾向。其次，所有这些研究工作的解释力都因为中国帝制晚期大部分时期人口和耕地面积数据的缺陷而严重减弱。下文将首先回顾供给决定论视角的研究，主要聚焦于李嘉图-马尔萨斯模型，该模型代表着以技术创新为基础的线性历史观。然后，笔者将回顾1980年以来加州学派的一些史学家在研究长江下游经济发展时广泛采用的生态农业史方法的成果与不足。这些研究突出了市场在集约型农业兴起中发挥的重要作用，极大地加深了我们对人口增长、市场扩张和技术创新传播之间复杂关系的认识。

供给决定论尤其是"农业生产力决定论"认为，前工业化时代的经济增长基本上由供给尤其是耕地单位面积或人均农业产出的增加来决定。这也是马尔萨斯理论的主张，即随着劳动力投入的边际产出减少和技术发展停滞，人口的加速增长无疑将阻滞传统经济的增长，导致工资水平下降，甚至到难以维持生计的程度。在这些以生产力和技术为重点的研究中，读者很少看到关于市场作用的分析，好像只有技术生产力的进步才是人类发展的推动力，因而才值得研究一样。

在线性因果关系这种观念的影响下，很多学者将农业生产力作为人口增长、贸易和手工业发展，甚至国家税收结构变化的唯一原因。蒙文通提出了一个关于前工业化时代中国社会、财政和文化变迁的综合性假说，即农民的（以单位面积耕地的农业产量衡量的）生产能力与土地税率之间存在线性关系，单位面积耕地农业产量的长期变化也决定了中国历史上各个时期的税收机制和军事组织的运作模式。[31]

蒙文通的农业生产力决定论及许多类似理论的缺陷在于只是机械地理解农业生产力的因果作用。[32]研究者在史料里只能找到有关前工业化时代中国农业生产效率的零星数据，关键是他们没有意识到，这些数据具有很强的地方性，而且不同经济体系下的统计数据性质差异很大。实际上，由于资本投入、种子和生产工具的质量、气候条件、市场准入等因素的不同，不仅各区域之间的农业产量有很大差异，同一个区域内农业产量的差异也很大。考虑到这片广袤国土上的生态多样性，一个理智的研究者不应该不加思索地设想每一个世纪都存在一个单位面积农业产量的统一标准。一旦我们考虑到差异性，就不可能在生产力和体制变革之间找到任何确定的单向对应关系。

由于实证数据的质量不高，想要计算单位面积耕地产量的全国平均值同样不可行。人口增长、耕地面积和人均耕地面积这三大关键指标中，中国人口的数据相对丰富，但也存在明显的缺陷。例如，明代1393年以后的官方人口统计数据波动异常微小，不代表实际人口。根据官方统计，1393

年总人口为 6000 万，1602 年为 5600 万。而这三个世纪明朝一直处于和平统一状态，很难相信会出现这种人口停滞现象。

这些历史学家的另一个疏漏，是未能认识到支撑市场的外部框架制度（无论是土地产权还是货币供应）对前工业化经济增长的重要性，或者说是国家在传统社会经济增长中的作用。例如，朱元璋推出的打压市场政策被解读为经济复苏的必要举措。明代初期，皇帝不仅不偏袒地方名流（一般为文人和富豪），而且限制平民的工作和生活，但学者们仍然倾向于认为，朱元璋实施的所有政策都是为了保护农民、鼓励农业生产，进而促进经济恢复。[33] 学者们肯定朱元璋以"里甲"这种自我管理而自给自足的模式取代政府和市场成为基础社会经济单位，褒扬屯田和强制移民对经济恢复所起的关键作用，对那些压制市场的措施却视而不见。事实上，15 世纪上半叶，经济仍在衰退。直到 1500 年前后，经济终于走出低谷，市场开始复苏。明朝建立一个多世纪后，经济才开始复苏，这比预期的时间要长得多。我们理应质疑，这些反市场的措施是否真的能给普通农民带来好处。在管制经济体制下，中央政权有足够的力量在铲除地方精英群体的同时，剥夺平民的重要权利。朱元璋憎恶农业之外的城市、消费等方面的发展，也憎恶除了土地之外的财富积累，但这些方面不一定真的如朱元璋认为的那样对农业发展不利。市场交易是农民的重要经济来源，农民会因为市场而将资本和材料等生产资源集中投放在某个具体的产品上。农民自身和整体经济都会从这一进程中受益。那些打压限制市场的措施只会阻断农业和商业之间的联系，阻碍农民将生产资源投放在某个产品上。

在现有中国经济史论著中盛行的李嘉图-马尔萨斯式的解释构成了"农业生产力决定论"的另一条脉络。人口增长必然会导致粮食总需求的增加。而粮食总产量的增加可以通过扩大耕种面积和／或增加单位面积土地的农业产量来达成。李嘉图-马尔萨斯理论的基本看法是,人口增长速度必将超过土地面积的扩大和农耕技术的进步,而后者是增加单位面积农业产量的必要条件。这些学者对前工业化社会的技术创新和资本投入持悲观态度,认为从长远来看,在土地垦辟进程终止后面积有限的耕地上投入了与资本不成比例的过剩劳动力的情况下,劳动投入的边际收益必将持续下降。由此,农业生产力的下降将导致生活水平停滞不前,甚至下降。在对唐宋转型时期经济增长和技术创新的开创性研究中,伊懋可运用李嘉图-马尔萨斯模型解释了为什么中国在他称为中世纪经济革命的商业化进程中取得了发展,但在随后的几个世纪中未能实现工业化。伊懋可首先指出了中世纪经济革命(经济增长和新生产技术的发明)的出现,并将其归因于南方边界的开放以及 8 世纪至 12 世纪之间的移民和技术传播。[34]一旦土地变得稀缺,曾经发挥引领作用的农业就无法维持以技术为核心的发展。从 14 世纪开始,整个经济体系转向了粮食生产的最大化,通常采用的方式为通过增加劳动力来提高单位面积的农业产量,这使劳动力投入的回报率急剧下降。他认为,中国经济出现了"高水平均衡陷阱",农业发展基本上是为了满足日益增长之人口的基本生存需求,并没有技术进步的空间。[35]

伊懋可的宏大叙事只是描述性的,缺乏数据的支持。赵冈在关于前工业化时代中国农业的研究中,采用基于李嘉图-马尔萨斯模型的定量方法填补了这一空白。他主要研究中国三千年来劳动力与土地比例的长期变化，并坚持不懈地试图确定不同时期的平均亩产。据统计，1世纪的人均粮食产量为501斤，11世纪为735斤，1952年为309斤，这反映出最近一千年间中国的人均粮食产量总体呈下降趋势。他还提供了两千年来的实际工资指数：1世纪为150，11世纪为195，12世纪为45，18世纪为40。[36]赵冈的结论是：由于缺乏技术创新，人均粮食产量和实际工资在1100年后明显下降。[37]因此，赵冈的研究重申了已经被广泛接受的马尔萨斯理论，即人口过剩阻碍了节约劳动力的技术创新，而技术创新是集约型农业的先决条件。归根结底，是庞大的农村人口使中国陷入贫困。

然而，这一论述的正确性是很值得怀疑的。赵冈的假设及其所依据的数据存在一些明显的缺陷。第一，赵冈认为，中国至迟在公元前300年就已经存在运行良好的市场经济，出现了自由移民、私有土地所有权、社会分工以及作用于商品交易和有偿服务的价格机制。[38]这一说法与一个重要事实相矛盾，即在8世纪中叶安史之乱以前的数百年中，奴婢、部曲等依赖性身份和徭役制度，贡赋和门荫惯例，对土地分配和户籍登记的严格控制，以及物物交换等现象，一直在中国盛行。安史之乱后，人口自由迁徙和私人土地所有权才开始变得普遍。第二，赵冈认为，前工业化时代的中国政府统计的耕地面积变化数据是真实可靠的。他却没有具体解释中国政府如何能够在合理的管制成本下维持如此庞大的上报体系。他没有留意到的是，如果说中国历史上许多个世纪的人口数据都已经被证明不可信，那么关于耕地面积和亩产量的数据就更不可信了。事实上，赵冈是根据一些毫无相关性的数据来计算全国平均亩产量的。支撑其论点的只是一些零星的记载片段，而不是根据真实量化数据构建的农业产量和实际工资的序列。

证据不足使赵冈的结论备受争议。赵冈认为，中国帝制晚期，由于人口稳定增长导致的人口土地比上升，人均农业产量大幅下降。然而，这一假设在宋代以后的整个历史时期都得不到证实。根据珀金斯的研究，中国人口从 1393 年到 1776 年增加了 300%，中国的耕地面积也随之增长 250%。[39] 换言之，在 1400 年到 1770 年的约三个半世纪中，人口土地比只略有上升，半数以上粮食产量的增长源于耕地面积的扩大。[40] 另外，有零星的证据显示，很难确定"马尔萨斯陷阱"的确切发生时间。伊懋可将 14 世纪作为转折点，而赵冈则认为 12 世纪才是转折点，这一结论的主要依据为实际工资的急剧下滑。而实际上他只找到了六条记录，然后就开始确定最低值。[41] 有意思的是，根据赵冈的人均粮食产量指数，出现显著下降的时间在 1952 年，如果这第三个时间节点也成立，则前述"马尔萨斯陷阱"的叙述无疑自相矛盾。

如第二章将要指出的，明初的人口和土地面积数据是明代所能找到的唯一可靠的量化证据。1397 年中国的总户数仅为 1120 年前后总户数的 2/3，这是中国帝制后期一千年的人口波谷，人口土地比此时也有所上升。如果循着李嘉图－马尔萨斯理论的逻辑，我们的结论应该是中国可能会避开高水平均衡陷阱，走向现代经济增长之路。同时，明代初期的农民应该要比他们生活在 12 世纪的祖先过得更好，因为随着土地供应的增加和劳动力供应的相对匮乏，工资肯定会上涨。

26　然而，这些假设都没有发生。相反，如本书第二、第三部分各章所述，明代初期的经济状况和社会福利严重恶化。这一悖论对伊懋可、赵冈所倡导的李嘉图-马尔萨斯式的解释构成了重大挑战。

李嘉图-马尔萨斯模型将农业发展与非农业领域的变化分离开来，很少关注农业发展与市场经济的相互依存关系。农业，或狭义来说，粮食生产，是前工业化社会的基础，这是毫无疑问的。但这个"基础"角色并不意味着农业就是前工业化时代经济发生重大变化的唯一直接"原因"，[42] 例如，农业生产力的增长本身还取决于运输及进入大范围贸易网络的成本。同时，这些线性解释也未能就市场扩张的影响明确给出具有逻辑一致性的说明。

20世纪80年代生态农业史的兴起超越了聚焦于单位面积农业产量的传统研究，或者说超越了"农业生产力决定论"，并在很大程度上重塑了我们对江南地区农业发展的认识。高谷好一和渡部忠世等日本学者对亚洲和其他地区的稻作历史发展进行了比较研究。这些学者根据博斯鲁普的理论，认为播种、施肥、灌溉等技术创新是人口增长的产物，特别是人口密度增加的产物，并将人口密度的增加作为农业发展的基础。在研究中国南方时，他们进而引入了一种集约化耕作模型，来解释粮食生产的演变。与"农业生产力决定论"相反，集约化耕作模型将集约化农业在江南的出现与对外粮食市场的开放、资本投入和技术创新的增加，以及移民流入等联系起来。[43]

斯波义信的研究体现了生态农业史方法的重要性，并推翻了先前流行的聚焦于人口过剩的各种解释。在对长江下游地区农业发展的研究中，斯波义信开创性地从生态农业史的角度追溯了当地集约化农业的发展历程。他的研究指向了 1030 年到 1206 年间农业生产率的迅速提高。不过，13 世纪的长江下游地区还处在集约化农业的起步阶段。经过几个世纪的发展，集约化农业的益处才全面体现出来。李伯重以斯波义信等日本学者的研究成果为基础，提出了集约化农业是农民生活水平提高的基础这一命题，并对 600~1800 年江南地区的农业实践进行了全面考察。与赵冈对集约化农业的悲观态度相反，李伯重强调，技术上的突破，特别是三位一体的集约型农业模式的应用，[44]促进了农民家庭收入的增加和劳动生产率的提高。李伯重的模型展示了一种允许农民实现劳动生产率最大化的农民家庭经济最优模式。因此，至少在江南地区，"没有理由认为清代初期和中期农业发展停滞不前；恰恰相反，农业获得了一定程度的发展"。[45]

　　李伯重对江南农民家庭经济的研究，特别是对他慎重选择的松江地区案例的分析显示，1600 年之前农业方面并没有出现重大突破。在农作物生长阶段施用补充肥料的"肥料革命"是使农业增产最显著的一次突破，但它直到"清朝初期和中期"才出现。[46]李伯重还解释说，推进水稻两熟制的各种新方法"在 17 世纪中叶占据了主导地位"，尽管还不能说完全普及。[47]桑园和棉田一年两熟制晚至 18 世纪和 19 世纪中叶才出现。[48]事实上，这些提供农业生产力的技术革新始于 17 世纪，到 18~19 世纪才变得成熟。[49]

　　李伯重的观察打破了 16 世纪农业生产力达到极高水平这一盛行观点。换言之，在整个明清转型时期，1500 年至

1700 年这两个世纪的发展只能算是初步阶段。李伯重对亩产量长期变化的估算数据表明，宋代亩产量即使不是最低的，也算得上很低了。如表 1-1 所示，在过去一千年的江南农业生产力发展进程中，南宋的贡献微乎其微，与前代相比还有退步。

李伯重对 16 世纪至 19 世纪的农业产量进行了一系列估算以支持他的新范式（见表 1-1）并对"宋代经济革命"理论提出强烈质疑。[50] 漆侠、闵宗殿和梁庚尧等研究宋代的专家相信宋代在长江下游农业生产和耕作技术上取得了进步，但李伯重对此持强烈反对的态度，他认为这些研究者选择性地使用证据，导致结论失之偏颇。[51] 但李伯重本人也因选择性地使用数据估算平均亩产，以及对一年两熟耕作制度的误解而受到批评。[52] 李伯重及其反对者之间关于 11 世纪江南重要农业技术（如种植早熟水稻）传播的争论，尚无定论。

表 1-1　3 世纪至 1930 年江南地区亩产量的增长

单位：石

时期	六朝 （229~589 年）	唐代 （618~907 年）	南宋 （1127~1279 年）	明初 （1368~1450 年）	明末至清中期 （1550~1850 年）	1930 年
亩产量	0.48	1.39	0.78~1	1.4~2.1	1.7~2.5	1.3
指数 *	100	214~286	163~208	292~438	354~520	369

资料来源：李伯重，1998b，38；Li，1998：125-126，130-131。
注：* 以六朝的指数为 100。

大多数关于中国农业发展的研究在假设农民家庭经济已经高度市场化的同时，没有关注到价格和诸如私人部门的商品和

服务消费等总需求方面的变化。[53]因此，他们忽视了农民如何
根据价格变化调整家庭经济，如调整粮食和纺织品生产中劳动
力、资本和原料的分配。因此，虽然李伯重强调市场在经济研
究中的重要性，但因缺乏过去一千年里价格和收入的系统数据
而严重受限。总需求的增加虽然在前工业化时代的经济中并不
频繁，但确实会刺激供给方面的变化。例如，18 世纪清代的
物价和货币供应处于高位，说明这一时期的经济繁荣是由总需
求的扩大所推动的。[54]江南农民家庭经济的三位一体模式无疑
凸显了在技术没有发生明显变化时，可以在劳动分工的基础上
实现前工业化增长。这种前工业化增长模式也表明，我们不能
再简单、机械地理解农业生产变化的原因。正如李伯重明确指
出的，农业方面的变化可能是其他社会经济变化的原因，也可
能是其变化的结果。[55]如果用江南地区亩产量估算值代表农业
的发展状况，用货币存量和价格变化代表市场经济的扩张程
度，那么李伯重的模型呈现出农业发展与市场扩张之间存在严
重的脱节。7 世纪（唐代前半期）和 15 世纪初（明初），中
国经济高度去货币化，但据李伯重的推论，在这两个时期，农
业平均亩产量出现了前所未有的增长。相比之下，12 世纪和
20 世纪长江下游地区的平均亩产量要么停滞不前，要么退步
明显，而这两个时期恰好是江南商业化和城市化蓬勃发展的
时期。

　　虽然李伯重对 600～1800 年江南农业发展的总体评价比赵
冈的论述更有说服力，但明代农业生产力的下滑（如果能够
被证实的话）将导致人们对前工业化时代中国经济增长的动
力和轨迹提出更多疑问。笔者通过总体市场扩张与特定地区农
业生产率提高之间的联系，重新审视了有关近千年来江南农业

28

发展的争论。[56]尽管目前的文献中存在各种不同的观点，但笔者的研究表明，12世纪江南的集约型农业和唐宋转型时期的许多其他地区的农业一样，明显处于上升趋势，并可能一直持续到13世纪和14世纪初。

相比之下，通过研究明初江南的政治经济，尤其是严重侵害私人土地所有权带来的税收增加，可以看到农户的生活水平急剧下降。最重要的是，要想全面了解这五个世纪中国的农业发展，就需要扩大研究范围，不能只局限于江南地区。唐宋转型之际，江南一带虽然成为中国经济最发达的地区，但仅占长江下游地区的一小部分，而长江下游地区又只是前工业化时代中国的九个大区域之一。[57]江南是唯一在1200年至1400年间保持人口稳健增长的地区。而在中国北方、四川和长江中游等其他许多地区，经过元朝统治之后，随着管制经济的兴起，人口普遍减少，逆城市化现象明显。大多数农耕人口不是军屯的士兵就是被强制的移民，在荒地开垦方面基本上没有市场调节。农耕面临各种困难，如农民生活条件简陋、缺乏耕牛、远离市场等。户均耕地拥有量因为开垦荒地而扩大。然而，人们会怀疑人均耕地的增长是否会像李嘉图-马尔萨斯模型所显示的那样带动人均农业产出的增加。今天的研究者有必要收集所有可用资料，然后根据人口密度的变化和市场的扩张与收缩，复原这些地区的粮食生产情况。

宏观经济方法：衡量市场扩张
对福利影响的综合框架

29 虽然学者们做了大量努力，但我们对市场力量在前工业化时代中国发展中的作用还远未有全面了解。前几节对当前学术研究的回顾揭示了一些亟待解决的问题，包括缺乏清晰理论框架、量化证据和政治经济学角度的分析。接下来笔者将首先提出研究中国市场经济需要解决的若干主要问题并分别做简短分析，然后提出自己的解决方案，旨在将理论框架、研究视角和证据等有机整合起来。

唐宋转型与明清转型范式之争，促使学者全面审视市场经济运行的长期变化。然而，由于缺乏一个基于量化证据的全面框架，实证研究中基于市场的方法和基于生产的方法之间存在巨大的鸿沟。前文对旨在厘清近千年来中国市场经济重大变迁的各种实证研究进行了回顾，这些研究大致分为两类：一类聚焦于市场扩张，另一类聚焦于农业生产。前文的回顾显示，这两类研究之间存在明显的脱节，在以价格和工资为基础的市场机制作用与农业生产增长之间缺少必要的联系。尽管在一个自洽的理论框架下，市场机制与农业生产应该是相互影响的，但由于研究方法上的差异和量化证据不足，目前的研究呈现给读者的是相当不确定甚至相互矛盾的面貌。最重要的是，本书的目的正是研究中国帝制晚期人民自由度与社会福利之间的关系，因此市场扩张及其对生活水平和农业生产率的影响就成为一个无法回避的问题。

在此，笔者提出一种宏观经济的研究方法，旨在将上述的实证研究整合入一个自洽的框架，从而帮助我们评估市场表现。这一方法的前提假设是，市场是促进前工业化时代经济增长和生活水平提升的内生变量。本书将在这一框架下，根据以下标准对市场表现进行全面的评估：

a. 人口增长；

b. 商业化程度，包括国内市场规模、城市人口占全国人口的比例，以及货币供应量等；

  c. 国家政权的规模和高度发展水平，具体衡量标准为

  （i）人均税收

  （ii）税收结构（这里的"高度发展水平"指的是沿着熊彼特路径[58]向税收国家转变的程度）；

  d. 人均 GDP 和实际工资特别是劳动者的实际工资；

  e. 农业生产力，如单位面积耕地或单位家庭的农业产量。

30 下面，笔者简要解释一下为什么这些标准对于观察市场经济表现是必不可少的。一个市场经济表现的全面评估，首先应该包括市场的扩张和收缩情况，这可以用 a、b、c 三个指标衡量；其次应该包括市场扩张与收缩对生活水平产生的不同结果，这可以用 d、e 两个指标衡量。调查首先从人口增长入手，因为人口增长是影响前工业化经济供求变化的主要因素。从技术上讲，比较宋明时期的市场表现，必须在人均水平上进行精准计算。因此，没有可靠的人口数据，就无法进行有意义的比较。

  除人口变化外，我们还需要考虑如何衡量帝制时期市场经济的规模和结构。笔者之前列出了三个标准：国内市场规模、城市人口占全国总人口的比例和货币供应量。前工业化时代市场的资料通常不够充分，然而一个自洽的框架会有助于研究人员发现经济各相关领域之间日益密切的关联。例如，市场的扩张一般会带来水运支持下的长途贸易的发展，同时也要求充足的货币供应以及国家提供的必要的基础设施。在市场繁荣时期，运输成本增加和货币存量减少的可能性很小——这两种情况即使发生，也不会持续太久。就有关不同时期市场经济表现的研究来说，在方法论层面上，市场扩张与收

缩时不同要素间的关联性使我们有可能评估数据的质量并在宏观经济基础上对数据展开分析。类似地，管制经济的兴起意味着市场的收缩。我们可以通过去货币化的程度来衡量前工业化时代管制体系的力量。实物支付和劳役取代了国家财政中的货币。货币和价格机制不再对货物或劳役的分配产生重要影响。采矿、商业和手工业方面的私营经济萌芽严重受阻，甚至被禁。随着市场的收缩，经济衰退严重。最重要的是，本书指出了一个关键问题，即前工业化时代的管制经济是如何进行的——人们在法律上和现实中是如何丧失职业选择和居住地选择自由的。强制移民和大规模军屯是揭示管制农业之运作机制的重要方面。通过研究上述议题，不同方面的量化证据被汇集在一起，以显示管制体系是如何取代市场机制并展开运作的——如果管制者主动或被动允许体系内部存在大的争议，比如，人们通过自由迁移来改善生活，或者士兵们开始领取现金薪酬并放弃屯田，那么管制权力就难以维持了。

接下来，笔者按照这一框架来研究市场扩张与收缩对生活水平的影响。如果市场真的如前工业化增长理论所显示的那样，在促进社会福利方面发挥着重要的作用，那么应该会随之看到农业生产率提高和生活水平的相应提高。幸运的是，在宋代市场经济模式之后，我们还有明初的经济案例，在这个案例中管制经济体制替代了市场机制，这为我们比较家庭收入和农业生产率提供了非常珍贵的依据。将这种管制经济作为比较研究的反面模型，读者可以清楚地理解讨论的中心问题。然而，这一研究面临的主要问题是收入和生产数据的质量相对较低。因此，为了进行有效对比，笔者希望通过分析不同学者得出的各种产出估算数据，来弥补基于少量样本做出估算的不足。更重要的是，要克服根深蒂固的偏见，关键是要从不同的研究路径分别得出各自的初步结论。如果所有初步结论都指向同一个方向，那么我们就有信心得出一个正确的结论。

笔者首先选择实际工资特别是军人工资，作为研究宋明时期国民收入的基础。然后，笔者选择农户收入这一指标做宏观区域层面的跨朝代比较。在国民收入研究中，家庭收入和工资都属于需求侧的指标。前工业化时代中国实际工资的相关数据很少，因此这里采用军人工资作为比较基础。家庭收入的比较也仅限于江南地区。最后，为了确保研究的全面性，笔者会转向供给方面，并选择使用农业生产率来检验结论的有效性，通过以供给为中心的方法来印证从需求角度对社会福利所做的考察。笔者不是简单地根据从全国收集的综合数据做出平均估计，而是从不同宏观区域选择重要的地区案例，以构建一个代表区域差异的指数。

比较框架确定后，还有两个主要问题有待解决：如何确定量化证据和政治经济学的视角。政治经济学视角的引入主要针对元朝统治下由市场经济体制向管制经济体制的转变，并凸显了明初中国政治经济的重要性。这一经常被忽略的过渡时期须引起高度重视，因为这体现了唐宋转型和明清转型之间的重要联系。[59]要全面了解这两次转型，就必须对这一过渡时期进行彻底剖析。

这一过渡时期始于1127年北宋的灭亡。1120年，市场规模扩大到前所未有的水平，宋朝人口达到1亿左右。以开封为中心的市场体系曾推动11世纪经济的长期扩张，直到1125年被女真族南下所摧毁。女真游牧势力牢牢控制了中国北方，战败的宋朝朝廷从开封迁往长江下游的杭州，继续统治南方，直到 1279 年元朝摧毁南宋并统一中国。元朝的大一统结束了东亚大陆长达五百多年的多国并存的局面。然而，仅仅过了九十年，这个巨大的帝国就分崩离析了。元朝末年多地起义并起，农民起义军领袖之一朱元璋推翻了蒙古人的统治，建立了明朝。

11 世纪的市场扩张和人口增长与以开封为中心的军事-财政中心的形成密切相关。许多宋史学者都指出，这个新型的国家政权依赖于以开封为中心的密集的内河航道网络。宋代国家 32 与市场扩张的本质联系体现在三个方面：大部分朝廷税收来自长途贸易和城市消费；国家财政体系高度货币化；士兵都是用工资和其他福利招募而来的主动从军的人。最后一点在饥荒时期的募兵活动中尤为明显。[60]因此，宋朝政府从市场扩张中获益良多，并因此支持贸易的发展。在施坚雅模型中，宋元明的更迭被理解为两个宏观区域周期的转换——从以开封为中心的经济周期转向了以北京为中心的经济周期。正如施坚雅和郝若贝所说，这一更替主要体现在人口变化方面。遗憾的是，他们没有意识到随着以北京为中心的政治力量的形成，管制经济正悄然兴起。[61]

管制体系是一种替代市场机制的行政体制。很难说中国的政治精英最早是什么时候形成去货币化管理的确切想法的，[62]但元朝的统治无疑是建立管制体系的关键一步。尽管蒙古贵族与商人（如被称为"斡脱"的官商）之间的关系非常友好，但元朝社会在制度上是源自等级制、部落制的游牧社会。[63]游牧民族的统治对中国社会的演变产生了重大影响，极大地改变了国家与市场的关系。人头税和徭役的复兴、世袭兵役的产生、军屯和民屯的普及，尤其是将首都定在北京，等等，大大减少了中央财政对市场机制的依赖，使国家体制偏离了唐宋转型时期的主要道路。还有一点值得注意的是，元朝的统治是多种不同的，甚至相互矛盾的政策和实践的结合体。作为中国市场经济的中心，长江下游地区依然保持了经济的繁荣，国际贸易更加活跃。在华北和西北地区，战争和自然灾害造成人口大量流失，导致经济陷入困境。元朝大一统之后王朝的版图大幅扩大，由于其结构性的缺陷，元朝的经济并不稳定，区域间整合的程度也大大降低。

管制经济是一种国家行为，旨在用管制体系取代市场作用。早期的劳役或以物易物都不能被称为管制经济。发达的管制经济必须是一个有计划的体系，而不是一个渐进的演变过程。因此，直到朱元璋在全国范围内明确推行反市场政策，管制经济体制才真正形成。为了推行管制体系，朱元璋创立了三大制度：里甲、屯田和强制移民，以及宝钞。在制度设计上，里甲就是一个自给自足、相互监督的单位，负责管控各地人口。军户禁止移徙，因为政府认为这些家庭一旦离开原住地就有可能逃避军役。农民和手工业者也被限制在他们的户籍地，受里甲制度管理。[64]军屯旨在使军队自给自足，避免宋朝军费占国家支出比例过大而不得不依赖市场的窘境，强制移民的施行则促进大片荒地的重新开垦。宝钞是朝廷发行的纸币，用以代替市面上的铜钱、白银等硬通货；金银被禁止流通，必须按官价出售给政府。

本书主要是将市场经济与管制经济进行比较，因此有必要为管制经济确定一个结束时间。虽然管制体系的全面运作只维持了不到一个世纪，但要确定其瓦解的确切时间并非易事。1424年，曾派遣郑和下西洋并决定迁都北京的明成祖朱棣突然驾崩，国家就像一艘没有风的帆船，停止了管制体系的扩张步伐。但是，这样一个庞大体系的瓦解并非人为设计的，而是其内部累积的争议和冲突导致的。这一瓦解过程颇为曲折并出现反复。这里以宝钞为例，阐述一下政策领域的剧烈变化：1375 年宝钞正式推出后不久，朝廷便无节制地发行，导致货币大幅贬值。根据最初的规定，1 贯宝钞等于 1 两白银。到 1426 年，100 贯宝钞才值 1 两白银，[65]民间纷纷放弃宝钞而恢复使用白银。经过数次徒劳的努力，1436 年，也就是朱棣驾崩之后仅仅过了十二年，朝廷便决定接受白银作为支付手段。这一政策变化标志着明代货币史上的一个转折点：国家政权向它在六十年前曾竭尽全力试图摧毁的市场力量屈服了。在其他方面，管制体系的瓦解是几十年后才出现的。禁止自由移徙的规定适用于所有在籍人户。农业税用一种类似"进贡"的方法征收，朱元璋要求农民按里甲组织自己运输税粮和土供到特定地点。农户不得迁移到户籍地以外地区居住，朝廷在敕令中再三警告流民，让他们返回原来的里甲。1430 年，兼掌户部事务的张本曾警告说，如果非法迁徙的农民没有返回，那么他们将被强制充军，任何庇护这些移民或没有向政府报告的人都将受到同样的惩罚。根据这一规定，无论已经移徙多远，移民只有在其原籍地履行纳税义务和劳役后，才有可能在迁入地合法申报为外来居民。[66]可以想象，如果一个农民家庭想要成为合法移民，他们将面临多大的压力——必须在两个不同的地区纳税。

事实上绝大多数明代移民都不符合这一要求。尽管 15 世纪的实际人口肯定远远超过 1393 年的人口，但 1400 年以后全国登记户数没有增加的迹象，1450 年以后甚至大幅减少。[67]大量民众抵制这种强制性的人身控制，这应该是明初专制主义瓦解的主要原因。然而，在明代初期，朝廷通过采取罚金、抄家和充军等措施威胁民众履行沉重的劳役和兵役。即使到了明英宗正统年间（1436~1449年），人们仍然可以找到关于明朝军队在偏远山区镇压非法移民的记录。[68]15世纪中叶的两次动乱也与移民密切相关：一次是闽浙邓茂七、叶宗留暴动（1448~1449年），据当时文献的记载，这是一起矿徒暴乱；另一次是荆襄山区流民起义，涉及非法移民约100万人。[69]荆襄流民起义平息后，明朝于1476年在当地设立了郧阳府，并承认移民有权在新的家园永久居住并耕种无主土地。这一事件标志着国家移民政策的重大变化。一言以蔽之，管制体系在15世纪末迅速瓦解。但这个潮流中存在一个关键例外——海上贸易政策并未发生改变。直到隆庆年间（1567~1572年），朝廷才正式解除海禁，允许商人在福建一个小海港进行海外贸易。方便起见，这里以1500年作为管制体系的终结年份。宋代与明初的比较是一个迄今尚未得到探索的视角，它能够凸显传统经济中市场机制与管制体系的差异。相比之下，众所周知的16世纪市场复苏不是本书要研究的首要问题。

第二章　宋明经济数据的性质

　　从战国时期开始，列国就以军事动员或税收为目的进行人口登记。[1]在诸子百家争论中，法家就强调国家应该对资源和人口进行直接管控。他们还主张国家政权的基础是法律、制度，尤其是向征募的士兵按军功分配土地的军功爵制度。[2]商鞅（前390~前338年）是战国时期法家最有影响力的代表人物，他曾向秦孝公进言："强国知十三数：竟内仓、口之数，壮男、壮女之数，老、弱之数，官、士之数，以言说取食者之数，利民之数，马、牛、刍藁之数。"[3]因此，中国历史经济数据多数是统治者以征税和军事动员为目的而编制的。

　　人口变化对于解释说明中国传统经济的长期趋势至关重要。中国的统治者很早就开始尝试进行人口普查，因而中国成为前工业化时代人口信息最丰富的国家。现存的最早记录显示，公元2年中国人口达到12233062户，共计59594978人。微观层面的户籍登记也显示，地方政府大力开展调查和上报工作，全面统计家庭成员，无论男女老少，甚至连丫鬟也记录在内。[4]然而，我们也发现，史料中的宏观数据很难作为研究长期人口变化主要趋势的可靠依据。毕汉思（Hans Bielenstein）对2年至742年间二十九个年份的人口数据进行综合调查，发现只有2年、156年、609年、742年的数据或多或少反映了实际人口普查的情况。[5]但用这四个年份的数据推测这一时期的人口发展情况时，他发现"人口曲线其实非常平直"。[6]在这些基准年份间,中国的人口总数可能出现波动,但 742 年的人口总数与七个世纪之前的人口总数完全在相同水平上。[7]这还不是最极端的例子。明代人口数量峰值出现在明代初期 1381 年到 1393 年间的人口普查中。之后近三百年的人口普查报告的数字保持不变,甚至有所降低。这些数据不可能作为重建明代人口历史的依据。

36

本书旨在从以下四个方面介绍宋明时期中国市场经济的扩张与收缩:人口增长、城市化和耕地面积;贸易、水运和货币供应;税收;物价、实际工资和家庭收入。在进行两个朝代的比较之前,有必要先证实本书涉及的所有数据都是有意义、可信赖的。在 1800 年以前的两千年里,中国的官僚机构记录了大量经济数据,全面覆盖中国人口、耕地面积和税收情况。然而,如附录所示,这些数据的质量远不如人意,而且在帝制中国的最后一千年中,可靠数据的分布极不均匀,并非年代越靠后的数据质量就越好。出乎意料的是,1500 年以前的五百年间所出的数据更为可靠。最值得注意的是,集中在约 1080 年到 1393 年间的经济数据质量很接近现代调查,为研究当时中国经济与人口的长期变化趋势提供了可靠资料。本章将阐述为什么前工业化时代中国经济的可靠数据只集中在 980 年到 1500 年的五百多年间。

"何炳棣之惑"与中国人口数据的可靠性

虽然有人会期望能在比较晚近的时代找到更加丰富翔实的官方统计资料,但实际上,1500 年后几个世纪的宏观经济数据大多数不足以采信,这一点虽然让人感觉有违常识,但这是有关帝制中国后期经济历史的一个重大发现。1400 年以后的五百多年中，朝廷有关人口与耕地面积总数的记录构成了中国经济数据的主要来源，但这些数据要么基本不变，要么有明显谬误，因此并不能反映历史的实际状况。以明朝人口数据为例，从15世纪开始官方数据不再可信。户籍登记的可靠记录分别出现在1381年、1391年和1393年。[8]耕地面积数据的质量更差，但1502年的数据相对可靠。[9]何炳棣对1398年到1867年间的数据评论道："除了1602年的报告之外，其他有报告地区的数据没有出现有意义的变化。"[10]

有赖于何炳棣的研究，我们现在知道了明朝的人口和土地上报流程发生的重大变化。何炳棣充分证明了洪武年间（1368~1398年）人口数据的产生和当时农村地区普遍推行的里甲制度密切相关。里甲的运作必须尽可能地准确，因为只有严格控制人口和土地，才能够征收土地税并进行劳役分配。因此，管制经济的兴起为人口登记的初步成功奠定了坚实的基础，尽管它也最终导致了明朝人口登记制度的失效。前两三次的人口报告"无论在理论上还是实践上都与现代人口登记非常接近"，但此后明朝的人口登记不是根据实际人口数量变化，而是更多地随着税收和劳役配额的变化而调整。[11]直到 37 1775年，清朝皇帝为救济饥荒人口做准备时下令重新报告地方人口数量，中国的人口数据才摆脱不可靠的窘境。这是四百年来首次不将税收和人口申报直接联系起来，百姓因此才愿意如实上报自家人口，因此地方一级收集的信息相对可靠。当时报告的中国人口达到2.68亿，估计实际总人口可达3.11亿。[12]根据这些数据可以得出结论，从1393年到1776年的近四百年间，中国人口从6000万跃升到3亿多。现有的记录说明不了这种急剧增加的空间分布、发生时间和具体方式，因此，缺乏宏观人口准确信息仍然是研究明清经济所面临的一大难点。

何炳棣对明代人口的研究为理解历史数据特色及其制度源头提供了可靠的依据。何氏的结论发人深省，并向历史研究者揭露了一个不成文的准则，也就是中国王朝登记和上报人口工作中存在一个重大悖论，笔者将其称为"何炳棣之惑"。对政府而言，准确可靠的户籍登记是国家征集赋税、推行劳役的基础；而对百姓来说，诚实申报就会面临相应的赋税和劳役，必然有所隐瞒，这便会造成漏报。两者互为因果，又互相排斥，终难避免申报数字造假而国家赋税流失。从这一点来看，管制经济的兴起可能为明初人口登记的成功奠定了坚实的基础，但也最终导致为管制人口而设计的里甲和黄册制度在中后期沦为官样文章而实际消亡。中国历史上很多时期，人口管制都是征税的基础，由是"何炳棣之惑"能用于研究中国大部分历史时期的人口数据，而且我们也可以预测这些数据和明代的类似：人口登记的实质是国家和民间围绕各自利益进行的一种政治博弈，而王朝控制的有效性与百姓著籍户数波动之间有正相关关系，并且随着管控的削弱，绝大部分时间各地汇报的人口数字必然是这种政治博弈在当地的体现。在表2-1中，笔者以隋朝（581～618年）和唐朝（608～907年）人口登记情况为例来说明这一悖论。

表2-1　606～845年中国登记人口变化

年份	人数	户数	年份	人数	户数
606	46019956	8907536	705	37140000	6156141
627	—	3000000	726	41419712	7069565
639	12000000	2992779	732	45431265	7861236
650	—	3800000	734	46285161	8018710
652	—	3850000	740	48143609	8412871

年份	人数	户数	年份	人数	户数
742	48909800	8525763	806~820 *	—	2473963
754	52880488	9069154	812	—	2440254
755	52919309	8914709	812~824	—	3944959
756	—	8018710	825~826	—	3978982
757	—	8018710	827~835	—	4357575
760	16900386	2933174	839	—	4996752
764	16900000	2900000	841	—	2114960
766~779	—	1200000	845	—	4955151
780	—	3805076			

资料来源：Durand，1960：223。

注：* 此处出自《唐会要》卷八四所载元和年间的户数，无具体年份，杜兰德将其标注为806~820年。

这一时期的人口记录主要是从606年到835年约二百三十年间的二十七组数据。只有在705年到754年这半个世纪中，总户数呈现稳定且合理的增长。登记的户数在754年达到顶峰时约为907万户；与此同时，家庭平均规模从6.03人一度小幅下降至5.72人，到754年又反弹至5.83人。随着人口的增长，经济乃至整个国家都在8世纪上半叶出现了显著发展。[13]然而，我们今天之所以能了解到这一时期的增长，必须仰赖当时国家对户籍登记的有效管理。从703年开始，朝廷定期派遣审查官员来审查由农户迁移等现象造成的人口漏报问题。唐玄宗（712~756年在位）在721年至725年间开展了检田括户运动，在全国范围内登记未上报的农户，此次新登记的家庭超过80万户，约占全国总户数的10%。[14]除705年至755年间的人口记录外，表2-1所列的其他数据差异极大，这使我们不得不怀

38

疑隋唐时期的人口报告是否真的都涵盖了全部人口。其中，760年至845年间的人口下降可以部分归因于战争，但是755年至760年的短短五年内中国的总人口减少了2/3，这实在令人难以置信。多数学者倾向于认为，人口剧减主要是因为经历了安史之乱后，唐朝政府执行人口登记制度的能力被严重削弱了（冻国栋，2002：143-148）。正如毕汉思所指出的，人口统计数据突然下降的背后是一个简单的事实：安史之乱刚刚结束时的无序状态使总人口数不可能被"全部登记"。[15]考虑到当时各地藩镇纷纷独立并且拒绝向京城供应赋税，毕汉思的说法可信度很高。[16]

在唐代，人口调查是中央争夺资源控制权的第一步，也是最重要的一步，因为朝廷的大部分税收是人头税。朝廷禁止民众自由移徙，因为这会导致税源流失，进而影响军费供应。[17]这一时期，一方面朝廷为了控制民众颁布了各种条例，另一方面农户不停地试图瞒报人口而逃税。在唐朝建立之后的半个世纪里，登记在册的总户数一直都不到四百万。705年至755年间的人口记录看上去相对可靠，但漏报现象仍然不可避免。755年以后，人口登记数字急剧下降，预示着以人头税为基础的制度即将终结。安史之乱结束后，朝廷官员试图增加商业税和盐酒专卖来开辟税源。唐、明两代人口总数的变化表明，国家靠直接支配人口和耕地来施行管制经济的能力是有限的。在这两个朝代，人口统计都承载着税收；在政府失去对农村的严格管控之后，这些人口统计也都不反映实际的人口变动。在明代，朱元璋为控制人口而建立了里甲制度，户籍登记则直接服务于国家对税粮和劳役等经济资源的征收和支配。1393年以后，人口数据的变动已无法反映经济的实际变化。从同样的思路出发，我们可以把可靠宏观数据的终结年份定在1500年，可靠人口数据的终结年份则可定在 1400 年。

　　但是"何炳棣之惑"这一悖论不能应用于宋代，因为我们在宋朝官方史料里发现了可信赖且成时间系列的宏观经济数据。宋朝国家财政最突出的特点是间接税占主导，人头税在宋朝税收中的作用微乎其微，因此国家能力不再依赖对民众的直接控制。宋朝中央政府征收流通税，特别是向消费品征税，用于支撑民事和军事装备的开销，以及重要战略和后勤物资的开销，"新法"时期（1068~1120 年）尤其如此。正如本章下文将要讨论的，在这种情况下，户籍登记并不直接与征税挂钩，因此其中报告的人口数是基本可信的。

　　这一重大发现支持并进一步发展了前文所述"何炳棣之惑"的假说。"何炳棣之惑"是关于帝制中国晚期人口数据质量和性质的著名论题。在对官方记载的人口和耕地面积所做的开创性研究中，何炳棣发现 1393 年人口普查所记载的人口数是可信的，这归功于明代初期政府的管制效率。然而从那以后，由于国家管制能力减弱，民众越来越倾向于逃避税收和劳役，漏报现象在全国各地普遍存在。[18]笔者还对明朝建立（1368 年）之前的四个世纪的经济数据做了研究，这些数据的产生背景虽然与明代初年很不相同，但它们在可信度上与 1393 年的数据并没有很大差距。

　　要想理解中国经济数据的本质以及近千年来可靠数据分布不均的问题，关键是要对"何炳棣之惑"做出明确的定义。具体来说，"何炳棣之惑"源于明朝政府所编制的人口数据内在的矛盾性。总的来说，帝制时期中国的经济数据主要是为了征税而编制的。在明代最初的一百年中，国家机制可以大致概括为以征收人头税、劳役、实物税收等为特征的管制经济体制。因此，朝廷统计的经济数据大多与实际经济变化无关，尤其不适用于市场发展的研究。事实上，在讨论这些数据的性质时，有一些学者就公开质疑以这些历史数据为基础究竟有无可能重建中国经济的规模和结构。[19]

对数据生成方式的充分考察，使我们有可能选出可用于经济分析的合格数据。宋代的国家政权是以市场为基础的，国家税收的很大一部分来自间接税，这说明国家可以摆脱对人口和土地资源的依赖。因此，人口登记不一定产生税收负担，在这一点上，宋朝土地税的评估和征收就是典型例子。农村家庭不再按年龄或性别向国家纳税或提供劳动力。首先，占人口 1/3 以上的无土地者可免于纳税。[20]其次，税负主要依据各户资产比例在有地农户间分摊。根据这一原则，宋代人数最少的大地主纳夏、秋二税，负担最重，而一半以上的农户拥有中等规模或以下的家庭农田，他们缴纳的税额并不过分。虽然户籍登记是征收土地税所必需的重要信息，但大多数农村人并未感觉到超额征税的直接威胁。毕竟，纳税最多的是最富的人。[21]财富的增长取代人口增长成为税收增加的主要来源，国家开始允许人口移徙并保护私有财产权。为了最大限度提高城市消费税收，朝廷甚至鼓励移民进城。宋朝法令允许迁徙自由、鼓励市镇工商业发展，并不是因为宋朝君臣更相信儒家经典，而是因为他们要依赖城市征税——官员对金钱的贪婪之心比任何道德理想都更能决定政策的走向。简而言之，帝制中国时期，只有当朝廷有能力而且有意愿通过市场征税时，才可能形成可靠的市场数据。无论是明代初期等以管制经济为基础的专制时期，还是 1500 年后以土地税为基础的"重农"观念时期，朝廷都没有能力也没有意愿像宋朝这样向市场征税。

如果笔者对"何炳棣之惑"和中国经济数据性质的理解是正确的，就会得出一个令人惊讶的结论：在中国两千多年的历史中，只有五个世纪存在可供开展国家层面的中国经济研究的可靠量化证据。要充分证明这一点，必须结合时代背景对官方经济数据进行实证分析。本章以下各节将简要描述税收的模式和结构，包括人头税、土地税和间接税，从而解释生成相关数据的具体国家制度。虽然本书侧重于对宋、明两代的对比，但也会涉及以人头税和徭役为主的汉唐时期的经济体系，所考察的核心问题是经济数据收集与税收制度演变之间的关联。通过对比中国两千年来官僚体制产生的各种经济数据可以看出，国家政权在意愿、立场、能力等方面的差异造成了经济数据的不同性质。现代研究人员可能都会像何炳棣和珀金斯一样关注这些信息的可靠性或不可靠性，但学者难以根据原本与实际变化无关的经济数据来重构当时经济的规模和结构。

人头税时代：公元前 220 年至公元 755 年

帝制中国赋税史的前一千年可以说是人头税时代。这尤其体现在当时形成的人口数据中，这一时期的人口数据是中国历史数据中最重要、最丰富的一部分。一些学者认为，军事变革特别是全国范围内的征兵，极大地推动了公元前 6 世纪户籍登记制度的发展。考古学家提供的现存最早的官方户籍记录可追溯到公元前 221 年前后的几十年。[22] 通过对这些记录的研究发现，征收人头税的基础是全面控制人口。各家各户都要进行人口登记，才能分到土地以维持生活。[23] 同时，他们要以谷物、金钱和纺织品等形式向朝廷纳税，更加重要的是履行兵役和徭役，为此政府必须准确地登记各户每个成员的性别和年龄。各户所有的仆人和奴隶也必须服役。严格的人口管控是增强国家力量的关键，一旦国家失去控制力，税收就会减少，兵源规模也会缩小。每户的土地分配和税收配额都是根据基层人口的生产潜力（最基层各个家庭的规模）而精确计算的。帝制时期人头税与户籍登记制度的关系表明，决定经济数据性质的是国家利益，尤其是税收和军事动员方式。[24]

根据纳税载体的基本差异，我们可以区分货币化模式与实物模式。早期阶段，统一的王朝倾向于征收人头税。例如在汉代（前 206～220 年），所有 15～56 岁的人，无论男女，每年要缴纳铜钱 120 文，这种税称为"算赋"。3～14 岁的孩子每年须缴纳铜钱 20 文，称为"口赋"。公元 2 世纪登记的总人口在 4800 万至 5600 万之间。通过算赋和口赋征收的税款能达到 38 亿至 45 亿文铜钱，足以维持国家年度预算。[25]

除直接向家庭成员征收人头税外，23 岁及以上的成年男性每年必须在边境服兵役 3 天。据估计，每年有 12 万～15 万人需要服兵役（马大英，1983：52）。这项兵役也可以通过缴纳铜钱 300 文来免除，缴纳的费用称为"更赋"。所有男性，无论贫富贵贱，都必须服兵役，这一点与人头税相似。汉代的人头税是以铜钱来征收的，这表明当时的农民已充分参与货币经济，无论参与的程度和真正的原因为何。西嶋定生还提到，公元前 113 年到公元 1 世纪初，汉朝的年均铸币量达到 22 万贯。然而，他进一步指出，"汉代大量流通的货币是国家以税收制度控制人民的工具"，而不是"货币经济全面成熟的自然结果"。[26]由于人头税是无论男女，只要成年就按固定配额分配的，所以既不能反映宏观层面的经济变化，也不能体现社会结构和财富分配。

出于征收人头税、分配劳役和征发兵役的需要，无论是在理论上还是在诸多实际案例中，汉朝建立的户籍登记制度都要涵盖各户所有成员。因此，我们可以用平均家庭人数和从人口总数计算的男女比例来验证人口数据的可信度。登记人口的地域分布则可用于进一步检测帝制中国不同宏观区域之间的差异。由于全国人口普查机制（案比、算人）的周密计划和严格执行，西汉元始二年（2）诞生了中国人口统计中的第一份可信数据，当时中国总人口有近 6000 万，每个家庭的平均人数为 4.9 人。[27]根据登记户数的地域分布，公元 1 世纪初中国人口主要集中在北方，具体来说，全国近 2/3 的人口集中在黄河中下游地区。汉朝新纳入统治的敦煌、张掖、交阯等西北、西南地区的人口密度都在每平方千米 2 人以下。[28]这充分说明，朝廷有能力掌握维持赋税所必需的经济信息。然而，我们也不能过分高估汉朝的行政效率。现存数字的质量差异很大。从统计角度来看，户数统计的最大问题是所报总数之间的不一致。例如，2 年至 156 年间，汉代共统计了 11 个总户数数据，其中以 2 年最多。户口总数变化明显不合理，这让我们怀疑数据的可信度。2 年后的第一个世纪，人口总数急剧下降，减少了 1/3~1/2。105 年到 146 年的半个世纪里，人口总数几乎保持不变。[29]对此，已经有研究者指出，我们不可能推测出当时实际人口的长期变化趋势。[30]

　　户籍登记还包括统计每户所拥有的耕地。汉朝虽然记载了耕地数据，但不足采信。汉代土地税的征收率是农业产量的 1/30。145 年登记的耕地面积为 695767620 汉亩。因此，假设每亩土地的农业产量为 1 汉石，按 0.03 汉石/汉亩的税率，土地税将高达约 2090 万汉石。若以货币计算，土地税总额约为 31 亿文铜钱，少于人头税和"更赋"的总和。[31]

公元 2 世纪汉朝灭亡，取而代之的是实物经济基础上的贵族门阀政治。虽然纳税载体从铜钱转变为绢帛和粮食，但人头税仍然在财政体系中占主导地位。此外，这一时期中国北方被游牧民族统治，战争和瘟疫同时造成人口减少，这些落后的社会经济环境迫使当时统治者因陋就简，把人头税的征收（北朝租调制）与兵制（府兵制的建立）及农业生产中的"均田制"（国家按法令计口授田）联系起来，奠定国家制度的根本基础。均田制一直延续到隋唐。唐高祖武德七年（624），朝廷颁布了一项法令，重新规定了土地分配和人头税的征收制度（见表 2-2）。

表面上看，唐代的赋税制度非常简单，并且不需要用货币缴税。人头税主要针对 21~59 岁的成年男性。这些人可以从国家获得每人 100 亩的土地用于耕种，相应地，每人需要向国家缴纳粟 2 石（称为"租"）、绢 2 丈（称为"调"）。此外，他们每年还要根据国家的指派服劳役 20 天。不过，这三个税项都是可以折纳的。根据法令，不愿服劳役的人可以按照每日 3 尺绢折算缴纳"庸"，要免除全部 20 天的劳役总计需要缴纳绢 60 尺。另外，成年男性每丁服役 20 天后，若加役 15 天，可以免纳调；若加役 30 天，则租、调全免。按上述规定，租、调、庸之间的折算率为 1（15）：1（15）：1.3（20）。[32]

表 2-2　唐开元二十五年（737）土地分配与赋税法令

对象	口分田	永业田	纳绢	纳粟	劳役
少儿(4~15 岁)	—	—	不适用	不适用	不适用
青少年(16~20 岁)	80 唐亩	20 唐亩	不适用	不适用	不适用

续表

对象	口分田	永业田	纳绢	纳粟	劳役
成丁/成年夫妇(21~59岁)	80唐亩	20唐亩	20尺	2石	20天
寡妇(21~59岁)	30唐亩	—	不适用	不适用	不适用
老年人(60岁及以上)	40唐亩	—	不适用	不适用	不适用
残疾人			不适用	不适用	不适用

资料来源：《通典》卷二，卷六。另见 Twitchett, 1970：124-53。关于485年至755年间法令细微变化的讨论，见杨际平，2003：31-40，61-106；武建国，1992：64-122。

从国家的角度来看，无论纳税人在租、庸、调之间如何折纳，总的税入都是这三方面来源的总和。租、庸、调三项加起来，每户成年夫妇或每个成丁（成年男性）的赋税总额都是2石粮食和80尺绢。一旦确定了应税人口的比例，朝廷很容易就可以算出当年的预算收入。按实际价值计算，10尺绢相当于1.5~2.7石粟。在所有上述人头税中，纺织品如绢帛、麻布等占了绝大部分。

有关土地分配、赋税、劳役等方面的唐代法律并不复杂，但对农户的管控要求很高。首先，各家各户均须不断登记。只有当朝廷认为有必要在人口稀少的地区组织劳动力进行耕作时，才允许人口迁徙。律令中以"窄乡"（人口稠密区）和"宽乡"（人口稀疏区）来区分人口和土地状况。窄乡的均田额度可减至标准额度的一半，而宽乡的均田额度则可增加至标准额度的2倍。同理，商人可以在人口相对稀少的地方获得50唐亩土地，在人口稠密区却不能。户籍登记中最重要的是区分免税人口和应税人口。应税人口在法律上是指年龄在 21 岁至 59 岁之间、没有身体残疾的成丁。[33]在户籍登记时，各户都必须报告亲属、仆人和奴隶的人数，以及这些人的年龄、身体状况、社会地位和婚姻状况等，以便于确定其纳税义务。若一户有一个或多个应纳税人，该户就被列为应税户。[34]

人口信息的详细记录为人头税的征收奠定了坚实的基础。每年下级官员都会向上级报告应税户和免税户数量的确切变化。根据唐律，服役是一种义务，朝廷没有补偿。为了维持这种"类管制经济"，朝廷不得不限制人口的流动，而自由移民更是被视为一种威胁。因此，为了便于分配劳役尤其是维持兵役，朝廷高度重视户籍登记和管理。

考虑到盛唐时的在籍人口达 6000 万，户籍登记一定是基层行政人员的一项艰巨任务，而实际结果更是弊病丛生。根据唐长孺对吐鲁番出土的唐代西州一个乡的户口账的研究，估算的总人口只有 2300～2500 人，被认定有纳税义务的白丁见输才 273 人，不需纳税的不输课丁和不输男口有 722 人，再加上女口 952 人、贱口 116 人等，免税人口达到 1447 人。[35]表 2-3 显示的是唐长孺对西州另外一本乡账的复原。该乡的人户中"不课口"（无须纳税人口）估计有 1837 人，被分成了 19 类之多，除了老幼寡男和女口外，还有奴、婢合计 334 人。这种现象绝非偶然，从唐朝全国来看，应税人口占总人口的比例也很低。天宝年间（742～756 年），朝廷公布的总人口为 52919309，其中免税人口为 44700988，应税人口为 8208321。[36]应税人口与免税人口之比为 1∶5.4。

表 2-3　唐永徽二年（651）西州某乡户口账不课口　　　44

A. 估算总人口数：2300 人（按一乡 500 户规模，一户成员少于或等于 5 口）

B. 成丁估算人数：500 人

C. 已登记的不需纳税成丁人数：292 人

D. 推测免税人数：1837 人，包括：

　Ⅰ. 男性（良口）

　　a. 小男（4~15 岁）：165 人

　　b. 黄男（4 岁以下）：30 人

　　c. 老年人：77 人

　　d. 残疾人：2+人

　　e. 职资（因功勋免税）：49 人

　Ⅱ. 女性（良口）

　　a. 老寡：106 人

　　b. 丁寡：？*

　　c. 笃疾妻：2 人

　　d. 其他（？）：13 人

　　e. 中女、小女：279 人

　　f. 黄女：37 人

　　g. 丁妻：？

　Ⅲ. 贱口

　　a. 奴：152 人

　　b. 婢：182 人

　　c. 部曲：3 人

　　d. 客女（受抚养女性）：？

资料来源：唐长孺，［1983］2011：144-145。D 项有 19 类，已重组并合并为 16 类。表中中男和小男岁数界限，原账记作 11 岁，唐氏从武德令改作 16 岁。

注：*问号表示信息缺失。

唐朝国家试图通过强制手段将国家力量投射到庞大的人口中，但这种努力总是受到来自朝廷内外的种种抵制。即使是看上去相对可靠的 705 年至 755 年之间的人口记录，也一定存在漏报现象。723 年，朝廷委派御史宇文融"充使推勾"，到全国各地检查伪滥，搜括逃户，次年新登记的人口约有 80 万户。[37]安史之乱和后续的动荡使唐朝国家的力量受到严重削弱，以致 780 年（唐德宗建中元年）的在籍户数只有 380 万，仅为 754 年（天宝十三载）的约 42%（见表 2-1）。安史之乱后，朝廷官员试图通过加征商税和盐酒专卖来开辟税源。人口迁徙和藩镇割据使在籍户数大大减少，最终使人头税的制度失去了社会基础。780 年，唐朝正式废除了租庸调制度，改为按照耕地面积来分配赋税义务，并且在每年春秋两季征收赋税（"两税法"改革）。此后一直到 1368 年明朝建立的约六百年里，人头税都不再是中国的主要税种。

我们从人头税特别是唐代均田制和租庸调时期的人头税数据中，找不到关于市场发展的任何信息。唐朝在财政管理方面，除了人口控制以外，几乎不关心其他事项。即使是官方记录的耕地总面积，也与实际耕地面积不符，只是根据均田制的规定做出的估算。[38]均田制的瓦解是实物经济向货币经济演变的结果。安史之乱后的经济数据不仅在绝对量上远远超过前几个时期，而且显示出与真正的市场经济密切相关的独特性质。

间接税时代：宋代财政状况和市场化数据的诞生

初唐时期（618~712 年）是帝制中国最后一个采取"国家严格控制的土地所有制"的时期，每对已婚夫妇都获得固定数量的土地分配。安史之乱后，类管制经济的解体为商业势力的兴起提供了空间。979 年，北宋完成统一。随后的几个世纪里，商业化的军事动员特别是大规模常备军的招募，迫使朝廷采取新的手段来获取金钱。正如下文将要阐述的那样，宋朝是 1800 年以前第一个，或许也是中国王朝中唯一知道如何有效地向市场征税的统一政权，因为宋朝有能力从非农业领域取得数额庞大的税收，所以下文会称宋朝为"税收国家"（tax state）。[39]

唐宋转型之际，中国经济从实物经济发展到货币经济，同时正如崔瑞德（Dennis Twitchett）所说，财政体系也确实经历了一场革命。安史之乱以前，人头税是朝廷税收最重要的来源，其中各类纺织品总数能达到约 2700 万匹（见表 2-4）。由于纺织品广泛用于纳税和公共开支，所以在整个帝国疆域内可以充当交换媒介。早在 8 世纪 40 年代，朝廷税收中就已经出现货币纳税。与中古初期的经济相比，这是一个重要的发展。然而，这笔货币收入并不源于租庸调制，而是出自"户税"，这是 8 世纪上半叶在人头税上额外附加的一个税种。据估计，8 世纪 40 年代平均每户收取的货币为 250 文，总量在 200 万贯左右（见表 2-4）。这笔税收虽然数目不大，但与安史之乱发生前的几个朝代的税收相比，已经是国家获得货币收入的最高纪录。[40]

46

表 2-4　唐宋时期税收比较

时期	人口 （千户）	耕地总面积 （百万亩）	粮食直接税 （千石）	纺织品直接税 （千匹）	货币直接税 （千贯）	间接税 （千贯）
8 世纪 40 年代	8200	664	25000	27000	2000	0
1077 年	14245	462~666	22710	2175	4650	11677

资料来源：Twitchett, 1970：153 - 156；包伟民, 2001：318；Chao, 1986，89；吴松弟, 2000：347。

按：（1）唐代依靠其对人口的控制来保证资源的获取和劳役的征发，因此没有记录耕地面积。据唐代宰相杜佑（政治家、史学家）报告，天宝年间（742~756 年）登记户数达 820 万户，每户拥有耕地 70 唐亩左右（Twitchett, 1970：153）。也就是说，耕地总面积为 5.74 亿唐亩（820 万户×70 亩）。然而，这一数字是根据杜佑的粗略估计得出的，同时亩的大小也值得商榷。为了便于比较，笔者按照吴慧和赵冈的标准，假设 70 亩土地是以汉亩为单位分配的，那么就相当于 100 唐亩或 81 市亩。显然，按照这个标准来算，可能高估了 8 世纪的中国耕地总面积。宋代的耕地总面积数据是现代学者根据神宗熙宁五年至元丰八年（1072~1085 年）方田均税法的土地调查推算得出的，元丰六年（1083）垦田记录是 4.62 亿亩，赵冈将其修正为 6.66 亿亩（Chao, 1986：79-80, 87）。

（2）8 世纪 40 年代，粮食直接税达 2500 万唐石。1077 年的税收见包伟民，2001：318。

在安史之乱后的几个世纪里，货币收入大大增加。1077
年，货币收入增加到约 1600 万贯，大概是 8 世纪 40 年代的 8
倍。宋代货币收入的两大来源是土地税和间接税，其中间接税
所占比例较大，而人头税在宋代税制中已无足轻重。因此，宋
代的税收制度需要以一种与市场发展和自由移民相适应的方式
来确定纳税人。

宋代赋税制度之所以与其他朝代都不相同，还因为朝廷不
再依赖土地税来维持收入。1077 年税收的结构很清楚地显示，
一种以间接税为核心的制度正在形成（见表 2-5）。从盐酒茶
的专卖中获取税收和利润（可以称为消费税），是国家税收的
最大来源。11 世纪 70 年代，宋朝已经成为一个有能力对流通
商品特别是消费品的流通征税的强有力的税收国家。

消费税是间接税的基石，它的起源可以追溯到唐朝为镇压
安史叛军而采取的种种税收手段。茶叶和盐这两者的产地距离
消费者较远，因而国家会沿着贸易路线征税。酒只在各地方内
部生产和消费，因此酒的专卖主要在城市施行，而乡村农户则
可以自酿自饮。朝廷要么自己管理这些商品的生产和销售，要
么将其承包给特定的人，出价最高的"扑买"人会获得一定
时间内经营专卖商品的特许权。晚唐时期，国家专卖行业贡献
的税入通常在 600 万贯以下，其中盐的专卖是最大的收入来
源，而茶和酒所占份额较小。[41]

表 2-5　1077 年宋朝收入构成

税种	金额（千贯）	百分比
土地税	20213	32.2
消费税	21924	35.0

续表

税种	金额(千贯)	百分比
商 税	8688	13.9
市 易	1332	2.1
坊场钱	6027	9.6
关 税	540	0.9
采矿税	3973	6.3
总 计	62697	100.0

资料来源：据包伟民（2001：318）相关内容整理。

随着北宋一百五十年的人口增长和城市化的发展，国家专卖带来的收入稳步增长。例如，1109 年，在长江下游、福建、广东等地，针对茶叶运输所收的商税就达到 125 万贯，中央政府向茶商出售经营许可的收入又有 60 万贯。此外，四川的茶叶专卖贡献了总计铁钱 100 万贯的税入。[42] 据估计，11 世纪，茶叶年产量为 9000 万至 1 亿宋斤，其中有 3700 万斤茶叶通过长途贸易渠道出售到北方各省。[43] 盐业收入也从 997 年的 300 万贯增加到 1077 年的 1200 万贯。[44] 据估计，1077 年，酒业收入为 790 万贯。[45] 从 8 世纪中期到 11 世纪末，国家专卖贡献的总税入从 500 万~600 万贯增加到 2200 万贯。

土地税时代：低效的税收模式

780 年的两税法改革旨在通过强化农业税的征收来恢复国家财政基础。然而，令朝廷沮丧的是，接下来几年发生的事情证明，国家根本无法摆脱对专卖的依赖。[46] 尽管如此，土地税的征收使国家管控的重点从人口转向了土地。朝廷将土地税作为农村的主要税种，并试图将其他税种整合入其中。[47] 两税法改革对朝廷与地方的关系产生了深远的影响。发起改革的主要官员杨炎（唐德宗时宰相）明确指出，"户无主客，以见居为簿；人无丁中，以贫富为差"。[48]因此，朝廷取消了对自由迁徙的禁令，保护土地私有权，以便能够在全国的乡村全面计征土地税。[49]土地税被引入时，长安朝廷的权威正日益衰落，中央只能控制一部分国土，在总计近300个州中，有71个州因为被藩镇割据而拒绝上报户籍。朝廷每年只能从49个州获得稳定的税入，这些州大部分集中在南方。[50]很快，中国陷入了分裂，土地税的制度也难以有效运作。直到980年宋朝统一全国，情况才有所改观，首先就表现在户籍登记中。据统一后不久刊行的地理总志《太平寰宇记》记载，全国在籍总户数达到5859551，同时中国历史上第一次根据有无耕地对人口做了区分：有地人户（主户）总数为3443843，无地人户（客户）总数为2415708。[51]更重要的是，编纂者还详细记录了大多数州的主户数与客户数。依据1033年颁布的新法规，地方官员应该根据财产数量将主户分为五等，以便逐级征税。法规明确区分了地主和佃户，后者可免于纳税。[52]所有这些都使得宋朝法令成为中国历史上第一个最小限度地干预土地所有权分配的法律。

但实际上，土地税的征收问题远比看上去的更加复杂。在从960年到1127年的一个多世纪里，土地税在国家税收中所占的比例持续下降。在农村，必须先进行土地调查或由农户自行报告土地所有情况，包括土地肥沃等级，才能按照不同的税率确定纳税额度。[53]为了确保能够从各种农业资源中获得税收，国家不能只是把粮食作为唯一征税对象，而是必须向诸多种类的农业产出征税，蚕、桑、麻等也都成了征税对象。[54]许多非农业收入也开始成为土地税标的，如仓库租赁、车辆租赁和贷款利息。在中国南方的许多地区，一直到宋仁宗时期（1022～1063 年），人头税仍是补充性税种，成年男子每年必须缴纳一笔现金。到了 11 世纪中叶，朝廷向所有府县官员颁布了编制"五等丁产簿"时必须遵守的统一原则。所有的有地主户必须根据资产高下分为五等，以此来确定在乡村计征税收的两个主要标准：一个是体现为土地价格的农地生产力，或者说，是每亩农地产出的货币化指数，时称产钱；另一个是从其他设施和资本中获得的家庭收入。虽然基本原则是全国统一，但土地评估是在各县分别展开的，实际税率也因地而异。[55]

由于宋代地方官员的努力，现代研究者可以获得如 11 世纪的家庭耕地、财产等珍贵资料，这在宋以前的朝代是不可想象的。然而，土地税征收效率从一开始就很低。土地税只占宋代预算收入的一小部分，占货币收入的比例更小。1077 年，宋代人口可能超过了 8000 万，其中 3/4 的人口都是农民。而土地税占比却从 997 年的 67.3% 下降到 1077 年的 32.2%（见表 2-6）。13 世纪末，土地税在宋代税收收入中的比重进一步下降到 15%～20%，并且，当时土地税中的货币比重远远高于 12 世纪的比重。[56]

表 2-6　997～1077 年税收结构的变化

单位：万贯

年份	土地税	百分比	间接税	百分比
997	24081	67.3	11677	32.7
1021	26412	49.7	26700	50.3
1077	20213	32.2	42484	67.7

资料来源：包伟民，2001：316-319。

土地税（两税）占比下降，主要有两方面原因。一方面是宋代政府采取了低税率且几乎保持不变，另一方面是私人土地所有者的农地有漏报。征收土地税时面临的种种技术困难，迫使宋政府不得不维持低税率。据研究，11世纪宋代人口增加了2倍多，而在籍耕地面积只增加了50%。通过少报土地来逃税，是宋代人熟知的操作。许多学者估计，全国至少有一半的耕地都漏报了。即使是上报的土地，税率也不高。例如，1077年总的粮食税入为17887257宋石，平均折算每个有地主户仅纳税1.6宋石，或每亩仅纳税0.04宋石。[57]

学习过明清历史的人都知道，明清时期土地税征收相当保守。究其源头，便可追溯到宋代的两税制度。除了上述导致朝廷征收农业税能力下降的两个因素外，还要注意通货膨胀这一因素。由于税额经常折为货币缴纳，所以长时间维持固定的两税额很容易导致实际税收收入的大幅下降。然而，宋代的财政体制与明清时期以两税为核心的财政体制之间存在一个根本性区别：宋朝从非农业领域特别是城市消费和长途贸易中获得了大量税收，这些税收会随着市场扩张和人口增长而增加，从而将实际税收维持在一个稳定的水平上。这是两宋以后的朝代都无法效仿的。

管制经济的鼎盛时期及明代初期数据

1279年南宋的瓦解标志着间接税时代的终结。1368年朱元璋建立明朝后，以土地税为主要基础的制度在全国推行开来。有学者详细阐述了14世纪末明朝的大规模强制性移民，揭示了明朝对民众的严格控制。明朝建立后的头一百年里，在政府组织下，民众从富饶的人口稠密区迁往北方、两湖、淮北和西南地区。曹树基认为，移民总数可能已达1100万人，超过明初人口的1/6。[58]在其他关键领域，明初政权同样提供了丰富的一手资料，可以呈现前工业化世界中规模最大的管制经济的若干面相。明朝政府通过里甲制度实行非常彻底的户籍登记，特定辖区内的百姓全部要编入里甲，以十户为一甲、十甲为一里，并且要从事固定的职业（农民、工匠、士兵等），代代不变，这样政府就严格掌握了民众的职业和居住地，登记在籍的人不得擅自改变职业或迁往其他地区。[59]被登籍的职业种类极其多样，既有专业技术人员，如军人、矿工、匠人等军政服务人员，也有非专业性的职业，如轿夫、吹鼓手、守墓人等。户籍中人数最多的是农户，他们每三年就要被征发三个月的劳役，主要从事修建公共工程，或往京城运输粮食。

明代初期，政府在意识形态上希望在皇帝的直接领导下，百姓能够自我组织起来，既能为国家效力，又能维护地方社会和谐。朱元璋认为市场机制和官僚体系都容易滋生腐败，所以不应该依赖它们来建构国家，结果是明初的国家机器极其简陋，其运作完全依赖对个人和资源的直接控制。

最可靠的经济数据来自军屯。据估算，明初的军队共有士兵276万人，把他们的直系亲属、旁系家族和后备人员都考虑在内，整个军事体系牵涉的家庭达到219万户，占户籍总数的比例高达20%。[60]不过，政府并不用为这个庞大军队花费多少资金。驻扎在内地或边疆的军队都必须花费一半以上的人力来耕作，以维持军队的生存。据报告，1403年，军屯的粮食产量为2300万石，接近乡村农户缴纳的两税总额。[61]现存记录不仅反映了军屯近两个世纪的兴衰，还体现了普通士兵的许多日常生活细节和农作情况，如农具和役畜的匮乏、各地农田投入和产出比例，等等。从这个意义上讲，军事制度史为现代学者分析前工业化管制经济的运作及其对地方社会的影响提供了宝贵的史料。[62]

明初百姓要根据国家指派给他们的身份来履行相应的职责，而且这种职责将代代相传。有军人的家庭会被登记为"军户"，而一个家庭一旦被选定为军户，就必须世世代代保持这个身份。如果一个人想要移民、改换职业或出行，他需要得到国家的许可。[63]

洪武年间，朝廷通过里甲制度实现了对人口、职业和土地分配的有效管理，但这在历史上只是一个特例。名义上，明初的政策持续了一个半世纪，但实际上，随着许多地区特别是长江下游地区的市场复苏和社会繁荣，政府管控早在15世纪末就变得非常宽松了。很多学者认为当时明朝的经济已经非常有活力，甚至可以说出现了经济和文化的高度繁荣，并且这种繁荣一直持续到18世纪。

然而，明代政府管控松弛也导致官方信息渠道的失真。1400年后，正如何炳棣所说，明代人口数据变得越来越像财政数据，也越来越不能反映人口的真实变化。此外，明初体制的瓦解也终止了国家对私营经济的有效干预。到16世纪，虽然经济繁荣，但国家收入增长甚微。[64]官方文件中关于贸易财富和人口变化的资料很少。因此，在估算16~17世纪的中国经济和人口的增长时，必须保持相当谨慎的态度。

宋代人口数据之争

51   如何解读宋代人口登记的数据，是现代学者关注的一个关键问题。除了可以借鉴马克思主义史学理论之外，学者们几乎没有什么分析模型可以用来解释宋代的情况。明初和中国其他朝代的人口数据中，每户通常有四到六口，而宋代官方记录中每户通常只有两口左右（见表2-7），这种异常的情况导致现代学者质疑宋代所有人口数据的可靠性。

表2-7　公元2~1626年中国家庭的平均规模

朝代（时段）	每户人数
西汉（2年）	4.9
东汉（57~156年）	4.9~5.8
隋代（606年）	5.2
唐代（705~755年）	5.7~6.0
宋代（1006~1223年）	1.4~2.6
金代（1187~1207年）	6.4~6.7
元代（1290~1292年）	4.5~4.6
明代（1381~1626年）	4.8~7.1

资料来源：Durand，1960：212。

如果我们把关注焦点置于总户数而不是每户的口数，会发现宋代数据的准确性出人意料。梁方仲曾经汇集了从2年到1911年的中国在籍户口数，研究者不难发现，这些数据绝大多数都不是真实的人口数。例如，2年登记的总户数达到12233062，到260年就急剧下滑到1473423户，而280年又猛增到2459840户。虽然三国时期（220~280年）的战乱使中华大地遭受重创，但人口总量不太可能一下子减少到2年的1/8，然后又在短短二十年内出现飞涨。一个比较合理的解释是，因为军阀和豪族的挑战而不断被削弱的中央权力逐渐失去了对其资源和人口的控制。大量的人口和土地被豪族所控制，因此没有被纳入国家户口登记。[65]

相比之下，现存的所有宋代总户数的记录都表现了内在一致性。如表 2-8 所示，总户数在 11 世纪增加了 2 倍，其间大约按每十年计算的增长率都很合理，不像早期历史数据那样剧烈波动。

52

表 2-8　1003~1110 年宋朝人口数据

年份	总户数	"总人数"（总丁数）	"户均人数"（户均丁数）
1003	6864160	14278040	2.08
1014	9055729	21996965	2.43
1023	9898121	25455859	2.57
1034	10296565	26205441	2.55
1045	10682947	21654163	2.03
1053	10792705	22292861	2.07
1063	12462317	26421651	2.12
1072	15091560	21867852	1.45
1083	17211713	24969300	1.45
1094	19120921	42566243	2.23
1103	20524065	45981845	2.24
1110	20882258	46734784	2.24

资料来源：本书附录 A 中表 A-1。

对宋代人口数据的质疑，主要源于对宋代户口登记制度性质的重大误解。德怀特·珀金斯提出了一种检验中国历史数据是否可以作为有效量化证据的方法，用这种方法检验可以发现，与一些学者的假设正好相反，900 年至 1500 年间中国的历史数据是可信的。本书附录 A 对此做了全面阐述，这里仅着重介绍一下宋代户籍登记制度的历史背景。

正如许多宋史学者已经指出的那样，宋代户口登记的一个主要特点是只登记成年男性（男口或丁）。[66]因此，每户的口数

（及平均每户口数）不超过三口，原来是指丁数不超过三口，这反而证明了宋代户籍登记制度的可信度。963 年，朝廷发布了一项法令，要求各州上报户口。税籍中登记的每户人数只包括年龄在 20 岁至 59 岁之间的男性，所有女性都被排除在外。[67]

正如吴松弟所述，宋朝中央（实际负责的是"三司"）要求地方官员在例行报告中只记录每户的财产、土地和男性成员的信息。宋代文献中没有任何要求登记女性人口的敕令。一般只有在饥荒救济期间，地方政府才会报告各户实际的全部人数。显然，官员们认为分发食物需要清点真实的家庭成员人数。在这些时候，登记的每户口数经常会超过五口甚至六口。

虽然吴松弟的观点有坚实的论证支持，但依旧有许多人口史学家对宋代人口数据的可靠性提出质疑，这又是为什么呢？如果吴松弟的解释正确，那么这一争论背后隐藏的真正问题就是，为什么其他朝代登记户口时原则上要报告所有家庭成员，宋代政府却认为没有必要。

笔者认为，正是基于市场的财政制度，使宋朝的制度运作不同于中国其他朝代。宋朝之所以能够比较真实地登记户籍，是因为它的户籍在册人数多少不与税收额度直接关联，而且国家也不干预百姓的迁徙和居住地登记。通过对宋代制度的分析，不难看出宋代与明代初期在人口管理和移民政策上有明显不同。宋代人口的增长伴随着市场经济和城市化的兴起。有关宋代制度与法律史的研究文献指出，当时的劳动者经常在市场经济带来的新机遇的吸引之下，自由地从农村迁往城市或从一个职业转向另一个职业。为了在市场经济下保持与地方社会谈判的能力，宋代政府一直对劳动力和财富的变化非常敏感。各地户口每三年要重新登记一次，其中特别强调重估财产和记录成年男子人数。[68]因此,宋代官方户口记录的最显著特点是,根据一户是否拥有财产和耕地明确区分了有纳税义务的居民和无须纳税的人,即所谓的主户和客户。[69]凡是被登记为主户的人,其本人和家庭的所有流动与固定资产(金银、货币、房产、田地、收入等)都要经过仔细评估,以确定适用何种税率。[70]

宋朝政府面对的是唐宋转型之后一个充满流动性的社会,像汉唐政府那样静态化管理征税对象的理念已经过时,人头税的低效腐败也广为所知。这种将财富而不是人身当作税收对象的财政观念使宋朝官员能够根据百姓的家庭财产和收入总额征税,不再考虑限制他们在城市或农村的居住地,也无须登记并监控其家庭成员或职业类型(农民、商人、工匠、交通运输业者或地主等)。正因如此,宋朝政府无意限制移民,也不用统计每一户人头,或控制劳动力和土地分配。但是,评估财产等级的标准在全国各地是不统一的,地方官员需将本地所有具备纳税资格的农业家庭(乡村主户)依收入从高到低分为五个等级,城镇居民(坊郭户)则划分为十个收入等级。与此相对,客户则是既没有土地和财产也没有任何独立收入渠道的贫下阶层,如乡村佃户或城市雇工。[71]13世纪60年代,位于长江中游地区的中等城市抚州坊郭客户达13048户,占在籍坊郭户总数的近一半;同时,抚州府乡村人口中,客户有63243户,占在籍乡村户总数的1/10。这一比例上的明显差异,说明农村无地者的比例远低于城镇中雇工、跑堂、娼妓、流浪乞讨者等薄产、无产人口所占比例。宋朝官员如果仅仅根据财产多寡在城市征收直接税,则会因大部分城市人口都不具备纳税资格而使税基动摇。事实常常令现代财政学者吃惊,在这种艰难挑战下,宋朝官员学会了向城市中流通的商品收税,也就是针对市场（贸易和消费）的间接税，这居然成为宋朝国家财政的主要税源。[72]

小　结

何炳棣对明代人口和耕地的研究揭示了经济数据质量与其形成过程之间的关系。本章也从这一制度史视角出发，对中国的官方数据及其朝代背景进行了概括性考察，结果显示在 1368 年明朝建立之前的若干世纪中，存在三种主要类型的官方数据源。第一类也是历史最悠久的一类，是为征收人头税而编制出来的数据。在 755 年安史之乱以前，中国王朝的大部分收入都来自人头税。第二类数据源于安史之乱以后的几个世纪里兴起的一种新型财政制度，其中大部分的国家收入来自消费税，对劳役的依赖则降至最低水平。在这种情况下，政府允许乃至鼓励自由迁徙并保护私有财产所有权。第三类数据出自一种保守的行政体制，这种体制以土地税为财政收入的最主要来源，并倾向于采用被明清史研究者普遍称为"财政保守主义"的定额制。何炳棣指出了第一类和第三类数据在明代的繁多，但基本上没有论及第二类数据，而这恰恰是研究 11 世纪市场扩张时最为重要的资料。

54

被何炳棣忽略的宋代经济数据为本书深入分析市场提供了很有价值的信息。这主要是由于宋代中央政府制定了新的户口申报机制，地方官员在户籍登记中发现并报告的新增人口不会带来相应的税收。另外，宋代中央政府很关注人口变化，把人口增长视为经济发展的标志，经过覆实的户口增长也会给地方官员带来晋升的机会。与以管制经济为基础的财政制度不同，宋代财政主体是 19 世纪前帝制中国唯一的间接税制，其大部分税收都是向市场征收的，所以官员在估算税收时没有必要统计全部人头。

这一新发现支持并发展了"何炳棣之惑"。正如何炳棣所述,人口统计中之所以出现漏报,主要是因为百姓想要逃税,这是人头税型财政体系的必然结果。假如纳税与人口登记无关,同时政府又非常努力地跟踪丁口的变动,那么"何炳棣之惑"就不会出现,因为此时的人口数量变动不直接与税收额度挂钩,百姓没有瞒报、漏报的动机,地方官府报告的户口数字就常常值得信赖。

宋代政治家们在税收方面的创举,使现代研究者有机会仔细观察 11 世纪中国的收入和消费结构变迁。前文的探讨向我们揭示出一个重要结论,即现存的 900 年至 1500 年间这六个世纪的官方数据是对 1800 年前中国经济进行定量分析的最可靠宏观数据,也可能是唯一的可靠数据。其中,宋代的经济数据尤其是间接税数据,凸显了扩张中的市场经济的规模和结构;反过来,明代初期的数据则明确显示出管制经济的形成路径和内容。

由于受到 20 世纪 50~60 年代资本主义萌芽讨论的影响,中国学者十分关注明代中期以后的经济变化,并努力在历史文献里寻找能够展现市场崛起和扩张的经济指标。很遗憾的是,何炳棣的研究清楚地指出,1400 年后官方史料中的人口和耕地记录都是无效的。文献中能够反映明代中后期社会嬗变和商业发展的史料大部分是描述式的社会史证据,最脍炙人口者莫过于"三言""二拍"等通俗文学中的生动描写,而这种故事和孤案是量化研究的天敌。[73]就史家常识而言,史料的丰富翔实往往是今胜于昔,然而就经济数据而言,中国经济史研究者需要摆脱这种常识般的迷思,将注意力转移到早于明代的宏观历史数据,而更急迫的工作莫过于断代史专家们能够就各朝代历史数据的特色和质量展开对话,知己知彼,或许能够收到意外效果,并深入理解传统中国经济发展途径的复杂与多变。

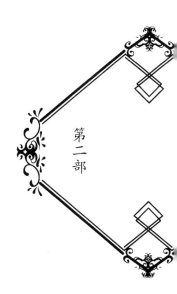

第二部

宋

代

第三章 货币经济的规模

从中国经济长期发展变化的角度观察 900～1500 年的六个世纪，我们首先会看到，这一时期存在两个截然不同的经济周期。960～1120 年，人口增长和市场发展推动北宋经济扩张，经济发展到了空前的水平。然而，这一扩张周期在 1200 年后戛然而止。13 世纪元朝统一的战争导致中国人口总数急剧下降，中国北方和中部地区的经济受到了严重影响。在接下来的两个世纪里，由于管制经济的确立和明初实行的各种反市场政策，经济衰退更加严重。

伊懋可、施坚雅和郝若贝等人所赞同的 14 世纪转折点理论认为，人口变化是形成这两个周期的主要原因，进而假设当人口达到同样规模时，经济便会恢复到与之相匹配的同等水平。[1]然而，当这一假设被应用于明初的经济时，就遇到了很大的问题，甚至极具误导性。虽然说当时人口的减少与价格变动的大趋势密切相关，但市场经济规模的缩小幅度远比人口下降更为显著。以下三章旨在以量化证据为基础全面研究这两个周期。第四章将重点研究 11 世纪以开封为中心的水路运输网络的扩张，研究结果将有力地支持宋代商业革命的论点。第五章将论述元朝大一统后中国市场经济的解体情况。本章则先从市场的角度特别是价格变动、人均货币存量和国内市场重建等方面，对这两个对比鲜明的周期做一个整体概述。

在本章，笔者首先简要对比了宋明时期人口和价格的变化。通过对比可以看出，市场经济在 14～15 世纪严重萎缩。为了验证这一观点，笔者进一步采用了 1077 年和 1381 年的商税数据，这些数据证明宋代的国内市场规模比明初的大得多。其次，笔者论证了明初管制经济的兴起导致了实物支付和劳役的普及以及硬通货需求的急剧下降。这也是明初物价极低的真正原因。最后，笔者通过对比 11 世纪和 16 世纪的货币存量，

58

凸显出明代的市场经济不如宋代的发达。宋元明过渡时期货币供给总量和人均货币存量的急剧下降直接导致了宋明间的物价差异，但造成明代物价下跌的根本原因是明初实行的反市场政策。

宋明经济差异：人口与价格

人口和价格的变化对任何经济体的长期发展都极其重要。本书聚焦于市场的发展，因此这里的核心问题是：在六个世纪里人口和价格变化的背后，市场的情况又是怎样的；市场的扩张和收缩状况是否与人口变化同步；又或者，去市场化是不是导致 15 世纪物价下降的主要原因？这些疑问促使笔者对其间五个世纪中人口变化与物价变动之间的关系展开深入的研究。

值得庆幸的是，现存的宋代史料为研究元朝大一统之前的人口发展状况提供了非常全面的视角。例如，在 980～1109 年和 1149～1223 年两个时间段里，每 2～3 年就有一组可靠的记载，以供我们估算总人口数据。在前一时间段，宋代人口的年增长率已达到了 0.92%。[2] 毫无疑问，宋代的人口数量在 12 世纪 20 年代已经达到了 1.1 亿。人口增长和商业化共同为整个 11 世纪中国经济的扩张奠定了坚实的基础。

人口中心论将元朝大一统作为连接两个经济周期的关键节点。蒙金战争给华北的经济和人口带来了致命一击，980～1391年的全国性户籍登记数据见证了当地人口的急剧下降。[3]1291年的户籍统计显示，北方总计约194万户，约为蒙金战争前北方总户数的1/3。[4]此次人口总数的急剧下降，特别是地域分布上的变化，在世界人口史上极为罕见，被视为造成经济衰退的不可忽视的因素。尽管蒙古（元）与南宋的战争对中国南方的破坏要小得多，但军事斗争仍然对长江中上游地区造成了不可避免的重大损失。蒙古（元）与南宋在四川的军事冲突持续了四十多年，远远超过了其他省份的时间。1173年，四川登记户数为270万；1270～1290年，下降到90万户。[5]相比之下，在长江中下游的中心省份，包括湖南和江西，人口增长显著。从980年到1290年，湖南人口增长到约10倍，湖南是中国南方人口增长率最高的地区。[6]

接下来，笔者将研究同期物价的长期变化。彭信威和全汉昇的研究表明，与之前的若干朝代相比，明朝的食品价格相对较低。[7]然而，很少有人把低物价与明朝经济的运行联系起来加以考察。笔者重新整理了彭信威关于粮食价格的一系列数据，并将其转化为基于银价的标准指数，从而全面了解从宋代到明代六个多世纪以来的物价变化。

物价史显示了两个截然相反的价格波动阶段，进一步反映了市场经济的变化。如彭信威的稻米价格指数所示（见附录B表B-1，下文简称为"彭信威指数表"），如果我们将961～970年的粮价设为100点，那么在随后的近一百年中，宋代粮价逐渐攀升至200点。到13世纪初，粮价已涨到宋代早期的3.5～4倍。此外，从1126年到12世纪末，中国南方的粮价就上涨了 50%。如此，在这三个世纪里，粮价不断上涨，最终上涨到 350~400 点，相当于宋代以前的 4~5 倍。假设粮价反映了物价的整体变化，那么这种上涨趋势实际上可以追溯到更早的时期。研究中国唐代（618~907 年）经济史的学者指出，唐代的物价水平自 8 世纪末安史之乱后开始上涨。学者认为，到宋代初期，丝绸的价格是 8 世纪早期的 2 倍。[8]

然而，到了 14 世纪末，物价上涨的趋势戛然而止，进入明代，物价走势与之前刚好相反。彭信威指数表显示，明初的物价已经几乎跌回至 10 世纪中叶的低水平。然而，这并不是我们看到的物价最低点，一直要到 15 世纪上半叶粮价才开始触底反弹；直到 1550 年前后，明代的粮价才达到 150 点上下；到 18 世纪上半叶，粮价才再次达到宋代最高水平。

尽管人口中心论指出，元代人口数量发生了剧烈变动，但价格走势显示出与人口变化截然相反的趋势。一直到明朝建立后，市场表现才发生巨大的变化，此时距南宋的灭亡已经过去了九十余年。明朝建立后的第一个世纪是唐宋价格周期与明清价格周期之间的重要转折点。在 14 世纪末和 15 世纪，物价降到了 9 世纪以来的最低点，直到 1500 年才开始缓慢回升。长达一个世纪的通货紧缩清晰地表明，明初的经济政策对经济发展具有持久的消极影响。直到 18 世纪中叶，物价才恢复到 13 世纪中叶的高水平。上述对比衍生出以下两个问题。第一，为什么明初物价如此之低，并且经过这么长时间才恢复到 13 世纪的物价水平？第二，严重的市场收缩对长期的通货紧缩有多大的影响，产出的下降与人们生活水平的下降有多大的关联？

一般情况下，我们可以用费雪方程式[9]从货币角度对价格

的长期变化做理论分析。费雪方程式假定，价格（P）的变化
方向和幅度取决于其他三个变量的变化：货币存量（M）、货
币流通速度（V）和总产出（T）。最后一个变量 T 可以由总
人口乘以人均产出得出。用这一方程式来分析宋元明过渡时期
的价格变化，可以认为平均食品价格的相对下滑可能是由以下
任何一种情况造成的：（1）M、V 下降；（2）T 上升，即人均
产出与总人口的乘积增加；（3）二者兼而有之。

  显然，在上述的转折时期，价格水平的下降不能从人口变
化的角度得到解释。根据费雪方程式，如果人均产出保持稳
定，而其他变量保持不变，人口数量的下降会导致平均价格相
应上升。然而，这一推论与实际情况相反。首先，在明代的第
一个世纪，平均价格水平远低于 12 世纪 10 年代。其次，从时
间的错位也可以看出，人口下降并非价格变动的主要原因。从
宏观来看，中国在籍户数在 1200 年前后达到了 21114000，到
1391 年下降至 14724000，1542 年逐渐回升到 18839000。[10] 不
过，宋（金）元易代的战争期间已经出现了总人口的急剧下
降，其时间远远早于物价的快速下降。如果聚焦于江南，在这
个当时中国经济最发达的地区，从 1162 年至 1391 年，当地人
口稳步增长，1391 年前后却落到了三个世纪以来的最低水平。

  我们再来看看货币方面，尤其是货币存量的变化，能否为
明初平均物价水平的骤降提供合理的解释。理论上，价格水平
下降可能有货币因素和经济体制变动两大原因。第一个原因是
货币绝对量的减少，这是由于钱币流出境外、被窖藏或被熔铸
为器皿等。换言之，是硬通货的供应不足。货币主义者的货币
数量理论进一步指出，价格的变化本质上是由同等程度的货币
存量变化引起的。从逻辑上讲，方程式一侧货币存量（M）的

变化将相应地提高或降低方程式另一侧的名义产出价格（P），但对实际总产出（T）的影响很小。[11]将这一假设应用于明初的经济，人们很自然会认为，明初物价的大幅下跌只是一种货币现象，与实体经济关系不大。

但是，经验证据并不支持这样一种货币主义解释。这里的关键是，在硬通货供应量下降与严重通货紧缩的出现之间有两个世纪的时间差。1127 年后，铜钱供应严重不足，稻米价格却持续上升，北宋灭亡、元朝实现大一统等事件都未能阻止这一上升趋势，直到 1368 年价格才突然转而下降。[12]然而，宋明两代的物价存在很大差异。14 世纪 70 年代的物价水平仅为 12 世纪 20 年代的 75%，而 15 世纪上半叶物价再度下跌，仅为 14 世纪 70 年代的 20%。

明代物价变动本身就与这种货币主义解释相矛盾。撇开宋明两代货币供应量的巨大差距不谈，明代物价水平在 15 世纪上半叶出现了更大幅度的下降，并在接下来的很长一段时间内处于低迷状态。直到 15 世纪末，物价才开始回升。这一趋势意味着明代货币供应量与物价之间不存在对应关系，因为明代货币供应量自 14 世纪末以来几乎没有明显变化。虽然明朝的大部分钱炉在 14 世纪 90 年代关闭了，但 15 世纪 10 年代官办矿山的白银产量仍达到了相对较高的水平。[13]换言之，永乐年间的货币供应量实际上高于其前后时期的货币供应量。然而，1400 年后不久，粮食价格再次下跌。因此，货币供应因素本身不足以解释 15 世纪的价格变动。

价格变动最初与流通的货币量有关，但并非所有的价格波动都可以完全用货币理论来解释。经济本身的因素也可能带来价格总体水平突变或陡降，比如，经济活动处于下行阶段，特别是市场交换体制的衰落，都会导致硬通货的需求不稳定。明初物价的整体低落正是元明之际制度变迁，特别是明初朱元璋大力推行去市场化政策所导致的。管制经济的兴起会大大限制货币化程度，减少对硬通货的需求。朱元璋将宝钞作为唯一合法交换媒介的做法和以物易物经济的兴起，也严重破坏了明初的市场主体性。

虽然宝钞名义上是国家认可的货币，但它主要是为了支付官兵薪酬而发行的，几乎无法满足私营领域在经济上对货币的需求。此外，宝钞是出于国家财政（反市场）目的而发行的，很快就变得与流通中的金属货币毫无关联。[14]当时，长江下游地区的商人和地主因拥有大量金银而在市场上享有货币强权，由此与朝廷发生矛盾。朱元璋将朝廷发行的纸币规定为唯一合法货币，以削弱这些富人的势力，并迫使他们出售贵重金属以换取宝钞。[15]

以宝钞管制市场的办法不到三十年就彻底失败了。1375年宝钞正式推出后不久，朝廷便无节制地发行此类货币，最后货币严重贬值也就不足为奇了。1390年，朱元璋向官兵发放了不少于9500万贯的纸币作为奖励，这一数额几乎是那个时期国家年收入的5倍。[16]永乐年间（1403～1424年），宝钞贬值加剧。洪武年间（1368～1398年），朝廷规定，1贯宝钞相当于1000文铜钱，可以买1石米。但到了1407年，1贯宝钞只能买到1/30石的大米。正统十三年（1448），即使按照官方汇率计算，1贯宝钞也只值2文钱，与洪武年间相比，贬值了99.8%。[17]然而，这种恶性通货膨胀并没有导致实体经济的通货膨胀。整个15世纪，以铜钱和白银计量的价格一直很低，[18]这种情况导致宝钞被挤出了市场流通领域。虽然明朝政府持续地发行、投放宝钞，但人们不再将这种纸币作为货币使用。因此，宝钞由于过度发行而失去了价值，无法维持其在市场上的购买力，很难成为一种可靠而有价值的货币。尽管如此，这一纸币政策还是在明初的大部分时间里得到了执行。明初的前几十年，朝廷不允许人们在贸易中使用白银，而只能使用纸币，因此纸币不可避免地削弱了硬通货的作用，也严重打击了货币需求。在随后的几十年里，这种影响仍然存在。当宝钞变得一文不值时，人们不得不自己寻找"标准等价物"进行货物交换。所有这些因素都促进了当地市场上以物易物经济的发展，使原本萧条的市场变得更加脆弱不堪。

在整个明初阶段，实物支付的盛行清楚地表明实物经济在中国经济的龙头地区——长江下游地区崛起，其他地区的经济去货币化的现象甚至更为严重。当时的资料显示，钱币的流通仅限于京杭大运河沿线地区。1503 年，工科左给事中张文向朝廷报告称：

> 臣以为土货之产殊，则贸易之情异。云南专用海蚆，四川贵州用茴香花银及盐布，江西、湖广用米谷银布，山西、陕西间用皮毛。[19]

以物易物的模式导致我们无法衡量明初流通的货币量，因为从技术上讲，我们不可能将五花八门的支付手段转化为一个标准货币单位。宋元明过渡时期物价和人口的急剧变化，反映了供求关系的大幅波动。管制经济兴起会抑制市场和总需求。按常理推断，如果商业交易减少，物价将严重下跌。在以物易物的经济模式中，人们对货币的需求自然会减少。这种情况下的价格下跌无法用费雪方程式来分析，下一节将从政治经济学角度展开讨论，指出价格暴跌的起因是硬通货需求减少，而硬通货需求减少又源于市场大幅收缩。

明初管制经济的兴起

从宋代到明代，物价大幅下滑，这反映了当时人们对商品和劳务的需求也急剧减少。[20]管制经济的兴起从根本上减少了人们对硬通货的需求，这进一步压低了物价水平并使其长期处于低迷状态。朱元璋的反市场政策，尤其是去货币化经济政策，是造成通货紧缩的主要原因。[21]由于国家财政以实物支付为主且长途贸易骤减，明初对金属货币的需求量很小。与此同时，农村经济也呈现出严重去货币化态势。

明初的一些资料清晰地证明了农村市场交易中硬通货的减少。在位于长江下游地区西部的徽州有一个山村，汪歆干、汪歆观兄弟在那里留下了近 40 份买地契约（见表 3-1）。这些契约的时间基本上都在明初，最早的一宗交易发生在 1393 年，最晚的一宗发生在 1430 年。

这些存留至今的徽州地契是当时农村市场变化的宝贵证据。[22]它们表明，14 世纪末到 15 世纪中叶，人们在商业交易中不得不将布、粮和银作为交易媒介。1393~1430 年，汪氏兄弟总计 23 次使用布和粮食来完成交易，占总数的 62.2%。15 世纪初，纸币已经退出流通。明初禁止白银作为货币流通，但是表 3-1 中 1399~1402 年约 1/3 的土地交易都是用白银支付的。用于支付的白银的单位和质量差别很大，契约对此描述详细、用词谨慎。部分案例甚至表明，当时人们用作交易的白银实际源自个人首饰。

表 3-1 1393~1430 年徽州的土地交易*

单位：件

年份	支付方式				(e)有记录的交易总数	(f)c/e（百分比）	(g)a/e（百分比）
	(a)宝钞	(b)铜钱	(c)实物	(d)白银			
1393~1398	6	—	4	—	10	40.00	60.00
1399~1402	3	—	8	5	16	50.00	18.75
1403~1413	0	0	6	0	6	100.00	0
1414~1424	—	—	—	—	0	0	0
1425~1430	0	0	5	0	5	100.00	0
总计	9	0	23	5	37	62.16	24.32

资料来源：安徽省博物馆，1988：1-15、24-26；中国社会科学院历史研究所，1990：19-23、28。

注：* 汪氏兄弟的地契保存在安徽省博物馆和中国社会科学院中国历史研究院。这些契约连同其他土地文书已被收录在安徽省博物馆，1988；中国社会科学院历史研究所，1990。

明初统治者试图将国家建成最大的管制经济体，这无疑 64
压制了商业和自由劳动力市场的生存空间。在制度方面，里
甲制度使农村地区进入自给自足的模式，降低了商品交换的
必要性。官方记录显示，当时长江下游的许多商人和工匠被
征发到京城或边境卫所去提供行政服务或服兵役。更糟糕的
是，他们的报酬微乎其微，因此他们不得不依靠其他途径谋
生。在汪氏兄弟的契约中，有六笔交易的卖家由于替官府运
输税粮而经济窘迫，不得不出卖土地，那是在 1401 年的夏
天，同一个地方的六个农民被迫将自家仅有的小块土地卖给
汪家，以筹集足够的费用来承担替官府运送税粮前往指定官
仓的差役。[23]

徽州地契还表明，当时土地价格下滑。徽州的大部分土地
都是为应急而以低价出售的。[24]如果以粮食支付，地价往往是
年租金的 2 倍。尽管永乐年间按照宝钞计算的土地价格有所上
涨，但在 15 世纪 40 年代之前，徽州土地价格一直保持在每亩
不到 1 两白银的低水平。弘治年间（1488～1505 年），地价上
涨到每亩 10 两左右；但到了 16 世纪末和 17 世纪中叶，地价
再次下滑。17 世纪末和 18 世纪的前十年，地价缓慢回升；18
世纪的第二个十年间攀升较快；乾隆年间（1736～1795 年）
地价达到了顶峰，平均每亩 20 两白银左右。

长江下游的大多数农民都必须轮流替本地官府将所收的税
粮运送到主要位于京城的对口官仓，运输的费用由他们自己负
担。不过，递运税粮并非他们的唯一重负。窦山公出身于军
户，是徽州一个著名宗族之长，他于 1399 年倡议设立族产，
为远赴数千里外的东北某卫所从军的宗族成员提供物质援助。
他的父亲和哥哥都在该卫所服役时去世，尽管如此，这个宗族

必须继续提供成年男性参军，并承担其全部生活开支。[25]这种强制军役大大减轻了政府对市场资源和服务的依赖，却消耗了私人财富，并且因抑制了自由劳动力市场而阻碍了工商业的发展。

除了运输粮食和服兵役外，明初朝廷还征发了十余万工匠和劳力建造工程，这些劳动者在黄册中被列为匠户。在前文提到的各项京城建造工程中，仅 1393 年南京城墙建造工程中全国登记在册的工匠就超过了 23 万名。[26]他们每三年就要应征离开农村到指定岗位服役三个月。遗憾的是，没有证据表明这些工匠能够在服役地进行私人商业活动，也没有证据表明这些人沿途建立了商业网络。因此，尽管明初建造城市、疏浚大运河等工程应该为民众提供大规模合法流动的机会，但实际上对贸易并没有产生积极的影响。宋代的城市化为市场的发展奠定了坚实的基础，而明初的城市仅作为军事据点，这里聚居的劳动力都是非自愿的，他们工资低，并且食不果腹。

当时所有的反市场政策，如单向支付、强制移民、世袭服役和公共工程中的强制劳役，都严重限制了商业的发展。[27]关于长途贸易，几乎找不到任何从明初保存下来的记录。学者们往往将京杭大运河误认为明代长途贸易的标志性成果。事实上，早期通过大运河运输的都是朝廷指定的税粮、贡品和服劳役的人员，民间贸易船只也没有在大运河上航行的权利。自明成祖朱棣决定将京城北迁至北京后，通过大运河运送粮食供京城官兵食用的任务愈加繁重。漕粮运输占用了大量的劳役人员和士兵，运输船只也全部是由服役工匠在官府的船坞里建造的，朝廷没有为此支付任何费用，因此长途运输反而阻碍了市场的发展。[28] 早在 15 世纪 30 年代，奉命巡抚江南的工部右侍郎周忱就报告说，当地居民为了逃避徭役赋税，从农村逃到了城市或大运河渡船上，在那里他们至少可以做点小生意赚取些许额外收入。[29] 从 1470 年起，每艘漕船允许装载 10 石免税产品作为对船员的补偿；大约一个世纪后，补偿增加到 50～60 石。[30] 因此，大运河的修建不能作为长途贸易活跃于 15 世纪前半叶的证据。

长达一个世纪的严重通货紧缩反映了当时的经济萧条。在现存的方志中，学者们发现只有少数城镇和定期集市可以追溯到明初，大部分的地方市镇都是在 16 世纪出现的。[31] 我们无法想象自给自足的农业社会能够容纳大量的货币交易。徽州地契也显示，大部分交易土地都是零星地、以很低的价格出售的，这是明初土地买卖的基本模式。[32] 市场需求的疲软应该是造成明初价格水平偏低的直接原因，政府的反市场政策摧毁了长江下游等商业核心地区的经济繁荣，导致全国市场复苏无望。

复原 1077 年和 1381 年的国内市场

以上的描述性事例支持明朝建立后中国经济缺乏市场机制的观点，在本节笔者将利用商税数据来还原国内市场规模，以进一步证实这一观点。还原国内市场的工作能够为未来学者提供衡量前工业化时代中国市场发展的重要指标。珀金斯早就试图根据 1077 年的商税数据和 19 世纪末的厘金数据来比较北宋和晚清国内市场的规模。根据厘金数据，珀金斯估计 19 世纪末国内产品的跨省贸易额达 4.2 亿两白银。[33] 经过对海关数据的分析和对河南、山东、湖南、广西四省厘金数据低估的讨

66

论，珀金斯提出，国产货物的跨省贸易额在 19~20 世纪之交增加到 6 亿至 7 亿两。[34] 19 世纪 90 年代的跨省贸易额估计为 4.2 亿两，占国民收入的 12.6%。[35]

珀金斯使用同样的方法，根据宋代商税数据估计，1077 年国内市场规模总计为 7000 万至 1.4 亿两。珀金斯所用 1077 年商税数据还可以略做修改。他引述的总额为 6918159 贯铜钱，这个数字有所低估，因为其中漏掉了四川以铁钱计算的商税收入。[36] 如前所述，1077 年征收的商税总额约为 770 万贯。假定商税税率为 5% 至 10%，那么贸易总额为 7700 万至 1.54 亿贯（或两）。[37] 因此，保守估算，1077 年的长途贸易规模至少为 1 亿贯铜钱（或 1 亿两白银）。

笔者按照珀金斯的方法，对 11 世纪中叶和 14 世纪最后几十年的国内市场规模进行了比较。明初的赋税记录大多保存完好，这也使得 1381 年成为除 1077 年和 19 世纪 90 年代之外估算帝制中国最后一千年中市场发展状况的第三个基准年。明初没有过税。地方税课司局征收的商税主要是以宝钞支付的销售税，是间接税"课程"的核心部分之一。[38]《明实录》记载了 1381~1429 年的税收数据，见表 3-2。

1381 年宝钞和铜钱的收入报告是研究明初国内市场的宝贵资料，原因有二。第一，朝廷很快就制定了征收商税的定额。[39] 因此，商税的征收与贸易实际变化之间的关联度越来越低。第二，1381 年宝钞开始严重贬值，增加了将以宝钞计算的收入换算成白银的难度。因此，1381 年的数据成为剖析明初市场的唯一可靠数据。

表 3-2　1381~1429 年"课程"收入

单位：千锭宝钞^a

年份	税收	年份	税收
1381	44[b]	1404	5668
1390	4076	1407	10496
1391	4053	1417	16880
1402	4617	1429	32787

资料来源：李国祥、杨昶，1993：429-444。

注：a. 宝钞为明代政府发行的纸币，政府规定 1 锭＝5 贯。

b. 据报告，1381 年的数据为 222030 贯，包括宝钞和铜钱。笔者按官方兑换率，统一换算成以"锭"为单位的宝钞。洪武年间的官方兑换率：1 贯宝钞＝1 两白银＝1000 文铜钱。

明朝政府接受多种纳税手段。朱元璋早年向商人征税时，硬通货和实物支付皆可。1375 年发行纸币后，政府鼓励人们使用宝钞和铜钱纳税。为了便于比较，必须要将使用不同手段支付的税收加总起来。然而，这一时期的经济政策和纳税形式存在很大差异，很难为不同的纳税手段找到适当的换算率。1380 年，许多税课司局甚至还上报了用大米缴纳的商税数额。不过，1381 年的商税报告使用了宝钞和铜钱两种货币，鉴于当时两种货币的兑换率相对稳定，笔者才有可能解决这个问题。

宝钞贬值很快导致纸币缴税数额的大幅增长。明初的课程数据显示，由于宝钞贬值严重，其间付税数额至少出现了两次明显增加。第一次发生在 1390 年、1391 年和 1402 年，如表 3-2 所示，这三年的课程收入约为 400 万锭，相当于 2000 万贯宝钞。第二次发生在 1403 年朱棣登基之后。此前纸币的信誉已岌岌可危，而朱棣的扩张性政策进一步严重影响了纸币的地位。如表 3-2 所示，课程收入从 1404 年的约 567 万锭，增长到了 1429 年的约 3280 万锭。但从实际价值来看，由于朝廷过度发行宝钞，课程收入实则在迅速减少。在 1375 年，1 贯宝钞相当于 1 两白银；到 1452 年，即使按照官方汇率计算，500 贯宝钞才相当于 1 两白银，宝钞的价值是原来的 1/500。在很多地方，人们拒绝将宝钞作为交换媒介。[40] 这也意味着 1381 年的课程收入是还原明初国内市场的唯一数据来源。

　　根据估算，我们可以看到，14 世纪末期中国国内市场急剧收缩（见表 3-3）。1381 年，宝钞收入达到 222030 贯。假设 80% 的宝钞收入来自征收的商税，那么商税收入大约为 177624 贯。[41] 明代商税的标准税率为货物价值的 1/30。用这一数字乘以 30，可以得出国内长途贸易额为 5328720 贯，即约 530 万两白银。11 世纪中期，宋代国内长途贸易额为 1 亿两白银，与此相比，明代 1381 年的这一估算结果似乎太低了。如果算上 1380 年因贡献不大而被勒令关闭的 364 所税课司局，那么 1381 年的贸易规模估值可能会略有增加。[42] 假设这 364 所税课司局的平均征税额为 300 石稻米，那么按照稻米与银之间 1∶1 的比例换算，其所征收的税款总额为 109200 两白银。加上这部分后，明初长途贸易额最高可达到 860 万两白银。[43]

　　通过重建 1077 年和 1381 年的国内市场规模并进行比较，所得的结果能够印证根据其他数据得出的结论。例如，14 世纪 90 年代明朝政府登记了 1060 万户家庭，仅为 1078 年宋代人口（1660 万户）的 2/3。如果以货币计算，11 世纪中叶每个家庭的贸易额是 14 世纪 80 年代的 7~10 倍。与他们的先辈相比，明初的农民生活在一个既没有机会也没有必要参与市场活动的世界里。因此，明初的一系列反市场政策应是国内贸易异常萎缩的主要原因。

表 3-3　1077~1889 年长途贸易额在国民收入中所占比例　68

年份	长途贸易额（百万两白银）	以稻米计算的长途贸易额（百万石）	以稻米计算的国民收入额（百万石）	长途贸易额在国民收入中所占比例（%）
1077	100	100	662	15.1
1381	6.67~8.58	6.67~8.58	140~230	2.9~6.1
1880~1889	420~500	262~312	1749~2077	12.6~17.8

货币供应量的长期变化

货币存量的长期变化可以精准反映市场发展和城市化进程的货币需求。宋代金融革命和明代白银经济这两个故事分别讲述了 11 世纪和 16 世纪货币供应量大幅增长的现象。这一节将对 750~1750 年货币存量的长期变化进行概括性调查，进而对上述两个故事的相关论点加以考察。

在第一个故事中，11 世纪国内市场的扩张与一场"金融革命"息息相关。[44] 支付手段的空前增加，成为经济史上这一时期最显著的特点之一。除了铜钱和贵金属外，由于长途贸易和公共财政的需要，人们还发明了各种信用工具。人们可以使用盐引、交引、茶引和会子等票据开展交易，这些类似于今天承兑汇票性质的票据都以贵金属（金银）和榷卖物品（茶、盐、香料和明矾）作为抵押，在当时被广泛应用。[45]

在第二个故事中，16 世纪被视为中国货币史上的一个关键时期，当时中国大量进口白银，使白银在国内市场上占据主导地位，成为主要的交易媒介和公共财政的支付手段。白银经济的崛起，将中国经济与新兴的全球贸易网络联系在一起，后者意味着规模空前的市场需求。[46]这个叙事重申了重金主义者的观点，即一个国家的繁荣取决于支付手段特别是贵金属的作用。但这样的论述只着眼于不同金属货币间的转变，在很大程度上曲解了中国货币体系的演变与市场发展之间的关系。

从一种比较的视角来看，所谓的白银经济论会面临这样一个难题：如果晚明的经济果真如该理论所描述的那样发达，那么它怎么可能仅仅依赖于白银这一种交换媒介呢？毕竟，问题的关键点并不是货币的质地，而是货币存量能否满足与发展中的市场经济相伴的交易需求。如果铜钱数量充足，并且辅助以其他货币手段，那么铜钱并不一定就比白银差。[47]不管怎么说，宋代白银产量比1580年以前明代的产量多得多。宋代重商主义式的政策鼓励人们开采银矿和金矿，当时的产量达到了1700年以前中国历史上的最高纪录。[48]重金主义的所谓白银经济论忽视了货币的实际存量，即全部货币（无论是铜钱、白银还是其他可兑换工具等）的流通量。此外，16世纪白银流入中国无疑刺激了市场经济，但是从美洲和日本进口白银的高峰仅出现在17世纪上半叶。[49]那么在此之前，明代的市场经济是如何得以维持的呢？要解决这些问题，首先要对宋明时期的货币存量进行量化分析。

为了估算明代的货币存量，首先应将宝钞排除在15~16世纪的货币存量之外。笔者之前已经指出，宝钞虽然名义上是一种国家发行和认可的货币，但它只是政府向官员和士兵支付俸禄和军饷的一种方式，在满足民间交易的货币需求上所起的作用微乎其微，在实体经济中的作用也可以忽略不计。此外，宝钞是出于国家财政的反市场政策而发行的，不久便与流通中的金属货币毫无关联了。

宝钞的流通逐渐与市场活动分割开来。虽然明朝政府为了支付俸禄、军饷而不断发行、投放宝钞，但人们不再将这些纸币看作真正的货币。由于无限制地超额发行，宝钞失去了价值和在市场上的购买力，很难被当作一种可靠的、有意义的流通货币。

为了使宋明的货币存量具有可比性，笔者将调查范围限定在金属货币，如钱币和白银。要准确估算宋钱的流通总量并不难。众所周知，在中国货币史上，宋代铸造的铜钱数量最多，其中大部分铸钱产生于 1125 年以前。时至今日，考古学家在中国和亚洲其他地方的遗址中发现的铸钱也大多是宋钱，证实了宋代钱币的流通极为广泛，并且在贸易中发挥了至关重要的作用。宋代大多数时期的铜钱铸造都可以找到可靠的记录。[50] 在 1125 年女真南下之前，总铸币量达 1.934 亿贯。高聪明重新检视了日野开三郎和彭信威对宋代铸币量的估算，认为 1125 年以前宋代钱币（不包括铁钱）的铸造总量约为 2.62 亿贯。[51] 高聪明和笔者都认为王安石变法期间是大量铸钱的关键时期。然而，高聪明认为变法实施后期（1100～1125 年）更为关键，笔者则认为变法早期的十年更为重要。虽然这两组数据都是估算值，但它们至少能够揭示实际铸造量的可能区间。考古学家和钱币收藏家注意到，大多数宋代钱币的重量都很均匀，并且完全符合铸钱所要求的材料配比标准。[52] 这些特点排除了存在大量私铸钱的可能性，因此我们只利用官府铸钱的记载就可以计算出宋代货币的真实存量。

相比之下，估算 16 世纪流通的硬通货规模会困难得多。明朝政府既不愿意也没有能力铸造大量的钱币。从 1368 年到 1572 年，明代官方铸造了 400 万到 600 万贯铜钱，只相当于宋代钱监在 11 世纪 80 年代的年产量。[53]不过，官府允许民众在小额交易中使用包括前代铜钱甚至私铸铜钱在内的各种铜钱，因此，明代的硬通货实际上主要是宋钱和白银。[54]这里，问题的关键是：在 16 世纪流通的钱币中，宋钱所占的百分比是多少？然而，铜钱的存续量很难被估算，因为即使是铜钱等硬通货也未必能始终保存完好并用于流通。战争、洪水和疫病经常迫使人们匆忙逃离家园，来不及带走钱币。窖藏、腐锈和人为的熔化也使大量钱币退出流通。所以，如果人们无法确定明代或宋代铸钱在流通货币总量中所占的比例，就很难准确计算出明代流通货币的总量。

幸运的是，由于中国铸钱在这六个世纪中的广泛流通，所以我们还是能找到间接证据来估算某些时期流通中的宋钱与明钱的比例。在 16 世纪欧洲商人来到东亚之前，宋代钱币被广泛用于国际贸易。许多东亚国家甚至将宋钱作为本国市场上的法定货币。中国和亚洲其他地区的考古学家也有许多关于宋代钱币窖藏的发现。日本的钱币窖藏现象尤为明显，因为日本在 1270~1550 年从中国大量进口铜钱。[55]该时期正是我们所关注的时期，出口到日本的钱币种类应该与在明代中国国内市场流通的类似。研究显示，在日本发现的中国钱币中，明钱和宋钱的比例是 1：9。考虑到明钱出口不易，笔者将 8：1 作为明代流通的宋钱与明钱的标准比例。[56]该比例让 16 世纪的货币存量估算值提高到了 3600 万至 5400 万贯。如果以宋代铜钱铸造量与之比较，并将笔者前面估计的 1.934 亿贯作为下限，而将高聪明估计的 2.62 亿贯作为上限，结果虽然还是只相当于 1125

年以前宋代货币存量的 14% 至 28%，但已经远远超过了仅仅考虑明代官府所铸钱币而估算的铜钱流通量。

　　人们往往认为中国明代货币经济复苏的主要特征是白银的使用。然而，明代中叶究竟有多少白银可以用于刺激经济反弹呢？全汉昇指出，国内白银生产方面，明代在银矿开采上落后于宋代。11 世纪平均每年银开采量为 223850 两，而明代平均每年的银开采量仅为 100000 两（15 世纪初约为 220000 两，后来下降到 50000 两）。[57] 全汉昇称，从 1390 年到 1520 年的银产量总计约为 11395775 两。[58] 由于 1520 年以后没有年度记录，王裕巽只能根据残缺的资料来估算明代后期（1520～1664 年）的白银收入。王裕巽认为，16 世纪末 17 世纪初的白银总产量应为 13820100 两，与之前相比有所增加。[59] 按照这种乐观的估算，国内的银总产量可能达到 2500 万两。不过，比较稳妥的估算值似应该在 1500 万两到 2500 万两之间。

　　上述估算数据显示，在明代的第二个百年中，经济领域严重缺乏硬通货。需要了解的是，中国在 1550 年以后才开始大量进口白银，这时已经是明代后期了。在此之前，明代国内货币供应非常有限：1500 万两到 2500 万两的白银，加上 3600 万贯到 5400 万贯的铜钱，总价值为 4650 万贯到 7150 万贯铜钱。[60] 这只是宋代 1043 年以前货币存量的一半。而在王安石变法付诸实施后的几十年中，宋代的钱币铸造量更是超过了变法之前的累积铸造量。艾维四（William Atwell）敏锐地注意到1430～1450 年"中国经济紧缩"，并指出"明代的经济活动在14 世纪中叶急剧放缓"。[61] 但是他误将明代初期，特别是永乐年间，视为经济复苏和扩张的时期。[62] 如果以流通中的硬通货数量来衡量，元朝实现大一统后，中国的货币存量迅速下降，这

71

种局面一直持续到 15 世纪。艾维四承认,并没有有力且直接的证据表明郑和的船队带回了大量的金银。[63] 鉴于 1550 年前后货币存量的规模如此之小,不难想象市场复苏时人们会如何想方设法寻找硬通货。艾维四敏锐地发现了中国明代盗铸钱盛行与硬通货供应短缺之间的关系。假钱的盛行大大增加了地方市场的交易成本,阻碍了农民的市场性生产活动。但他误将 15 世纪中叶当作假钱猖獗的时期。[64] 许多实证研究已经表明,假钱泛滥的问题是在 16 世纪中叶才变得棘手起来。[65]

1550~1645 年海外白银的大量流入往往被用于证明晚明的货币经济因为与新兴的世界经济联系日益紧密而发展到了前所未有的规模。然而,由于中国现存资料缺少关于明代进口白银的可靠数据,所以进口白银的影响充其量只是一种猜测,并没有获得定量的检验。要解决这一问题,就必须依靠日本、马尼拉、欧洲和中国澳门地区的官员及商人的记录,但这些记录未必把在中国的贸易与在东亚其他地区和东南亚的贸易区分开来。学者们对明代后期为购买丝绸和茶叶等商品而流入中国的白银总量的估算并没有一致结论,例如,对明朝灭亡时流入中国的白银总量的估算从 1 亿两到 2 亿两以上不等(见表 3-4)。但学者们一致认可的是在 17 世纪上半叶白银进口量迅速增长。

这些估算数据表明进口白银对正处于货币化过渡阶段的明代经济至关重要。万志英认为:"16 世纪下半叶进口的白银使中国的货币存量比国内银矿产量至少多 8 倍;17 世纪上半叶,白银进口量大约比国内生产量多 20 倍。"[66] 但是,万志英对 16 世纪后期中国进口白银推动经济货币化的论述并不全面。前文已经指出,1550 年以前的明代货币存量(铜钱加白银)估值为 4650 万贯至 7150 万贯铜钱,这意味着进口白银使货币存量在 1600 年前后增加了 1 倍，到 1650 年前后增加超过了 2.5 倍。[67]明朝从新兴的全球经济中吸收了大量的贵金属，远远超过了国内银产出和遗留宋代铜钱共同构成的原始货币存量，这在当时没有任何国家能与之匹敌。学者们强调，发现新大陆后，金银从美洲流入欧洲，加速了欧洲封建制度的崩塌。但是，1500～1650 年进口的白银仅使欧洲白银存量增加了 26.7%。黄金增幅更低，仅为 3.6%。[68]相比之下，欧洲殖民引发的全球金银流动对明代市场经济的影响比对近代早期欧洲经济的影响更加深远。

表 3-4　1550～1645 年中国进口白银估算量

单位：百万两[a]

年份	万志英	吴承明	山村耕造和神木隆	全汉昇
1550～1600	57.7~62.5	41.27~51.77	47.4~63.5	—
1601~1645	134.2	44.4~59.4	184.9~225.1	—
总计(1550~1645)	191.9~196.7	85.7~111.2	232.3~288.6	45.8

资料来源：Von Glahn, 1996：140；吴承明, 2002：170-173；Yamamura Kozo and Kamiki Tetsuo, 1983；全汉昇, 1984：644，日本数据；全汉昇, 1957，西班牙数据（另见林满红, 1990：303-304）。

注：a. 重量单位已换算为两，1 吨 = 27000 两。

总而言之，明代 1600 年前后的货币经济规模高达约 1.74 亿至 2.007 亿贯铜钱，接近 11 世纪初宋代的货币存量。对流通中的钱币和进口白银的估算结果表明，1580 年之前，明代货币供应量的增长明显滞后于复兴的市场经济对货币的需求。根据现有文献，16 世纪和 17 世纪国内市场的发展是在农业和手工业专业化的基础上实现的，这种专业化使得农产品和非农产品的跨城乡和跨地区交流更加频繁。活跃的商品交换反过来提高了农业和手工业的生产力。这种模式被人们视为实现高水平市场经济的一种途径，被称为"江南道路"。[69]然而，这种理论并不支持将对外贸易和进口白银作为经济发展动力的论点。区域手工业和农业专业化是从 15 世纪后期开始的一个渐进过程，其发展程度及其后来对明代经济的贡献应与对外贸易分开来考量。只有到一百年之后的 16 世纪后期，白银流入才开始对经济的发展产生影响，在那之前，其影响可以忽略不计。这表明，进口白银或许曾经对经济增长有所助力，但市场从明初的低迷走向复苏并不是受到进口白银的刺激。因此，人们不禁要问，1580 年以前明代的货币存量如此之少，全国性的市场经济如何才能持续扩张。[70]

73 　　与近代早期的欧洲不同，很难找到中国 16 世纪进口白银与物价之间的对应关系。到 16 世纪末，进口白银开始超过国内货币供应量，据估计，国内货币供应量约为 3600 万至 5400 万贯。不过，1600 年前后物价仍然保持稳定。[71]此外，正如稍后我们将讨论的，尽管货币供应量大幅增加，市场经济不断发展，但名义工资和实际工资的变动不大。如何从总体上解释晚明市场经济的扩张，仍然是一个难题。总之，没有任何直接的证据支持或否认这个大规模市场经济的存在，我们甚至不知晓 1600 年前后的确切人口规模。[72]

　　表 3-5 列出了中国帝制晚期货币存量的跨朝代对比。这是研究者首次试图在总体水平和人均水平两个层面上估算硬通货数量。[73]尽管这些数字不如统计研究得出的数据准确，但

74 也是合理的估算，在一定程度上体现了可能的结果范围。由于唐代和晚明的人口统计和钱币铸造数据质量较差，对这些

数据的估算存在不确定性。如果没有可靠的人口数据，对明末货币经济规模的估算本质上仍是猜测性的。此外，只有选择一个数据丰富且质量较高的基准年，这种猜测性的估算才会对进一步分析明末的情况有所帮助。[74]因此，笔者也对清代1750年的货币存量做了估算，这一年是18世纪经济走向繁荣的转折点。

表 3-5　750~1750 年中国货币存量

	唐（750 年）	宋（1120 年）	明（1550 年）	明（1600 年）	清（1750 年）
铜钱（百万贯）	21.3~42.6[a]	193.4~262	36~54[c]	36~54	122.8~146.8
人均钱币[d]（贯）	0.31~0.61	1.53	0.18~0.45	0.18~0.45	0.4~0.48
白银（百万两）	—	—	15~25	125.8~130.6	317
货币存量（百万贯）	21.3~42.6	193.4~262[b]	46.5~71.5	124~145[e]	376~400[f]
人均货币存量（贯）	0.31~0.61	1.53	0.23~0.6	0.62~1.21	1.25~1.33

资料来源：唐代（750 年）数据见彭信威，1965：781。关于清代钱币和白银的估算，见林满红，1991。

注：a. 彭信威认为，私铸钱可能与官方铸钱的总量基本相当，因此，把官方铸钱的数量翻倍，得到了这一数字。笔者决定用官方铸币量作为估算唐代货币存量的下限，将彭信威推断的数字作为上限。

b. 笔者只将铸币量视为宋代货币存量。事实上，如果我们把贵金属（金银）和商业票据计算在内，数额会更大。

c. 明代官铸钱只占钱币存量的 1/9，占存量比重最大的是宋钱。

d. 假定各时期的总人口分别如下：宋代（1120 年）为 1.26 亿；明代（1550 年，1600 年）为 1.2 亿至 2 亿；清代（1750 年）为 3 亿。

e. 1 两白银 = 0.7 贯铜钱。

f. 1 两白银 = 0.8 贯铜钱。

上文的比较研究揭示了两次市场繁荣（以货币存量来看）分别发生在 1120 年和 1750 年。市场扩张与城市化和商业的发展紧密相连，并进一步刺激物价上涨。在市场发展过程中，市场的扩张也带来了对硬通货需求的增加。1750 年前后，货币存量大增，总价值达 4 亿贯，是中国货币史上的一个高峰。然而，宋代依旧保持了人均货币存量的优势，即使是货币总量，宋代也仅次于清代。

初步结论

市场萎缩导致中国货币存量减少。尽管元朝统一中国的战争造成的北方人口减少和逆城市化进程明显削弱了国内市场结构，中国经济去货币化的直接原因却是明朝建立的管制经济。明初经济体制的运作基础是以物易物和"配户当差"，它基本上不太需要货币交换。从本质上说，明初的农民和工匠用谷物和其他当地产品向国家交税，也几乎不需要硬通货。包括粮食运输和军事防御在内的许多活动都是在"单向支付"的基础上进行的。[75] 例如，明初的三个都城（凤阳、南京和北京），都是通过农民、士兵和囚犯服徭役的方式建造的。平均每项工程的强制动员劳动力超过 100 万人，[76] 这些季节性地前往官府工程并出工的劳力绝大多数都要自备口粮，只有在极少数情况下能得到一些津贴。有些常年服役出工的士兵和工匠会得到一些粮食作为报酬，但这些粮食还不够他们养家糊口。在最初的几十年里，管制体系的确表现出很高的效率。但显然，这一管制体系的有效运行严重破坏了市场机制，特别是削弱了货币的作用。

在 1200～1450 年中国人口与物价呈下滑趋势这一背景之

下，笔者根据商税数据，复原了 1077 年和 1381 年中国国内市场的规模。1077 年，长途贸易和城市市场规模超过了 1 亿两白银；而 1381 年的贸易估算总额下降到了 530 万至 860 万两。明初朝廷用去货币化和反贸易的政策最大限度地降低了市场在中国经济和社会中的作用，本章的复原研究揭示出，明初百姓的日常生活几乎不需要商品交换。

笔者进一步考察了宋明时期货币存量的长期变化，估算的数据揭示出一个初步但很合逻辑的结论：仅仅计算铜钱（不包括白银、金、有价证券和纸币）的宋代货币供应量，[77] 已经远远超过了明代的货币（包括白银和铜钱）供应量。货币供应量方面的差距和前文复原的 1077 年和 1381 年国内市场规模的差距完全可以相互印证。简言之，在 1000～1500 年的五个世纪里，中国的市场经济从扩张转向收缩的过程，与从宋代以市场为中心的经济体系向明初管制体系的转变有明显的关联性。

本章的比较研究为所谓的白银经济论涂抹上一些暗淡的色调。白银之所以能成为主流货币，根本原因并不是贵金属银比铜钱更具有优越性，而是国家没有能力供应充足的铜钱，而它所发行的宝钞又被社会普遍排斥。的确，铜钱更加适用于小额贸易，因此受到农民和城市贫民的青睐。然而，随着新的信用工具的出现，从事长途贸易的宋代商人完全可以使用三司和榷货务发行或担保的汇兑票据，就省去了大量运输价值低且重的铜钱的成本。根据本章的比较，明代大部分时期（从明初到 1580 年）的人均货币供应量一直保持在非常低的水平。16 世纪初市场再次扩张时，人们迫切需要硬通货，特别是像铜钱这样的小面额货币，但供应不足成为

75

严重问题：1 两白银相当于 1000 文铜钱，由于农村市场上的大多数交易都是只有十几文钱的小额交易，白银使用起来十分不便，所以小额货币对于促进农业商业化极为重要。由于缺乏标准的交换媒介，农村地区往往选择地方性等价物进行贸易，并且 1550 年以后私铸钱在全国各地盛行起来。各地居民分别采用不同标准的货币交易，大大增加了交易成本，阻碍了市场整合。

进口白银在明代晚期经济的货币化过程中发挥了重要作用。但问题是，这些显著的变化，如税收的货币化、社会控制的放松以及市镇的复兴，能否被视为中国历史上前所未有的发展。如果我们以经济异常萧条的明初管制经济为基础来衡量 16 世纪蓬勃发展的市场经济，那么其突破性毋庸置疑。但如果从更广泛、更全面的角度来审视中国近一千年的市场经济，尤其是与宋代市场经济进行比较的话，16 世纪的经济发展就没那么突出了。

通过阐明明代管制经济的瓦解与物价回升及市场复苏之间的关联性，笔者进一步为本书的论述提供了逻辑支持。中国和日本的学者都曾惊叹于 16 世纪经济和财政的巨变；同时，他们也曾为 1400 年到 1580 年间一个多世纪的长期通货紧缩而感到困惑。白银经济论的内在矛盾与银荒（以及与之相关的私铸钱盛行）的现象直接相关：为什么银荒没有发生在更早的时期，例如明代的第一个世纪；为什么直到 15 世纪中后期人们才开始感受到硬通货匮乏？只要我们阐明明初经济的非货币化性质，阐明这种非货币化削弱了人们对支撑市场运行的硬通货的需求，那么上述两个问题的答案就显而易见了。可以说，明代的货币史呈现为三部曲：第一个世纪表现为去货币化，第二个世纪表现为局部复苏基础上的轻度货币化，第三个世纪则是货币经济的全面发展。为了考察从宋到明大约五个世纪中市场经济的扩张与收缩，就必须比较宋明两代的货币存量与市场规模。只有从比较的视野出发，我们才能真正理解明代市场经济的复兴。

第四章　11世纪的贸易和水运

　　在750~1100年的唐宋转型时期，内河运输和海上贸易的快速发展带来了运输成本的大幅下降，这种水运条件的显著改善无疑推动了11世纪贸易网络的扩张。[1]这是促进宋代商业化和城市化的因素之一，现代学者甚至用"革命"一词来描述水运在宋代经济增长中发挥的重要作用。[2]我们可能认为技术创新是经济增长的主要动力，但单凭技术难以解释宋代取得巨大发展的原因及方式。这里想要指出的是，很少有学者思考宋代内河航道结构与国内市场发展之间的关系，特别是运输成本的降低、航道的扩展以及航道如何相互连接并促进货物流通，等等，还没有得到充分考察。这让我们对这场"革命"更加困惑不解：宋代水运的发展是否仅仅源于技术的进步，抑或是11世纪宋代市场的大规模扩张促使技术创新的涌现及广泛应用，从而成就了这个全球史上的独特现象？

　　我们应该在唐宋转型时期经济和政权转型的背景下解读宋代内河航道体系。秦汉至隋唐的中国统一王朝都定都长安。长安是一个西北内陆城市，缺乏便利的通航水路，数百年里，中国的政治中心均主要依赖关中盆地的各类产出供应。因此，宫崎市定认为这些朝代是以长安为中心的自给自足式的政权。进入近代早期（也称"近世"）后，中国的首都在10世纪初从长安迁到了内河运输的中心开封，一个在经济上以水路（运河）运输和长途贸易为基础的重商主义国家由此形成。[3]

宫崎市定认为，低廉的运输成本不仅促进了长途贸易的扩张，而且有利于中央依托有效的市场干预来加强军事、财政权力。但是，持反对意见的人质疑这个以开封为中心的贸易网络的可持续性，并且否认其对中国经济的积极影响。这两方的学者都没有全面研究宋代的交通结构，因此都未能证实自己的论点。由于第一手资料的不足，我们对宋代水运情况的认识还很难说完全到位。尽管如此，这里仍然可以指出，原有体系在唐宋转型期经历了彻底改造，从而为水运带来了以下三个方面的进步：

（1）航运能力大幅提高（从船舶总数和吨位来看）；

（2）运输成本大幅下降；

（3）通航河道总里程数大幅增加。

前人从未对上述三个方面做系统的分析。本章将首先根据1077年的商税数据展开整体评估，然后回顾宋代水运前所未有的发展水平，特别是技术创新的广泛应用。高效水运网络在11世纪的形成是以开封为中心的全国性市场兴起和经济发展的重要因素。本章的研究支持宫崎市定的论点，认为水运在很多方面促进了国家财政力量的提升。无论我们是否使用"近代早期"这一术语，毋庸置疑的是，在此期间兴起的以开封为中心的全国性市场，为整个国家的经济发展提供了重要的推动力。宋代的交通结构深刻地影响了当时的跨部门、跨区域的贸易，并且向我们揭示了一个消费型社会的形成，其成员主要由依赖水路交通相互联系的城市居民构成。

宋代内河航运的结构

内河航运中使用的许多造船和航行技术都是在宋代之前的几个世纪发明的。考古学家发现造船工艺在汉代（前 202～220 年）就已经非常先进，尽管直接证明当时内陆贸易依托河运得以迅速发展的材料还很少。[4]所有具体经济领域的真正突破都取决于创新的广泛应用，在大多数情况下，社会的需求才是推动技术创新广泛应用的力量。[5]这在唐宋转型时期特别是 11 世纪尤为明显。郝若贝对 750～1550 年中国的人口、政治和社会的转型进行了开创性研究，他将中国划分为七个宏观区域，进而勾勒了数个跨区域的商品、服务和土地的网络，这些网络的形成都离不开运输成本的显著下降。[6]一方面，货币供应量的增加、技术创新的增多和城市化的推进促进了水运的发展。另一方面，正如宫崎市定在其关于运河运输的论文中所表明的，国家和经济都会从迅速发展的内河运输推动的市场整合中受益。

水运方面的重大突破发生在唐宋转型的背景下。8 世纪中叶之前的几个世纪里，中国的水路运输还不发达，其原因应该就是市场经济发展缓慢。尽管如此，关注 605～610 年大运河（中国历史上最长的运河）重建的现代学者认为，水运的快速发展最晚在 7 世纪初就已经开始了。为说明这一点，除了大运河的例子，他们还引用了《旧唐书》中崔融于 703 年上疏的内容：

79

> 天下诸津，舟航所聚，旁通巴、汉，前指闽、越，七泽十薮，三江五湖，控引河洛，兼包淮海。弘舸巨舰，千

轴万艘，交贸往还，昧旦永日。[7]

　　这段话似乎表明 8 世纪初全国性贸易网络就已经形成了，然而这些话实际上出自崔融反对国家征收过税的一篇奏疏，这篇文章描述含糊，令人无法准确地判断商人日常使用的船只数量。崔融认为，各检查点对应税货物的评估会导致出货严重延迟，税率也可能会让商人难以承受。出于这种特定立场，他特别夸大了从事海上和内河航运的船只数量，但事实上此时南北地区之间的水运仍然比较落后。大运河是中国长途贸易中最重要的通道，其建造时间可以追溯到战国时期，但直到 750 年才开始为南北长途贸易的展开发挥关键作用。[8] 从最初修建运河到 907 年唐朝灭亡的一千年间，通过运河将粮食和纺织品从南方运往长安的时间不超过七十年。[9] 可以肯定地说，在这几个世纪的大部分时间里，从南方运输货物的需求并不强烈。

　　即使在有记载的少数几年里，相关的资料也很不完善。通过运河运输货物并不容易，唐代上供漕粮从长江三角洲运到黄河中游的港口城市洛阳需要花费十个月。因为各段水道的航运能力参差不齐，货物需要中途接驳，仅此一项就占去了一半的时间。气温变化、季节性降雨以及溯流而上时的水深变化等，都会造成通航条件发生变化。从洛阳向西到唐代都城长安的交通条件非常恶劣，货物运输的效率极其低下，以至于朝廷不得不间歇性地迁居洛阳以获得粮食供应。[10] 直到 735 年，运河的运输情况有了显著的改善，朝廷才得以运送超过 200 万唐石粮食到长安，此时的货运量大约是 7 世纪末的 10 倍。[11] 因此，崔融的报告虽然体现出 8 世纪初水运开始发展的情况，但夸大了当时的货运周转量，不能作为可靠的证据。

80　　　　此外，崔融奏疏中的生动描述与其他涉及漕运的官方文件之间存在很大差距，因此我们需要根据量化证据来重新评估水运的发展。实证数据可以提供有关贸易与水运之间关系的第一手信息，这反过来也能告诉我们运输发展的方式和原因。幸运的是，我们现在可以看到 1077 年 2060 个商税务及其税额的官方记录。《宋会要辑稿》保存了丰富的商税征收相关的资料，其中的《商税杂录》就收录了一份 1077 年 2060 个税务机构及其税额的完整清单。[12]

　　　　池田静夫是第一个企图通过 1077 年的数据来证明贸易和运输之间关系的学者。他断言，商税的征收首先取决于水路货运量的增加，其次受到城市消费的重要影响。[13]受池田静夫这一开创性研究的影响，笔者将内陆港口和水路附近城市（以下简称"内港城市"）内的税额 1000 贯以上的商税务及其收入制成表格。

　　　　表 4-1 表明，高效的内河航运促进了宋代的长途贸易。除去长江下游，262 个内港城市 1077 年的税收收入为 330 万贯。[14]换句话说，从这些城市（约占 11 世纪后期中国城市总数的 12%）征收的商税占了商税总额的 43%。如果将长江下游计算在内，从内港城市征收的商税总额接近 400 万贯，已经超过了 1077 年商税总额的一半。[15]此外，这 262 个内港城市位于11 条航道沿岸。表 4-1 列出了从每条航道上征收的商税额及其在 1077 年商税总额中所占的比例。表中共有 12 条路线，每条路线代表一个主要航道。有一些主要航道可能包括若干与之相连的自然河流和运河，例如，构成两浙路水运网络主干的钱塘江和江南-浙东运河。两浙路是省级单位，主要包括现在的浙江省，但也包括苏州和常熟。根据笔者估算，钱塘江、江南

运河（杭州至苏州、镇江）、浙东运河（宁波至杭州）沿线城市的商税至少占两浙路商税总额的 2/3，合计 643500 贯。为方便起见，表 4-1 将钱塘江与江南-浙东运河整体上视为一条航道。另外，长江虽然在表 4-1 中显示为两条不同的路线，但其实是同一条水道。

1077 年的数据表明，11 世纪的跨区域贸易与区域内网络并存。尽管大部分长途货物运输集中在十几条航道特别是那些促进南北长途贸易的航道上，但水路运输在全国性市场发展方面确实发挥了至关重要的作用。11 世纪的宋代中国有数千条河流，这些河流的通航里程远远超过几条大河的总长。然而，大部分河流都无法支撑超出当地市场以外的货物运输。[16]表 4-1 中所列 11 条水道运输的货物占宋代总贸易量的一半以上。

表 4-1　1077 年主要水道的情况

81

	长度* （英里）	沿线城市 数量（个）	税额（千贯）	占 1077 年宋代 商税的比例（%）
全国	136700	2060	7702.0	100.0
四川境内 长江干流	640	48	724.2	9.4
钱塘江与江南 -浙东运河	376+250	—	643.5	8.4
长江（从夔州 到入海口）	1100	28	360.0	4.7
淮河与汴渠 （含开封）	620+370	25	711.2	9.2
惠民河-涡河	155	14	120.9	1.6
赣江	467	34	267.3	3.5
汉江与江汉运河	950	11	167.8	2.2

路线	长度*（英里）	沿线城市数量（个）	税额（千贯）	占 1077 年宋代商税的比例（%）
永济渠（御渠）与海河流域	530+435	27 (15+12)	297.0 (106+191)	3.9
广济渠-清河与黄河下游	280 (仅运河)	31 (19+12)	300.1 (159.2+140.9)	3.9
渭河干流与以洛阳为中心的洛河和秦河	500 (仅渭河)	19 (13+6)	212.4 (156.1+56.3)	2.8
岷江	360	8	95.6	1.2
珠江	325+290 (仅东部和北部支流)	17	75.4	1.0
内港城市	7544	262	3975.4	51.6

注：＊岷江、渭河等自然河流的长度来源于现代调查。汴渠和江南运河的长度可见学者的估算（邹逸麟，2005：88；安作璋，2001：674）。据记载，永济渠长度为 2000 多隋里，根据谭其骧主编的《中国历史地图集》中的地图，笔者粗略计算了广济渠-清河和惠民河（下至蔡口镇）的长度。

在 11 条水道中，只有珠江和长江部分地区不需要投入大量的财力和人力（如河床疏浚、堤防建设和船闸建设）就能 82 维持航运。[17]其他水道要么是运河，要么是经过人工修整的天然河道，[18]包括永济渠（御渠）、汴渠、江南运河、浙东运河和广济渠-清河，全部位于华北平原和华东平原地势平坦的地区，总长 1000 多英里，甚至比长江中下游的干流还要长。经过修整的天然河道主要是对汇入贸易主航道的自然河流小支流的改造。例如，汉江是一个重要的水系，从它的干流发散出许多支流，延伸至长江中游地区（湖北）、黄河中游地区（河南）、四川和陕西。早在8世纪，由于汉江对北方中央政权具有重要战略意义，官员们就已经试图把汉江打造成通商通道。到10世纪，宋代朝廷发起了几项旨在促进商贸的大型工程，但只有江汉运河的修建成功地缩短了汉江与长江之间的航运距离，并且使襄阳成为中国中部最重要的转运口岸。[19]

为了维护连接中国各地的通航河流而产生的费用，必然会消耗一部分贸易利润，华北平原的运河建设尤其如此。早在3世纪，白沟河的修建就使河南的粮食可以被运输至北京和河北北部。[20]从6世纪到12世纪初，出于军事和经济的需要，修建运河成为朝廷的重点事务之一。11世纪更是进入了朝廷大规模修建运河的新时期。[21]

面对众多的运河工程，人们不禁要问：为什么宋代及之前的许多朝代要修建这么多航道；中国东南部等地区雨水充沛，河流径流量大，如果宋朝能集中精力改善这些地区的水路运输，岂不是更好？现代调查表明，中国华北和东北的河流以及西北内陆流域的总流量仅占全国河流径流资源的13.8%，其中黄河流域（占中国国土总面积的7.8%）的年径流量仅占2.2%。[22]尽管一千年前黄河流域的气候更加温暖潮湿，但其径流量并没有因此而增加。[23]此外，中国地势起伏较大，西部海拔总体高于东部，这意味着包括黄河和长江（中国最长的两条河流）在内的所有主要河流都向东流入太平洋。

虽然运输成本高必然会影响贸易量，但成本的降低并不是长途贸易增长的唯一原因。[24]区域经济之间日渐凸显的差异也非常深刻地影响了中国长途贸易的面貌。[25]中国作为欧亚大陆上最大的国家之一，其领土从南向北绵延数千英里，自然资源丰富，物种繁多。因此，南北地区不同的比较优势和资源禀赋（如气候、土壤条件和人口密度）孕育了南北贸易的巨大潜力，不过，这种潜力要等到唐宋转型之际南北产业分工明朗化之后才得以释放。诚然，黄河流域在许多个世纪以来一直是主要的贸易和工业区，但到了 10 世纪宋朝统一之时，南方（特别是长江下游地区）的经济实力开始超过北方，并且可以向北方市场供应大量的稻米、茶叶、丝织品等重要商品。[26]

83　　这一转变为宋代的南北贸易奠定了基础。[27]1078 年，南方人口在 5500 万以上，与 1500 年的欧洲人口相当；北方人口在 2800 万以上，与 1000 年的欧洲人口相当。[28]两大经济区的庞大规模为相互间的贸易提供了重要机会。例如，由于华北和西北内陆地区无法生产茶叶，对茶叶的需求却很旺盛，宋代茶叶的长途贸易开始发展。每年约有 2000 万宋斤茶叶从长江中下游和福建经江南运河运往北方。[29]

　　从缴纳商税数额较大的城市的分布情况可以看出，南北水路运输主要是为了开展长途贸易。在表 4-2 中，郭正忠列出
84 了 1077 年宋代所有征收商税超过 3 万贯的城市。这 28 个城市的商税收入共计 157 万贯，约占 1077 年全部商税收入的20%。[30]其中只有 5 个城市（成都、长沙、真州、扬州和江宁）位于长江干流，8 个（约 1/3）城市位于大运河沿岸。事实上，大多数重要的商业中心都位于大运河和其他通往北方的水路沿线。按照商税的收入排名，28 个城市中除了排名第三的秦州和排名第九的江宁外，排名前十一位的其他城市都位于南北走向的河流沿线。开封和杭州是 11 世纪大运河的起止点，分别为当时第一和第二大商业中心。大运河还将苏州、湖州等太湖地区的工商业城市与北方市场连接起来。扬州、真州、湖

口、无为军、蕲州等长江沿岸大城市的崛起，主要也并非因为它们是长江贸易通道上的港口，而是因为它们是南北贸易的枢纽港。

表 4-2　1077 年商税额最高的 28 个城市

排名	省份	城市	税收（贯）
1	河南	开封	402379
2	浙江	杭州	82173
3	甘肃	秦州	79959
4	江苏	楚州	67882
5	湖北	襄阳	55467
6	江苏	真州	53536
7	江苏	苏州	51035
8	安徽	庐州	50316
9	江苏	江宁	45059
10	江苏	扬州	41849
11	江西	赣州	39888
12	河北	真定	39590
13	浙江	衢州	39384
14	浙江	湖州	39312
15	河北	大名	38628
16	陕西	长安	38446
17	福建	福州	38401
18	河南	洛阳	37944
19	广东	广州	37308
20	山东	密州	36727
21	湖南	长沙	33939
22	四川	成都	33754
23	山西	晋州	33137
24	山东	郓州	32444
25	山西	太原	30724

排名	省份	城市	税收（贯）
26	河南	陕州	30636
27	陕西	凤翔	30463
28	山东	德州	30429
总计			1570809（占 1077 年商税总额的 20%）

资料来源：郭正忠，1997a：224-225，233。

南北走向的河流和运河是连接长江和黄河流域乃至珠江流域的通道，所有这些航道一起共同构成一个全国性网络，使南北贸易增长到了前所未有的规模。[31]这些南北走向的河流和运河则构成了这个密集贸易网络的主干。根据 1077 年的税收数据，我们可以将促进南北贸易的内陆水道分为七大系统：

（1）连接珠江流域和长江流域的赣江；

（2）连接黄河中上游流域和长江中上游流域的汉江和江汉运河；

（3）大运河的南段和中段：江南运河（杭州至镇江）和泗水（扬州至楚州）；

（4）淮河和汴渠；

（5）连接开封和河北的永济渠（御渠）；

（6）芜湖-无为军-庐州线和颍河-涡河-惠民河；

（7）连接四川盆地和陕西的嘉陵江。

这七条水道使南北之间长途贸易的发展成为可能。11 世纪，香料和龙涎香等商品就已经从中国东南部的海港城市被运往数百英里以外的北方内陆港口城镇，其中有一条路线是以珠江南端的广州为起点，首先逆珠江支流北上，将货物运抵江西南部赣江上游的港口城市赣州，然后经由赣江、长江和大运河运抵开封及其他北方城市。[32]赣州作为这条长途水路贸易通道上的枢纽港口，其商税税额在中国南方地区中名列前茅。如表4-2 所示，1077 年赣州的商税达 39888 贯，超过了广州。不过，广州、泉州等海港城市的贸易额可能被低估了，因为宋代市舶司对出口货物征收的税款并未计入当地商税。

我们甚至可以认为，在促进宋代长途贸易方面，这些南北走向的支流比长江干流发挥的作用更大。[33]除赣江外，嘉陵江和汉江则是长江中上游流域的主要河道。嘉陵江是长江四川段的一条南向支流，它的上游深入陕西，并通过一条短短的陆路通道与渭河相连。这一线路是长安与成都之间最古老的交通线路，也是 11 世纪四川、陕西和甘肃之间最重要的长途贸易路线。[34]1077 年，这条线路沿线的城市商税收入很高，如凤州（10837 贯）、固镇（24816 贯）、阶州（13172 贯）、兴州（16558 贯）、三泉（14293 贯）和利州（21526 贯）。[35]

汉江不仅是长江最长的支流，[36]而且是中国中部最重要的航道。这使得汉江流域的襄阳迅速兴起，并以不同寻常的速度迅猛发展，成为长江流域最大的长途贸易转运口岸之一。[37]除了襄阳，岳州、长沙、庐州（合肥）、郓州等港口城市也在中国中东部地区的南北贸易中发挥了积极作用。岳州和长沙都是重要的港口城市，它们通过湘江把广西北部和湖南特别是洞庭湖周围的新开发区域与中国中部和北方连接起来。[38]庐州的崛起与大运河和汉江之间的一条重要却常被学者忽视的贸易通道有关。这条通道在当时被称为"二京路"，通过它可以快速地将货物从江西和安徽南部运输到开封。该路线在芜湖、无为军两地横渡长江,在庐州登岸,经过一段不长的陆路,就可以进入颖水和蔡河(惠民河),进而抵达开封。北宋时期,这条路线被认为是继汴渠之后连接开封与南方的第二大纽带,[39]庐州也因此成为重要的水陆交通枢纽。

庐州的崛起,凸显了淮河流域在宋代市场经济中的重要地位。11世纪,淮河的支流和流域内湖泊很多,形成了一个强大的水运网,将地方和全国性市场连接起来(见附录C表C-6和表C-7)。在所有从转运口岸运来的各种长途贸易货物中,茶叶受到宋代朝廷的特别青睐。据记载,商人们曾经从淮南13家政府机构购买了10533749宋斤(约合6741599公斤)茶叶,沿大运河和淮河支流向北运送。[40]不幸的是,在随后的几个世纪里,战争和洪水摧毁了这一地区的城市和交通,这里逐渐成为中国东部最贫穷的地区。

从庐州顺着这条贸易通道往南,我们可以看到舒州、六安、寿州、濠州、无为军等城市,它们在将茶叶、盐、丝织品、工业品等货物运往开封及中国其他北方城市的过程中同样发挥了重要作用。尽管如此,这些长江干流沿线的港口城市的商税额仍然少于沟通南北的支流或湖泊沿岸的城市。例如,江陵(8468贯)和鄂州(14462贯)的商税额低于襄阳、长沙和岳州的商税额。湖口是长江下游的第一大港口,但其商税收入(19838贯)还不到赣州(39888贯)的一半。[41]扬州的商税收入甚至比襄阳的还要低。此外,11世纪中国的四大商业中心——开封、杭州、秦州和楚州——没有一个位于长江流域。大运河从杭州到开封,连接了中国东部四大主要河流(黄河、淮河、长江和钱塘江)的流域,是南北贸易的要道。大运河沿岸各大港口城市征收的商税,是长江中下游主要港口城市的

2 倍多。

　　传统经济的增长可以通过非农领域，特别是城市化和长途贸易的发展来衡量，而后面的这两方面在 1077 年的商税征收情况中都有所体现。与城市化（城市商业）相比，水运（长途贸易）更能促进商品的销售和区域经济分工。笔者列出了推动宋代南北贸易发展的七大内陆水道，在此基础上回顾表 4-2 中的 28 个城市，可以看到排名前十一位的城市均涉及长途贸易，其中沟通南北贸易的城市达到 9 个。这再次证明了水运在 11 世纪市场经济扩张中发挥的重要作用。然而，有关水运的研究有一个假设条件，即市场需求会推动创新并最终改变技术的运用方式。在下一节中，我们将分析宋代的航运业怎样在市场因素的拉动下取得进步，尤其是怎样实现运输成本的快速下降。

运输成本的下降

　　史学家认为，宋元时期中国的交通运输取得了突破性进展。[42] 这些突破主要体现在水路运输领域，并且可以被归纳为以下五个方面。[43]

　　（1）航运业的快速发展促进了航运相关的就业规模的扩大。

　　（2）各种创新的造船技术能够建造出适应不同航线的（各种类型和尺寸的）船舶。

　　（3）运河、船闸、河道疏浚、内陆水道整治等工程技术不断创新。

87

　　（4）商业组织层面的制度创新，如合伙制、投资与所有权及运营分离。

　　（5）商业簿记和合同被应用于分配利润、交付货物以及雇用水手和劳工等方面。[44]

正如斯波义信所说，航运业的技术革新和运输业的管理方式改进两相结合，共同促成了宋代的商业革命。[45]众所周知，宋朝的航海技术在全世界处于领先地位。私营部门的需求推动了船舶建造和航海技术的创新。显然，这些节省成本的改良和创新促进了贸易发展。在海上贸易方面，中国帆船在印度洋和南海逐渐取代了波斯和东南亚的船只。[46]据估计，13世纪浙东地区的沿海航运和港口服务至少创造了20万名劳工的就业。[47]同时，内河航道的运输量也不容小觑。8世纪末，沿大运河运送上供米粮的船只"几乎达到了18世纪中叶英国贸易船队运载货物总量的1/3"。[48]

可以想见，唐宋转型之际的技术和组织革新带来了运输费用的大幅下降。宋代官府记录了为公务活动雇用私人船只和马车所需支付的运费。这些运费是按照市场价格计算的，因此各区域不尽相同。此类政策法规的记载可以追溯到12世纪初，但直到1202年才被收录到官方文件《庆元条法事类》中。正如清木场东所说的，这些运费代表了11世纪末12世纪初甚至更早时期的航运或陆运费用。

到了11世纪末，（以名义价格计算的）水路运输成本已降至8世纪中叶的1/5。如果通过水路运输100斤的货物航行100里，738年的平均运价为逆流150文、顺流50文；1202年为逆流30文、顺流10文。[49]在1079年的河北，地方官府都是雇用民船运送粮食，而不是通过官船押运。根据当时的官方记载，私营航运每百里的运费约为每宋石13~15文，或每百宋斤9~10文。[50]这一数字与表4-3所列运费相符。值得注意的是，8世纪上半叶的粮价相对较低，约为每石252

表4-3　唐宋时期的运费

年份	类型	子类型	价格（文）（每百斤百里）b	运价指数c
唐（738年）	陆运	马/骡子运输	80~150	800~1500
		马车a	170~240	1700~2400
		推车	90	
		人力	80~150	
	水运	经黄河运输	逆流:160 顺流:60	1600 / 600
		经长江运输	逆流:150 顺流:40	1500 / 400
		经其他河道运输	逆流:150 顺流:50	1500 / 500
宋代（1202年）	陆运	全部	100	1000
	水运	全部	逆流:30 顺流:10	300 / 100

资料来源：清木场东，1992：66。

注：a.标准运费为每千斤百里900文。除了这一基本费用外，雇主还需额外支付运输人工费，平坦道路为每百斤百里80~100文，上坡道路为每百斤百里120~150文（清木场东，1992：62~64）。

b.1唐斤为670克，1宋斤为640克。唐代1里约为450米，宋代1里为465米。此处进行比较时暂时忽略了这些差异。

c.以宋代水运（顺流）为基准100。

88　　文。而 11 世纪，粮食的平均价格为每石 520 文。[51]如果把通货膨胀考虑在内，则成本下降了近 7/8。1167 年，宋代官府雇用商船将盐从真州（扬州附近的港口城市）运到长江中游的鄂州。这是一段溯江而上 1500 里的航程，当时预付的每百里运费为每百斤 44 文。[52]然而，名义价格的运费标准只有 30 文，所以 44 文还是略高了一点。但考虑到每百斤 30 文的百里运费标准是一个世纪前制定的，可以说上述 1167 年的价格表明 12 世纪水运成本实际上是进一步降低了。[53]

89　　　　不论以哪种标准衡量，全国范围内的运费都出现了大幅下降，这主要得益于三个方面：船舶建造技术的创新、运河的建设，以及航运的改进。对于任何将水路作为主要交通运输渠道的传统经济来说，航运成本的大幅下降将极大地促进南北贸易并推动市场整合。持久有效的水运网无疑促进了不同地区的生产专业化，这是前工业化增长的一个主要因素。技术创新、航运成本与国内市场扩张之间的关系错综复杂，很多问题需要从政治经济学的角度加以审视，例如，长途贸易的空前发展与以开封为中心的北宋政权之间有何关系——后者本身是一个亲市场的政权，也从市场扩张中获益颇多。

11 世纪国内市场中的开封

　　对于政治经济学家和经济史学家来说，市场经济发展的基础是打破区域经济孤立状态的全国性市场。市场整合程度的明显提高代表着国家市场开始形成，而衡量市场整合程度的量化方法之一，就是考察全国范围内的价格变化是否同步。对 18 世纪稻米市场的研究表明，长江中下游与京杭大运河沿线城市的稻米市场价格之间存在很强的关联性。这表明水运对中国传统市场的整合至关重要。[54]由于 1700 年前的七个世纪里，稻米价格的相关数据很少，不可能用同样的方法计算宋代和明代的价格。然而，确实有一些研究指出了两个朝代之间的明显差异：宋代不同地方市场的粮食价格变化在近三个世纪的时间里似乎是相互关联的，16 世纪中国的粮食市场却没有形成统一的格局。[55]

11 世纪开封市场的粮食价格最先上涨，其他地区紧随其后（见表 4-4）。1086 年，宋朝宰相章惇向朝廷报告了中国北方不同地区的粮食价格差异。根据章惇的报告，在有水运的内陆地区，100 宋石粮食（粗细混合）可以卖 20 贯；在没有水运的内陆地区可以卖 14~15 贯；在河北边缘地区可以卖大约 30 贯；在山西和陕西的边缘地区可以卖 40~50 贯。[56]这一差异表明了水路运输对粮食价格产生的重要影响。数据显示，相对于山陕边缘地区，河北北部与开封的市场联系更为紧密。由于山陕边缘地区未与以开封为中心的水运网有效连接起来，所以当地的高粮价可以从 11 世纪中叶宋朝向陕西增加部署庞大军队得到解释：人口的大幅增加提高了粮食需求，进而把当地的粮食价格抬到了比开封粮价还要高的水平。[57]

表 4-4　10 世纪末至 12 世纪初粮食市场价格的变化

单位：文／宋石

年份	开封	山东	浙江	陕西	山西
979~989	100	—	—	—	100
1008~1012	300 *	300	—	—	100 *
1022~1028	600 *	100	700	—	—
1043~1053	—	500	700≥	900	500
1063~1075	900≥	400	500~800	1000	800
1080~1089	—	—	600~900	2000	300

年份	开封	山东	浙江	陕西	山西
1090~1099	—	—	700	3000	—
1100~1120	—	1120	2550	—	1200

资料来源：龙登高，1993；汪圣铎，2004。

注：＊粟的价格。

    两个因素促进了北宋的市场整合。第一，宋代中央政府实施了许多重商主义政策，[58]例如，确保充足的货币供应，保护私有财产和合同执行，促进对外贸易，货币化财政支出和政府采购，以及使用汇兑票据，等等。所有这些都降低了交易成本，促进了贸易发展。第二，发达的水运网大大降低了运输成本。就第一点而言，粮食供应就是宋朝国家积极运用市场机制的典型例子。宋朝廷征收的税粮只有明初总量的一半，[59]为了确保粮食供应，宋朝政府经常求助于市场。1040~1043 年，宋朝廷用 7000 万匹丝绸购买了 8440 万石粮食，这个数量已经超过了靠土地税征收的粮食总量。[60]11 世纪，朝廷每年从长江下游购买 130 万~200 万石粮食，并沿着汴渠将其运送至开封。[61]1091 年，发运使不愿动用储备资金从淮河中游的私人市场购买粮食。时任杭州知府苏轼抱怨说，从长江中游以南的各县购买粮食很容易，但当时的官员们都怠惰于此。他比较了三个地区在丰收季节的大米均价：太湖地区每石 670~700 文，淮河中游港口城市每石 770 文，南京及邻近的长江沿岸城市每石 700 文。[62]这三个重点销售地区的粮价水平一致，证实了水运促进了区域间贸易的发展。

    发达的水陆运输使开封成为全国市场枢纽。[63]这一时期的商税数据覆盖了大量通过水路运输的消费品，税收额的分布情况则凸显了开封在全国交通运输网中的角色。从8世纪中叶到11世纪，开封的人口增长了15倍。[64]到11世纪中叶，开封的人口可能已经超过了100万，其中包含军队和行政部门的庞大人员。然而，开封的主导地位是长途贸易发展的结果，而不是城市消费的结果；城市消费在很大程度上取决于城市人口的规模。正如一位历史学家所写，开封是当时中国"最重要的行政、军事、制造业和商业中心"。[65]

开封作为"国家交通枢纽"的重要作用可以从三方面来理解。第一，在11世纪，这座城市自身的商税比其他任何城市的都高，这代表了长途贸易而非城市消费的迅猛发展。长途贸易和城市消费都会为城市贡献商税收入。表4-5显示了1077年五座大城市的人口与商税之间的关系。京城开封的商税达402379贯。长江下游最大的商业城市杭州，城镇人口众多，其商税收入排名第二，但从绝对数来看，杭州的税收（82173贯）仅为开封的1/5。各个城市税收方面的差距远远大于城市人口规模之间的差距。为了进一步体现开封在长途贸易中的作用，可以将其与其他四座城市（杭州、苏州、南昌和大名）进行比较。开封的城市人口远没有这四座城市的总人口多，但其征收的商税远远超过了这四座城市的总和。据此，我们可以认为，1077年开封商税收入的高企首先是源于其在全国市场中的战略地位，其次才是开封自身的城市消费。

第二，我们重点讨论一下区域内贸易的发展情况。如果以开封为中心，以半径200公里画一个圆，就会发现开封周围是一个贸易和交通密集的区域。商品和信息得以在数百个城市间运送、传达。在表4-2所列的28个城市中，即使不包括开封

91

在内，这些城市的商税合计也达到了 1168430 贯，约占全国商税总额的 15%。这一比例甚至高于表 4-1 中所列的任何水道沿线城市的商税比例。例如，长江干流从夔州到入海口的沿江港口城市的商税大约是全国商税的 4.7%。在商税收入占全国商税总额的比重方面，四川境内的长江干游流域（9.4%）和钱塘江与江南-浙东运河这一长江下游流域（8.4%）仅次于"大开封地区"，这三个地区一道构成了 11 世纪宋代区域内贸易的三角格局，体现了南北地区在贸易和工业上的独特平衡，而维持平衡的重要因素正是开封发达的水运交通网。[66]

还有一些其他因素，如南北方发展水平的相对平衡等，也有助于开封在中国 11 世纪的经济中发挥主导作用。前工业化时代的人口密度数据为我们了解农业生产力的变化、城市化水平以及贸易和运输的发展等提供了第一手资料。1102 年，长江下游大多数府的在籍户数都超过了 1.5 万户，苏州和杭州的在籍户数超过 2 万户。在蒙（元）宋战争之前，长江上游的成都平原是宋代人口最稠密的地区。[67]北部许多府州的人口只有其一半甚至更少。不过，也有若干府州如开封、应天府、郓州、洛阳、蔡州、颍州、大名、亳州、宿州等地 1078 年的在籍户数达到 1 万户或更多。其中，开封、兴仁府（含济阴）、豫州、濮州、大名、亳州等地的人口密度接近长江下游地区（见附录 C）。

表 4-5　估算的宋代城市人口与商税额

城市	开封	杭州	苏州	南昌	大名
商税（贯）	402379	82173	51035	28904	38628
城市人口（千）	900～1200	<600	500	200～300	<300

资料来源：1077 年宋代商业税数据；吴松弟，2000：574-573，590，592，599。

唐宋转型时期，长江下游的人口密度从980年的每平方千米4.6户增加到1078年的15.4户。相比之下，北部人口的增长速度要慢得多。例如，在同一时期，大名府的人口从每平方千米9.2户增加到了16.9户。[68]因此，在11世纪，河北的人口密度从第一名下降到第三名也就不足为奇了。从全国来看，商税、人口密度和产业分布等经济数据表明，长江下游、长江上游和以开封为中心的北方核心区之间的经济差距并不大。在贸易和工业方面，北方核心地区可能已经处于领先地位。[69]这种整体上的平衡反映了11世纪市场经济的过渡性，也为开封的核心地位奠定了基础。直到以开封为中心的贸易网络衰落，南北地区之间才出现了明显的差距，接着又在长江下游与其他地区之间产生了明显差距。

第三，让我们把眼光移到前述的200公里范围之外，从更大的视角观察开封作为水运枢纽的角色。这让我们更加肯定开封在造就全国性市场这一方面的关键角色，因为开封的中心区位使它能够整合众多的内陆水道。到12世纪，华北平原上的大部分城市不仅位于河流和运河附近，而且通过这一密集的水运网联系在一起。开封之所以能成为宋代都城，正是因为它自9世纪以来一直就是粮食运输的中心。[70]

作为全国性市场的中心，开封呈现出怎样的面貌？我们可以从四个方向考察开封与全国各城市之间依靠水路交通的主要贸易路线：向西的渭河和黄河中游，向北的永济渠，向东的广济渠-清河，向南的汴渠及其支流。

向西看，渭河和黄河可以将甘肃、陕西和山西的木材、谷物和煤炭经由陕州运抵开封。对于长安的唐朝廷来说，这条水路曾经是最为重要的航道。如果没有淮河和长江下游的大量粮食上供，长安城几乎难以维持。10 世纪后期，宋朝建立了三门白波发运司，每年通过黄河中游向开封运送 80 万宋石（40200 吨）粮食。[71] 作为陕西与开封之间的跨区域贸易枢纽，陕州为宋朝贡献了 30636 贯铜钱的商税。从 11 世纪中叶开始，开封长期向驻扎在边疆地区的军队运送大量的军需品，同时也尝试着开放沿边的榷场。作为政治和经济中心的开封，能够从边缘地区调用资源，其中秦州的木材输出就是典型案例。秦州作为宋朝在西北内陆的军事据点，逐渐发展成为开封城市建设的重要木材供应地。从 1077 年的数据来看，秦州是西部城市中缴纳商税数额最多的城市（79959 贯），位居全国第三，仅次于开封和杭州。除秦州和陕州之外，长安（今西安，38446 贯）、凤翔（今宝鸡，30463 贯）、晋州（今临汾，33137 贯）和太原（30463 贯）作为当地的水运中心，也是西北地区的主要纳税城市。1077 年，渭河及其支流的贸易产生了 212400 贯商税，这使渭河成为 11 世纪最重要的 11 条水道之一（见表 4-1）。

现在来看向北的路线，永济渠主要沿白沟河方向向北，从大名延伸到河北北部。8 世纪以后，大名一直是这一地区最大的城市，也是河北东路的治所和工商业中心。[72] 它控制着沿永济渠向边境的货物运输，并通过黄河与开封相连。1077 年，仅大名一个城市就缴纳商税 38628 贯。1034 年、1048 年、1066 年和 1099 年，堤防决口导致黄河改道，黄河先向北流入海河，然后又改道南流。然而，黄河改道仅限于河北平原地区，河北旧有的水道并没有遭到破坏。[73] 11 世纪的某些时期，由于黄河改道而形成的一些支流也可用于运输，并且很容易并入已有的水运网。从 1077 年的数据可以看出，山东和河北有相当多的城市位于黄河下游沿岸或可以与黄河相连通的地区（见附录 C 表 C-4）。

广济渠-清河是从开封向东的水路，它将开封与山东连接起来，并推动郓州及其周边地区成为又一个南北贸易转运枢纽。郓州在 1077 年缴纳了 32444 贯商税，如果把附近的傅家崖征收的商税计算在内，商税总额可达到 54911 贯。广济渠-清河流经黄河平原的交通枢纽巨野湖，是山东最重要的一条水路。1077 年，广济渠-清河沿岸商税额超过 1000 贯的内河港口城镇（见附录表 C-5）多达 19 个，这些城镇共纳税 159234贯，占山东商税总额的 22%。[74] 相比之下，黄河下游沿岸及邻近地区的 12 个内河港口城镇（见附录表 C-4）的商税总额达140907 贯，占河北东部和山东商税总收入的 31%。[75]

南向水运路线中，汴渠及其支渠惠民河，连同淮河及其众多支流一道，构成了南北贸易最密集的水路网。1077 年，汴渠、泗水沿岸的 17 个港口城镇共缴纳商业税约 70 万贯（见附录表 C-6）。

正如柯睿格（Edward Kracke）所写，开封在 11 世纪"已远远超过了中国其他经济中心"。进一步说，开封的经济优势与它作为"全国交通枢纽"的角色是分不开的。[76] 数百年来，开封在华北经济和交通运输的发展中发挥了不可或缺的作用。这座城市的崛起无疑推动了节约成本的创新技术的广泛运用，并使宋代成为中国历史上运河建设最成功的朝代。这是宋代水运发展具有里程碑意义的一面，我们应该将其置于唐宋转型时期全国性市场出现的背景之下来考虑，尤其应当考虑到开封在11 世纪所起的关键作用。

94

小　结

本章对 1077 年数据的分析支持了宫崎市定关于 11 世纪以

运河为依托的运输系统兴起的论点。国家力量、市场扩张与水路运输之间存在相互作用的关系。唐宋转型时期南北之间的经济均衡推动了宋代长途贸易的空前发展。正如威廉·麦克尼尔（William McNeil）所指出的，宋代的国家力量严重依赖于长途贸易和水运，这在全球历史上还是首例。[77]宋代的重商主义政策清楚地说明了宋朝是如何管控这种局面的。在中国历史上，宋朝修建和维护的运河（包括经过部分整修后的天然河道）数量最多，其中大部分都旨在将已有的河流连接起来，形成巨大的内河航道网。因此，这一时期（包括 12 世纪的前二十年）可以被称为"运河时代"。在北方，大规模的运河建设使开封成为全国的贸易中心和交通枢纽。促使朝廷大规模投资兴修运河的因素，除了国家安全和政治考虑外，更有对于金钱本身的追求——这正是 11 世纪宋代国家的重商主义性格。

以开封为中心的宋朝朝廷得益于长途贸易和城市化的发展。在 1880 年以前的中国历史上，宋朝是唯一超过 2/3 的税收来自间接税的财政国家，其中，1077 年征收的商税为 770 万贯，已达到土地税征收额的约 1/3。11 世纪晚期，为了征收土地税，朝廷不得不与 1120 万户农民打交道，无论从哪个角度来说，这都不是一件轻松愉快的事。而表 4-1 中所列的政府从 12 条主要水道获得的商税轻而易举地达到土地税收入的 1/6。在宋代国家的各类税收中，酒、盐和茶的专卖收入所占的比重是最大的。然而，茶和盐要到达消费者手中，就必须经过长途运输。[78]我们很难想象，如果宋朝不通过大力改善货物运输系统来取得相应的巨额税收，它还能有什么别的办法来维持这个国家。

11 世纪的贸易和宋代财政国家都是可持续的，这在很大

程度上要归功于全国性水运网的存在。国内市场整合和发达的
水运系统是一体两面的，北宋国家支持水运事业并推动其蓬勃
发展，同时也从这种蓬勃发展中获得收益。1077 年的商税数　　95
据显示，全国性市场在中国历史上第一次出现了，这是前述这
一系列因素联合作用所带来的最深远的影响。随着 1279 年宋
朝的灭亡，中国整个内河运输事业走向了系统性的衰落，在战
争、生态环境恶化、黄河泛滥等的影响下，宋代以后的华北水
运网络甚至瓦解了。到了 17 世纪，中国重要的贸易路线只剩
下了不超过三条水道：京杭大运河、江西赣江和长江下游。

明

代

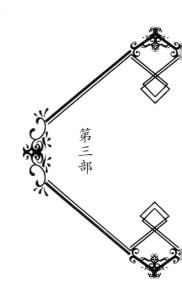

第三部

第五章 1200年后的中国：危机与碎片化

1200~1500年这三百年间，中国见证了从以开封为中心的 市场体系向以北京为中心的管制模式的转变。元朝统一中国和1368年以降明初专制政治的建立，是导致中国市场经济在接下来的三百五十年里出现衰退的最主要因素。[1] 户籍和税收数据都明确表明，在这四个世纪里中国总人口数和城镇化水平急剧下降。蒙古与金、宋的战争，特别是1211~1234年的蒙金战争，使经济遭受重创。相对来说，元朝攻灭南宋的战争的破坏性要小很多，但是军事行动仍然给长江中上游地区造成了不可避免的重大损失。在跨区域贸易方面，1125年金朝据有华北之后，以开封为中心的水运体系正式瓦解。此后一直到1368年朱元璋建立明朝，中华大地上战争与自然灾害不断。最终到明初的1391年，中国的总户数下降到106万稍多，仅为宋金时期1207年在籍总户数的一半左右（见表5-1）。[2]

本章将重新审视1200年之后中国的经济危机，从全方位的视角考察中国在这几个世纪的情况，而不仅仅局限于人口下降或短期经济衰退。在元朝实现大一统之后，不断扩张的疆域与国民经济整合之间出现了令人惊诧的不协调。在元朝实现统一之后的几百年中，中国王朝的疆域大大扩张并深入西北内陆。北京原本是曾经多次被游牧民族占据的边境城市，此时第一次成为统一王朝的都城。然而，随着人口总量的急剧减少和明初反市场政策的实施，中国的经济陷入了分崩离析的状态。直到 16 世纪，经济特别是长途贸易方面才得以复苏，但也只有屈指可数的几条主要内陆水道出现繁忙景象。[3]除了京杭大运河北段以外，北方的水路运输陷入了无序状态。直到 18 世纪，国内市场才开始全面发展。

经济低迷的事实本身已是众所周知，本章的贡献在于深入探讨中国陷入这一深度衰退状态的时间、方式以及经济复苏如此迟缓的原因。重要内陆水道中断，许多地区人口下降，北方地区再没有哪个城市能像 11 世纪的开封那样带动长途贸易的发展了。面对这些问题，政府无力维持各项内河运输工程，而是试图通过发展军屯来增加供应，华北、华中和西北部许多地方经济模式被迫按照自给自足需求做出调整。

为了全面了解 1200 年后的经济结构变化，笔者特别从人口、环境和政治经济三个角度分析了元朝统一中国后导致北方市场解体的因素：人口密度和城市化程度急剧下降；华北重要水道几乎都遭到了破坏；国家无力维护基础设施和货币供应，并采取了税收去货币化等影响深远的反市场政策。

人口锐减和城市消费水平大幅下降

以开封为中心的市场体系的瓦解意味着贯穿整个 11 世纪的经济扩张的终结。不过，这并未立即导致经济衰退。虽然金朝控制的北方与宋朝统治的南方时常交战，但冲突往往发生在几个固定区域，而且并未造成大规模伤亡。更重要的是，双方在和平时期仍保持着贸易往来。作为前工业化时代最核心的经济因素，南方和北方的人口增长差距很大。表 5-1 体现了 980～1391 年约四百年内南北方总户数的变化。1207 年，中国总户数明显增加，达到 2000 万以上。当然，与 11 世纪人口增长的高速度（见表 5-1 第四列）相比，这一上涨的幅度要逊色不少。

然而，蒙古进攻华北的战争严重破坏了当地的经济，遏制了当地人口的增长趋势。蒙古攻灭金朝之后，在 1235 年开展了首次户口登记，当时的总户数只有 87 万，约为蒙金战争之前华北总人口的 10%。这一统计数据可能有所遗漏，因为当时很多家庭为了躲避战乱纷纷背井离乡。

在这段时间，江南和东南沿海地区在海外贸易等助力下，还是出现了经济繁荣景象，而同时期华北、西北的内陆城市则呈现衰败景象。1279 年中国实现大一统局面后的全国性户口登记表明，中国南北地区在人口密度和商业化程度上存在严重的不平衡。表 5-2 统计了 1270～1290 年在籍户数超过 3 万的路（这是元代的一种行政单位）、府、州，其中北方有 21 个，南方有 71 个。如表 5-2 所示，南北地区之间的人口差距日益凸显，表明全国经济存在结构性弱点。北方大多数行政区域的人口密度都远远小于南方的。此外，中国西部地区（西南和西北地区）的人口数量也大幅下降。相比之下，在中国东部和中部地区，特别是湖南和江西，人口数量大幅上升。 102

在接下来的一个世纪里，中国北方的人口数量有明显增长（见表 5-1），但与此同时，中国北方人口在全国总人口中的比重却大幅下降了。1391 年，南方总人口数是北方的 3.69 倍。而在 1102 年，两者的比例约为 2∶1。像这样总人口急剧下降，同时人口地域分布剧烈变化的情况，在人口史上都是罕见的，这应该就是造成当时经济衰退的直接因素。接下来，笔者

表5-1 980~1391年中国总户数的分布变化

年份	I 北方总户数(千户)	II 人口增长指数(以980年为100)	III 南方总户数(千户)	IV 人口增长指数(以980年为100)	V III/I	VI 南北方总户数(千户)
980	2544	100	3874	100	1.52	6418
1102	5917	233	12196	315	2.06	18113
1207	8413~9879	331~388	12669	327	1.28~1.51	21082~22548
1291	1939	76	11840	306	6.11	13779
1391	2280	90	8420	217	3.69	10680

资料来源：吴松弟，2000：385-336，210，633；曹树基，2000a：34-35。

将根据各种数据全面评估中国北方人口下降以及去城市化的
过程。

表 5-2 1270~1290 年元朝人口变化（在籍户数超过 3 万的路、府、州） 103

1. 北方（原金朝统治区域）			21 个
（1）华北			19 个
大都路	147590 户	上都路	41062 户
保定路	75182 户	真定路	134986 户
顺德路	30501 户	广平路	41446 户
大名路	68639 户	怀庆路	34933 户
河间路	79226 户	东平路	44731 户
东昌路	33102 户	曹州	37153 户
益都路	77164 户	济南路	63289 户
大同路	45945 户	冀宁路	75404 户
晋宁路	120630 户	大宁路	46006 户
汴梁路	30018 户		
（2）西北			2 个
巩昌府	45135 户	奉元路	33935 户
2. 南方（原南宋统治区域）			71 个
（1）长江中游（不含今安徽）			31 个
①湖北			5 个
蕲州路	39190 户	武昌路	114632 户
中兴路	170682 户	峡州路	37291 户
兴国路	50952 户		
②湖南			14 个
岳州路	137508 户	常德路	206425 户
澧州路	209989 户	天临路	603501 户
郴州路	83223 户	沅州路	48632 户
永州路	55666 户	衡州路	113373 户
宝庆路	72309 户	辰州路	61259 户
桂阳路	65057 户	武冈路	77207 户
道州路	78018 户	茶陵州	36642 户

续表

③江西		12 个	
龙兴路	371436 户	吉安路	444083 户
瑞州路	144572 户	袁州路	198563 户
临江路	158348 户	抚州路	218455 户
江州路	83977 户	南康路	95678 户
赣州路	71287 户	建昌路	92223 户
南安路	50611 户	信州路	132290 户
(2)东部*		27 个	
①安徽		7 个	
庐州路	31746 户	安庆路	35106 户
太平路	76202 户	池州路	68547 户
宁国路	232538 户	徽州路	157471 户
广德路	56513 户		*
②江苏		9 个	
淮安路	91022 户	高邮府	50098 户
扬州路	249466 户	江阴州	53821 户
平江路	466158 户	常州路	209732 户
镇江路	103315 户	松江府	163931 户
集庆路	214538 户		
③浙江		11 个	
杭州路	360850 户	湖州路	254345 户
嘉兴路	426656 户	处州路	132754 户
建德路	103481 户	婺州路	221118 户
绍兴路	151234 户	衢州路	108567 户
台州路	196415 户	温州路	187403 户
庆元路	241457 户		
(3)东南沿海地区		12 个	
①福建		7 个	
福州路	799694 户	建宁路	127254 户
泉州路	89060 户	兴化路	67739 户
邵武路	64127 户	延平路	89825 户
汀州路	41423 户		

104

续表

②广东		4 个	
广州路	170216 户	潮州路	63650 户
肇庆路	33338 户	雷州路	89535 户
③广西		1 个	
静江路	210852 户		
(4) 西南		1 个	
成都路	32912 户		

资料来源：吴松弟，2000：334-343。吴氏书中原表根据《元史·地理志》和其他相关文献所制，并以元代行政区划为分组依据，这里为了与明清和民国时期行政区划相衔接，在北方（原金朝统治区域）和南方（原南宋统治区域）之下重新设置了分类，如华北、西北和长江中游等。

注：* 指元朝河南江北行省淮河以南地区和江浙行省。

　　人口状况是衡量经济健康的一个重要指标。虽然中国总人口数量在下降，但长江下游地区的人口数量持续增长，并首次超过了整个北方的人口总数。由于人口结构的变化，繁华的长江下游地区在这一时期影响力大增。当时，没有任何其他地区能与之匹敌。元朝统一中国后，很快就在长江下游展开户口登记，据此推测，这一地区户籍登记中显示的人口增长大部分应发生在南宋中晚期。若将目光聚焦在 10 万户以上的路、府、州，就会发现南北方之间的差异更为显著。在北方只有 3 个路［大都路（今北京）、真定路和晋宁路］的户数超过了 10 万，而长江下游地区（东部）有 19 个。表 5-2 路级人口数据告诉我们，北方（原金朝统治区域）在元朝灭金过程中人口损失巨大，尽管其地域广阔，但户数在 3 万以上的路级行政区只有 21 个。与之相较，南方（原南宋统治区域）户数在 3 万以上的路级行政区达 71 个，是前者的 3 倍多，可见南北方的巨大差异。如长江中游和东部地区，户数在 3 万以上的路级行政区分别有 31 个和 27 个，都明显超过北方。南北方在人口总量上的悬殊，体现出北方的严重衰退，而这必然导致政治和经济管理结构薄弱。如果再考虑到云南行省、甘肃行省、辽阳行省和中书省统治的广阔边地，那里人口稀少，文化和制度与内地殊异，故从经济基础来看，元朝统治的薄弱性也是显而易见的。

与人口变化一样，商业税的征收数量和空间分布情况显示出，11~13 世纪，贸易也经历了显著的衰落和空间转型。在《元典章》中，我们可以找到元代 131 个地方税务机构的名称和地点（约占元代全国地方税务机构总数的 2/3~3/4），以及这些税务机构 1303 年的年税额。从表面来看，这些税额数字好像显示了北方城市在元代商业中的重要作用，它们一共缴纳了全国 56% 的商税和 33.8% 的酒课，其中中书省直辖的腹里地区贡献的商税占全国总额的 32.3%，河南行省贡献了全国总额的 15.7%。但是，这些比例带有误导性，因为在 13 世纪末被纳入河南行省管辖的许多税务机构实际上位于今天的安徽省境内，这些地方现在都被视为华东地区的一部分。[4]如果把这些已经属于"华东"的税务机构从元代河南行省中剔除，那么商业税收分布的重心无疑将偏向南方。表 5-4 中，笔者根据对应的现代行政单位重新排列了元代的税务机构，可以看出，中国中部和东部的税务机构的总数接近全国数量的 53%。

商税数据也显示中国北方和西南地区的城市经济受到了极为严重的破坏。《元典章》提到的主要纳税城市，也就是最大的城市消费中心——大都、杭州和真州，都位于京杭大运河沿岸，并且位于或靠近东部沿海地区。相反，陕西、河南和四川的商税大幅减少。例如，四川行省的税收额仅占全国税收总额的 4.1%（见表 5-3），且只有 3 个城市设有税务机构（见表 5-4）。此外，整个四川行省只有 32912 户（见表 5-2）。与 1077 年的商税数据相比，这一降幅非常惊人。1077 年的数据显示，四川缴纳的商税在全国占比很大（10.8%），四川人口密度与长江下游地区相当。[5] 相比之下，包括湖北、湖南和江西在内的长江中游各省份的商税收入占全国的比重较大（14%），几乎是 1077 年所占份额的 2 倍。此外，37 个城市设有税务机构，约占全国税务机构总数的 22.7%。我们从商税数据中看到的区域贸易的走势，与我们从宋元人口数据中了解到的情况完全吻合。根据吴松弟提供的数据，湖南成为南方人口增速最快的省份，人口从 980 年到 1290 年增长了 9~10 倍；与此同时，湖南也成为非农业税课的大省。[6]

现有的数据虽然不完整，但依旧反映出，元代中国经济复杂且不稳定的局面，在这种情况下，国民经济的整体萧条与地方性市场的繁荣特别是江南市场的繁荣共存。笔者将在第八章中讨论 13 世纪集约型农业的发展在这一动态背景下所发挥的作用。海上贸易的迅速发展是促进南方沿海地区繁荣的另一个主要原因。[7] 但总的说来，这一时期特别是蒙金战争导致人口总数大幅下降，全国性市场，特别是内陆长途贸易，也随着高效的内河航运网络的碎片化而基本消亡。

表 5-3　1303 年元朝人口与间接税分布

地区	户数（千户）	所占比例（%）	商业税（千锭[a]）	所占比例（%）	酒税（千锭）	所占比例（%）
腹里[b]	148	1.5	10306	2.6	56243	11.5
辽阳	15	0.2	8273	2.0	2250	0.5
河南[c]	400	4.1	147428	36.5	75077	15.4

续表

地区	户数 （千户）	所占比例 （%）	商业税 （千锭[a]）	所占比例 （%）	酒税 （千锭）	所占比例 （%）
陕西	300	3.1	45579	11.3	11774	2.4
四川	450	4.7	16676	4.1	7590	1.6
甘肃	100	1.0	17361	4.3	20078	4.1
云南	—	—	—	—	—	—
江浙	2400	24.9	26927	6.7	196654	40.4
江西	2448	25.4	62512	15.5	58640	12.0
湖广	3380	35.1	68844	17.0	58848	12.1
总计	9641	100.0	403906	100.0	487154	100.0

资料来源：《元史·食货志二》。除腹里外，其他地区均为元代的行中书省，范围与今天不同，如河南行省包括了今天的河南、安徽大部、江苏的江北部分和湖北部分地区。

注：a. 税额单位为锭。

b. 腹里是指中央直接管辖的地区，包括今天的内蒙古中南部、北京、河北、山东和山西。

c. 此处的江浙为江浙行省，包括今天江苏的江南部分、安徽东南部、浙江和福建。

表 5-4　1303 年税务机构的地域分布

宏观区域	北部	西北部	东部	中部	东南部	西南部	总计
数量(个)	66	3	49	37	5	3	163
百分比(%)	40.5	1.8	30.1	22.7	3.1	1.8	100.0

资料来源：《元典章·吏部卷三·典章九》"额办课程处所"条。原有 170 处，今按陈高华、史卫民（2007：650）解释，其中 1 万锭以上的在城、江涨和城南三务均在杭州，故合并在一起。

14 世纪末期货币化税收的消亡

对元明变迁的研究揭示了 1368 年明朝建立后去货币化财

政体制的兴起。与此同时，曾经充满商业活力的长江下游地区的市场发展完全停滞。换言之，在过去的一千年里，是明初的政策而不是元朝的统治导致了中国经济一段时间的去货币化现象。尽管元朝政府的集权程度很低，其治理能力也因此受到严重削弱，但其非农业税收大部分是以货币收缴的。蒙古贵族支持市场发展，对外国的商人和旅行者都特别友好。[8]元朝还极力维护长江下游与位于北方的首都大都之间的交通和运输通道。[9]

元朝对普通商品流通也征收商税，它面向所有零售商业征收。全国仅有 170~200 个税务机构，约占县级行政单位总数的 1/6。[10]因此，元代商税数据反映的是城镇消费的集中，而不是国内贸易网络的构成和跨区域商品的流动。此外，地方市场征收销售税也经常是通过本地富户扑买（包税制）而不是由官僚机构来完成的。朝廷批准或者雇用大量税务中间人作为地方上的征税代理人，[11]这是元朝廷在许多地方放弃对税收的直接征管的重要标志。

尽管元代统治者支持商业，但其统治下的市场经济受到了货币问题的干扰。元朝统一中国后，国家财政高度货币化。1328 年，朝廷报告了主要来自农业的 1210 万元石粮食收入和主要来自盐酒专卖的 950 万锭的货币收入（见表 5-5 注）。950 万锭的货币收入相当于 47.5 亿贯，虽然这是一个规模空前的货币税收数字，但这些货币如果折算成稻米则不超过 1200 万元石，与当时征收的实物税粮基本相当。[12]换言之，①农业，②城镇消费加长途贸易，各自贡献了总税收的一半。然而，非农领域的税收管理不善。货币收入的增长远远落后于货币超发所造成的通货膨胀。1260 年，忽必烈发行了中统元宝交钞（一种纸币）作为唯一的交易媒介。1287 年，中央政

107

府开始无限制地发行纸币。到了 13 世纪末，纸钞总价值大约为 200 万锭，约是 1273 年的 20 倍。[13]一位文官曾抱怨物价上涨了 10 倍多，当时通货膨胀失控造成的影响可想而知。[14]

表5-5　1328 年元朝税收收入的主要构成

税目	夏税钞	酒醋课	盐课	商税
数额（锭 *）	149273	491754	7661000	939682
百分比（%）	1.6	5.2	80.4	10.0

资料来源：陈高华、史卫民，2007：755–756。

注：* 此数字以中统元宝交钞计算，1 锭 = 50 贯。

按：以上所列为天历元年（1328）货币收入最高的四项，其中酒课 469159 锭，醋课 22595 锭，合计 491754 锭。以钞计的货币收入中还有茶课（289211 锭）、金银课、铜课、铁课钞以及科差，合计各项总额"至少在 9533790 锭以上"，表中百分比亦从陈、史所算。

　　元朝政治制度的分权性质使其不可能建立一个像宋朝那样强大的财政国家。元朝税务机构无力对流动的商品征税，国家的货币收入主要来自盐课等专卖的利润。[15]盐课从 14 世纪初的 170 万锭增加到了 1328 年的 760 万锭，国家的货币收入也随之从 1284 年的不足 100 万锭增加到了 1328 年的 950 万锭，盐课是这一巨大涨幅的主要来源。然而，食盐是各类消费品中价格弹性最小的，因此这一增长实际上反映了通货膨胀的影响。[16]国家对城市消费征收酒课和商税，但这两者只占全部货币收入的一小部分。由于难以维持内陆水道网络，朝廷也不得不放弃对商品运输环节征税。大都是新建都城，远离长江下游地区，因此朝廷对远在长江下游的各经济中心的控制力非常弱。

　　元明易代，国家财政结构发生了重大变化，这主要是由

"去货币化"引起的。明初国家提倡以实物缴纳各种税收，包括土地税（"赋税"或"税粮"）、间接税（"课程"）和劳役。劳役在明初的管制经济中发挥了重要作用，而土地税仍然是税收的最大来源，并以实物形式缴纳。间接税包括范围广泛的一系列非农业收入源，如盐茶专卖、商税和从非农业家庭征收的货物等，[17]这些在官方文件中被统称为"课程"。在许多情况下，课程也以实物而不是货币形式征收。另外，课程的征收额一旦确定，会几十年保持不变。因为这两个特点，现代研究者很难区分明代方志中记载的商税收入和直接税收入。

除了缴纳手段从货币变为实物这一点外，明初间接税的征收基本上沿袭了元代的做法。明代以"税课司""税课局"等为名的商税征收机关遍布全国各地。[18]据《明实录》，明代商税征收机关总数为460个，只有明初所有行政单位总数的1/3。根据另一个估算的数字，明代商税征收机关有828个，约占全部行政单位的2/3。[19]无论哪个记载更贴近实际情况，在如此辽阔的疆土中分布着相对稀少的商税征收机关，表明贸易复苏缓慢。

税务机关的分布情况表明，14世纪的国内市场萎缩。无论14世纪90年代明朝税务机关的实际数量是460个还是828个，都比1077年的2060个要少得多。表5-6列明了《明会典》中记载的明初所有税务机构的分布情况。明初税务机关的数量虽然比元代的多，但其分布结构变化不大，大部分集中在长江下游、江西和山东。税务机关数量最少的地区依次是广西和广东（各5个）、四川（10个）、河北（10个）、陕西（11个）、河南（18个）。这些地方面积大，税务机关却设置得少。如果我们相信税务机关的分布与城市化水平较高的区域

108

市场的贸易量密切相关，那么就可以得出如下推论：到 14 世纪末，这些征税不足的区域很可能已经经历了逆城市化。1380年，明朝廷关闭了 364 个商税征收机关，因为这些税收机关的年税收收入不到 500 石稻米。[20] 1400 年后，特别是正统年间（1436~1449 年），明朝根据商税收入的下降情况继续减少税收机关的数量。到 1585 年，明朝只剩下了 111 个商税征收机关零星地分布在全国各地。实际上，商税是以包税或贡捐等方式征收的，已经失去了对国家税收的影响力。据估算，到了16 世纪 70 年代，商税征收机关的税收收入在 15 万至 20 万两之间，至多占非土地税收入的 5.8%。[21] 还要指出的是，商税往往被合并入其他类型的间接税一起缴纳，没有任何区分。

表 5-6　明初商税征收机关的分布

单位：个

南方	226	北方	139
南京	14	北京	16
江苏[a]	39	河北	10
浙江	58	河南	18
江西	31	山东	44
湖北及湖南	26	陕西	11
福建	23	山西	26
广东	5	安徽[b]	14
广西	5		
四川	10		
云南及贵州	15		

资料来源：《明会典》卷三五。总数为 365 个，远远低于前面提到的宋元两代的总数。

注：a. 包括庐州、宁国、太平和徽州。
　　b. 包括凤阳和淮安。

明初财政管理的另一个重大变化是，国家对货币政策的关注远远超过了对间接税征收的关注。与元朝不同，明朝基于市场取得的税收如专卖和商税等，仅占全部税收中的极少份额。从这个角度来说，市场扩张并不受欢迎，因为这会促进商品和知识在全国的自由流动，进而可能会威胁到管制经济，同时市场扩张对巩固国家政权也没有多大帮助。相比之下，实物和宝钞支付则加强了国家的管制力量。明初朝廷发行了大量纸币，它的税收政策是服务于货币政策的，而这些政策严重破坏了货物正常交易的稳定基础。1375 年，明朝廷决定发行纸币，并下令民间必须以七成宝钞、三成铜钱的比例缴纳课程，同时禁止使用黄金或白银。前面提到的 1380 年法令强制百姓以稻米缴纳商税，[22]同年朝廷开始用稻米支付所有军官和士兵的俸禄。明初的财政体系中缺乏流通货币，尤其缺乏硬通货，从官俸和商税的征收上就可以看出这一点。[23]

事实上，明初的货币政策旨在抑制市场扩张而不是促进商业交流，同时朝廷无节制地发行纸币，很自然地引起宝钞大幅贬值，这进一步削弱了宝钞的支付地位，甚至导致宝钞被市场拒绝。为了促进纸币的流通，朝廷发起了两次运动。1404 年，朱棣下令每年对所有家庭征收一定的食盐税，以宝钞缴纳，成人每人 12 贯，儿童每人 6 贯。[24]1409 年，朝廷大幅增加了商税征收机关的税收配额。大约二十年后，宣德朝（1426～1435 年）再次鼓励民间用宝钞纳税。朝廷不但增加了城市征税的种类，而且大幅度提高税额，并宣布建立钞关（又称榷关）。这些措施或许能为宝钞挽回一点点公信力。可是，不稳定甚至糟糕的财政管理破坏了市场机制。就我们的论述而言，税收定额制使我们不可能根据明代方志所载的商税数据来了解当时的贸易规模。此外，由于 1400 年后用于缴纳商税的纸币不断加剧贬值，我们无法厘清最初的商税定额是如何制定的，亦无法估计日后定额调整所产生的影响。除洪武时期的最初几年外，明代商税征收机关的税入数据几乎没有体现任何有关贸易规模的实质性信息。

税收定额政策以及纸币的不断贬值，最终削弱了间接税在明代税收中的分量。纸币支付的间接税从 1390 年的 4076000 锭增加到 1429 年的 32787000 锭，增长了 7 倍。然而，如果将贬值率考虑在内，1429 年征收的间接税仅相当于 327870 两白银，仅为 1390 年的 8%。[25]明初的商税数据表明，国内市场正在不断恶化。

根据 1381 年的税收记录，我们得以重构明代初期国内市场的规模，并且可以将 1381 年的经济情况与 1077 年的情况进行比较。在第三章第二节中，笔者估算出 1381 年国内市场的总规模为按当时价格计算的 530 万至 860 万两白银，仅为 1077 年的 5% 至 10%。14 世纪 90 年代，政府登记的户数为 1060 万，是 1078 年宋代人口（1660 万户）的 2/3。按照人均贸易额计算，市场经济的急剧下滑是显而易见的。

水运的衰落

水运是前工业化时代的主要运输管道。在探讨了人口和货币的变化之后，这一节将主要介绍明代中国内河航运的变化情况。两次经济繁荣间出现的长途贸易衰落，与以开封为中心的水运网的衰败有关。情况最糟糕的时候，明代的长途贸易完全依赖一条水道——京杭大运河。因此很自然地，明代内河水道的数据资料都局限于京杭大运河的相关记载。[26]

一直到 16 世纪末国内市场复兴之前，其他所有航道都没有涉及长途货物运输的历史记载。战乱、自然灾害、生态恶化以及动荡时代的政府失灵等一起导致了全国性水运网的碎片化。

明初的反市场政策也是水运不发达的原因之一。朝廷开凿京杭大运河也并不是为了发展市场经济。15 世纪，绵延 1100 多英里的京杭大运河连接着明代的政治中心北京与经济中心江南。京杭大运河最初是为了从长江下游，特别是从江南地区，向朝廷和大批军队驻扎的北京运送粮食。[27]一开始，只有军船获准通过运河运送上供粮，民船则被禁止通航。从 1470 年起，每艘上供船可以装载 10 石免税货物作为对船员的补偿。大约一个世纪后，补偿额增加到了 50～60 石。1730 年，清朝大幅提升了补偿额，补偿标准达到了 126 石。[28]由于清朝实行了有利于长途贸易的政策，京杭大运河沿岸的上供粮船运载的私人货物在三个世纪左右的时间里增加了约 66 倍。[29]

由于早期运输的非商业性质，明朝政府并没有想要对大运河上的货物运输征税，这种情况一直到 15 世纪中叶私人贸易盛行起来以后才有所改变。1429 年，明朝在运河沿线设立了 7 个钞关，征收关税。这一政策表明了京杭大运河对长途贸易复兴的重要作用。从 15 世纪 80 年代到 18 世纪 70 年代，京杭大运河征收的关税收入增长了近 16 倍（见表 5-7），剔除物价上涨因素之后的实际增长接近 6 倍。然而，到 1777 年，从京杭大运河征收的关税占全国关税收入的比例下降到 41%。根据我们对这段时间市场增长的了解，京杭大运河占比的下降说明其他主要水运路线的长途贸易迅速发展。[30]

111　　　　　　　　　　　　表 5-7　沿京杭大运河征收的关税收入

单位：两白银

年份	税额	占国家关税收入的比重	年份	税额	占国家关税收入的比重
1480	120000 *	100%	1686	654790	61%
1578	219000	93%	1735	1745570	47%
1597	387000	95%	1753	1985440	43%
1625	424430	88%	1777	2110760	41%
1652	554190	68%	1788	1856660	36%

资料来源：Fan，1993：130。

注：* 包括明代钞关征收的所有内地关税。

　　明代钞关征收的税，从性质上来说是过税，充分反映了长途贸易的发展情况，值得进一步研究。需要注意的是，16 世纪中叶，除了九江钞关位于长江中游外，其他所有钞关都位于京杭大运河沿岸。表 5-8 简要展现了各钞关的税收情况，16 世纪末全部 7 个钞关的税收收入已达到 334000 两，而全国过税总额不超过 45 万两。[31] 以名义价格计算，这只占 1077 年商税收入的 5.8%，占 19 世纪末商税收入的 2.2%。[32] 从比较结果来看，即使承认与明代贸易相关的税收下降部分受到了持续通缩的影响，我们还是可以说，明朝政府几乎是以土地税为基础的。

　　不过到了明代后期，长途贸易的重要性可能已经大大超过了过税数据所显示的程度，此时税收的低下只是体现了明代征税机制的低效，因此不能通过税收数据来推算 16 世纪的商业112　规模。[33] 吴承明是中国经济史研究的一位代表性学者，也是明代中朝（嘉靖朝）经济转型假说的主要倡导者之一。应该注意到，吴承明认为并没有足够的量化证据可以支撑 16 世纪中叶市场扩张的论点。[34]然而，上述的钞关数据可以用来衡量京杭大运河沿线的货运量，这一特殊的水运系统在明代的大部分时间里发挥着极其重要的作用，因此它应该能够反映明末最后一个世纪国内市场的发展变化。例如，从 1530 年到 1625 年，7 个钞关的税收总额从 252000 两增加到 392000 两，上涨了56%。但同期物价上涨了 72%，与此相比，税收增长可以说是微不足道的。事实上，京杭大运河北段河西务、临清等钞关的税收收入明显减少，南段钞关的税收收入却普遍增加。16 世纪中叶，九江的税收收入仅有 15000 两，在 7 个钞关中排名倒数第二，但到了 1625 年，九江的税收收入为 57500 两，增长了 283%。从更广泛的角度看，九江钞关上缴的税收收入占全国总数的 14.7%，比之前的 6.0% 有了很大提高。这一变化表明，到 16 世纪末，长江沿岸的长途贸易有了显著发展。

表 5-8　1530~1625 年 7 个钞关的税收增长额

单位：两

钞关	1530~1540 年	1597 年	1625 年
河西务	46000	61000	32000
临清	83000	108000	63800
浒墅	40000	52000	87500
九江	15000	20000	57500
北新	33000	43000	80000
杭州	13000	18000	25600
淮安	22000	32000	45600
总计	252000	334000	392000

资料来源：李龙潜，1994：40。

表 5-8 所列的税收数据表明，16 世纪末钞关税收大幅增加。[35] 如果以 1578 年为基准年，明代京杭大运河征收的商税经过近一个世纪（1480~1578 年）才翻了 1 倍。而明清过渡时期仅用了七十多年（1578~1652 年）就增长了大约 2.5 倍，更确切地说，是花了约一个世纪的时间（1578~1686 年）增长到原来的 3 倍。鉴于钞关税收的增加与贸易扩张有紧密的联系，我们可以很容易地确定 1480~1686 年约两个世纪中唯一的贸易增长高峰，即明清过渡时期。除此之外，没有任何其他证据表明长途贸易在 16 世纪已经发展成熟。

11 世纪经由大运河运输的粮食数量与明代的相当。明朝政府平均每年通过京杭大运河运送粮食 400 万石。与宋代相比，这一数字并没有很高。宋代南方地方政府每年通过汴渠向开封运送 400 万宋石稻米。从 1007 年到 1048 年，南方每年的粮食运送量增加到了 600 万宋石。[36] 汴渠的粮食最大运输量约为 800 万宋石（540 万石）。增加的粮食大部分是在南方当地购买的。此外，还有 50 万宋石粟和 30 万宋石豆子沿黄河向东运往开封。最后，山东每年通过广济渠-清河运输约 70 万宋石粮食。

明代的京杭大运河不仅仅是一条普通水道，它确实称得上是一条大动脉，但很显然它并没能带动支撑北方区间贸易，后者需要一个综合水运网才能发展。在促进市场一体化方面，北方没有像 11 世纪开封那样重要的全国性转运口岸。因此，无论是临清，还是北京，其影响力都无法覆盖到华北平原的西部地区，从临清或北京发出的货船无法到达开封，更不用说到达山西、陕西和甘肃等地的西部城市了。我们不禁要问：为什么明代京杭大运河的修建未能带动建成一个支撑北方贸易的完整水运网？答案就在于京杭大运河与黄河河道之间的关系在不断变化且情况日益险恶。

关于这个问题，谭其骧提出了一个重要的解释，他认为北宋灭亡后，大运河与流经华北平原的黄河之间这种变化莫测的关系是中国北方水路运输衰落的重要原因。正如谭其骧指出的，12 世纪以前，大运河是与华北平原上其他河流、运河联系最为密切的重要水道之一，但至少有两个原因造成了这种情况的改变。第一，从海上运粮到北京显然比从内河水道运输便宜得多，因为北京离海很近，大大降低了海陆转运的难度。明初统治者定都北京时如果采用海运会节省很多成本，海运实际上是元朝击败南宋以后采取的政策，但明朝出于安全考虑，转而通过内河航运的方式运送上供粮。[37]第二，明朝修建京杭大运河本是为了连接南北地区，但是破坏了华北原本完整的内河航道网。11 世纪，从北京到杭州的运河航道呈弓形，途经开封；而从 14 世纪起，大运河航道变成了一条直线。[38]这一变化使航程缩短了约 1/3，从 1680 英里缩短到 1115 英里，进而大幅缩减了华北的内陆水路通航里程，河南和河北的许多城市因航道改变而无法继续通过水路与远距离市场往来。

这里想再引用 1570～1644 年一些商人和游客的记录，来丰富、充实谭其骧的观点。这些非官方的文献提供了 16～17 世纪之交水运情形的第一手资料。[39]另外，历史地理学和环境史等领域的学者也已经对宋代之后华北的水系做了许多重要的研究。相关文献和论著能够帮助我们分析华北失去其绝大部分重要水道的原因，以及失去水道给明代国内贸易带来的影响。

1570 年出版的黄汴《一统路程图记》是明代最流行的贸易指南。该书完整地记录了可供旅客选择的主要水路和陆路路线。

全书分为两卷，即"江北水路"和"江南水路"，详细记载了当时的水路情况。第一卷"江北水路"记录了北方的 13 条水路。不过，仔细研究一下，就会发现其中一些路线是相同的。这些路线几乎是京杭大运河的支流。除京杭大运河外，没有其他河流在北方形成独立的水运路线。[40] 例如，书中提到的 6 条路线（路线 3、4、5 和路线 10、11、12）沿着两条主要水道连接了京杭大运河与河南东部各地区。然而，这些路线一直要到 1500 年以后才被开辟出来。除了这两条主要水道外，书中没有提到华北内陆还有其他可通航河流，甚至连开封也不再具备水运条件。[41]

114　　　　黄汴在书中描述了京杭大运河以西的华北内陆地区缺乏水路运输的情况。随着运河的路线向沿海方向转移，只有少数沿海地区（如山东和江苏）的商人享有坐船前往南方的便利。正如谭其骧所说，如果没有密集的水运网，京杭大运河单一、笔直的航道很难促进内陆地区与其他经济区域的经济整合。11世纪盛极一时的龙头城市开封发生了哪些变化？降至 16 世纪，是哪些因素导致南北水运差距日益扩大——北方水运体系失效，而南方水运发达？

　　与华北相反，这些一手文献谈到南方时，描述的是一幅截然不同的水运极其便利的景象。黄汴和经商指南《士商类要》的作者程春宇都对长江下游的河流航行进行了详细的描述。商人和旅客通过可靠的水路网络，可以很容易地到达各主要城市和转运口岸。程春宇的著作清楚地体现了南方水运体系的成熟发展，作者在书中为旅客乘船从苏州前往杭州提供了详细指南，包括旅客需要搭乘船只的具体类型（如日行或夜行）、登船地点、船费和旅途中的食品价格，和今天一般旅客能看到的旅行指南非常相似。[42]

据现代地理学研究，宋代以后黄河华北段的情况日益恶化，给内河航道网造成了巨大的损害。从历史上看，黄河在整个华北平原上都有发生改道的可能。几十年来的泥沙淤积使黄河河床高于周围平原，一旦出现较长时间的强降水，河水就有可能冲破堤坝，开辟另一条通往大海的河道。公元前602年至今，黄河5次改道，决堤1500多次，而且洪水发生的频率越来越不固定。[43] 对黄河历史的研究凸显了水灾对华北地理环境造成的不可逆转的变化，其中最具破坏性的一次发生在1128年，当时宋朝官员为了抵御女真的攻击，人为制造了一场黄河洪灾，导致黄河改道南流，侵入淮河河道。在随后的七百年中，黄河一直占据着淮河的入海水系，又时不时地在相隔数百英里的南北河道之间跳跃。[44] 每改道一次，既有的河湖就会被冲毁，河水携带的松散泥沙就会把农田变成沙地。[45] 河南东部、安徽中西部的濉河、涡河、颍河等淮河支流的河水变浅，甚至完全无法通航。山东的巨野泽，曾是中国北方地区最大的湖泊，湖面宽达上百英里，也是华北平原跨区域贸易的中心。郓州、徐州、冀州、阳谷等港口城市的货物，经由巨野泽，向东可达广济渠-清河，向南可达泗水，向北经由短距离陆路转运可达黄河下游。[46] 但1194年黄河的向南改道，使巨野泽完全变成了一片荒废的沙地和沼泽，结果整个地区都与外界的长途贸易隔绝开来，最终成为华北平原上最贫穷的地区。

中国北方水运的衰退情况因地区而不同，越往北的地方，情况越严重。这里让我们对黄汴记载的16世纪末江北航道与宋代水路进行比较。黄汴记载淮安（黄河与淮河江苏段的汇合处）附近有几条短途水路；在宋代，这些短途水路都曾在跨区域贸易中发挥重要作用。11世纪，楚州、高邮、海州

（今连云港）、涟水、宝应等都曾经是江苏东北部重要的港口城市，它们连接了沿海贸易路线与汴渠、泗水、淮河等的内河运输。这五个相互联系的港口城市共缴纳 198483 贯商税，相当于扬州的 4.7 倍。[47]

在大运河沿线的城市中，楚州（明代的淮安）在 11 世纪的商税收入仅次于开封，远远超过了扬州和真州。由于淮河、汴渠（宋代京杭大运河北段）和泗水都汇聚在楚州，因此楚州在跨区域贸易中占据如此重要的地位也就不足为奇。[48]遗憾的是，黄河洪水泛滥，泥沙淤积，严重破坏了这一纵横交错的运河网。15 世纪，距离宋代楚州不远的淮安城还是京杭大运河沿岸最大的转运口岸之一，然而由于沿黄河航行较危险，淮安逐渐失去了对海船的吸引力。根据黄汴的说法，虽然有一条从海州和安东卫经黄河口云梯关到淮安的水路，但经云梯关航行极为艰难，因此商人们宁愿选择陆路。[49]因此，明末淮安相较于宋代楚州，其水运结构的完善程度大大降低，通航总里程也有所减少。

同样，宋代涟水、海州、泰州等港口城市的繁荣进一步反衬了 16 世纪末江苏沿海贸易的萧条状况。黄河泥沙不仅大大降低了淮河的通航能力，而且阻碍了江苏沿海的航运。[50]11 世纪大运河东南部的密集水运网已经彻底消失了，只剩下少许几个支流，这些支流很难像 11 世纪那样支撑起长途贸易和海运的发展。

京杭大运河以西水道的变迁呈现出更令人伤心的景象。黄汴记录的路线由两条水道组成，这两条水道通过淮河或黄河将京杭大运河与河南境内的河港城镇连接起来。11 世纪，淮河流域由于地处黄河和长江之间，所以成为当时最重要的通航流域。但此后的年月里，黄河的泛滥以及黄河河道的频繁改变，

几乎使淮河以及河南东部和安徽西部的其他所有河流和运河都
失去了通航价值。[51]华北平原北部和中部城市的水路运输经常
完全瘫痪，河南东北部、河北中部和东南部，以及山东西部等
地区（均为明代京杭大运河以西地区）也是如此。在这些地
区，黄河洪水经常淹没城市，冲毁湖泊和河床，破坏水路运输
网。例如，古老的宋代开封城已深埋在现代开封的地下。[52]有
一项研究指出，开封的城市人口已"减少到 9 万，是此前历
史高点时的 1/10"。[53]

濮阳、大名、朝城、恩州、淮阳、巨野、定陶等地也受到
了影响。[54]1077 年这七个城市征收的商税共计 97449 贯，超过
了杭州（82173 贯）。在 11 世纪的大部分时间里，永济渠、滹
沱河、滏阳河与黄河一道，形成了河北平原区域内水运网。[55]
永济渠沿线的 15 个城市共征税 105926 贯。如果算上广济渠－
清河和黄河下游，河北和山东征收的商税将超过长江下游的商
税。然而，随洪水而来的泥沙最终吞噬了永济渠和许多宋代城
市。[56]这条已经存在了五百多年的、距离最长的著名内陆运河
消失了，再一次宣示了华北水路通航里程的大幅减少和繁荣的
沿河运输的终结。

16 世纪贸易的局限

与明末贸易空前繁荣的观点相反，笔者的研究显示出，直
到 16 世纪末明代的水路运输仍不发达。由于支离破碎的水运
系统无法支持长途贸易的繁荣发展，明代国内市场很晚才得以
全面发展，这对 16 世纪中国市场经济蓬勃发展的乐观看法提
出了质疑。当时的长途贸易仅限于三条重要水道：京杭大运
河、长江下游和赣江。[57]宋代以后，中国南方的水道特别是长

江以南的水道所受的破坏很小，其中江南、江西、广东几乎没有受到什么不利的影响。相比之下，长江上游和四川的水运能力大幅下降。成都平原曾经是人口最稠密的地区之一，在贸易和手工业方面可以与北方和长江下游地区相媲美。1077 年，四川的商税税收占全国税收总额的 10.8%。[58]然而，蒙古的军事行动给四川的发展带来了毁灭性的打击。1393 年，四川、贵州和云南的总户数为 215719 户，仅为 1173 年四川总人口的 8%。[59]四川的区际和区内贸易都受到了难以想象的巨大冲击。直到 18 世纪，四川盆地和长江中游地区才终于又一次迎来贸易繁荣。[60]

撇开江南和四川盆地这两个极端的例子，中国南方其他地区的水路运输的发展情况如何呢？这些地方在 16 世纪是否因水路运输的迅速发展而获益？如果说，华北的损失不会给南方带来益处，那么反过来，有没有证据表明南方的发展足以弥补北方的损失呢？有一套考察中国历史上的水道与港口的"中国水运史丛书"，使我们能够从区域的层面了解中国水路运输的变化。"中国水运史丛书"提供了从古代到 20 世纪中国水路运输各个方面的丰富文献记载。[61]本节主要介绍江西和湖北两个长江中游最重要省份的水运情况。

明初，江西税粮额居全国前列，人口数量位居全国第二。[62]支持明末贸易繁荣观点的学者认为赣江和长江是主要的货物运输通道，对全国贸易网络的形成起到了重要的作用。[63]明末赣江的货物运量可能确实超过了宋代，因为我们可以推想，明代的海禁会导致赣江成为 15 世纪末和 16 世纪广东与外部地区连接的唯一水运渠道。

如 1077 年的税收数据所示，江西的水运网在 11 世纪就已经基本成型了。长江中游段及其支流如赣江、抚河（汝水－武阳江）和信江，横贯了江西全境，形成了区域内水运网。同时，重要的跨区域贸易路线包括：将江西与湖南、湖北、安徽、江苏连接起来的长江航线；将江西与广东、广西连接起来的赣江航线；经由信江和钱塘江抵达浙江的航线；经由赣江支流和闽江支流抵达福建的航线。[64]许多矿产（铜、铁）和工艺品（瓷器、纸张、漆器等）从外地输入江西，[65]其境内的 34 个港口城市向宋代朝廷缴纳的商税达 267274 贯。虔州（今赣州）是江西和广东两省沿赣江进行南北贸易的转运口岸，其商税缴纳额甚至超过了省会城市洪州（今南昌）。值得一提的是，1077 年，饶州、信州、抚州、广德军、南康军、建昌军和南安军等港口城市的商税额都在 1 万贯以上。[66]这些都证明了 11 世纪水道和陆路网络的发达程度。

到了明代，九江钞关的税收数据表明，一直到 1600 年，长江中游水运对贸易的贡献都还很有限。九江钞关的征税对象是经由长江往返于九江和安庆之间的船舶，包括在长江中游段顺流或逆流航行的所有船舶，以及往返于江西内河水道与长江之间的船舶。因此，九江过税的变化能够充分反映这条水道沿线贸易量的增加。[67]三百多年里，九江的税入从 15000 两增至 539300 两，增长了约 35 倍，但从 1597 年开始才出现了快速增长（见表 5-9）。如果把通货膨胀考虑在内，实际增长也在 10 倍左右，或者说三百年来的年增长率为 0.7%。如此缓慢的增长不足以支持 16 世纪贸易爆发式发展的说法。相反，税收数据表明，长江中游地区的长途贸易要到 17 世纪才开始兴起。

如果说江西的过税数据还只是未能体现出水运方面的大幅增长，那么湖北的水路贸易则呈现出严重得多的衰退。汉江沿线的运输量出现了令人难以置信的大幅下降。1125 年以后的战争尤其是 13 世纪蒙古发起的一系列战役，对汉江流域造成了毁灭性的破坏。1391 年襄阳的户数共 16272 户，还不到 1102 年宋代该地区人口的 1/10。[68]由于 1300 年以后在黄河流域不再有政治和经济中心，向北的长途贸易减少，汉江的重要性迅速下降，而且汉江在宋朝灭亡之后通航能力严重下降，14 世纪以后已经退化成一条地方性航道。[69]河道的变化和洪水使汉江流域的状况恶化，武汉（汉口）成为湖北唯一的水运中心，到 17 世纪，武汉已经是中国内陆地区最繁华的商业城市。[70]

118

表 5-9　1493~1804 年九江商税

单位：千两

年份	税额	物价指数 *	年份	税额	物价指数
1493	15.0	100.0	1656	99.8	201
1580	10.9	88.3	1682	120.9	144
1597	25.0	113.0	1685	141.0	144
1621	37.5	163.0	1706	172.3	161
1625	57.5	163.0	18 世纪 30 年代	354.2	167
1629	66.4	163.0	1799	520.1	289
1630	79.9	163.0	1804	539.3	363

资料来源：沈兴敬、杨竹森，1991：80，82，表 3-2-1 和表 3-2-2。
注：* 1493 年的物价指数为 100。

　　汉江是安史之乱后的几个世纪中最重要的贸易通道之一，不仅因为它是中国中部唯一从北向南流的水路，而且因为它连通了几个资源禀赋差异很大的地区。汉江的多条支流向西和西北方向延伸到草原地区，成为宋朝商品通往外部市场的途径，例如，与宋开展茶马贸易的吐蕃人和党项人是宋朝 11 世纪外销茶叶最重要的目标群体之一。除了茶叶和丝绸，许多在边境销售的手工业品也是沿汉江支流运输来的。随着襄阳和汉江在 14~15 世纪长途贸易中发挥的作用逐步减弱，这些外部市场被迫关闭了。[71]

因为汉江上游成为人口极其稀少的地区，所以嘉陵江和丹江直到 1550 年后才恢复通航，但很快又被骚乱和战争破坏。直到 17 世纪中叶，这些航线才再次成为连接湖北和陕西的纽带。[72]与此同时，嘉陵江也开始通航，从白水江镇到广元的通航里程约为 578 里。[73]明清时期，渭河从咸阳出发，到三河口与黄河相汇，全长只有约 400 里。[74]在前述各案例中，相关河流恢复贸易通道作用的情况都表明，商业复兴的时间不会早于 16 世纪，而且所谓贸易通道也仅限于在地方市场范围内运输货物。[75]

小　结

比较宋明两个时期的市场表现，本质上就是比较中国前工业化时代曾经出现的两种不同的经济机制，即市场经济和管制经济。理论上说，市场经济在生产资源配置方面应该比管制经济的表现更优、效率更高。以一系列的经济数据为基础，笔者的比较研究的确揭示出宋明两个时期的市场经济表现存在显著差异。在人口增长、货币供应、水路运输、城镇化和贸易等各个方面，明初管制经济所取得的成就都远远落后于宋代的市场体制。接着前几章的分析，本章对 1200 年以后中国经济的长期结构性变化进行了综合评估，结果显示经济（市场）出现了前所未有的崩解。这一结论完全可以与笔者从其他角度

119

（如货币、水运、制度背景等）观察到的情况相互印证。管制
经济之下，市场的表现确实更差。

宋明两代的比较还有助于我们在历史背景下认识中国的政
治经济。从历史角度来看，市场经济体制向管制经济体制的转
变比现代经济理论所描述的要复杂得多。中国经济的组织机制
发生的巨大变化，首先是因为受到了一次严重的冲击，即元朝
统一中国。元朝的统一终结了宋代的财政国家，建立了以北京
为中心的农牧结合的新型王朝。与宋朝这样的中原王朝相比，
庞大的元朝在视野和实力上都遥遥领先，却没有能够建立有效
的行政机构以促进区域整合和经济增长。[76]

这一历史阶段凸显了元朝所经历的领土扩张和经济整合之
间的矛盾关系。1125 年以后华北贸易的衰退主要与水运能力
的瓦解有关。生态恶化、战争和政府政策失灵等，永久地损害
了这里的内河航运网络。其中，开封遭受的打击最为严重，这
座古都连同所有与之相连的运河一道，被深深地埋入了地下。
水运的毁灭让 1600 年以前华北贸易的复苏毫无希望。结果，
华北长途贸易在全国范围内所占的比重直线下降。

以北京为中心的政治力量的崛起是元朝的主要遗产。由于
明朝在大部分时间里将北京作为首都，因此它也受困于政治与
经济分离的结构性弱点，其对南方财赋的依赖甚至比元朝有过
之而无不及。重建京杭大运河，表明朝廷迫切需要恢复北方的
水运系统，并且努力从长江下游地区汲取资源。然而，这项国
家工程经常不是促进而是阻碍了北方经济的整合，因为边疆和
首都远离国家经济中心，加强边疆和京城的建设意味着在广大
的腹地投入的资源很少。

对内河运输长期变化的研究使我们对 16 世纪的经济繁荣

一说产生了严重质疑。本书第四章已经讨论了水运在宋代市场经济中的关键角色，有鉴于此，如果没有发达的水运网络，所谓明清转型范式强调的 1500~1800 年市场经济的发展就不可能实现。但一直到 17 世纪初，明代重要的贸易路线还只有三条内河航道：京杭大运河、江西赣江和长江。[77]尽管长江下游地区出现了贸易和市场复苏，但可以肯定的是，晚明时期的水运还处于起步阶段。这样看来，水路运输的落后确实表明 1600 年以前明代的长途贸易发展缓慢。

第六章 物价、实际工资以及
国民收入

前面三章我们主要讨论了宋明两代市场经济的扩张与收缩。显然，在唐宋转型时期，尤其是 960~1127 年，由于人口的迅速增长，以及水运与经济货币化的迅猛发展，中国市场经济显著扩张。上文还指出，元朝统一中国之后市场开始收缩，并进一步确认明初管制经济的兴起是整个 15 世纪经济衰退的主要原因。在接下来的几章中，我们主要讨论宋明过渡时期从市场机制到管制经济体系这一重大转变对经济产生的影响。

有一些学者提出用市场驱动理论来解释中国历史上的前工业化增长，[1]认为市场的扩张与收缩会相应地对人们的生活水平造成影响。如果宋代曾经出现经济增长，那么根据这一理论，人们应该能发现这一时期实际人均收入增长的证据。同理，管制经济应该会在很大程度上限制市场在生产要素配置方面发挥的作用，进而阻碍经济的增长。

然而，也有理论将传统社会生活水平的长期变化归因于人口变化，尤其是人地比例的变化。这种理论对明初经济状况普遍持有积极的看法，主要基于两方面的假设。第一个假设是从政治经济学角度做出的，即前文已经提到的经济复苏说。虽然朱元璋对商人、地主、文人等冷眼以待，但他制定的很多政策都旨在强化乡村社会秩序，保障普通农民的利益。因此，许多学者对明初政策持积极看法，认为它们有利于推动经济复苏。[2]
第二个，也是最主要的假设，是从马尔萨斯理论出发所做的推
定。因为 14 世纪是中国帝制晚期人地比最低的时期，所以明
初的农民应该能够轻易获得一块面积相对较大的农田。由于土
地充足，地价下跌，人民的实际收入也会随之提升。[3]

　　在宏观经济学中，实际收入是衡量国民财富的有效经济指
标，常用于衡量经济体系的运行情况。本章将从以下三个方面
对宋明时期的实际收入进行对比：实际工资，前工业化经济中
的不平等或者说财富分配情况，名义国民收入和实际国民收入
的长期变化。实际工资是反映民生的重要指标。普通雇工的实
际工资（包括实物支付部分在内）可以作为衡量大多数人生
活水平的一个替代指标。本章中，笔者首先根据实际工资进行
了收入对比。由于军事方面的数据相对更为丰富，所以我们以
士兵工资为主来建立比较指数。其次，笔者根据宋代官方的户
等分类，研究了 11 ~ 12 世纪与市场扩张相关的不平等问题。
最后，笔者通过对人均实际收入的粗略估算，制成一套中国古
代国民收入数据。这些数据可以进一步用来对比中国帝制晚期
朝廷税收在国民收入中的比重。1400 年前后，朝廷税收占国
民收入的比例极高，而与此同时，人民生活水平却很低。这一
重要的量化证据，有力地揭示了明代初期管制经济的专制性。

122

宋明时期的实际工资

　　市场驱动理论认为明初政策对 15 世纪的经济产生了负面
影响，但以"人地比例"为支撑的马尔萨斯式理论认为人口
下降会带来人均／户均耕地面积扩大，所以当时百姓的生活水
平应该相对较好。为了更好比较这两种理论解释框架的优劣，

我们可以假设明代初期的国家政权不存在，因此不存在来自管制经济的各种约束，同时假设其他变量（人口减少、物价下降等）对明初经济的影响不变，然后再来分析可能发生的历史过程。为了阐释这一点，笔者引入了一个灾后经济重建的普遍模式。迈克尔·波斯坦（Michael Postan）在对 14～15 世纪英格兰的研究中指出，人口骤减时期，劳动力短缺，而土地资源相对充裕，因而平民百姓的生活水平尤其是工资水平会提高。实际工资会持续上涨，直到劳动力供应再次超过需求，这也意味着经济复苏的过程结束。[4]接下来，笔者将通过收集的实际收入数据来检验这一马尔萨斯式的解释。

人口变化确实导致了人地平均比例的骤降。中国人口减少至原有的 2/3，无疑是 14 世纪经济危机的重要原因。然而，人口的骤减并不是在整个明王朝疆域内平均地发生的。1393年，明朝将近 3/4 的人口集中在南方。[5]如此极端的人口集中说明北方遭到了相当严重的破坏，当时北方人口仅剩 1550 万，而 1102 年北方人口共有 3200 万。如果以 11 世纪住在北方的包括契丹人和党项人在内的所有人口为基数，那么北方人口数量在三个世纪内的下降幅度超过了 50%。[6]这与水运和城市网络受到破坏密切相关。如果没有基础设施的支撑和足够的资本投入，我们很难想象农民仅仅凭着人均农田面积的增加就能过上更好的生活。

马尔萨斯式的解释往往忽视了市场对前工业化时代的福利增进所起到的积极作用。为了避免这种偏见，应该将人口的变化与市场结构的变化联系起来加以考察。1368～1450 年，中国商品的平均价格出现了惊人的下跌，例如，大米的价格跌至最近一千年中国历史上的最低点。价格下跌很快转变为长达一个世纪的通货紧缩。1600年前后，大米价格仅回升到11世纪中叶的水平。

如果改用铜钱来计价，那么宋明两代之间物价水平的差距可能是用白银计价的3倍甚至更高。例如，用铜钱计价的14世纪30年代的大米价格仅仅是13世纪初期的1/10。铜钱是中国古代使用的主要货币之一，对于地方市场上的小额交易十分重要。[7]由于明朝在维持货币供应方面没有做出努力，明代流通的铜钱大部分是几百年前宋代铸造的。[8]另外，宋元明过渡时期，大量的宋代钱币被重铸成器具或者被窖藏起来，仅小部分流传到明朝，因此明代铜钱的购买力远高于白银。

令人震惊的是，1368年后的一百年中，名义工资出现暴跌。1480年，即明朝建立一个多世纪后，京城（北京）普通日工的工资是20~30文铜钱。同一时期，苏州的算命先生每给人算一次命仅挣1文钱。与之相比，1158年江南地区参与灌溉工程的普通工人每天的工钱达到100文钱，外加0.03宋石大米，合计约达145文钱。

宋明时期基本必需品价格的下跌，以及名义工资的下降，表明价格整体上出现了下滑。然而，我们对经济运行的整体情况尤其是实际收入情况知之甚少。为填补这一空白，我们只能尽量利用间接证据，虽然这些证据也很欠缺且不完整。数据收集范围包括投资、实际工资、家庭收支，以及最重要的农业生产力。虽然普通劳工的实际工资对验证基于马尔萨斯理论的假设尤为重要，但关于明初政治经济的争论也促使我们关注国民经济的其他重要方面，如运用劳役从事建设和国家控制下的军屯生产等。

物价和名义收入的巨大变化，暗示明代的经济即使不是全面衰落，至少也是长期停滞的。考虑到所有这些政治、制度和经济因素，我们可以推测明初人们的生活水平（特别是实际工资）会出现下降。然而，由于无法使用经济学家通常用来衡量人民生活水平的数据，所以很难证明这一推测。朱元璋的反市场政策给现代学者研究明初经济中的收入、消费等问题造成了巨大的困难。由于管制经济占主导地位，除了士兵的工资外，没有其他任何关于就业和工资的相关记录。政府公共工程建设中使用的也是强制征发来的百姓、工匠、士兵和罪犯，朝廷无须支付任何薪酬。[9]

和工资一样，物价原本也是能展现 1400~1450 年经济衰退的重要指标，但出于同样的原因，物价的数据也严重不足。1375 年，朱元璋开始发行纸币，同时统一了粮食和纺织品的价格。根据朱元璋的法令，1 贯宝钞可以购买 1 石大米，或 1 两白银，或 2.5 匹麻布。[10]尽管如此，民间交易仍然遵循与法令不同的市场价格，朝廷也不总是能够禁止人民在交易中使用白银。[11]1430~1450 年，纸币的恶性通货膨胀推动经济转向以物易物的模式。很大程度上由于货币政策与民间贸易之间的矛盾，当时民间市场的情况几乎未能留下记载。然而，如果我们相信法定价格确实在某种程度上体现了市场价格的变化，尽管这种体现经常有所滞后，那么虽然因为宝钞的过度发行，纸币价格出现恶性膨胀，但用白银和铜钱计价的实际商品价格反而在下降。[12]

在对实际工资的研究中，如果比较的一方是管制经济下的实物支付，另一方是自由市场中的劳动力工资，将这两者做比较可能是不恰当的。为了避免这个问题，笔者选择用士兵的实际工资来代替普通劳工的实际工资。[13]为了便于比较，笔者将士兵的实际工资数据（以下称 SRW）转换为实际工资指数（见附录 E）。

SRW 指数很清楚地表明，11 世纪人们的生活水平更高。宋朝建立后的第一个世纪中，士兵的实际工资达到顶峰，之后下降到以大米计算每人每月不到 300 公升。南宋时期（1127~1279 年）通货膨胀严重，导致士兵的实际工资下跌。从 12 世纪 50 年代往后的一百年间，工资水平更低，每人每月为 100~200 公升。相比之下，1125 年之前，宋代士兵的收入比明代士兵高 1~2.5 倍。1125 年之后，宋代士兵的工资仍比明初士兵工资高 50%~80%。但是，16 世纪中叶士兵的薪酬比 12 世纪晚期宋代士兵的高。

王曾瑜说明，宋代士兵的工资取决于他们的等级和技能。他们的工资通常分为三部分，即铜钱、大米和春冬季衣物补贴。其中铜钱和大米按月支付，衣物补贴通常转换为铜钱，每半年支付一次。一名在禁军服役的中等士兵每月可获得 2.5 宋石（125.6 公斤）大米和 500~700 文铜钱，每年可获得 6 匹丝绸、0.5 公斤棉花和 3000 文铜钱补贴。[14]其中，衣物补贴合计约 6000 文铜钱，比明代士兵的高很多，[15]但这里为方便比较而将这笔报酬忽略不计。这样，上述士兵的月工资可以转换成 176~186 公斤（或 235~248 公升）白米。[16]以上估算体现的是驻扎在宋朝京城开封的士兵收入水平。11 世纪初，宋代的中央军队（禁军）有 66 万名士兵，其中约有 3.5%驻扎在京城。在其他地方服役的禁军士兵，由于大米价格相对较低，将工资的货币部分折算后，可以获得比驻京城的禁军士兵多 6% ~15%的粮食。地方军队（厢军）的士兵每月可获得 2 宋石大米、100 文铜钱，每年还可获得衣物补贴 4 匹丝绸和 2000 文铜钱。[17]对于一名生活在华北的士兵，这些薪酬可转换为 143 公斤（或 191 公升）大米。

南宋时期，特别是在 13 世纪，士兵由于通货膨胀而遭受了实际工资的损失。1127 年宋朝廷南迁后，士兵工资也得到了相应的调整。工资中货币的比例增加。一名禁军士兵每月可获得 3000～9000 文铜钱和 0.9～1.5 宋石的大米，有的还享有衣物补贴。[18] 如果忽略衣物补贴，12 世纪中叶驻扎在长江下游的禁军士兵，其实际工资为 105.5～256.3 公斤或 141～342 公升大米。总体上，南宋军队的实际工资仍保持在平均每人 120～150 公升大米，低于 11 世纪 200～240 公升的标准。[19]

实际工资的长期变化既反映了经济的扩张，也反映了宋代人均实际收入的增长。与 11 世纪的高水平工资相比，明代的工资水平低得惊人。一直到 16 世纪中叶，情况才有所好转，工资水平回升到人均 100 公升大米以上。这种工资数据反映的经济复苏，和所谓白银世纪的框架以及很多社会经济史学家所青睐的明清转型范式正相吻合。[20]

然而从 14 世纪 60 年代到 16 世纪 50 年代，明代的士兵工资低得惊人。1379 年朱元璋下诏，规定每名有家室的士兵每月应获得 1 石大米，无家室的士兵每月应获得 0.6 石大米。整个明朝时期都实行这一规定，因此每月 1 石（相当于 75 公斤或 100 公升）大米被视为明代士兵的标准工资。尽管这个标准被很多学者所采纳，但笔者想要指出，这个标准只是政策所规定的"理想"工资，而不能被认为就是普遍的实际工资。从财政角度来看，因为明代军队中超过一半的士兵都被组织进入屯田，所以当时的军队体系基本上是自给自足型的。明初军队满编时可能有 276 万名士兵，如果 70% 的士兵都进行耕种，他们实际上就是 193 万个农业劳动力。[21]

根据当时许多文献的记载，14 世纪末和 15 世纪的士兵工资尤其低。在 15 世纪早期特别是永乐年间，士兵实际工资下降的问题就开始显现。朱棣篡位后，将首都从南京迁到北京，当时的北京是北部边境主要的军事基地，距离明朝的经济中心数百英里。长途运输的成本急剧增加，加剧了粮食供给问题。据《明实录》记载的数据，被征召到北京修建宫殿和基础设施的士兵和工匠每月可获得 0.4~0.6 石（40~60 公升）大米。[22] 在后来的洪熙（1425年）、宣德（1426~1435 年）以及正统（1436~1449 年）年间，很多地区进行了工资调整，但士兵工资始终不到每月 1 石大米。

仅仅看官方的记载，明代士兵工资下降的情况并不明显。从政府的角度来看，由于采用了工资折偿的方法（以下简称WCM），所以工资并没有下降。从中央的高级别官员到士兵和工匠，工资通常以单位数量的大米来计量。然而，面对粮食供给的不足，朱棣几次下令将 1405~1433 年郑和从东南亚和印度洋地区带回的肉桂和苏木等用于折偿部分工资（代偿比例有时高达 50%）。此后一直到明末，工资都不是全额以大米支付的，而是始终用其他货物折偿部分工资。[23]

工资还有可能包括衣服、粟或其他物品，另外，发给士兵的工资折偿物通常都是纸币。通货膨胀严重冲击了纸币价值，在很短的时间里，宝钞的实际价值就降低到只有面值的 1/30，到正统年间更降至面值的 1/100，景泰年间（1450~1456 年）降至面值的 1/500，最后降到了仅有面值的 1/1000。尽管通货膨胀严重，但朝廷坚持认为，工资折偿时应当按照宝钞的面值来计算。因此，宝钞的市值低贱严重影响了士兵的实际收入。换言之，16 世纪以前明代士兵的实际工资一定低于每月 1 石米，达不到明朝开国皇帝朱元璋所设定的理想标准水平。

明朝第一个世纪的士兵工资向我们揭示了管制经济下的所

126

谓标准工资的内涵。为了维护政权，明初朝廷削弱市场经济的影响，对人口和资源进行直接控制。因此，管制经济时期的工资是被"计划"的——工资不是由劳动力的供求关系决定的，而由国家政策决定。现代关于明初物价和工资的研究，包括本书的研究在内，高度依赖官方文件中政府规定的物价和工资标准，这些数据只有在政策发生变化时才会被记载下来。因此，记载中的粮价数据和士兵工资数据在一个多世纪里都非常稳定甚至一成不变。

据记载，许多官员和驻扎在苏州、松江的军队等都参与非法经营，如走私盐和偷卖军事装备等。16世纪中期，中国南方沿海地区的所谓"倭寇"，最初就被认为是在长期的海上走私过程中形成的，这也最终促使明朝取消已经持续两百年的海禁。这一类灰色收入无疑提高了士兵的生活水平，但我们无法确定其具体数额，也就无法据此对士兵的总收入进行可靠的估算。[24]

"一条鞭法"改革后，明朝政府允许人们以白银代替劳役。[25]甚至从地方招募的士兵的工资可以逐月以白银支付，在长江下游的一些军队中，这样招募来的士兵比例可能高达70%。[26]16世纪末，为了支付驻扎在北部边境的士兵的工资，明朝每年需要拨运白银380万两（140.6吨），耗尽了国库的全部储备。[27]

SRW表明，这一薪酬改革增加了士兵的收入，尤其是在嘉靖年间（1522~1566年），但士兵工资仍未提升到11世纪的工资水平。当时一名士兵的薪资是每月0.6~0.8两白银。鉴于每石大米的价格为0.50~0.94两白银，所以16世纪的实际工资几乎不会超过每月1石大米。[28]只有北部边境，尤其是所谓"九边"的精锐士兵，才享有每月1两白银以上的工资。17世纪中叶，驻扎在辽东前线的士兵，工资上涨到每月2

两。[29]然而，明朝的北部边界是游牧区和农耕区的分界线，周围都是山脉、沙漠和贫瘠的土地，粮食和各类物资不得不从距离很远的地方运送过去，其间的运输成本非常高。全汉昇提到，1450~1644年，北部边境的粮价上涨了9倍。[30]通货膨胀远远超过了士兵工资的增长。有记录显示，士兵为了生存不惜出售军械、衣物，甚至自己的妻儿。17世纪初，明朝廷难以支付北部边境驻扎军队的军饷，导致军队哗变，一些困苦不堪的士兵揭竿而起，把矛头指向了官府。

市场经济中的财富分配不平等

我们相信，在11世纪中国这样的传统社会确实出现了经济增长，但由于一手资料的多样性和不确定性，我们很难清晰地了解11世纪经济增长的具体面貌。相比之下，大家更认可唐宋转型时期的市场扩张，并将其视为宋朝能够实现前工业化经济增长的主要原因。而且，这一市场扩张还以各种方式加速财富积累，促进了社会分层。安史之乱之后，社会不平等现象愈加明显，很多人无法过上体面的生活，并且抱怨无法在竞争中维持其社会地位。如果我们关注经济增长中的财富分配，就有必要了解大多数人能否从经济增长中受益。

宋代的户产登记数据对于研究生活水平和不平等现象的变化尤为重要。户产登记是由地方政府为税收和公共采购而进行的一项调查。城镇和农村居民都需要每三年上报一次土地、动产（流通资本、年收入和利润）、不动产（房屋、仓库和客栈）、车辆和船只的所有情况。根据这些资料，农村家庭按照财产和收入被分为五个等级，城市家庭则被分为九个等级（即户等）。然而，由于各地财富总量和分配的差异，宋代并没有通用的户等划分标准。例如，乡村户中第五等的农户都是农村有地农户中最贫穷的，然而京畿地区的第五等农户所拥有的土地肯定要比偏远山村第五等农户的土地值钱得多。可见，户等所提供的是宋代分县范围内的社会分层的一手资料。如果所有这些资料都能够保存完好，现代学者应该能够顺利重建 11 世纪的国民经济。

现存户等数据展现了 12 ~ 13 世纪农户获取收入的形形色色的来源。1169 年，右从事郎李大正向朝廷上报了绍兴府诸县户等资格认定中的问题。其中之一是，在审查地方政府关于捕鱼、小贩、手工业和季节性就业等各类家庭收入的评估记录时，李大正发现大多数从事这些生计活动的家庭都很贫穷，收入微薄。因为担心引起骚乱，政府很难对这些资产征收财产税。李大正因此建议，对非土地生产收入的评估应限于仓库、店铺、客栈和当铺的所有权，以及运输车辆和畜力的租赁。[31]

对于我们关注的家庭收入来源问题，户等数据显示，地方财富的很大一部分来源于非农业领域，这些财产在当时被称为"浮财物力"（动产、不动产和货币收入），与"实业物力"（土地财产）并列。大多数官员都认同，评估"浮财物力"更困难，因为这类资产的资金流动灵活得多。对现代学者来说，这一差别提供了关于地方财富结构和社会分配的宝贵信息。南宋地方政府在绍兴年间（1131 ~ 1162 年）对丽水县全县物力的统一评估就是一个典型案例。整个丽水县，除去不纳税的第五等户，经评估后的物力总额有 101 万余贯，其中实业物力价值 868500 贯，浮财物力 142000 余贯。[32] 丽水地处浙江东部山区，经济并不发达，土地与资本（经营性动产、不动产）的比例为 6 : 1，反映出采矿业、商业、运输业和其他服务业等非农产业在当地经济中占据了不小的比例。但是，这一比重应该低于长江下游的平均水平。

户等数据还显示，市场经济的发展，特别是城市化的发展，伴随着高度的不平等现象。当然，从全国的视角来看，贫富差距的情况在各地并不相同，并且贫富差距与市场经济之间的关系也非常复杂。

11世纪80年代的户等数据最能反映出全国范围内的不平等状况。全国无地家庭或佃户达565万户，约占总人口的1/3。然而，市场并不是造成土地集中的唯一原因。乍一看，地理位置似乎起到了很大的作用。无地家庭比例较高的地区大多数位于中国南方。然而，南方各地区中，发展迅速的长江下游地区（宋代两浙路和江南东路）的无地家庭所占比例却最低。北方大部分地区的无地家庭比例较低。[33]这一分布实际上生动地体现出唐宋转型时期经济重心向南转移的情况。四川成都平原和长江下游地区在国民经济中占有重要地位。相比之下，南方许多内陆地区仍然相对落后。如表6-1所示，无地家庭比例排在前十的地区有夔州路、荆湖北路、京西南路、梓州路、京西北路、荆湖南路、福建路、利州路、淮南西路和京东东路。这些地区要么是欠发达地区，要么是与世隔绝的山谷。除福建路外，其他地区人口密度都很低。甚至当时的文献记载还告诉我们，在长江中上游的山谷中依旧生活着非汉族群，据说那些地方的地主还在对佃户及其家庭采取某种直接人身控制的做法。[34]和这种情况相呼应的是，夔州路、梓州路、利州路、荆湖北路、荆湖南路、淮南西路等地区的无地家庭比例相对较高。

在长江下游地区，证据充分体现出市场发展与大地主土地兼并之间存在负相关关系。这一地区的无地家庭平均比例为20.3%，远低于全国平均水平（见表6-2）。进一步地，在这

表 6-1　11 世纪 80 年代中国无地家庭所占比例

排名	区域 （路）	无地家庭 （户）	家庭总 户数（户）	无地家庭占总户 数的百分比（%）	耕地面积 （平方千米）	耕地面积占总土地 面积的百分比（%）
1	夔　州	178908	254340	70.3	127.2	0.2
2	荆湖北	377533	657533	57.4	18793.5	14.8
3	京西南	166709	314580	52.9	12046.5[1]	6.3
4	梓　州	229690	478171	48.0	—	—
5	京西北	233031	486385	47.9	12046.5[1]	6.3
6	荆湖南	395537	871214	45.4	14709.5	10.8
7	福　建	464099	1044225	44.4	6278.1	5.2
8	利　州	147115	336248	43.7	729.1	1.0
9	淮南西	318746	738499	43.1	55104.1[2]	28.5
10	京东东	292364	696456	41.9	15123.2[3]	10.4
11	广南东	223267	579253	38.5	1780.4	1.1
12	江南西	451870	1287136	35.1	25596.3	20.0
13	淮南东	202681	612565	33.0	55104.1[2]	28.5
14	京东西	186328	571876	32.5	15123.2[3]	10.4
15	清　丰	164627	509799	32.2	—	—
16	河北东	154531	526028	29.3	15795.2[4]	13.2
17	成都府	243880	864403	28.2	12232.8	16.3
18	河北西	146904	564762	26.0	15795.2[4]	13.2
19	永兴军	219993	846405	25.9	25306.1	9.8
20	广南西	63238	258382	24.4	31.2[5]	0.01
21	两　浙	360259	1778941	20.2	20570.8	16.2
22	河　东	110757	574175	19.2	6322.6	4.9
23	江南东	201086	1127311	17.8	24306.8	27.3
	总计	5533153	15978687	34.6	261297.2	11.0

资料来源：柳田節子，1986：250。

注：表中上标 1、2、3、4 表示京西南路、京西北路，淮南西路、淮南东路，京东东路、京东西路，以及河北东路、河北西路，这些路的耕地面积均合在一起报告，如京西路、淮南路、京东路和河北路。

按：原文中无地家庭（客户）户数总计为 5652745，今重新计算更正为 5533153；原文主客户合计 16472920，今更正为 15978687。吴松弟曾根据《元丰九域志》分别计算北宋南方、北方各府州军的主客户总数，将其加总可得16603954 户（见吴松弟，2000：122-135，表 4-2）。耕地面积（含民田和官田）及其比例系斯波义信根据《文献通考》卷四《田赋》计算，见斯波义信，2001a：151，此表计算民田、官田之和得出耕地总数。

一地区内部还可以划出一条分界线，无地家庭占 20% 以上的地区包括大部分山区和丘陵，而在人口快速增长、经济发达的秀州、越州（绍兴）、婺州（金华）、湖州和苏州等地，大部分农民都在自有土地上耕作。

表 6-2　1080 年前后长江下游地区无地家庭所占比例

排名	地区(州)	无地家庭 （户）	有地家庭 （户）	总户数 （户）	无地家庭占总 户数的百分比（%）
1	秀州	-	139137	139137	0
2	越州	337	152585	152922	0.2
3	婺州	8346	129751	138097	6.0
4	湖州	10509	134612	145121	7.2
5	苏州	15202	158767	173969	8.7
6	睦州	9836	66915	76751	12.8
7	台州	25232	120481	145713	17.3
8	杭州	38501	164293	202794	18.9
9	衢州	17552	69245	86797	20.2
10	常州	45508	90852	136360	33.3
11	温州	41427	80489	121916	33.9
12	润州	21483	33318	54801	39.2
13	明州	57334	57874	115208	49.7
14	滁州	68995	20363	89358	77.2
	总计	360262	1418682	1778044	20.3

资料来源：柳田節子，1986：278。

按：原书表中婺州总户数为 137097，今纠正为 138097；润州（镇江）总户数为 54798，今纠正为 54801。因此，总户数的总计及百分比也有相应调整，惟差别细微就不再一一列出。又柳田一书所揭客户数据出于北宋《元丰九域志》，中华书局版《元丰九域志》点校者王文楚、魏嵩山认为该书所载主客户数据系元丰二年（1079）所录，而吴松弟则以为当系于元丰元年（1078），见吴松弟，2000：118-119。

据宫泽知之估算，1077 年两浙路的大部分农民都拥有土地，平均每户拥有土地约 22.7 亩。无地家庭有 36 万户，仅占农村总户数的 10%。1132 年总户数增至 212 万户，无地家庭的数目却下降到 31 万户。[35] 户等数据表明，无地家庭在农户总数中所占的比例长期呈下降趋势。虽然在全国范围内这种趋势出现的原因尚不明确，但如表 6-3 所示，至少在长江下游地区，最贫穷人口占比的相对下降与市场经济的发展有很明显的关系。

130　　　11 世纪中期的改革有可能对无地人口比例的下降有所帮助。王安石主政（1069~1085）之初致力于让官府积极参与市场经济，并推出了一系列重要法案，如均输法、青苗法、免役法、农田水利法等，以抑制土地兼并。青苗法承诺给急需资助的农民提供短期贷款，以避免其在青黄不接的季节破产。农田水利法要求地方政府提供资金和物资，帮助农民建设灌溉工程。

表 6-3　976~1222 年长江下游地区无地家庭所占比例

地区	10 世纪末 11 世纪初的 无地家庭（户）	无地家庭 占总户数的 百分比（%）	约一个世纪后的 无地家庭（户）	无地家庭 占总户数的 百分比（%）
苏州	7306（976~984 年）	20.8	15202（1078 年）	8.7
昆山	3272（1008~1016 年）	20.0	3700（1195~1200 年）	9.5
常州	27481（976~984 年）	49.5	45508（1078 年）	33.4
江阴	6906（976~984 年）	47.5	17064（1008~1016 年）	58.2
秀州			0（1078 年）	0
明州	16803（976~984 年）	60.7	31347（1168 年）	23.0
湖州	10840（1008~1016 年）	7.4	3988（1182 年）	1.9
乌程	3496（1008~1016 年）	13.3	2337（1131~1162 年）	5.6
归安	2956（1008~1016 年）	11.0	1772（1131~1162 年）	3.5
润州	15900（976~984 年）	59.9	21480（1078 年）	39.2
杭州	8857（976~984 年）	12.6	38513（1078 年）	19.0
台州	14422（976~984 年）	45.2	76294（1222 年）	30.6

资料来源：宫泽知之，1984：34-44。

131　　　从全国范围来看，最贫穷家庭的减少与市场发展之间显然存在正相关关系。从 10 世纪 80 年代到 1099 年，总户数从约 590

万户增加到了约 2000 万户，但无地家庭比例下降了近 10 个百分
点（见表 6-4），其间后四十年中无地家庭比例下降得最快，因此
我们完全有理由认为，王安石的改革降低了土地兼并的程度。

表 6-4　10 世纪 80 年代至 1099 年宋代总户数和无地人口的变化

年份	无地家庭（户）	总户数（户）	无地家庭占总户数的百分比（%）
10 世纪 80 年代	2415708	5859551	41.2
1021	2638346	8677677	30.4
1023	3753138	9898121	37.9
1029	4552793	10562689	43.1
1031	3402742	9380807	36.3
1034	4228982	10296565	41.1
1037	4438274	10663027	41.6
1039	3708994	10179989	36.4
1042	3636248	10307640	35.3
1045	3820058	10682947	35.8
1048	3829868	10723695	35.7
1050	3834957	10747954	35.7
1053	3855325	10792705	35.7
1058	3877110	10825580	35.8
1061	3881531	11091112	35.0
1067	4382139	9799346	30.9
1072	4592691	15091560	30.4
1075	5001754	15684129	31.9
1078	5497498	16492631	33.3
1080	5485903	16730504	32.8
1083	5832539	17211713	33.9
1086	6053424	17957092	33.7
1088	6154652	18289375	33.7
1091	6227982	18655093	33.4
1097	6366829	19435570	32.8
1099	6439114	19715555	32.7

　　资料来源：陈乐素，1984：77-98。
　　按：其中 1078 年、1080 年和 1083 年数据与《元丰九域志》的分路数据可以
互证，其具体关系可参考吴松弟的讨论（吴松弟，2000：118）。

　　如果说在乡村，市场经济的发展减少了不平等现象，那么在城市它的效果却恰恰相反。城市人口大多为贫民，靠微薄的日工资为生。在宋代的官方文件中，农村无地者和城市贫民都被登记为"客户"。如表6-5所示，城市人口中的客户比例远高于农村人口中的客户比例。

表6-5　13世纪长江下游和福建地区
城市贫困家庭与农村无地家庭所占比例

地区	时期	城市贫困家庭比例（%）	农村无地家庭比例（%）
徽州	1227年	20.4	7.2
抚州	1208~1224年	42.8	29.2
汀州	13世纪50年代	54.9	37.5

　　资料来源：梁庚尧，2006：23；刘光临，2008：274。

　　按：抚州1208~1224年的城市贫困家庭比例在原书中为42.76%，此处为统一小数点后位数，略为42.8。

132　　　　无论是江西抚州，还是福建汀州，城市登记人口中的贫困人口比例都在40%以上，这表明城市的不平等现象正在加剧。相比之下，在长江下游的徽州，城市贫困家庭的比例为20.4%，农村无地家庭的比例为7.2%，两者均处于中等水平，但城市贫困人口的比例仍然是农村无地人口比例的近3倍。

　　这里的关键问题在于，唐宋转型时期市场经济的发展是否会对不同的社会阶层产生同样的影响。在宋代，农村最贫困人口即无地家庭的比例似乎确实下降了，但如果我们观察最贫穷人口以外的人，就会发现在12~13世纪中国出现了明显的财富集中的趋势。

　　所有现存的记载都表明，绝大多数农民只拥有少量农田，而那些最富有的、在全部农户中占比极小的上层农户所占的土地却占到了全国耕地面积的 1/4 甚至更多。根据户等政策，所有拥有土地因而负有纳税义务的农村人户都要按照其农田的规模和质量分列入五个等级。而几乎所有的宋代政治家和知识分子都指出，绝大多数的农村纳税人都处于最低的那个等级。

《数书九章》是 1247 年出版的一本数学教科书，它介绍了在土地规模不平等的情况下应用财产税的方法。如表 6-6 所示，该书提出了一个数学问题：如何在一个县的总计 11033 户有地家庭之间，分配 88337.6 两的丝绸附加税？按照规则，户等每下降一级，所征财产（土地）税的税率就降低一半，因此第五等户的税率只有第一等户的 5%。然而，最终分配给全部第五等户的附加税金额几乎占总额的一半，按人口来算大约 90% 的有地人口处于第四等级和第五等级。可见，这个县里绝大多数农民只拥有一小块农田。与之相对，上层农户在户籍中被登记入前三个等级，并且占有相当大的土地财产份额：在总计 11033 户家庭中，上三等户只有 563 户，拥有的土地面积占到了土地总面积的 24.1%。

表 6-6　13 世纪某县的财产税税率

133

户等	户数（户）	百分比（%）	每户税负（两）	税率指数	各级税额（两）	各级税额百分比（%）
1	12	0.1	124.00	100	1488.0	1.7
2	87	0.8	62.00	50	5394.0	6.1
3	464	4.2	31.00	25	14384.0	16.3
4	2035	18.4	12.40	10	25234.0	28.6
5	8435	76.5	4.96	5	41837.6	47.4
总计	11033	100.0	8.00	无	88337.6	100.0

资料来源：秦九韶，1992：369-373。

虽然这只是数学教科书中的一个例子，但足以代表一种普遍观念，即小土地占有者或第四、五等户占农村有地家庭的大多数。

国家税收在国民收入中的比例

实际收入可以指个人收入，也可以指国家收入。虽然人均实际收入在衡量经济体系的效率方面是必不可少的，但国民收入的概念在经济史上也占据重要地位。因为对国民收入的衡量可用于估算总体经济活动，包括总产出和总收入，所以它能够将人口增长、价格和工资等不同变量整合入一个框架。从这个角度观察宏观经济的变化，能够帮助我们探索国民经济的某些重要特征，如货币化程度和国家财政的作用。

名义国民收入与实际国民收入之间的差距最能反映一个经济体在不同时期的货币化程度。国民收入的增长主要是由人口的增长和生活水平的提高推动的。生活水平主要反映在实际工资或人均 GDP 上。普通劳工的实际工资则可大致被视为人均 GDP。为了进行比较，笔者利用 SRW 指数和其他相关资料如总人口和国家税收收入等，估算了宋明时期的名义国民收入和实际国民收入（见表 6-7）。[36]

宋明两代的名义国民收入差距巨大，有力地证明了明代经济货币化程度较低。如表 6-7 所示，估算出的 1400 年的名义国民收入为 8100 万两白银，仅为 1080 年前后的 12%，即使到 1580 年，明代的名义国民收入也远低于北宋盛时的 6.73 亿两白银。国家名义税收的长期变化也遵循类似的模式。宋代国家税收总额达 6270 万两白银，这个历史纪录一直到清代才被超越。由于税收收入的数据出自现存的文献记载，所以它们的差距能够为估算名义国民收入提供坚实的基础。

表 6-7　1080~1880 年中国实际收入估算

年份	人均实际收入（石稻米）	人均实际收入（两白银）	人口（百万）	国民收入（百万两白银）	税收（百万两白银）	税收在国民收入中的比例（%）
1080（宋）	7.50	7.50	89.7*	673	62.7	9.3
1400（明）	3.80	0.73~0.95	85.0	81	12.0	14.8
1580（明）	4.80	2.88	150.0	432	22.4	5.2
1880（清）	5.96	7.63	364.4	2781	88.2	3.2

* 人口数量说明见附录表 F-4。
资料来源：附录表 F-4。以上宋明清的四个年份，均为跨朝代比较所选定的基准年，其相关经济数据在本年度缺失时或选择相近年份，如北宋税收即采熙宁十年（1077）数据，有关解释见本书附录对宋明时期经济数据史料的概述。

从国民收入的角度，也可以考察我们所关心的国家在市场扩张方面发挥的作用。有关明初国家的一个问题是，管制经济能在多大程度上取代市场经济，尤其是它在多大程度上挤掉了本可用于私人投资的资源。明初国家拥有中国历史上规模空前的军队，掌握着位于长江下游和沿海地区的大量土地，还管理着规模空前的国有手工业机构。然而，如果把所有这些都转换为经济学上的量化数据，能够证明明初国家对经济产生了重大影响吗？

国家税收在国民收入中的占比可以为我们提供更明确的答案，这方面的比较很清楚地显示出明初国家政权对一个虚弱经济体的支配能力。一方面，明初的人均实际收入水平只有 12 世纪初的一半。另一方面，税收在国民收入中所占的比重是 12 世纪初的近 2 倍。明初国家主要以实物手段征收的税收接近经济总产出的 1/7，这可能是中国帝制晚期的最高比例。另外，明初在工程建筑、手工业和公共服务等领域也大量运用强制劳役，由于技术上的困难，笔者暂未将这些领域纳入考量。所有财政上的人力、物力都是通过强制手段获得的，这对仍在复苏中的农业经济来说是无法承受的负担。国家统治力强而经济基础薄弱，这一悖论只能被解释为明代头一百年的专制统治的结果。

宋代数额庞大的税收特别是专卖税收，往往被视为对不成熟的市场经济的过度剥削，进而被认为体现了以官僚体制控制市场经济为特点的中国"封建制"。[37]然而，如果从税收占国民收入比例的角度来看，宋代税收体制的整体效率竟然不如明初管制体制。这里应该没有夸大明初体制的管制强度，因为一方面明初税收主要用粮食征缴，其总额在 15 世纪一直稳定在3000 多万石，所以税收总额不会被高估；另一方面，我们有1393 年相对准确的明初总人口数，还有当时人均生活水平较低的证据（尽管这些证据的确定性稍弱一些），所以也不会低估明初的国民收入。[38]

晚明国家的税收能力明显下降。然而，由于缺乏数据，我们很难估算 1600 年前后的人均收入。其他年份如 1080 年、1400 年和 1880 年的估算值则表现出相对较强的可比性。对 11 世纪的研究表明，当时的市场扩张伴随着人口的大幅增长，以及货币供应量和交易数量的增加带来的价格上涨，其中最不同寻常的地方在货币供应量和物价水平方面，它们几乎达到了18 世纪 70 年代清朝的经济水平，而宋人的生活水平甚至比清人的更高。这在前工业化世界里是极为罕见的成就，我们由此可以得出这样的结论：市场扩张确实改变了 11 世纪的中国。

比较宋明两代的名义国民收入和国家税收在其中所占的比例，可以进一步支持本书的论点，即宋元明过渡时期市场体制向管制体制的转变。市场扩张必然会导致一个国家的名义国民收入的显著增加；反过来，管制经济的崛起将大大缩小经济体的货币规模。从前者过渡到后者，名义国民收入将大幅下降，其降幅远超实际收入的降幅。对于明初经济情况的各种主流解释几乎都没有注意到这一点，因为这些解释通常假定不存在导致经济货币化程度剧烈波动的激进的制度变革。类似地，主流解释一般都认为中国历史上的国家在经济中的作用很稳定，甚至可能几个世纪都少有变化，然而量化证据给出了颇具说服力的另一种答案。

另外需要指出的是，对晚明（1550 年前后）实际收入的估算远不及对明代早期的估算可靠。正是出于这个原因，笔者并没有采用明末数据，而是引入了 19 世纪士兵的工资数据，据此估算当时的人均实际收入并用于比较研究。除了 SRW 数据和国民收入的估算数据之外，其他学者对宋明军事制度和经济政策的研究也支持笔者关于实际工资和实际国民收入变化的观点。与其他形式的工资数据相比，军队招募和军饷支付方面的政策对时间和环境变化等的敏感性要小得多。然而，这些政策能够揭示军事开支——特别是军饷——的财政基础，以及维持这些开支的手段。也有一些因素可能会削弱笔者估算的准确性。第一，关于 16 世纪人口变化的信息不足是我们论证链条中最薄弱的环节。第二，晚明经济数据的可靠性有待探讨。晚明政府在财税领域的能力非常薄弱，几乎没有留下任何有助于识别实际需求变化的记录。曾然，如何评价宋代和明代中后期市场之表现，在方法论上倚重于人均或户均实际收入之估计，而且在根本上有赖于现存可靠的经济数据。有没有可能说，明代中后期的市场发展乃至随之而来的经济进步，因为当时相关数据的不

136

存在而在这里被严重低估了？我们现在都知道，16世纪末长江下游地区新建了许多华丽的园林、别墅，学校和桥梁等公共设施涌现，民众衣食充足，节日消费屡见豪华奢侈之风气，当时的文集和笔记中大量描写这些地方的富庶，这是否标志着人们的生活水平有所改善和提升呢？似乎如此。然而，要证明这一点，就需要仔细审阅这些非官方的记载，确立这些资料或例证的空间分布和时间顺序，并以适合定量分析的方式加以解释。无论如何，繁荣应该只是区域性的，或仅出现在长江下游和东南沿海地区。

小　结

本章通过实际收入数据研究了前工业化时代中国人民生活水平的长期变化，结果发现，宋代的实际工资水平要高得多，市场扩张与贫困农户数量之间存在负相关关系。相比之下，明初虽然平均的人口土地比下降了，但实际工资也出现了大幅下降。

本章驳斥了马尔萨斯式的解释对明初人们生活水平的乐观看法。明初的情况与瘟疫后经济复苏的正常模式相悖，因为明初只显示出经济大幅下滑，却没有实际工资得到改善的迹象。毫无疑问，物价、工资、人口和市场化的长期变化趋势表明，从14世纪60年代到15世纪50年代出现了急剧的衰退。从14世纪头十年到1391年，人口数量从1亿左右急剧减少到6000万。在此之后，经济发展充其量只能说保持稳定，我们基本看不到人们生活水平提高的迹象。诚然，明初的管制经济并非经济衰落的唯一原因。几个世纪以来不断出现的灾难和战争将华北推到了毁灭的边缘，这也是明初衰落的原因之一。然而，有充分证据表明，明初的管制经济在长达一个多世纪的时间里阻碍了人们翘首以待的经济复苏，同时也阻碍了实际工资的增长。明初的物价和工资数据表明，当朱棣在 15 世纪 10 年代迁都北京时，物价大幅下跌，士兵工资也大幅下降，从而开启了一段日益恶化的趋势。

明初政策强调自力更生，这给明史研究者留下了深刻印象。明朝开国皇帝朱元璋曾经说过，在他理想中的秩序之下，小规模的官僚治理和对市场经济有节制的干预，会减少腐败、减轻社会负担。朱元璋甚至曾吹嘘说，国家即使不从农民手中收取一粒粟，也可以养活 100 万名士兵。[40]然而，本书的比较研究却显示出，明太祖朱元璋时期税收在国民收入中所占的比例远远超过了中国其他朝代。

毋庸置疑，这里通过研究实际工资所得出的只是一个初步结论，原因有以下两点。第一，市场在管制体制中的作用是边缘性的。明初，自给自足的模式盛行，这使货币的作用被边缘化，货物交易的频次也因此减少。所以，关于物价和货币供应的数据不能作为人民生活水平变化的决定性证据。第二，明初实际工资的核心证据仅限于士兵的工资情况，其他自由雇佣的记载几乎彻底消失。我们无法确定其他领域（如农业劳动者）是否也出现了类似的工资下降的情况。

接下来需要讨论的问题是，除了工资之外，如何从其他的角度对宋明两代人们的生活水平进行实证的比较。这就要求我们必须深入探讨传统经济的主要领域——农业，这项研究应当涵盖所有相关证据，如农户的收入和支出、户均的农业产出，以及包括衣食等基本必需品在内的农民消费情况的变化。接下来的两章将阐述笔者如何观察到江南农民家庭收入下降的类似趋势。由于农耕方式向粗放型农业转变，华北、华中的农业生产率急剧下降。因此可以说，尽管关于价格、实际工资和货币供应的数据无法成为人们生活水平下降的确凿证据，但它们确实反映了一种能够与农业部门的其他数据相互印证的下降趋势。

农
业

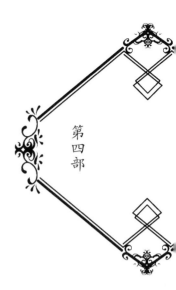

第四部

第七章　长江下游的农业发展

对长江下游（包括江南地区）农业的研究，为证明唐宋
转型之际的发展情况提供了重要依据。750 年以前，长江下游
地区人口稀少，农村地区在很大程度上仍自给自足，整体上相
比北方要落后得多。直到 8 世纪中叶，这里的农业技术和市场
经济才有了显著的发展。[1] 11 世纪末，随着宋代经济的蓬勃发
展，长江下游地区成长为和四川、河南并列的中国三大最发达
地区之一。

13 世纪开始，元朝统一中国的战争和随后的明朝财经政
策让中国陷入了一场旷日持久的危机。因此，大部分学者将
14 世纪描述为中国历史上的黑暗时期。然而，长江下游地区
尤其是江南地区的情况并非这么简单。13 ~ 14 世纪，长江下
游地区不仅人口逐渐增长，农业生产力也有所提高。[2] 然而，正
如这里对江南农村家庭收入状况的研究所证明的那样，当地人
民生活水平的确有所下降。

在本章中，笔者首先回顾有关长江下游地区农业生产力的
研究，并通过考察唐宋转型时期人口密度、资本投入与商业化
之间的关系来追溯唐宋转型时期由粗放型农业向集约型农业转
变的历史。其次，笔者通过税收数据阐明，尽管在整个 11 世
纪贫富差距始终存在，但经济扩张和市场发展减少了最贫困人
口的比例。最后，笔者介绍了当前对江南农业生产力变化争论

的不同方面，并得出一个初步的结论：供给和需求两方面的数据均表明，1368~1450 年人们的生活水平急剧下降。

集约型农业的发展路径：人口、水利和市场

可以从两个不同的角度来看 750~1750 年长江下游地区的农业发展。宏观方面，长江下游地区的崛起与移民规模的扩大、水运费用的降低和城市化水平的提高息息相关。微观方面，农业和养蚕技术的变革提高了粮食产量，增加了家庭纺织142 生产的收入。一方面，移民不仅提供了廉价的劳动力，而且引进了北方的技术和资本。水运的发展使农产品得以销往区域外市场。城市化和水运的发展还大力推动曾经是落后的、自给自足的农业走向商业化发展。另一方面，农业生产经历了从粗放型向集约型的过渡。所谓的集约型，指的是通过增加资本和劳动力投入来提高农业产量，以因应市场化生产的扩张。[3]

以宋代农书为基础的农学研究已经指出，唐宋转型时期宋代长江下游地区的农业技术出现了若干重大突破，包括：

（1）牛耕的普及；

（2）稻麦两作制的实施；

（3）养蚕；

（4）施肥；

（5）农具和田间管理（除草）；

（6）灌溉和水利的广泛推广。[4]

现代学者将这些技术视为"相比于过去的重大突破"。[5]就 20 世纪之前而言，传统中国有助于农业增产的所有技术创新几乎已经被记载于 1313 年正式出版的王祯《农书》中了。伊懋可根据当时的农书、诗歌和官方报告中的大量描述性材料，

将 750~1100 年长江下游地区的农业进步归纳为四个方面：整
地、栽培和播种；新品种与复作制；水利；贸易和专业化。[6]他
进一步认为宋代的农业转型可以称得上农业革命，而明清时期
的农业则陷入了高水平均衡陷阱。[7]

值得注意的是，伊懋可主要依据的是日本学者 1970 年以
前的农学研究成果。他的论述忽略了以下两个重要方面：一是
农业进步在宏观层面与微观层面的联系；二是量化证据，特别
是反映工资和家庭收入方面的变化的量化证据。在伊懋可的专
著出版了十年之后的 20 世纪 80 年代，一些日本学者公开质疑
这种传统的看法，并重建了另一种三角洲模型来论述长江下游
的农业发展。[8]这一批持新观点的学者（后文称修正派）遵循
博斯鲁普的理论，认为人口密度的增加是水稻耕作技术创新的
基础，同时将农业发展的动力归因于长江下游地区（包括江
南地区）的商业化和城市化。换言之，农业领域以外的总需
求增加发挥了决定性作用。对我们来说，关键是要确定长江下
游地区的农业是何时转向集约型农业的。虽然修正派内部的看
法也有差异，但他们中的大多数人认为，集约型农业直到 12
世纪末才出现。[9]例如，斯波义信根据其对长江下游农业的全面
考察，提出了一种划分多个发展阶段的观点。他认为，10 世
纪长江下游地区的经济仍然处于起步阶段，原因有以下三个：
"下三角洲核心区的沼泽低地利用率低且管理粗放"；与"揭
示出这些地区的脆弱生产力的定性材料匹配"的低粮食税率；
人口密度相对较低。他进一步认为，12~13 世纪在长江下游
地区出现了农业生产力的迅速发展和人口密度的快速增长，不
过这些在他眼里只是集约型农业的开端，只有到明清转型之后
江南的农业经济才发展到一个相当高的水平。[10]

143

上述的农业集约型发展范式极大地改变了我们的想法。与人口过剩的说法相反,新范式把人口增长和商业化视为农业发展的驱动力。虽然这一新范式与传统模型共享了若干重要假设,但它在两个方面弥补了传统模型的缺失,因而有其独特的解释力:一是它试图从宏观和微观两个层面进行综合考察,二是它允许研究人员使用数据来确定在过去一千年中农业取得的发展。换言之,我们需要从两个维度对长江下游农业的发展面貌进行定量研究:一是由城市化和商业化所支撑的对灌溉和水运方面的投资,二是技术进步带来的农业增产。要了解过渡时期这两个方面是如何密切联系的,关键是找到实证数据的支撑。在宏观层面上,三个最重要的标准——人口密度、商业化和城市化、灌溉工程——都指向了安史之乱以后的几个世纪里曾经发生的变革。

由于供水是水稻生产的关键因素,所以灌溉设施是提高水稻产量的基础。[11]长江下游的灌溉工程记录(见表 7-1)表明,唐代以前的灌溉工程极其落后,即使唐代的灌溉工程也大多建于安史之乱以后,其发展与长江下游人口增长和水稻种植的发展密切相关。到了宋代,长江下游灌溉设施的发展更为迅速。根据李伯重的研究,唐代江南地区建成了 55 个灌溉工程,其中 82%是在安史之乱后建成的。[12]从全国性的视角来看,晚唐灌溉工程的地理分布发生了明显变化。江南道是一个包含了长江下游但面积更大的行政单位,在 756 年以前,江南道建造的灌溉工程只占全国工程总数的 13%,而在此之后的若干年中,这一比例增长到 49%。[13]我们可以想象在安史之乱以前,没有灌溉设施的水稻种植是多么原始的。唐宋转型时期无疑是长江下游灌溉史上的一个转折点。

144

表7-1 前221年至1127年长江下游灌溉工程分布

单位：个

时期	高地	上三角洲	下三角洲
前221~618年	8	13	5
618~907年	26	27	15
907~1127年	50	52	53

资料来源：斯波义信，2001a：178。

整个11世纪一直在建设大规模的灌溉工程。11世纪70年代，中国南方建成的灌溉工程总计7183个，约占北宋熙宁年间（1068~1077年）全国工程总数的82.7%。其中，长江中下游（江南、两浙、荆湖）完成的灌溉工程为5193项，约占全国工程总数的一半（见表7-2）。值得注意的是，在此期间完成的大部分工程是由政府资助或由地主赞助的。根据斯波义信的研究，南方每项工程的平均灌溉面积为3006亩。这一数额相当小，说明这些工程背后体现的是私人地主在利益驱动下进行的土地开垦活动。[14]

唐宋转型时期，随着商业化和城市化进程的加快，长江下游地区的人口密度稳步增长。这从其占总人口比例的变化可以明显看出。江南的字面意思是"长江以南的土地"，但这个字面意思与它在安史之乱以后通常所指的实际区域大有区别。在安史之乱之前，唐代的江南道包括了长江以南除四川和广东以外的所有地区，然而这片广大区域在752年的总户数为1824004户，只有北方人口的1/3。[15]这很清晰地体现了750年以前南方欠发达的情况。唐宋转型时期，南方的人口密度逐渐赶上甚至远远超过北方。随着各区域经济的崛起，"江南"概念的范围逐渐缩小到仅指长江下游地区，相当于现在江苏（苏南）、浙江、上海和皖南地区。

145

表 7-2　北宋中期的灌溉工程及其覆盖面积

	灌溉工程(个)	覆盖面积(宋亩)
I. 北方地区		
京　城	25	1574929
河北路	45	5966060
京东路	177	2594114
京西路	1010	3336145
河东路(山西)	114	471981
秦凤路、永兴军路(陕西)	132	3762392
小　计	1503	17705621
各工程平均覆盖面积		11780
II. 南方地区		
成都府路、梓州路、利州路、夔州路(四川)	315	467162
淮南路	177	7481161
福建路	212	302471
广南路(广东、广西)	1286	333662
江南东、西路	1507	1537747
两浙路	1980	10484842
荆湖南、北路(湖南、湖北)	1706	988444
小　计	7183	21595489
各工程平均覆盖面积		3006
总　计	8686	39301110

资料来源：斯波義信，2001a：203。

按：总计一栏灌溉工程数目和覆盖面积两项系笔者根据表中各路数据加总所得，与原书统计略有差别。

此外，李伯重为了在自己的研究中应用三角洲模型，将江南地区进一步限定在更小的范围内，即只包括太湖周边和长江口附近的三角洲地区。这个定义下的"江南"主要由以下八个府构成：苏州（最关键的府）、常熟、松江（上海）、江宁（南京）、润州（镇江）、湖州、嘉兴和杭州。这八个府是从唐代的五个府演变而来的，即表 7-3 中的苏州、常州、润州、湖州和杭州。

按照这个定义，"江南"只占长江下游地区的一小部分。

8世纪中叶，苏州的人口密度刚超过杭州和润州的一半，在长江下游地区排名第八，在江南地区中排名最低（见表7-3）。早在10世纪末，江南地区（表7-4中I-a组和I-b组）的人口密度就已经超过了长江下游其他地区如高地和边缘地区。人口增长率更是惊人。虽然10世纪末苏州的人口密度仍然很低，但从980年到1290年，其人口密度已从21人/平方千米增加到了277人/平方千米，在三个世纪的时间里增长了12倍。这一变化与移民和资本的流入，以及城市化和水运的迅速发展有关。宋代江南成为全国的粮仓并非偶然。[16]

值得注意的是，1290年人口普查是在元朝攻占长江下游大约二十年后进行的，修正派认为这次人口普查代表了元朝人口变化情况。实际上，这更能说明宋末的人口变化。换言之，到1290年江南的人口大幅增长，意味着江南的粮食消费总量发生了革命性变化，这很可能也反映出宋代粮食供应的变化。所有这些增长不可能仅靠扩大耕地面积就能实现，亩产量的增加也是一个关键因素。

表7-3　639~742年长江下游地区人口密度变化

单位：人/平方千米

地区	639年	742年	地区	639年	742年
杭州	18.97	72.31	睦州	7.13	46.15
润州	16.06	83.67	苏州	3.94	45.80
常州	13.17	81.52	括州	3.43	14.49
湖州	11.86	74.10	宣州	3.05	2.19
金华	10.81	67.36	台州	2.92	40.23
绍兴	8.36	57.51	徽州	2.19	22.14

资料来源：张剑光，2003：32。

146

表 7-4 长江下游人口密度

I-a 组：核心区（低洼地）

单位：人/平方千米

	980 年	1080 年	1102 年	1199 年	1279 年	1290 年	14 世纪 90 年代	1770 年
苏州（8404）	21	104	91	103	196	277	292	756
嘉兴（7790）	15	89	79	—	—	294	(506)	733
杭州（7494）	47	135	138	174	261	241	144	367
湖州（6191）	31	117	131	165	—	192	162	348
松江（3581）	—	71	74	—	—	55	70(292)	548

资料来源：斯波義信，2001a：146。1770 年数据由曹树基估算（曹树基，2000b：708-709）。斯波义信与曹树基对 1380 年各府人口密度的估算存在差异；括号内的数字是曹树基的估算数值（曹树基，2000a：240-241）。

注：地名后括号内数字是该地区地理面积。

I-b 组：核心区（高地）

单位：人/平方千米

	980 年	1080 年	1102 年	1199 年	1279 年	1290 年	14 世纪 90 年代	1770 年
南京（7084）	41	119	—	85	—	83	160(229)	507
镇江（3405）	39	81	94	94	159	146	128	383

资料来源：斯波義信，2001a：146。1770 年数据由曹树基估算（曹树基，2000b：708-709）。

注：地名后括号内数字是该地区地理面积。

II 组：高地

单位：人/平方千米

	980 年	1080 年	1102 年	1199 年	1279 年	1290 年	14 世纪 90 年代	1770 年
明州（7177）	20	81	82	96	—	—	147	314
绍兴（9975）	28	77	140	—	137	150	134	447
太平（3581）	21	71	74	—	—	55	70	371
徽州（14882）	4	36	36	41	42	53	44	188
宣州（8874）	27	81	83	—	—	56	70	231
池州（2614）	19	76	78	—	—	21	41	220
广德（3341）	16	60	62	—	—	66	70	133

资料来源：斯波義信，2001a：146。1770 年数据由曹树基估算（曹树基，2000b：708-709）。

注：地名后括号内数字是该地区地理面积。

III-a 组　长江以北的周边地区

单位：人／平方千米

	980 年	1080 年	1102 年	1199 年	1279 年	1290 年	14 世纪 90 年代	1770 年
泰州（14855）	12	15	19	40	—	76	（41）	330
通州（6488）	8	25	21	—			13	358
扬州（6468）	23	42	44	28	34		95 *	330
滁州（4058）	25	—	50	49			5	98
和州（2614）	19	75	65	—		18	41	127
舒州（13821）	12	46	46			20	70	301

资料来源：斯波義信，2001a：146。1770 年数据由曹树基估算（曹树基，2000b：708-709）。

注：地名后括号内数字是该地区地理面积。

*这里的数据可比性存在问题，因为 1393 年扬州府至少有 7 个县，所占面积比宋代扬州大得多，非常接近 11 世纪淮南东路的面积。11 世纪中叶，这个地域内的家庭总户数可能有 24 万，远远多于 14 世纪 90 年代的户数。

III-b 组　长江以南的周边地区

单位：人／平方千米

	980 年	1010 年	1080 年	1102 年	1199 年	1279 年	1290 年	14 世纪 90 年代	1770 年
婺州（9392）	18	—	73	71	82	—	115	132	206
严州（8544）	7	27	45	48	52	70	—	43	151
衢州（3797）	11	49	61	—	72	（62）	70	58	112

资料来源：斯波義信，2001a：146。14 世纪 90 年代和 1770 年的数据由曹树基估算（曹树基，2000a：240-241；2000b：708-709）。

注：地名后括号内数字是该地区地理面积。

修正派新范式的解释存在一个核心问题，那就是缺乏集约型农业的统一概念，特别是缺乏一个共同的量化标准来衡量前面提到的众多地区的增长。二战后研究江南农业的日本学者试图遵循博斯鲁普理论，论证农业从粗放型向集约型转变是以人口密度的增加为基础的。如果我们把重点放在人口增长（博斯鲁普理论中向集约型农业转变的关键）上，显然，1368～

1820 年的人口增长速度远低于宋元时期。[17] 例如，1393~1820 年，苏州人口从 236 万增加到了 547 万，增长了 1 倍多（见表 7-5），这个增速完全不能与 980~1290 年的 12 倍增长相比。唐宋转型时期人口密度的上升非常快速，可能是江南历史上最快、最根本性的一次，但是修正派基本上忽视了这一事实。虽然修正派并不否认安史之乱后的五个世纪中长江下游地区发生了迅速的变化，但他们经常表示，江南的农业商品化直到 18 世纪才进入一个更加发达的阶段，并带来了亩产量的空前增长。

148

表 7-5　1393~1820 年江南人口增长

地区	A 1393 年人口数量	B 1820 年人口数量	B/A
苏州	2355030	5473348	2.3
松江	1219937	2631590	2.2
常州	775513	3895772	5.0
镇江	522383	2194654	4.2
南京	1193620	1874018	1.6
杭州	720567	3189838	4.4
嘉兴	1112121	2805120	2.5
湖州	810244	2566137	3.2
总计	8709415	24630477	2.8

资料来源：李伯重，1998c：45；Li，2003：142。

这一论点涉及我们对江南区域经济的发展周期的认识，是很关键的问题之一，学者对此也有意见分歧。在这里，修正派将博斯鲁普理论与三角洲模型相结合，来阐释过去一千年中江南地区的农业发展，并把研究重点放在苏州和松江这两个江南核心地区。二者是江南最富裕的地区，但仅占长江下游的一小部分。然而，这个方法论层面的整合所遇到的问题比修正派预期的要多。三角洲模型最初来源于日本学者高谷好一对湄南河三角洲农业发展的著名研究。与湄南河三角洲地区相比，江南在地理上要复杂得多：它包括了太湖、太湖周边平原、长江入海口，以及其他若干三角洲。作为长江下游的核心地区，江南拥有悠久的聚落和稻作历史。其中，苏州是修正派研究的重点，但它并非位于三角洲的外缘，而是位于太湖边的低地区域。因此，将三角洲模型应用于分析江南集约型农业的形成是否合适还存在疑问。[18]

准确来说，三角洲模型描述了一个三角洲地区稻作农业发展的三阶段线性模式：水稻种植最开始在高地进行，然后扩展到上三角洲平原，最后在移民和商业化的推动下扩展到下三角洲平原（接近入海口）。这一进程涉及三个因素：移民涌入造成的人口迅速增长；灌溉工程和农具等资本投入的增加；稻米市场的开放。这三者共同作用，推动了最终局面的形成。[19]然而，将这一模型应用于江南时，实证方面的困难导致修正派难以坚持同样的原则来界定集约型农业的形成。由于在这些关键问题上缺乏共识，修正派对江南集约型农业的兴起持不同意见。例如，最早提出三角洲模型的高谷好一根据定居点、耕作和灌溉工程之间的关系，认为 10 世纪是土地利用的时间分界线。[20]斯波义信将 13 世纪作为集约型农业的转折点。与此形成鲜明对比的是，李伯重否认江南在 18 世纪以前就出现了集约型农业。

如果要在江南农业发展的两个转型时期中进行选择，笔者可能会选择唐宋转型时期尤其是 11 世纪，因为这一时期发生的变化更接近三角洲模型所描述的集约型农业。在最初的泰国三角洲模型中，集约化水稻种植的涌现与大量移民涌入以及灌溉和运河运输方面的大规模工程建设有关。唐宋转型时期江南的发展也呈现出类似的格局。例如，宋元时期确实出现了人口的快速增长，而在此之后就放缓了。毫无疑问，这一时期的资本投入也增多了。最重要的是，苏州和嘉兴的水稻种植高峰出现在宋代，同时大运河的水运促进了稻米的外销，苏州因此在11世纪中叶赢得了国家粮仓的美誉。但到了明代，江南不仅没有了稻米剩余，而且需要输入粮食以满足人们的需求。[21] 18世纪江南的经济繁荣与刚兴起的湄南河三角洲并不相似。18～19世纪苏州的人口增长比杭州、镇江等周边地区还要慢。因此，从1393年到1820年，苏州和松江的人口占江南人口的比例从41%下降到了33%。[22] 正如李伯重的研究所显示的，18世纪农业发展的特点是从水稻种植转向桑树种植和手工业。[23]

修正派的观点还有另一个漏洞，那就是对农业发展和商业化的论述不一致。虽然商业化被视为农村经济的主要驱动力，但修正派似乎并没有遵循这个思路来把握中国帝制最后一千年的市场经济周期。这一疏忽使其对江南农业发展的线性解释受到怀疑。例如，斯波义信把13世纪和14世纪上半叶视为江南经济危机和农业停滞时期，而把明初看作复苏和发展时期。[24] 然而，根据货币供应、水运和长途贸易等方面的宏观经济数据，从8世纪末到13世纪末，长江下游的市场经济一直在持续扩张。此外，如本书第三章所指出的，明初的经济经历了去货币化的过程，按照前述的思路，我们不得不质疑一个去货币化的经济体如何实现斯波义信所表述的增长。实际情况是，来自江南地方社会的资料表明，当地的公共项目如交通、灌溉和教育等投入在15世纪上半叶都出现了大幅减少。

与斯波义信类似，李伯重也认为在宋代之前和之后，也就是在唐代和明初，江南的农业亩产量和家庭收入都有大幅增长，宋代则被他视为一个变化缓慢的时期。李伯重的发现与我们从第一手史料所得的观察结果相矛盾。安史之乱之前，唐代的经济基本上只是以物易物。当时长江下游的农民除了养家糊口和缴纳人头税外，没有生产更多产品的动力。我们无论怎样都找不到市场影响了农业发展的证据。从人口变化来看，唐代初期是长江下游人口密度增长最快的时期。大部分州的人口在一个世纪内增长了 5～10 倍。以苏州为例，从 639 年到 742 年，人口密度从 3.94 人／平方千米增加到了 45.80 人／平方千米，一个世纪增长了近 11 倍（见表 7-3）。我们暂且不论如此之高的增速是否确实可信，真正有意思的是，苏州人口经过百年的快速增长，到 8 世纪中叶其人口密度仍然只超过了润州、常州等江南高地区域的一半，在江南的五个州（按明清江南口径）中排名最末。在人口密度如此之低的情况下，安史之乱前江南核心地区——苏州的发展实则呈现出修正派所说的粗放型农业模式。因此，进一步研究安史之乱后的几个世纪中该地区人口密度的变化是很有价值的。从 742 年到 813 年，苏州的在籍户数从 76421 户增加到了 100808 户。这是长江下游唯一记录了人口增长的案例，但这一增长本身看起来仍不够明显。[25] 到 1080 年，苏州的人口密度增长到了 104 人／平方千米，仅略低于杭州和湖州。到 1290 年，也就是宋朝灭亡十一年之后，其人口密度达到了 277 人／平方千米，超过了杭州和湖州。这一赶超最能反映出宋元时期苏州在江南农业发展中的领先角色。

江南地区亩产量的估算

单位面积产出和单位家庭产出是衡量农业生产力的核心标准。有些历史学家强调农业生产是经济发展的基础，所以中国帝制时期农业产量的长期变化引起了他们的广泛关注。遗憾的是，虽然他们的许多估算是实证性的，但分析并不充分，因为他们缺乏对前工业化经济中的农业生产力的全面了解。[26]相比之下，德怀特·珀金斯的研究展示了一个以人口增长、农业产出变化和技术革新之间相互依存关系为基础的分析框架，并强调了人口增长在农业亩产量提升的长期过程中所发挥的重要作用。他特别指出，长江下游的主要省份之一——江苏的水稻亩产量缓慢而平稳地增长。从 960 年到 1900 年，亩产量在宋代为 326 斤，到 18 世纪增加到 550 斤，19 世纪又下降到 501 斤。[27]

珀金斯在他的研究中还提醒读者注意数据质量的问题。首先，他的绝大部分样本出自长江下游地区。其次，他采用了大量官田的地租数据，特别是学田的地租数据，并以地租额翻倍的方式来估算农业亩产量。因此，学田是否代表了全部农田的平均质量是一个有待解决的关键问题。[28]然而，还存在珀金斯未能注意到的导致估算偏差的第三个原因，即土地产量数据在不同时期分布不均。珀金斯关于浙江的 143 份观察数据中，仅宋代记录就有 115 份，占 80%。关于江苏的 171 份观察数据（珀金斯误写为 169 个）中，来自宋、元、明、18 世纪和 19 世纪的记录分别有 143 份、3 份、11 份、6 份和 8 份。由于学田数据仅在宋代才有，所以其他时期的农业产量还原只能依靠农书和少数案例研究，这给跨朝代比较研究造成了很大的困难。

修正派提出了以区域发展周期为基础的集约型农业新范式，但其对江南农业产量的估算也难免遇到同样的困难。新的估算很快引发了修正派和批评者之间的激烈争论。下面，笔者将通过斯波义信和李伯重的估算来说明他们之间的巨大差异，以及我们可以从相关争论中得到的启示。

为了尽可能利用第一手资料来还原平均亩产量，斯波义信收集了保存在苏州常熟的 114 份 1237 年的官府学田地租记录，并将地租额的翻倍视为稻米亩产量（见表 7-6）。他估算的平均亩产量低至 0.65 宋石。可是，斯波义信也承认，他的估算值与当时历史文献中的记载差距很大。因此，他提出 13 世纪初苏州和松江的农业平均亩产量为 2~3 宋石。[29]这一调整使斯波义信的看法与其他传统学者虽然不完全相同，但其实已经非常接近了。[30]

然而，李伯重在其南宋江南亩产估算中特别强调了苏州地租数据的价值，认为它们显示出 13 世纪农业生产力的低下。[31]根据总计 51310 亩的常熟学田的地租记录，李伯重得出的亩产估算值为每亩 1~1.36 宋石，并认为这一数据适用于整个江南地区。[32]根据李伯重的看法，唐代和明初江南的亩产增量非常可观，因此这两个时期可以被称为"农业革命"时期；相比之下，宋代的变化不仅缓慢，而且因为商业化的不足，仅仅是"粗放型增长"。[33]

表 7-6　斯波义信对 1237 年常熟学田产量的复原

稻米产量估算范围	地块数（个）	百分比（%）
0.45~0.62 宋石	76	53
0.63~1.20 宋石	34	27
1.21~2.25 宋石	29	20
观察数据总数	114（153）*	100
平均产量	0.65（0.88）* 宋石	

资料来源：斯波義信，2001a：142-143；方健，2006：511。

注：＊《宋代江南经济史研究》的译者方健也指出斯波义信的计算有误，1237 年常熟县的学田不是 114 块，而是 153 块，并重新算定每亩平均地租为 0.44 宋石，即每亩平均稻米产量为 0.88 宋石（方健，2006：146）。表中数据依原书照录，不做修改，括号内为方健的修订值。

　　在反对者看来，李伯重南宋亩产量研究的逻辑也存在缺陷，尤其是前面提到的三个偏差。当时朝廷允许以低于民田20%的地租额出租官田。[34]梁庚尧讨论了作为官田的学田出租样本，指出在51310亩官田中，大部分是由农户捐赠用于协助差役的，因此土地的肥沃程度低于当地农田平均水平，地租也很低。采用这样的官田地租样本肯定会出现偏差，从而拉低平均亩产量的估算值。为了支持其论点，梁庚尧举出了另外800亩官田的平均地租，后者达到了每亩0.75宋石，换言之，估算的亩产量可达到1.5宋石。显然，由于这800亩土地是一位地方官员用政府资金购买而非源于民间捐献的，其亩产量才能够接近民田的正常水平。[35]梁庚尧还援引了13世纪初关于土地购买的官府记录，并得出结论："即依黄震的观察推计，湖、秀两州约至少有十分之四五的田地亩产量可达2石，苏州的比例或许会更高一些。"[36]尽管梁庚尧和斯波义信用不同的史料来处理这个问题，但他们对农业产量的估算是接近的。然而，李伯重的估算是一项极有挑战性的任务，因为他试图测算近两千年来农业生产力的提高。如本书表1-1所示，13世纪和20世纪初的农业产量低到令人吃惊。笔者认为，之所以存在这种偏差，是因为主要数据的来源及质量各不相同：只有13世纪和20世纪初的农业产量估算有真实的数据支持；由于数据不足，对其他时期的估算在很大程度上是基于农书的，并非真实的农户耕作数据。这些农书中的定性案例通常只能表示某一个农民在某种特定条件下成功地利用技术提升了生产力，并不能反映该个案在普通农民耕作中的代表性。

　　李伯重的估算与其对18世纪江南集约型农业发展道路的界定密切相关。针对这一问题，我们即使认可表1-1中的所有估算，也可以从唐宋转型的角度对这些数据做出另一种与李伯重的看法有微妙差异的新阐释。首先，李伯重认为唐代江南农业发展迅速，但其主要证据几乎都来自安史之乱后的稻作、灌溉、茶树种植和蚕桑业的变化。因此更准确地说，所有这些技术进步都是在唐宋转型时期出现的。其次，与李伯重默认宋代自然经济的观点相反（李伯重在这点上完全忽视了宋代商业革命的说法，而认为在明代中期商业繁荣以前江南农业一直是自给自足的自然经济），当时的人均货币存量和城市化率在整个中国帝制时期都是无可比拟的。[37] 在很大程度上，正是城市化和商业化推动农业取得了如此大的进步。因此，如果按照李伯重对农业革命的定义，即从粗放型增长向斯密型增长转变，那么这种革命性的变化无疑发生在安史之乱后的五个世纪里的长江下游地区。[38] 最后，李伯重和其他修正派学者忽视了明初反市场政策对江南经济的影响。这一点可以很容易地从1200年和1400年的实际工资和收入的比较中得到证明。1400年的实际工资和收入极低，证明了1368~1450年的明初管制经济所引发的衰退。

按照李伯重的估算，户均耕种规模的缩小并没有造成户均粮食产出的大幅下降（见表7-7）。他认为，当以劳动者人均产出来衡量时，两者之间应存在正相关关系。李伯重和他的反对者均从供给的角度来估算江南的农业产量。然而，有必要从需求的角度来审视这场争论。在这方面，周生春对长江下游最大的地区——两浙路的亩产量所做的还原是一个很好的例子，其研究结果见表7-8。参照珀金斯的分析框架，周生春使用人口和食物摄入量数据来估算长江下游各州人口的稻米消费量，然后将消费量除以亩数，得到亩产的估算值。根据12~13世

纪的一些记载,我们得以了解当时一个成年人每日需消费
0.00974 宋石(487 克)糙米,一个五口之家一年的需求量为
26.77 宋石。确定了当地人口、税粮数额、粮食输出输入数量
和粮食种植面积,然后假定农村和城市的需求标准相同,就可
以得出粮食亩产量的估算值。这一需求视角可以应用于中国粮
食总产量和单产的研究。珀金斯在研究 20 世纪中国农业时采
用的正是该方法。这一方法也能够有效应对长江下游农业空间
结构的多样性和复杂性。

153

表 7-7 李伯重估算南宋至明初江南农业规模与产量

时期	户均农田面积(亩)	亩产量(石)	每户产出[a](石)	每户农业收入[b](石)
宋末	40	1.0	40	39.2
元	30	1.4	42	40.8~41.1
明初	20	1.6	32	24

资料来源:Li,2003:170。

注:a. 李伯重还进行了单位劳动者产量的比较。他假设宋代至明代松江家庭
人口下降:南宋每户有三个成年人,元明每户有两个。因此,宋代的人均产量为
13 石,元代为 14 石,明代为 16 石。大多数学者认为这一过渡时期的平均家庭规
模保持不变,李伯重是第一个提出江南家庭规模缩小问题的学者。由于这一问题
尚无定论,所以笔者改以家庭为基础进行比较。

b. 设计这一栏是为了比较每户向朝廷缴税后的粮食净存量。

周生春的研究揭示出,长江下游地区的亩产估算值存在
明显的区域差异,波动范围为每亩 1.188~2.750 宋石。值得
注意的是,苏州和湖州等地势较低的州的亩产量名列前茅。据
估算,苏州亩产量为 2.607 宋石(266 斤),湖州为 2.750 宋
石(276 斤),其他地区中只有台州的亩产量比苏、湖二州略
高。按照修正派提出的三角洲模型的发展周期,我们应该看到

表 7-8 周生春估算的 13 世纪两浙路水稻平均亩产量

单位：宋石，亩

地区	(A) 户数	(B) 粮食税	(C1) 酿酒用粮	(C2) 粮食输出输入量（私人和政府购买）	(D) 耕地面积	(E) 总产量*	亩产量
镇江	114218	192074	87429	0	23711448	2542430	1.573
常州	209732	245822	110643	0	3431712	6478937	1.888
江阴	64035	80000	36622	0	12536022	2035146	1.623
苏州	466158	882150	287384	1544684	6749000	11993733	2.607
湖州	255087	334122	136116	212413	3040147	5699976	2.750
嘉兴和松江	443017	602069	132890	151642	7280741	11096628	2.236
金华	218673	173880	93427	0	2963876	4573593	2.264
绍兴	273343	332267	117092	0	3576925	8394049	2.347
台州	266014	144222	71147	0	2766546	7760194	2.805
宁波	140349	119736	108596	0	2335953	4340203	1.858
	309071					2608950	1.837
南京	117787	255242	139562	0	3269040	3882879	1.188
	220459	317852	139562		4474492	4833655	1.585

资料来源：周生春，2006：270-271, 273-274。

注：* 总产量是粮食总需求量。周生春提出了一个估算后者的公式：（26.77 宋石×A）+B+C1-C2。酿酒用粮在粮食消费中占有重要地位。城市酒专卖对财政的贡献非常大；有关详细信息，请参阅周藤吉之，1962a：170-173、239-242。

154 亩产量较高的地区集中在表 7-4 所列的高地和周边地区。但是，镇江、江阴、常州、明州、台州等高地与嘉兴、苏州、湖州等低洼地之间并没有绝对差距。而被修正派定义为相对落后的低地州，亩产量往往高于其他州。苏州、嘉兴的每户耕地面积比高地区域的大得多，表明苏州和嘉兴的人均农业产量同样领先。这标志着江南核心区集约型农业的兴起。重新审视苏州，它其实已经达到了三角洲模型所要求的三个标准：人口密度迅速提高、粮食市场因城市化和水运的发展而开放、投资和技术创新加速。现在，我们还可以加上最后也是最重要的一点：人均、亩均的农业产量都很高。

155 　　周生春从需求角度所做的研究为当前关于江南农业产量的争论提供了一个不同的视角。他的估算结果处于从供应角度得到的各种估算值的中间位置，因此是可以信赖的。在各种估算值中，珀金斯和李伯重处于两个极端，周生春的估算接近斯波义信和梁庚尧的估算（见表 7-9）。撇开李伯重对唐代的估算不谈（前文已经指出这个估算的可信度很低），他还估算出唐以前江南的平均亩产量为 0.48 石（72 斤）。[39]如果把这一估算作为江南粗放型农业的标准产量，那么在此后六个世纪里，农业亩产量可能增加了 2.7 倍，达到 266 斤。与 1250 年到 1850 年的六个世纪相比，这个将近 3 倍的增幅称得上是遥遥领先。据李伯重估算，1800 年的农业亩产量为 255～375 斤，如果以周生春对南宋时期的估算（266 斤每亩）为基础来看，从 1200 年到 1800 年的六个世纪里，农业亩产量只有非常缓慢的增长。随着户均耕地面积的缩小，人均农业产出很可能也在下降。尽管人口的增长非常缓慢，但到 17～18 世纪，江南的稻米生产已无法满足本地区的需求，这一事实似乎也能证实人均产出在下降的猜想。家庭收入中的很大一部分来自手工业和其他非农业活动。然而，如果我们选择相信李伯重对 1200 年农业亩产量的估算值，那么我们所看到的历史变化又将完全不同。要厘清这个问题，无疑需要发掘更多的实证材料以展开进一步的分析。

表 7-9　13 世纪中叶苏州农业亩产量的估算

单位：斤*

	珀金斯	斯波义信	周生春	梁庚尧	李伯重
亩产量	300~450	204~306	266	204	78~100

资料来源：据珀金斯估算，宋代苏州的糙米平均亩产量为 2~3 石，即 300~450 斤（Perkins，1969：318，表 G.4）。斯波义信估算 10 世纪末亩产量为 1 宋石，到宋末为 2~3 宋石（斯波义信，2001a：138，140-141）；梁庚尧，2001：274；周生春，2006：270；李伯重，1998b，38；Li，1998：125-126，130-131。

注：*此处所有亩产量均为糙米产量。1 宋石每宋亩 = 102 斤每亩（Perkins，1969：314）。

有关长江下游地区生活条件的争论

在前面的讨论中，我们谈到了江南农业发展背景下农业生产率的提高。在投入保持不变的前提下，亩均或人均农业产出的增加将带来农业产出的增加。然而，还有一个政治经济问题，即经济发展的益处有多少能够为农民所享有。这个问题比农业生产率的问题更为复杂，因为农民不一定能够从生产率变化中受益。与此同时，我们注意到 14 世纪后期管制力量的强化带来了市场社会向均平社会的转变。我们有必要比较一下普通农民在不同时期的生活条件。因此，在这一节中，笔者根据从现存文献中搜集所得的资料，探讨了宋代至明代江南农村家庭实际收入的变化情况。

156 　　传统经济中市场会如何影响人民的生活水平？这是争论的焦点。本节的讨论将为阐明这一问题提供重要的量化证据，并用明初的均平社会这一负面案例来检验相关论述。前文提到的修正派试图强调 11 世纪农耕的粗放性，以与 18 世纪劳动力和资本的高投入形成对比。尽管如此，不可否认的是，市场经济（商业化、城市化和水运）在安史之乱以后的农业发展中发挥了关键作用。市场使农民能够采取灵活的种植模式，选择种植水稻或经济作物，或两者兼种。显然，对农户来说，种植经济作物的投资回报远远高于仅种水稻的回报。南宋时期，陈敷估算了江南核心区湖州一个农村家庭靠丝织业所能赚取的利润。据陈敷介绍，十个成年人仅用一个月的时间养蚕、织丝，就能生产 3.12 匹丝绸，这相当于 43.68 宋石的稻米，平均每人一个月的产出达到 4.4 宋石稻米，远远高于稻米亩产量。对于 11 世纪长江下游地区的大多数农民来说，丝织业已经成为家庭收入的主要来源之一。[40] 这种以市场为导向的专业化必然推动了经济增长。在比较长江下游地区的长期生活水平时，我们必须记住，明初的农民除了耕种土地的微薄收益外，其他收入很少，当时的去货币化政策在很大程度上剥夺了其向市场销售产品的机会。

　　然而，这一观点并不是学界通识。一些学者对 12～13 世纪的生活条件持悲观的看法，并展开了有关地主所有制的争论。根据他们的分析框架，租佃关系是界定工业化以前中国社会主要发展阶段及阶级关系特征的关键。另外一些可称为保守派的学者则倾向于承认市场机制在产出分配方面的作用。两派学者对唐宋转型时期江南经济社会的性质有所争论，这里稍做概括。一方面，宫崎市定看到 11 世纪的农业经济与城市化、货币化等都有迅速发展，认为当时的中国出现了第一个"近世"（近代早期）社会。宋代的普通民众可通过科举制进入仕途，农民享有自由迁徙、私人土地所有和自由择业的权利。此外，他还指出土地买卖盛行与商业化农业之间的联系，并主张市场机制（如租佃与产品、服务等专门化）的主导作用。[41]另一方面，周藤吉之等历史学家认为宋代的佃农在经济上依附于租佃关系，在法律地位上低于地主，因此将宋代称为"中世"社会。[42]长江下游，尤其是苏州，成为双方争论的焦点地区。

对于 12 世纪的江南究是"中世"社会还是第一个"近世"社会的问题，不存在标准答案，而是取决于人们所采取的理论视角。[43]这里我们所关心的是前工业化市场体系下财富分配不均的程度。例如，我们很想知道一个大地主拥有的土地在全部耕地中所占的比例有多大。宫泽知之是日本学者中首位系统地运用户等资料研究长江下游社会分层的学者，他的研究揭示了长江下游小地主的主导地位。尽管宫泽知之循着反对私人土地所有制的理论路线，将宋代经济描述为"封建"模式，但他也承认，经济的快速发展导致 11 世纪江南租佃权的衰落。表 7-10 是基于宫泽知之的研究和其他一手史料制作而成的。11 世纪中叶的一篇文献提到，苏州的乡村总户数估计不少于15 万，但其中上三等户仅有 5000 户。[44]

与宫泽知之宣称的不同，苏州的土地集中程度相当有限，全部土地中至少有一半是由自耕农，即没有雇工的农户家庭自行耕种的。11 世纪苏州的土地供应弹性还很大，如果以户均农田面积 60 亩为限，这类家庭所占的土地能达到 80% 左右。由上三等乡村户构成的上层地主所占的土地，在总面积中的估算比例为 17%～45%（见表 7-10）。即使在这些上层地主中，拥有庞大地产和贵族地位的大地主也只是少数，而大多数土地所有者是第三等户，他们拥有 100 亩左右的土地，并在一定程度上使用佃户或雇工。

表 7-10　11 世纪 70 年代苏州的土地分布情况

农户等级	该户等在总户数中所占比例（%）	该户等持有土地在土地总面积中所占比例（%）	户均土地持有量（亩）
1~3 等	3.0	17~45	1246~1835
4~5 等	88.3	55~83	40~60 *
无地	8.7	0	0
总计	100.0	100	64

资料来源：宫澤知之，1984：62。

注：* 宫泽知之低估了普通农民拥有土地的比例，因此笔者做出了必要的调整。宫泽知之的估算见附录表 F-1。

　　应当指出，宫泽知之很可能高估了大地主拥有的土地比例。根据他的估算，低等农户拥有的平均土地面积为 10~30 亩，这类农户拥有的土地占总面积的 14%~42%。然而，他在估算时为四等户和五等户设定的自有耕地面积下限只有 10 亩，这令人难以接受，因为苏州农业在 11 世纪还处于迅速发展的过程中，农民可以轻易地找到无主荒地加以开垦。李伯重甚至提出，一直到 12 世纪苏州农户的平均土地面积尚且达到 40 亩（见表 7-7）。11 世纪中下等农户自有耕地的规模不太可能比这还小。

158　　　无地人口的数据也对所谓地主所有制的论述提出了质疑。无地人口的比例从 10 世纪 80 年代的 20.8% 下降到 1078 年的 8.7%。无论土地的分布是否集中，中国帝制后期的农耕模式均是以小农家庭的小农场经营为主导的。由于无地人口在当地人口中所占的比例很小，如果上等阶层真的像宫泽知之所设想的那样在苏州占有一半甚至更多的土地，那么这些大地主就会面临无人来承租土地的问题，而且他们肯定也找不到足够的雇工。佃户通常经营着规模最小的家庭农场，他们所能耕种的土地总量一般不会超过第五等农户，而第五等农户通常占当地人口的比例最大。但由于 11 世纪苏州土地供应充足，第五等农户又有一定的资本积累，能够开辟新的稻田，所以第五等农户向大地主租用大量土地的可能性不大。总之，笔者接受这一估算的下限，即上等阶层（包括大地主）拥有的土地的估算比例为20% 左右。

尽管如此，在长江下游地区内部，外缘高地区域的财富集中现象比中央低地区域更为明显。官方记载，位于长江下游边缘的婺州（金华）兰溪和永嘉的上等阶层拥有 40%～50% 的财富。[45]据粗略估计，上等农户占当地人口不到 10%，但拥有近一半的土地和动产。

然而，在长江下游的各个地区，无地人口在当地人口中所占的比例都明显下降，这一迹象与地主所有制相矛盾。10 世纪，明州（宁波）近 2/3 的地方人口没有土地。然而到 1168 年，这一比例跌至 1/4 以下（见表 7-11-a）。980～1390 年的约四个世纪中，明州人口密度由 20 人每平方千米增加到 147 人每平方千米，与此同时，商税税收从神宗熙宁十年（1077）的 26947 贯增加到理宗宝庆元年（1225）的 87102 贯。[46]商业发展对减轻明州地方贫困情况发挥了重要作用。明州商业税在 1225 年的惊人增长得益于 11 世纪和 12 世纪长江入海口海上贸易的繁荣。作为一个海港城市，明州一方面是通往广州和珠江三角洲的口岸，另一方面也是通往朝鲜半岛和日本列岛的口岸。从海上运来的货物在明州登岸，再通过运河运往杭州。[47]

159

越州（绍兴）和湖州经济发展的背景与明州有所不同，但经济发展的成功故事则与明州无异。[48]这三个地区的水运都很方便，到了 11 世纪，都成为最著名的丝绸纺织品生产基地。陈敷介绍纺织生产专业化时所用的例子就来自湖州。[49]如表 7-11-b 所示，到 12 世纪末，湖州的无地家庭比例下降到 1.9%。1080 年前后，越州无地家庭的比例已经下降到 0.2%（见表 6-2）。

表 7-11-a　976~1168 年明州的无地家庭

年份	总户数（户）	无地家庭（户）	无地家庭所占比例（%）
976~984	27681	16803	60.7
1078	115208	57334	49.8
1116	123692	29118	23.5
1168	136072	31347	23.0

资料来源：宫澤知之，1984：39。

表 7-11-b　1008~1182 年湖州的无地家庭

年份	总户数（户）	无地家庭（户）	无地家庭所占比例（%）
1008~1016	129540	10840	8.4
1078	145121	10509	7.2
1131~1162	159885	9143	5.7
1182	204594	3988	1.9

资料来源：宫澤知之，1984：39。

表 7-11-c　976~1222 年台州的无地家庭

年份	总户数（户）	无地家庭（户）	无地家庭所占比例（%）
976~984	31941	144424	5.2
1078	145713	25232	17.3
1109	243506	64779	26.6
1222	266014	76294	30.6

资料来源：宫澤知之，1984：43。

　　与明州相比，台州属于欠发达地区。9 世纪，在具有山地丘陵地貌的高地外围各府州，无地人口所占的比例都很高，足以说明地主所有制主导下的租佃盛行。在明州、越州两地商贸活动逐步推动无地农民比例下降的同时，严州、台州等地区或因为内部丘陵山地给农业开发带来的限制，商业活动陷入停滞。特别是严州，一个多世纪里商税额几乎保持不变。[50]与此同时，台州人口在 12 世纪增长缓慢，无地家庭所占的比例相当高。[51]概括地说，在高地各府州存在两种截然不同的情形：在明州、越州等地，市场扩张伴随着贫困人口的比例降低；在严州、台州等地，经济停滞伴随着最贫困人口的比例上升。只有在后一种情形下，批判地主所有制的论点才具有说服力。

　　尽管江南地区确实存在租佃制度，但与长江下游其他地区相比，江南的租佃关系并不是一个严重的社会经济问题。不仅如此，市场机制在减少江南的最贫穷人口方面发挥了重要作用。宋代农民的生活条件比批判地主所有制的学者所描述的要好。随着江南从市场社会向小农社会演变，农民的生活反倒愈加艰难。朱元璋据有江南后，有意消灭地主阶级，没收地主土地，[52]官田占江南土地面积的比例达到 44%（见表 7-12）。其中尤有甚者，1379 年苏州官田约占耕地面积的 2/3，松江官田的比例更高，达到约 85%，而民田只占 15%。[53]因此，明初的国家成为江南最大的地主。

　　如此大规模的财富再分配在中国历史上是空前绝后的，其剧烈程度甚至超过了中国共产党在江南进行的土地改革。1949 年后，推行土地改革，以消灭封建地主阶级。根据土改报告，江苏南部 27 个县中，有 24 个县的 7180537 亩土地（与明代江

160

表 7-12　明代江南官田和民田

地区	官田(亩)	民田(亩)	官田占比(%)
苏州	6500300	3469700	65
松江	3985600	730028	85
嘉兴	1024000	2793800	27
常州	904115	5273619	15
镇江	1036771	2236306	33
应天(南京)	1996400	5000900	29
总计	15447186	19504353	44

资料来源：伍丹戈，1979：140~141；森正夫，1988：46。登记在册的土地共有 34951539 亩。

南的面积接近）被没收，并被重新分配给 1519472 名农民。重新分配的土地占总耕地面积的 33%。[54]这个数字与研究者对江苏南部 18 个县 1436 个乡所做的一项调查的发现很接近——这项调查的结果显示，地主拥有的土地占总耕地面积的 36.8%。[55]明初官田政策出人意料地在长三角实现了更大幅度的土地再分配，这说明当时朱元璋对于包括地主和富商在内的社会精英的打击毁灭是史无前例的。这一独特的案例清楚地表明，明朝第一位皇帝成功地把他的权力投射到了中国基层的广大农村社会。

　　朱元璋的土地籍没政策也针对普通农民和佛教寺院。前文提到 11 世纪中叶苏州上等阶层所拥有的土地比例估算为 17% 至 45%（见表 7-10），而且可能以 17% 最为妥当，因此明初官田所占的比例已经是这一下限值的 2 倍以上，甚至也远远超过上限值。明代初年，许多普通家庭因为未能完成朝廷分配的任务，如服兵役或按时缴纳粮食税，而失去了土地。[56]朱元璋的土地政策只是让国家的强制力在农村基层进一步提高了。通

161

过对宋代户等资料和明初官田数据的比较，可以清楚地看出，朱元璋的土地政策使国家直接控制了长江下游地区的土地资源，从根本上改变了长江下游地区的社会关系。

从全国范围来看，明前期官田的面积是宋代官田的 10 倍左右。[57]在长江下游地区，宋代官田仅占耕地的 0.27%，明初官田扩大到 26.8%。毫无疑问，如此集中的土地分配使得明代国家从长江下游地区的农业产出中攫取的份额空前之高。[58]江南官田的税率通常比私有土地的税率高 5~10 倍。[59]

朱元璋的土地政策随即带来税收的大幅增加。11 世纪，农民缴纳的土地税平均只占农业产量的 10% 或更低，[60]但耕种官田的农民向国家缴纳的税粮与地租数额相当——因为理论上正是朝廷拥有这些抄没而来的田地，原来要向地主缴纳的地租变成了向国家所纳的税粮，可见朱元璋消灭江南地主、富商的经济政策并未给原来佃种这些土地的农民带来收益。如表 7-13 所示，1393 年江南征收的土地税总额接近 12 世纪的 6 倍。在松江，官田占耕地的比例仍高达 85%，土地税总额则增加了近 17 倍。苏州的官田面积比例仅次于松江，是 12 世纪的 14 倍左右。然而，苏州并不是土地税增长最快的地区。在湖州，明初朝廷征收了大约 101545 千升稻米，是宋代的 21.4 倍。

表 7-13 宋代至明代江南土地税的增加

单位：千升稻米

地区	A 明初（1393 年）土地税	B 宋代土地税	A/B
苏州	466988	33114	14.10
松江	189183	10656	17.80
嘉兴	92802	28464	3.26

续表

地区	A 明初（1393年）土地税	B 宋代土地税	A/B
镇江	41336	10972	3.77
常州	90100	32259	2.79
南京	54505	19708	2.77
杭州	43156	12592	3.43
湖州	101545	4744	21.40
徽州	19831	15147	1.31
金华	29557	12639	2.34
绍兴	19538	23745	0.82
总计	1148541	204040	5.63

资料来源：斯波義信，2001a：72，154—155。

按：1千升=5.88明石=10.54宋石。松江地区的土地税数据来自《正德松江府志》。

162 　　从这个角度我们就可以理解，明初江南地区土地税率空前之高的原因并不是农业生产力的提高，而是财富的再分配。就前一种角度而言，斯波義信曾认为土地税的爆炸式增长体现了宋元明过渡时期农业的重大发展。在没有实际数据支持其论点的情况下，他断言，14世纪末的平均农业产量达到每亩2明石，即每亩3.4宋石。[61] 然而，没有任何有力的证据可以证明当时灌溉、水运和农业技术方面的进步。这种对赋税与农业产出关系的误解也进一步导致其对宋代农业产量的估算偏低。如第二章所述，宋代的税制主要以间接税为基础，朝廷无视农业生产力的变化而采取了相当低的土地税率。与宋代以市场为基础的赋税机制不同，明初政府采取了非货币方式来维持其统治。明朝通过暴力手段消灭地主阶级并直接控制生产资源，使土地税比例极高。在明初的江南地区，经济体系的运行是以彻底牺牲农村基层社会的权利为代价的。

斯波义信对明初土地税收的解释夸大了明初农业生产力的作用，忽视了国家赋税的真正决定性意义。让我们对明代的情况再做进一步讨论，以探讨国家政权、土地税和农业生产力之间的复杂关系。在宋朝灭亡以后，向以土地税为基础的税收制度的转变是中国帝制后期财政体系的一个重要变化。因为明清两代都采用这样的制度，所以我们有条件就税率做跨代的比较。可以看到，明初的土地税比例仍然是最高的，远远高于18 世纪的税率。从 1450 年到 1850 年的长期视角来看，长江下游的土地税率有显著的下降。[62] 如果将土地税率视为可靠的农业产量指标，那么这就意味着农业生产率在明清时期稳步下降。毋庸置疑，这一结论与 18 世纪农业发展的修正派观点背道而驰。

明初朝廷征收的土地税，极大地改变了我们对均平社会的一般认识。明初的均平社会被置于管制经济体制之下，民众必须向朝廷缴纳很大比例的农业产出。这里，我们有必要回顾一下李伯重对宋明家庭收入的比较（见表 7-7）。李伯重先是假定了户均农田面积和平均粮食亩产量，由此得出家庭粮食产量的估算值，并将之作为实际收入。在这个过程中，他忽略了 14 世纪末农民必须负担的重税，未能区分农业生产力的变化和农民收入的变化。明初，苏州、松江的大部分土地均为国有，平均每亩征收的粮食税达 0.4 石，这大概是 12 世纪的 10 倍。换言之，明初的土地税占了农业总产量的 25%。因此，农民的农业收入只有宋元时期的约 2/3（见表 7-7 中最后一列）。值得注意的是，李伯重对明初经济的估算已经比较乐观，但从他的估算中，我们依旧可以发现江南农户的实际收入大幅下降了。

明初江南百姓一定生活困苦。以湖州为例，在 12 世纪，当地的土地租佃不常见，因为无地人口的比例下降到 1.9%，农村居民还能从丝织业获得相当数量的实际收入。到了 1393 年，湖州农村居民缴纳的土地税是宋代的 20 多倍，同时朱元璋的反市场政策也对农村家庭手工业造成了致命的打击。虽然普通劳工的实际工资对检验基于马尔萨斯理论的假设尤为重要，但关于中国明初政治经济学的争论也要求我们关注国民经济中的其他重要方面，如对江南农业的投资。在宏观经济学中，投资是未来生产的必要条件，也是衡量国民收入和产出的重要指标。[63]长达一个世纪的通货紧缩反映了经济疲软和城市消费的明显下降。在这样的环境下，尽管江南地区居民吃、穿以及娱乐消费减少，但他们仍有可能会投入巨资以推动经济尽快复苏。一些明史学家指出，尽管朱元璋对商人和文人采取了严苛的政策，但其目的是通过鼓励农业发展来振兴饱受摧残的经济。[64]朱元璋颁布了一系列法令，告诫农民辛勤耕作，推动灌溉工程建设。然而在经济分析中，我们不能认为这种重农政策必然带来对农业的大量投资，要证实这种联系的存在，研究者必须仔细研究农业生产的每一个重要方面。对前工业化中国的投资的研究，必须正视的一个主要问题是缺乏可靠、完整的数据。传统经济的固定投资通常集中在三个领域：农业，如灌溉工程、住房和役畜；矿业和手工业；以及公共部门，如运河建设和学校建筑。在现存的文献中，关于农村家庭生产、消费和投资的有用信息很少。尽管如此，方志和《明实录》中仍保存着一些记录，如军屯生产和地方公共项目等，这些都与我们研究的问题有关。

关于江南地区的地方项目（如桥梁、寺庙和学校）的投

资，[65]笔者观察到从明代初期开始就有下降的趋势。在 15 世纪
30 年代以前，地方社会始终保持着对地方项目的投资，虽然
规模小，却很可靠。但在 15 世纪 30 年代即朱元璋称帝大约七
十年之后，这一趋势终止了，这表明 15 世纪上半叶松江的经
济和社会状况不断恶化。包弼德称，浙江内陆地区金华的建设
项目也出现了类似的变化。[66]明朝建立（标志着战争和自然灾
害的结束）七十年之后出现了地方项目的消退，这与明初经
济复兴的论点相矛盾。地方投资减少的原因，应该是朱元璋对
地方社会的高压政策，而不是明朝建立之前的战争。由于明初
的经济是一种管制经济，同时经济萧条把大多数农民驱离了商
品化农业，所以在了解长江下游地方经济与社会方面，有关地
方项目投资的具体数据具有极其重要的价值。如果有关明初其
他农村地区建设工程的进一步研究也显示出下降趋势，那么笔
者有关实体经济大幅下滑的论点也会得到更多支持。

　　明初的军屯制是明代管制经济的基石，而这一整套制度都
是逆着市场机制在运行的。这些屯兵实际上是国家的农奴，他
们被强制分派到指定地区，他们耕种的土地连同种子和耕牛均
为国家所有。[67]军屯粮食产量的急剧下降显示了这套田制的衰
弱，进而也揭示了管制经济的危机。1434 年，军屯产量降至
最低点。郑和下西洋于 1433 年结束并非巧合。1424 年朱棣去
世后，其继位者立即放弃了对蒙古、缅甸和越南的军事远征，
甚至计划将京城迁回南京，以减少国家在北方边境的开支。[68]
明代朝廷财政已处于非常艰难的境地，再也无力负担维持已有
国家统治所必需的费用。

　　管制经济和国家财政的危机并不一定意味着明初经济中民
营部门的改善。如果军屯制度的瓦解能释放大量劳动力和

164

（或）资本，民营经济本来也有机会获得发展，但在 1430 年至 1450 年期间，朝廷仍极力试图强化早已千疮百孔的管制经济。所有关于军户登籍、军屯推广、禁止私人采矿和外贸，以及采取包税制等的政策，丝毫不见有任何放松的迹象。货币政策方面，朝廷在 1425～1426 年重申禁止白银流通以强制推动纸币用于交易，尽管当时纸币的价值已经下降到其面值的 1/50 或 1/100。[69]因此，我们有理由得出结论：1430～1450 年危机不仅损害了管制经济，而且使民营经济恶化了。

小　结

笔者在前几章中已经提出，明初的生活水平由于经济危机和反市场政策的影响而大幅下降。这一论点主要来自对实际工资的定量研究。然而，由于传统中国各地区差异巨大，我们有必要针对特定的宏观区域进行检验，所以笔者在本章中对长江下游地区经济和生活水平的长期变化进行了研究。

在这一章中，笔者认为长江下游的农业发展过程可能比修正派所描述的更为复杂。唐宋转型时期的进步是毫无疑问的，粮食供应总量随着人口增长而增加，农业亩产量应该也大幅度增加。如果这些现象也能被证明存在于明清转型时期特别是 18 世纪的经济繁荣时期，其结果很可能会更引人注目，但仍需要强有力的量化证据来支撑。

修正派也忽视了制度环境的重大变化，而制度环境是市场经济发展的基础。例如，明初土地税占据的极大比例被修正派解释为农业生产率提高的直接证据。然而，即使我们接受这种乐观的估算，只要对他们提供的材料加以批判性分析，我们依旧能发现明初农民的家庭收入大幅度下降，绝大部分江南农民必须将收成中更大比例的农产品作为土地税缴纳给政府。因此，明初的管制经济是导致人民生活水平下降的主要因素。

长江下游在 14 世纪的经济中扮演着领头羊的角色：其人口约占明代总人口的 20%，占南方总人口的 85%。这一地区水运发达，如果没有明初朝廷的反市场政策，其商业化和城市化本可以得到空前发展。然而，笔者结合文献记载的数据和各项估算数据所进行的比较清楚地表明，生活水平随着市场经济的严重衰退而急剧下降。除了明初的专制主义政策外，笔者找不出任何其他理由来解释这种生活水平的大幅下降。

第八章 1000～1600年农业 生产力的变化

农业是前工业化时代中国经济的主要组成部分，并且远远没有充分地商业化。虽然笔者在前面的章节中探索了市场经济的长期变化，但所描述的市场发展周期和人民生活水平的变化是否适用于农业领域并影响绝大多数人口的生计，这一点仍然值得探究。笔者的研究已经表明，11世纪宋代经济的扩张主要是由人口快速增长和市场广泛发展共同推动的，所以前述问题应该从两个不同的层面来探讨。首先，我们应该厘清中国人口的快速增长是否导致了人民生活水平的下降。其次，如果在人口增长的同时，人民生活水平还能得到提高，那么人均收入增加的原因又是什么呢？

在这一章中，笔者将依靠量化证据来展示中国从1000年到1500年之间农业的两大变化。第一个变化是1000年以后逐渐向集约型农业的转变，这不仅使得宋代人口的大幅增加成为可能，而且为人们生活水平的提高奠定了基础。第二个变化是在元朝统一中国后的三个世纪里集约型农业向粗放型农业的倒退，这导致1550年以前中国大部分农民的生活长时间停留在相对较低的水平上。

农业生产力可以通过对比以下几个关键指标来直接衡量：播种量与收获量之比、回报与资本投入之比、人均农业产出增加量与单位劳动力的农业产出增加量之比。从这些角度来看，集约型农业向粗放型农业的转变将导致农业生产力下降。遗憾的是，由于缺乏相关的农业资料，上面的这些指标在这里都无法计算，所以笔者转而关注不同的农业耕作模式，希望借此说明农业生产力的波动。例如，集约型农业的引入同时增加了国家和人均两个层面的农业产量，耕地面积的增加和亩产量的提高相结合，基本上满足了人口增长带来的粮食需求增加。11世纪末，农业的商业化取得了空前的成功，相当一大部分的粮食产出通过市场供给城市消费。粮食价格的不断上涨促使农民广泛开发新的耕作方法，增加劳动力和资本投入，从而提高了农业生产力。

从13世纪中叶开始，中国许多地区出现了严重的人口下降和逆城市化，农业发展因此止步不前。除了军事冲突造成的破坏外，有充分的证据表明强制移民、军屯制以及明初朝廷推行的自给自足模式的里甲制度，都导致了北方大规模倒退到粗放型农业。这进一步导致了中国大部分农民的生活状况长时间处于较低水平，一直持续到1580年。

980～1195年人均粮食产量和总户数的增加

从980年到1195年，中国的在籍总户数从6418500户增加到19526273户，[1]整个中国人口在9800万到1.17亿之间。中国人口在一个世纪内实现了2倍的增长，可能是帝制中国最后一千年的历史上人口增长速度最快的一次。[2]这种不寻常的现象要求我们去探索人口快速增长与粮食生产模式之间的动态关系。

如前所述，粮食产量的增加有两个可能的途径：耕地面

积的扩大和亩产量的增加。要检验第一种途径,我们只需要
梳理可用的耕地面积数据并检查其可信度。但对于第二种途
径,因为亩产量的提高很大程度上是农耕方式转变带来的每
亩劳动力与资本投入的增加,所以这方面的测算很难进行。
由于缺乏统计证据,研究人员只能依靠时人的零星观察和有
限的地租记录。但事实上,在传统农业经济中,单位面积耕
地上的投入和产量差异很大,这使任何对亩产量的估算都无
法坐实。除了直接观察以外,经济学家也留意到了人口增长、
耕地面积和农业产量之间的相互关系。如果像珀金斯一样,
假定在一段时间内人均粮食消费量(产量)稳定,那么平均
亩产量可以很容易地根据下列公式算出:亩产量=人均粮食
产量×人口/粮食种植面积。

就宋代第一个世纪的人口总增长而言,要在该世纪内保
持粮食消费水平不变或达到更高的水平,粮食总产量必须与
人口增长同步甚至超过人口增长速度。表 8-1-a 和表 8-1-b
提供了重要的信息,可以用来估算 11 世纪农业的亩产量。
假设人均粮食消费量保持不变,笔者的计算表明,约 2/3 的
粮食增产归因于耕地面积的扩大,其余 1/3 是亩产量的
增加。

表 8-1-a　976~1109 年总人口及耕地面积

年份	户数	指数(以 997 年为 100)	耕地面积(宋亩)	指数(以 997 年为 100)
976	3090504	—	295332060	—
997	6418500	100	312525215	100
1021	8677677	135	524758432	170

续表

年份	户数	指数（以 997 年为 100）	耕地面积（宋亩）	指数（以 997 年为 100）
1051	—	—	228000000	73
1066	12917221	（418）312 201	440000000	142
1083	17211713	268	461455000[a]	149
1109	20882258	325	660000000[b]	190～223

　　资料来源：漆侠，1987：58。表 8-1-a 中北宋垦田数据来自《文献通考》。应该指出的是，976 年的数据不适合用来比较，因为这些数据是在 979 年北宋大一统之前做出的，那时福建、浙江、山西等大片地区还不在宋朝的管辖范围之内。997 年以后的数据具有可比性。在大一统后的第一份涵盖全部人口的报告中，980 年登记在册的总户数已达到 6418500 户，其中 3625366 户（约占总数的 56.5%）属于拥有耕地的阶级。但 997 年总户数很快下降到 4132576 户。程民生将这种骤降归因于政策的变化，因为 997 年朝廷决定按照已登记在册的有地家庭（主户）的户数对州、县等行政区划分等级，所以当时上报的 4132576 户家庭仅指那些有地家庭。因此为了比较的可信度，笔者在 997 年处使用了 980 年的数值（6418500 户）。

　　注：a. 北宋元丰年间（1078～1085 年）耕地数据出自马端临《文献通考》卷四《田赋考四》，原书关于元丰年间垦田面积"天下总四京一十八路，田四百六十一万六千五百五十六顷"，即 461655600 宋亩，比表 8-1-a 中的 461455000 宋亩高出 200600 宋亩，疑漆氏抄录有误。斯波义信将元丰朝垦田数据时间定为 1078～1079 年，梁方仲和漆侠（如表 8-1-a 和表 8-1-b）则将年份断为元丰六年（1083）。梁、漆二位或因具体年代难以确定，故取元丰一朝（总计七年）靠后年份而定。按：马端临自承垦田数据转引自北宋毕仲衍所撰《中书备对》；当代学者多考证此书完成于神宗元丰三年（1080）年八月（见毕仲衍，2007：25-28），故其中所载数据应当不晚于 1080 年。其实《元丰九域志》一书也成于元丰三年，书中记录了北宋各路主客户的人口数据，有理由认为人口和垦田这两套数据的汇总和报告应该是同时进行的，因是斯波义信之说更显得合理，故本书其他地方均将神宗元丰朝垦田数据系于 1078～1079 年，特此说明。

　　b. 许多学者，如赵冈、华山、漆侠等，都估算 11 世纪之初的北宋耕地面积为 6.6 亿亩，相当于 8 亿宋亩。但这一估算还是过高，比较稳妥的估计为总面积上限 7.6 亿宋亩、下限 5.6 亿宋亩。笔者选择二者的中间值 6.6 亿宋亩（5.61 亿亩）来进行计算。关于宋代耕地面积估算的讨论见附录 D。

表 8-1-b　　976~1109 年平均每户拥有的耕地

年份	户数	耕地面积 （宋亩）	户均耕地面积 （宋亩）	指数 （以 997 年为 100）
976	3090504	295332060	96	—
997	6418500	312525215	49	100
1021	8677677	524758432	60	122
1051	—	228000000	—	—
1066	12917221	440000000	34	69
1083	17211713	461455000	27	55
1109	20882258	660000000	32	65

资料来源：漆侠，1987：58。

170　　　　基于这样一种假设，珀金斯成功解释了从 1368 年到 1968
年的六百年里中国人口的大幅增长，尽管如此，用这个方法来
研究宋明时期粮食产量的长期变化趋势是另外一个完全不同的
任务。此外，在进行跨朝代比较时，我们有必要考虑人均消费
或收入变化的可能性。下文中，笔者提出蒙古南下前的两个世
纪里粮食产量有一个合理的、平稳的增长，并把这一增长与明
代亩产量的估算联系起来。为方便起见，笔者假设宋代家庭的
平均规模为 5 人。[3]虽然明代的耕地面积和人口数据保存得比较
好，但其可用性仅限于明朝初期。16 世纪的人口和耕地面积
数据都是在没有直接证据的情况下估算出来的，具有很强的不
确定性。就明初而言，与人口资料相比，耕地资料的问题更
多。文献记载 1393 年全国耕地面积达到 8.5 亿明亩，1502 年
达到 6.22 亿明亩。两组数据都高估了。笔者参照珀金斯和赵
冈的研究，估算 1393 年的耕地面积为 3.7073 亿亩，也就是
4.25 亿明亩或 4.36 亿宋亩。[4]

　　　　人均粮食消费量保持不变的假设给估算粮食亩产量带来了

很大的便利，但考虑到前几章所揭示的人口密度、货币存量和城市化方面的许多重要变化，我们很难说这样的假设是符合现实的。笔者对宋明时期人均粮食消费长期变化的两种假设都进行了检验。假设 A 来自珀金斯的研究，认为中国的人均粮食产量在几个世纪内保持稳定水平，大概为 570 斤（合 5.67 宋石或 286 公斤）的脱壳谷粒。[5]假设 B 是根据笔者对 GDP 的计算得出的，认为人均消费或收入并非保持不变，而是在 997 年到 1581 年的近六百年里发生了大幅度的变化。

根据假设 A 中的人均粮食产量 570 斤，结合表 8-1-a 和表 8-1-b 提供的可用信息资料，我们可以通过以下计算过程得出北宋至明末近六百年中亩产量的估计值：

997 年	570 斤×5 人×6418500 户/312525215 宋亩 ≈ 59 斤
	折合 0.58 宋石每宋亩
1021 年	570 斤×5 人×8677677 户/524758432 宋亩 ≈ 48 斤
	折合 0.47 宋石每宋亩
1066 年	570 斤×5 人×12917221 户/440000000 宋亩 ≈ 85 斤
	折合 0.83 宋石每宋亩
1083 年	570 斤×5 人×17211713 户/461455000 宋亩 ≈ 108 斤
	折合 1.06 宋石每宋亩
1109 年	570 斤×5 人×20882258 户/660000000 宋亩 ≈ 92 斤
	折合 0.9 宋石每宋亩
1393 年	570 斤×60545812 人/370730000 亩 ≈ 93 斤
	折合 0.91 宋石每宋亩
1581 年	570 斤×150000000 人/740000000 亩 ≈ 116 斤
	折合 1.13 宋石每宋亩

假设 A 指向 11 世纪亩产量缓慢而稳定的增长。在大约一个世纪的时间里，在籍户数从 6418500 户增加到 20882258 户，

要保持人均粮食消费水平不变，农业总产量必须以同样的速度
增长。这意味着北宋平均亩产量必须从 59 斤（0.58 宋石每宋
亩），增加到 92 斤（0.9 宋石每宋亩）。这一计算表明，截至
11 世纪中叶，由于土地供给的增加比较容易，即使亩产量只
是缓慢增长，人口的迅速增长也不会轻易导致生活水平的
骤降。

　　这里估算的 1393 年亩产量与珀金斯对明初的估算有很大
不同。在珀金斯估算的 1400 年粮食产量数据中，我们可以发
现北方各省的估算值都很低，全国平均估算值却达到 139 斤，
远远高于本书的估算值。导致这种差异的原因有许多，这里笔
者想解释一下，为什么采用了珀金斯的方法，却得到了 93 斤
这一不同的数值。首先，珀金斯估算 1400 年中国人口在 6500
万到 8000 万之间，所以他选择了 7200 万作为计算的中间值。
但不同于珀金斯选择 1400 年作为基准时间，笔者选择了 1393
年作为基准时间，这一年有记录的人口数为 60545812 人。虽
然两个基准时间只相差七年，但人口数据的差距并不小。其
次，珀金斯始终假定粮食产量占国民收入总值的 80%。虽然
这一假设通常是可以被接受的，但它不适用于明初，因为在这
个前所未有的施行管制经济的时期，自给自足的农业模式在全
国盛行。这两个因素共同解释了珀金斯估值和本书估值之间的
差异。但是，在我们接下来把明初人均粮食消费量下降这一点
纳入考量时，这两个估值都显得相对较高。

　　与珀金斯不同，笔者在前几章已经指出，实际收入在
1000 年至 1500 年间发生了显著变化。将假设 B 应用于表
8-1-a、表 8-1-b 所示的信息，我们发现人均实际收入在宋
代达到顶峰，然后在 14 世纪和 15 世纪急剧下降。16 世纪，

长江下游和东南沿海地区的人民生活水平回升到较高水平。虽然本书对 11 世纪中国 GDP 的重建是基于对市场经济的量化评估，并揭示了较高的人均实际收入水平，但是，市场在整个经济中只占很小的一部分。宋代的农业是否真的如农业总产出和人均产出增长所反映的那样出现了增长，仍然是个问题。

要回答这个问题，笔者必须设计一种方法来测量农业平均亩产量，使之与笔者提出的人均实际收入相匹配。在本书的第六章，笔者得出了一个初步结论：11 世纪末的人均实际收入为 7.5 石（如按糙米算，则 7.5 石×150 斤 = 1125 斤）。由于人均实际收入（A）是 GDP 除以总人口的结果，所以它一定会超过人均农业产量（B）和人均粮食产量（C）。笔者使用一个粗略的公式：$C = 0.75A$。[6]如果将之应用到宋代，可以得到 $C \approx 844$ 斤，或者说人均粮食产量约为 844 斤。

如果按这个数字计算，亩产量应当在 1066 年增加到每宋亩 1.21 宋石，在 1109 年增加到约 1.30 宋石。按同样的计算方法，在 1581 年，亩产量应增加到 1.68 宋石，这才符合 11 世纪标准的上限值。

172

1066 年	124 斤每亩或约 1.21 宋石每宋亩
1109 年	133 斤每亩或约 1.30 宋石每宋亩
1393 年	138 斤每亩或约 1.35 宋石每宋亩
1581 年	171 斤每亩或约 1.68 宋石每宋亩

这些结果表明中国传统经济确实能够实现更高生活水平。与 19 世纪末和 20 世纪有记录的农业产量相比，这些估算出来

的平均值看上去是贴近现实的。例如，1958 年，全国水稻平均产量为 463 斤每亩，小麦平均产量为 359 斤每亩，是 1109 年亩估算值的 2~3 倍。[7]读者们需要注意的是，包括农业技术和土地私有制在内的传统农业生产自 11 世纪以来虽然不是完全静止的，但也可以说基本稳定。[8]因此，估算 1109 年产量为 133 斤每亩，这一数值完全在传统技术可以支撑的农业产量范围内。然而，人们不应该轻易地接受 1393 年 138 斤每亩的估算值，这个数字甚至超过了 1109 年的亩产量，考虑到当时人口大幅下降且大半个中国兵荒马乱、土旷人稀，我们很难想象会有这么高的平均亩产量。

宋代几乎没有技术或制度方面的问题阻碍农业生产率的提高。到了 11~12 世纪，大多数前工业化时代的技术发明和农业设备都已出现，小农耕作成了中国农村地区的主要耕种方式。货币化、水运发达、城镇化和消费的快速发展抬高了宋代的粮食价格，使其在一个半世纪内翻了两番，总需求增加会极大地推动农业总产量的提高。因此，农民们肯定会努力增加劳动力和资本投资，实现农业产量的最大化以满足日益增长的市场需求，并享受出售粮食所带来的利润。[9]

然而，在全面分析向集约型农业转变之前，还应结合时间和区域背景检验上述观点的合理性。表 8-2 的数据表明，1081 年，中国北部、东部和中部地区的土地占宋朝全部在籍土地面积的 80.5%。因此，这些地区生活水平的提高会显著影响农业发展的历史轨迹，即使这些地区的亩产量只是适度增长，也会极大地提高整个国家的总产量。现在的问题是，能否找到充分的量化证据来证明这一点？

表 8-2 1081~1957 年中国的耕地分布情况

单位：千亩，%

年份	西北	北部	东部	中部	东南	西南	总计
1081	38000	83700	117890	88750	12150	19680	360170
	10.6	23.2	32.7	24.6	3.4	5.5	100
1400	22680	128800	111570	56510	41790	9380	370730
	6.1	34.7	30.1	15.2	11.3	2.5	100
1957	157000	468000	214000	165000	118000	116000	1238000
	12.7	37.8	17.3	13.3	9.5	9.4	100

资料来源：Perkins, 1969: 229, table B.8。珀金斯利用《续文献通考》中的北宋数据并折换成亩，笔者根据其数据汇总而计算出百分比。

1080 年前后的耕地和户口数据可以支持主要农业区的农业快速发展提高了生活水平这一可能性（见表 8-3）。在中国北方地区，除了河东路（主要为今山西省）以外，每个有地家庭拥有的平均农田面积至少为 30 亩，而在开封及其西邻地区有 60 亩以上。值得注意的是，京东路（主要为今山东省）的每户平均农田面积低得惊人，只有大约 19 亩。出现如此低的平均值更有可能是漏报少报导致的，而非出于其他异常因素。为了说明这一点，我们可以比较一下北宋和明初的山东数据。明初山东的耕地总面积估算为最少 550 万亩，达到了 1080 年的 2 倍多。[10] 而 1391 年山东在籍户数只有720282 户，略微超过北宋 1370800 户的一半。显然，1080年前后的户均耕地面积数值未反映实际情况，而是漏报少报的结果，似乎至少有一半的土地面积都未登记在册。[11] 笔者认为在 11 世纪 70~80 年代，山东农户平均农田面积应当在 35 亩到 45 亩之间。

表 8-3　1077~1080 年区域人口及耕地面积

单位：宋亩

地区	总户数	主户户数	耕地面积	户均耕地面积	主户户均耕地面积
北部					
开封府	256504	171324	11333167	44.20	66.20
京东路	1370800	817983	25828460	18.80	31.60
京西路	651742	383226	25562638	39.20	66.70
河北路	984195	765130	26956008	27.40	35.20
河东路	4508693	83148	10226730	22.70	26.70
西北部					
陕西六路	962318	697967	44529838	46.30	63.80
东部					
淮南路	1079054	723784	96868420	89.80	133.80
两浙路	1830096	1446406	36247756	19.80	25.10
江南东路	1073760	902261	42160447	39.30	46.70
中部					
江南西路	1365533	871720	45046689	33.00	51.70
中南部					
荆湖南路	811057	456431	32426796	40.00	71.00
中北部					
荆湖北路	589302	350593	25898129	43.90	73.90
西南部					
成都府路	771533	574630	21606258	28.00	37.60
梓州路	?	261585	—	—	—
利州路	301991	179835	1178105	3.90	6.60
夔州路	320847	68375	224497	0.70	3.30
东南部					
福建路	992087	645267	11091453	11.20	17.20
广南东路	565534	347459	3118518	5.50	9.00
东南部到西部					
广南西路	242109	163418	12452	0.05	0.08

资料来源：毕仲衍，2007：卷二，58-65。

本节论证了 11 世纪农业可能经历了怎样的发展，从而使人 174
均粮食产量达到能与本书第六章中估算的实际收入相匹配的水
平。下一节将探究唐宋转型期间城市化、人口增长和交通运输
的改善如何促进了农业商业化，进而推动了中国农民向集约型
农业迈进。如果宋代农户基本上能够拥有笔者之前估算的 30 宋
亩到 50 宋亩的中等家庭农场规模，那么他们就具备了基本条
件，可以为扩大的市场生产更多的粮食，从而获得更多收益。
不过，想要实现这一点，农业生产必须从粗放型向集约型转变。

通向集约型农业的路径

集约型农业通过增加单位面积土地上的劳动力和生产资料
投入，从而极大地提高农业产量，具体包括两类举措：一是改
良种子、改变种植方式和种植新作物；二是资本积累，如农
具、水利和肥料等。有大量的第一手史料可以证明，在安史之
乱以后的五个世纪里，上述各个方面都出现了能够推动集约型
农业普及的进步。由于绝大部分记载都是定性描述，并且在时
间和空间上分布不均，所以不可能重建一个有明确的起点和因
果环节的发展链条。许多学者已经针对特定时期或地区的发展
提出了多种论点，但均未得到大多数人的认可。幸运的是，笔
者在这里想要完成的任务并没有这么复杂。

笔者认为 11 世纪中期的农业部门为人们提供了更高的生
活水平，为了印证这一假设，笔者只需要清晰地阐明当时的多
数农民是如何经营集约型农业的，因此下文将援引农书、历史
数据和制度背景等相关一手资料的证据，考察 11 世纪华北农
业发展的情况。日本和中国的许多农学家已经对唐宋时期的农
业发展进行了深入研究，笔者将根据这些研究梳理各个世纪的

重大创新成果。

改良种子、改变种植方式和种植新作物可以提高粮食产量。与其他主要农作物相比,小麦和水稻的亩产量提升潜力最大,但它们也更加依赖已有的各种灌溉技术和各色种子。早期的研究表明,南宋时期人们采用了大量改良种子,并根据适宜的土地地形、土壤种类和气候对种子进行研究和分类。[12]然而何炳棣的研究强调早熟水稻在 11 世纪初的广泛传播,他称之为"中国过去一千年里关于土地利用和粮食生产的第一次长期革命",其中最著名的代表性事件就是宋代政府首次将这种水稻种子从占城引入福建,并在 1012 年向长江下游和淮河流域的农民分发了 3 万蒲式耳(蒲式耳是英国的计量单位,1 蒲式耳约为 36 升)的种子。[13]

何炳棣的理论强调新品种的迅速推广,与之相反,周藤吉之首先论述了种子改良并逐步被使用的过程,这一看法得到了后续研究的更多支撑。评估改良种子对生产力增长速度的影响时应考虑一个重要方面,那就是发现并采用新品种的速度。[14]如表 8-4 所示,来自地方志的新证据揭示,长江下游地区品种改良带动生产力提升是一个复杂过程。

174

表 8-4　地方志所见 1174~1274 年水稻新品种

地区	品种	新品种	地区	品种	新品种
常熟	35	35	临安	10	8
昆山	34	21	绍兴	56	46
吴县	2	0	明州	25	19
吴兴	9	5	定海	25	0
海盐	9	0	台州	33	23
歙县	32	29	福州	31	26

资料来源:游修龄,1999a:199。

安史之乱后的几个世纪里，小麦和水稻是最重要的主导性粮食作物，这为早熟品种的传播奠定了基础，并且为粮食总产量的提高发挥了关键性作用。[15]从早期开始，水稻和小麦就已经在中国种植，但粟才是粮食消费中占比最高的主要作物。水稻和小麦的亩产量远高于粟，但如果没有足够的劳动力和资本，水稻和小麦的种植面积很难增加，而劳动力和资本是集约型农业得以成长的基础。由于宋代初期中国大部分人口集中在北方，南方对粮食的需求还没有大到需要发展集约型农业，所以水稻仍以粗放型种植为主。

在集约型农业引入之前，粟无疑是比小麦和水稻更受欢迎的主粮作物。粟在生长季节对降水量的需求较小，而且即便是在干旱和贫瘠的土地上种植，产量也相对稳定。唐代的租庸调赋税制度和粮食储藏的相关规定清晰体现了粟的主导地位。事实上，租庸调中的"租"字面意思就是每年对每个成年男性征收 2 石粟。直到安史之乱前夕，粟一直是粮食税的纳税标准。[16]628 年，朝廷决定在全国建立粮仓（义仓），以便发生饥荒时可以救济百姓。这项政策要求农民按每亩 0.02 石的比例上交粟，只有在南方才允许用水稻代替粟。[17]749 年，朝廷估算义仓里储存的粮食约为 2 亿石。[18]长安和洛阳两座都城附近的所有皇家粮仓也都储存了大量的粟。798 年冬天，朝廷下令开放皇家粮仓，将 42 万石的粟借与地方政府，用来救济饥民。[19]

然而，安史之乱后，尤其是到了 11 世纪，在人口增长和市场发展的推动下，绝大多数农民转种小麦和水稻，其产量远远超过了粟的产量。[20]这一种植模式有利于复种和高产量主粮作物的推广。在南方，一年两季稻的复种对农民来说管理难度较大。在北方，复种实际上是指在同一片土地上进行为期两年的三种作物轮作（两年三熟制）：冬天种植小麦或大麦，夏天收麦后接着种植粟、油菜或豆子。然而，在 11 世纪末和 12 世纪，复种对中国粮食产量的贡献可能还并不明显。[21]高产量主粮作物的推广既包括向北方推广水稻，也包括向南方推广小麦。从朝廷发布的敕令中就可以看出小麦和水稻种植的主导地位。例如，宋朝政府鼓励淮河以南的农民在不适合种植水稻的土地上种植小麦。同时，水稻不仅在南方进行集约型种植，在北方水源充足的地区也有种植。[22]

除了改良种子和新作物外，中等规模农场的形成也为提高农业生产力奠定了基础。这与牛耕的使用密切相关，因为牛耕完美契合了家庭农场的需求。集约型农业的起源可以追溯到西汉时期（前 206~8 年）。西汉皇帝大力提倡农业耕作，并派遣官员宣传使用牛耕和管理小型农场以提高亩产量的益处。这种牛耕所用的犁需由两头耕牛拉动，三个人在后面控制犁刀，可以高效耕种 500 亩农田。但是，普通家庭很少能负担得起这种牛犁的成本。[23]虽然汉朝也修建了农田灌溉工程，但只集中在都城地区和大城市附近。[24]因此，尽管朝廷做出了许多努力，汉代的农业总体上依然以粗放型为主。220 年汉朝灭亡后，游牧民族据有华北，导致在随后的几个世纪里许多地区人口大幅度减少。尽管犁耕在 4~5 世纪获得了极大的发展，但是因为地广人稀，集约型农业无疑并不契合当时社会的实际需要。[25]

如表 8-5 所示，唐宋转型时期，使得牛耕更加适合家庭农场的各类技术均已成熟。北宋时期，耕牛、劳动力和农场规模之间的比例接近理想水平，为发展集约型农业奠定了基础。在提高亩产量方面，发展牛耕的重要性不亚于铁犁的制造；然而，牛耕的发展在很大程度上取决于社会、经济等各方面条件

是否满足以及如何有利于农村经济中的小家庭农场。除了改良
种子、改进耕作技术和装备之外，集约型农业能够成功实现还
受益于其他一些因素，包括国家对私有土地所有权的承认和保
护、足够的人口密度、粮食价格上涨、因市场需求而增加的粮
食产量所带来的收益增加，而最重要的因素就是家庭拥有的耕
牛数量。[26]与中型家庭农场规模相适用的牛耕的广泛应用以及
人均或者亩均役畜数量的增加，都极大地提高了农田产量。如
果劳动力的边际产出高于饲养役畜的资本支出，那么人均役畜
数量的增加就应该能提高人均粮食产量。

表 8-5 前 51~1000 年中国型耕的演变

朝代	耕牛数量（头）	劳动力数量（人）	每套犁的耕地面积（亩）
汉（前 51~220 年）	2	3（4~6）	500（仅用于播种）
北魏（386~534 年）	2	6	120
盛唐（737 年）	2（A）	5	240~300
晚唐（880 年）	1（B）	1~2	120~150
	1	1	75
北宋（1000 年）	1	1~2	30~50

资料来源：大沢正昭，1996：94-99；李伯重，1990：231-233；杨际平，2001a。

在发展集约型农业的过程中，农村资本的积累比种子和种
植模式的改良更为重要。[27]这里讨论的因素包括农具和役畜、
水利建设和天然肥料。如第七章所述，灌溉工程，如南方的水
利工程，对某些地区的水稻种植至关重要。同样，由于北方降
水过于集中在夏季，北方的小麦种植对灌溉工程也有很强的依
赖性。[28]西嶋定生的研究显示，安史之乱以后中国北方小麦种
植面积有所增加，但由于 11 世纪中叶以前灌溉工程不足，这
一增加可能比他预期的更不均衡。[29]在北方扩大水稻种植面积

的主要障碍也并非低温，而是水资源短缺。[30]尽管如此，相较于其他任何类型的农村资本积累，史料中有关灌溉工程的数据保存得更好，因此在进行传统中国农业发展的比较研究时所能发挥的作用也更大。

各种全国性研究清楚表明，水利灌溉在宋代出现史无前例的发展（见表8-6）。珀金斯从各地方志记载的5万个水利项目中收集了大约5000个清楚标明建设日期的项目，[31]其中10~12世纪建造的灌溉工程的数量大约是9世纪以前建造总数的2.5倍。值得注意的是，由于宋代有记载的灌溉工程近85%都集中在中国东部和东南部，所以前述的发展速度很可能被低估了，同时对中国北部和中部地区类似项目的记载存在偏差。[32] 在我们已知的宋代方志中，能够保存至今的仅占一小部分，而且大多数是关于江南、浙江和福建的。相比之下，16世纪中国除了东部和东南部以外的地区共有672个灌溉工程，数量大约是宋代同一地区的5.5倍。因此，我们可以根据16世纪记载的水利工程的数量，对宋代（除中国东部和东南部外）的水利工程数量进行调整。调整的结果是宋代全国共有1340个水利工程，这一数字是珀金斯调查所得的最高值。

表8-6　帝制中国历史上的水利工程数量

单位：个

地 区	10世纪以前	10~12世纪	13世纪	14世纪	15世纪	16世纪	17世纪	18世纪	19世纪
西北部	6	12	1	2	9	28	6	78	92
北 部	43	40	30	53	65	200	84	186	32
东 部	168	315	93	448	157	314	291	128	9
中 部	50	62	21	52	91	361	85	116	131

续表

地 区	10 世纪以前	10~12 世纪	13 世纪	14 世纪	15 世纪	16 世纪	17 世纪	18 世纪	19 世纪
东南部	27	353	43	106	101	88	53	115	34
西南部	19	10	6	5	31	83	61	195	96
总 计	313	792	194	666	454	1074	580	818	394

资料来源：Perkins, 1969：61。

尽管各地区在各阶段的工程建设记录并不完整，但是仍能证明农业在 11 世纪发展强劲。正如珀金斯指出的：

> 从 10 世纪到 13 世纪，大部分工程建设集中在中国东部和东南部的五个省份。这种集中并不意外，因为在宋代这些省份的人口占中国总人口的近一半，而且可能除西南地区的四川以外，大多数水稻种植区在当时都人烟稀少。[33]

肥料的使用也是农村资本积累的重要因素之一。安史之乱后的几个世纪中，肥料被广泛用于北方主粮作物的种植，这标志着向集约型农业的过渡。[34]最重要的文本证据来自《齐民要术·杂说》，该文不遗余力地宣扬集约型农业：

> 凡人家营田，须量己力，宁可少好，不可多恶……凡田地中有良有薄者，即须加粪粪之。

该文还介绍了中国北方几个世纪以来普遍采用的一种重要家用肥料的生产方法：

凡人家秋收治田后，场上所有穰、谷糠等，并须收贮一处。每日布牛脚下，三寸厚；每平旦收聚堆积之；还依前布之，经宿即堆聚。计经冬一具牛，踏成三十车粪。至十二月、正月之间，即载粪粪地。计小亩亩别用五车，计粪得六亩。

《齐民要术》是中国经典的农学著作，其现存的版本刊行于北宋，因此书中记载的家庭肥料制造方法在中国北方的推广时间应不迟于 11 世纪。这本书的作者贾思勰是北魏（386~534 年）的著名学者，他在书中很少提及有关种植主粮作物的施肥问题。这意味着在他那个时代，诸如休耕和饲养牛羊等粗放型农业仍占据主导地位。[35] 基于文本研究，大多数学者认为介绍肥料制作方法的《杂说》是后来增补的，年代比《齐民要术》原文的创作时间要晚很多。[36] 1020 年，也就是在贾思勰完成《齐民要术》的约五个世纪后，宋真宗诏令崇文院刊行这一专著以推动全国农业的发展。虽然现在很难确定相关肥料制造方法发明和传播的具体时间，但毫无疑问，到 11 世纪中叶这种制造家用肥料的方法已经得到广泛采用。

中国北方农业的衰退

元朝统一中国是中国人口历史的转折点。由于在籍户数下降到极低的水平，在随后的两个世纪里，人地比例理应有大幅下降。然而，户均农田面积的扩大并没有使农村家庭的收入增加。在第六章中笔者曾提出，明初的经济危机导致生活水平大幅下降，1420 年的人均实际收入估计为 3.8 石稻米，只有 1121 年人均实际收入的大约一半。经济危机本身错综复杂，

形成原因也多种多样：生态恶化、战争造成的村庄农田的荒
废、瘟疫和人口减少、管制经济的兴起，等等。实际收入如此
大幅度地下降应该与农业总产量和人均产量的下降密切相关。
笔者按照珀金斯的方法估算得出，1393 年的农田亩产量为 93
斤，即每宋亩 0.91 宋石。[37]前文已经提到，由于对制度变迁及
其造成的农耕活动的退化有所误解，珀金斯可能低估了明初的
耕地面积。他认为中国帝制晚期的私有土地所有权、耕作技术
以及资本投入的主流模式起源于唐宋转型时期，并且假设这种
模式在 14 世纪后期保持稳定。同时，他的人均消费量不变的
假设可能不适用于明朝初期。[38]

本节对以明初每亩粮食产量和每户粮食产量为基础估算
的人均实际收入假设进行了验证。首先，鉴于自给自足的耕
作方式在明初的经济中占主导地位，我们可以合理地假设粮
食生产占当时国民收入的 90%。其次，如果我们接受珀金斯
在计算时提出的人均农业产量为 500~600 斤（250~300 公
斤）的数据，那么维持最低生存保障水平的产量应该定为
400 斤。[39]笔者对明初人均农田产量的估算值为人均 3.8 石稻
米，即约 5.7 宋石或 513 斤粮食，将这一估算值与珀金斯的
估算值进行比较可以看出，笔者的估算值仍然落在珀金斯提
出的数值区间内，而且明显高于最低生活保障水平。此外，
我们还可以用调整后的耕地面积来估算粮食亩产量，并将其
与利用珀金斯的土地估算值计算得出的粮食亩产量进行比较。
根据珀金斯的土地估算值，明初粮食亩产量可通过以下公式
计算：

1393 年　　　513 斤 × 60545812 人 /370730000 亩 ≈ 84 斤 = 0.56 石

折合 0.82 宋石每宋亩

84 斤是 1066 年以后的各亩产量估算值中最低的，但仍高于 10 世纪的估值。如果采用调整后的耕地面积数据 444876000 亩，则亩产量变成了 70 斤，相当于每亩 0.47 石或每宋亩 0.68 宋石，这个数据可以作为 1393 年粮食亩产量的下限，它仍然高于本章前面计算的 1021 年粮食亩产量。不过，这里估算的每亩 70~84 斤显著低于现有的各种明初亩产量估算值。1393 年 70~84 斤的粮食亩产量明显要比笔者估算的 12 世纪 133 斤的粮食亩产量少得多。这个估算值如此之低，其合理性还需要进一步分析。

到目前为止，我们有了两个亩产量估算值：每亩 93~139 斤或每亩 70~84 斤。第一个估算值的基础是宋元明过渡时期人均粮食消费不变的假设，它的上限值每亩 139 斤是由珀金斯自己计算出的，下限值每亩 93 斤是笔者基于珀金斯的计算方法并稍做调整后得出的。第二个估算值每亩 70~84 斤是笔者用自己的方法估算得出的，它的上下限之间并不太大的差距主要来自对明初耕地面积的不同估算。

本章讨论的真正问题是明初农业领域的经济状况，而不是人均粮食消费量的各种假设。[40] 因此，笔者首要关心的是 1400 年前后的农业亩产量是否在全国范围内出现了严重下降。在第三章和第六章中，笔者从两个角度论证了明初人民生活水平的大幅度下降：第一个角度是实际工资，尤其是士兵的军饷；第二个角度是估算的人均货币存量。根据详细的文献资料，笔者在第七章中已经证明在明太祖实行其官田政策之后，江南地区的家庭收入严重下降。农村家庭收入的减少这一点极其关键，因为长江下游地区不仅是 13~14 世纪农业最发达的地区，也为明初国家政权奠定了经济基础。正如珀金斯指出的，在明代

的前半个世纪中，国家都城定在了江南，而"全国总人口中
有大约一半都在距京城200~300英里的范围内"。[41] 然而，江南
地区生活水平的下降并不一定意味着农业亩产量的下降，而更
多是因为土地税的大幅增加极大地加重了农民负担。以苏州和
松江为例，明初户均农场规模为20亩左右，亩产量估算为
1.5~2.0宋石，明显高于1100年的亩产量。

　　不过，长江下游的耕地尤其是江南地区的耕地，不及
1393年全国在籍耕地总面积的1/10。[42] 1400年，绝大部分的耕
地都位于人口稀疏地区。耕种这些土地的不是士兵就是没有经
济来源而被迫移民的农民，他们既没有农具，也没有役畜来满
足基本的农业需要。由于多数农村家庭只能用简陋的农业工具
来种植约100亩的土地，他们的收获只能勉强维持家庭生计。
这种严重衰退的情形不仅困扰着北方的农民，而且打击了中国
中部和东部许多地区的农民。可以说，由于明初经济导致向粗
放型农业的倒退，全国的平均亩产量很有可能降到了极其低
的水平。

　　因此，江南地区较高亩产量对全国平均亩产量的影响很
小，后者主要是由江南以外占1400年全国耕地总量70%的中
国中部、北部以及其他地区的平均亩产量决定的。整个明朝境
内的农业都在衰退，江南地区的特殊状况对整个国家的影响微
乎其微，这就决定了全国平均粮食产量下降的整体局面。表
8-7展示了珀金斯和笔者所做的两组估算。笔者将自己与珀金
斯估算的不同值放在括号内。具体而言，珀金斯与笔者的估算
差异主要出现在湖北、湖南、安徽和山东等中东部地区。由于
江苏、安徽和湖北的亩产量估算值很低（见表中括号），即便
我们在江南地区采用较高的估算值，估算的全国平均水平仍然

181

182 远低于珀金斯的估算值。接下来，笔者将重点讨论人口分布、耕作模式和农田产量低等问题，以支持笔者对明初这些省份的估值。

表 8-7 1400 年中国农业亩产量估值

单位：斤

西北地区			
陕西	57~68		
北部地区			
河北	45~55	山西	48~57
山东	86~103(40~80)	河南	44~53
东部地区			
安徽	105~125(50~60)	江苏	105~125(50~80)
浙江	182~218		
中部地区			
湖北	146~175(70~85)	湖南	146~175(80~100)
江西	183~220		
东南地区			
福建	185~222	广东	81~97
广西	88~106		
西南地区			
四川	98~117		
全国平均水平	139(86~112)		

资料来源：Perkins, 1969：17, 19。括号内的数字是笔者为了反映这些人口稀少地区的低亩产而做调整后的结果。笔者还按照珀金斯的方法计算得到了表末的全国平均水平，首先把各省的粮食产量相加得到粮食总产量，因为此前珀金斯已经提供了各省的耕地面积（见 Perkins, 1969：229, table B.8），所以可以用粮食总产量除以总面积，从而得出全国平均水平。这个数字只能是一个粗略估计，因为有关 1400 年粮食生产的信息确实很少。尽管如此，调整后的结果仍然能够证实笔者所估算的两个数值，即每亩 93 斤和每亩 84 斤。

　　明初的人口分布与耕地分布存在惊人的错位，这使我们立即察觉到中国农业从集约型向粗放型大幅倒退的迹象。表 8-8 展示了保存至今可以为研究者所用的明初人口和土地最重要的数据。虽然总人口中大约一半居住在都城南京周围，但他们所耕种的土地只占在籍耕地总面积的一小部分，至少 2/3 的耕地位于人口稀少的北部和中部地区（江西除外）。因此，要想更全面地了解明初农业经济的情况，目光不能仅仅局限于长江下游地区。明初的"里"是理论上由 110 个农户组成的基本社会单元，所有的农民及其生产活动都被朱元璋编入了"里"来加以管理，因此"里"在全国的分布及其平均耕地面积有助于我们理解明初的农村人口情况和农业模式。表 8-8 汇集了不同类型的官方上报信息、各省人口、"里"的数量以及耕地面积等，可供我们从宏观上了解明初管制体系。

表 8-8　明初人口、"里"和未经调整的耕地面积的分布情况

地区	户数	里数	耕地面积(亩)	每里耕地面积(亩)
Ⅰ. 北部和西北部				
北直隶	334792	2784	58249951	20923
山　东	753894	5618	72403562	12888
山　西	595444	4294	41864248	9749
陕　西	294526	2330	31525175	13530
河　南	315617	2784	144946982	52064
小　计	2294273	17810	348989918	19595
Ⅱ. 东部				
南直隶	1912833	12854.5	126927452	9874
浙　江	2138225	10869	51705151	4757
小　计	4051058	23723.5	178632603	7530

183

续表

地区	户数	里数	耕地面积(亩)	每里耕地面积(亩)
Ⅲ. 中部				
湖　广	775851	3072.5	220217575	71674
江　西	1553923	10193	43118601	4230
小　计	2329774	13265.5	263336176	19851
Ⅳ. 东南部				
福　建	815527	3537	14625969	4135
广　东	675599	3409	23734056	6962
广　西	211263	1138.5	10240390	8995
小　计	1702389	8084.5	48600415	6012
Ⅴ. 西南部				
四　川	215719	1324	11203256	8461
云　南	59576	559	—	—
小　计	275295	1883	11203256	5950
总　计	10652789	64766.5	850762368	13136

资料来源：Ho，1959：10；梁方仲，1980：208-246，340-341，354-355。户数和耕地面积均以1393年记录为依据，未做调整。里数采用1461年成书的《大明一统志》中的记录。

从这一官方视角可以清楚地看出，根据每个"里"所拥有的耕地规模的不同，农村聚居存在两种主要模式。在北部和中部的许多地区，每里，也就是110~130户农民，要耕种2万亩甚至更多的土地，每户平均耕种150亩或更多。相比之下，在长江下游和福建，每里的耕地面积不超过8000亩。耕作是否粗放的分界线实际上存在于移民流入地区和移民流出地

区之间。即使在中部，江西每里的耕地面积也只有4230亩，
与福建和浙江接近，而江西在明初就是出了名的人口外流省。
北方的山西也是如此，每里的耕地面积为9749亩，是江西的
2倍多，但远小于北方的移民流入区。河南和河北的每里耕地
面积是山西的2～5倍，这两个地区接收了大量来自山西的强
制移民。明初朝廷直接管辖的南直隶由横跨长江的24个州组
成，这里的情况复杂，因为它既是移民流入区，也是移民流出
区，位于长江以北的一些区域如扬州、凤阳、淮安等地因战乱
和洪水而人口锐减，成为政府强制移民的流入区。

　　许多学者把注意力放在明初数额庞大的土地面积上。据记　　184
载，1393年全国耕地面积多达8.5亿亩，平均每户耕地面积达
80亩，相比1391年3.87亿亩的记载几乎翻了一番。藤井宏最
先将这个问题归因于虚额高报或印刷错误。虚额高报可能与某
些制度因素有关，如明初的鼓励开垦政策、土地测量中不同单
位的换算、有计划的移民运动等。朱元璋在全国范围内积极地
组织移民前去人口减少的地区定居，地方官员可能会为了讨皇
帝的欢心，把移民所垦的荒地部分或全部计入每年的报告。这
么做不会给地方官员带来什么麻烦，因为朝廷的政策通常会免
除新定居者多年的土地税。而印刷错误被用于解释河南、湖广
两省耕地面积的庞大，在将这两省的耕地调整为原数据的1/3
甚至1/10之后，经过调整的1393年总耕地面积就会少很多，只
有将近4亿亩。[43]尽管并没有什么材料能证实藤井宏的上述看法，
但出于技术性的考虑，许多学者接受了印刷错误这一解释，普
遍下调了明初的耕地面积。然而，我们需要更多地关注明初国
家和经济的历史背景，特别是洪武年间盛行的大规模强制移民
和军屯，因为正是这个管制体系制造出了上面提到的土地及人

口方面的报告。上文中，笔者采用未经调整的数字来计算每里土地面积的平均值，因为把这些数字放在一起有助于我们从官方视角来理解历史背景。笔者并不认为 8.5 亿亩就是真正的耕地面积，但在不了解明初政策对农业实践产生的重大影响的前提下就进行调整是非常冒进的。以赵冈为例，他不仅使用了调整过的数字，还采用人均耕地面积来重建许多地区在 14 世纪末的家庭农场规模（见表 8-9）。在认为赵冈的人均耕地面积不合理时，笔者会重新计算，然后在括号内给出赵冈的数值。据赵冈估算，如果不考虑河北，中国北部、东部和西北部的人均耕地面积在 7~14 亩内波动。其中，移民流入区和移民流出区的分别并不明显，例如，河南的人均耕地面积只有 14.3 亩，与山西的 10.2 亩相差无几。赵冈认为南方正常的人均耕地面积为 3~4 亩，所以他估算中国中部地区湖北和湖南的人均耕地面积为 7.7 亩，比山西的还低。

表 8-9　1393 年人均耕地面积变化

地区	耕地面积（百万亩）	人口（千人）	人均耕地面积（亩）
I. 中国东部的江北（长江以北）地区			
	70.6(20.7)	2096	33.7(9.9)
II. 中国北部及西北地区			
河北	58.2	1926	30.2
山东	72.4	5255	13.7
山西	41.8	4072	10.2
河南	44.9~144.9[a]	1912	23.0~76.0(14.3)
陕西	31.5	2316	13.6
小计	248.8~348.8(231.4)	—	—

续表

地区	耕地面积(百万亩)	人口(千人)	人均耕地面积(亩)
Ⅲ. 中国中部			
湖北和湖南	220.2(36.4)	4702	46.8(7.7)
总计	850.4(502.5)[b]	60537	14.0(8.3)

资料来源：Chao, 1986: 81-82。

注：a.1393 年河南最初上报的耕地面积达到 1.449 亿亩，这个数值太高了，其真实性令人怀疑。现代学者认为可能是印刷错误，调整为 4490 万亩。

b. 此处为明代全国耕地总面积，还包括了南直隶长江以南区域、四川、广东和广西等地亩垦数。

按：赵冈原表中所列北方和华中区域均为人少地多地区，但其数据被刻意调整了，笔者保持赵冈原表数据不动，但对其区域划分稍做改变，以恢复这些区域人均耕地数据的原貌。这里剔除了原表中的"南直隶"（含长江南北区域），而代之以"江北"（南直隶所辖江北州府），因为两部分社会经济在明初差异过大，不宜被当作一个整体对待。括号中是赵冈调整后得出的数字，总体上他对元明之际人口减少这一重大现象重视不够，所以倾向通过调整来减低明初这些地区人均耕地的扩大幅度。表 8-9 所列各地区耕地亩数总计为 539.6~639.6 百万亩，而经赵冈对各区域人均亩数调低后的耕地总面积只有 288.5 百万亩，大约只是原来的一半。值得注意的是，他将江北地区的耕地面积从人均约 34 亩调整为接近 10 亩，至于为什么要调整到这一数值，赵冈没有给出任何解释。关于这一问题的进一步探讨，见本书附录 H。

赵冈重建的数据没有体现人口稀少地区和人口密集地区在户均拥有土地规模上的差异。他的重建工作的出发点是 1393 年全国平均农场规模。当时在籍的总户数为 10654362 户，共计 59873305 人，1391 年上报的耕地面积为 366771549 亩，据此可计算人均耕地面积为 6.1 亩，户均农场规模约为 35 亩。这是一个表面上看起来适合集约型农业耕作方式的中等农场规模，因此赵冈很有信心地在估算中缩小了家庭农场规模上下波动的范围。然而，回避 1393 年和 1391 年耕地面积的巨大差异而在全国范围内计算的户均农场规模是一个误导性的经济指标，因为它掩盖了明初巨大的地区差异。表 8-9 显示，长江以北地区的耕地总面积最少为3亿亩至3.5亿亩，占到了未经调整的全国耕地面积的60%~70%。[44]

由于这些地区人口流失严重，所以劳动者可以被分配到远超过其耕种能力的土地，而且新开垦的耕地大多是荒地，没有灌溉设施。结果在长江以北的地区，户均耕地面积远远超出了一个农耕家庭所能够管理的规模。假设明初平均每户有六口，在以南京为中心的南直隶地区可以发现，苏州和松江等核心区的农场规模尚在农户的管理能力范围之内，而在包括凤阳、淮安、扬州在内的长江以北地区，平均每户拥有的耕地将近200亩（见表8-9），其结果就是集约型农业和粗放型农业并存于同一个行政区范围之内的复杂局面。另外，我们可以计算得出河南和河北的户均农场规模也在100亩以上，长江中游的湖北和湖南地区的户均农场规模甚至超过了200亩。

虽然我们还不能肯定1393年的原始数据应该在多大程度上被下调修正，但这些数据至少能够表明，人均耕地面积的差异正是在里甲制度和强制移民背景下由家庭农场规模的过度膨胀造成的。这是明初农耕模式改变的重要信号，值得我们关注。如果我们要对1393年上报的耕地面积进行调整，应当考虑从藤井宏提出的制度视角出发。1393年的耕地面积显然是虚额高报的结果，但全国数据和省级数据能够揭示明初朝廷如何管理土地耕种。朱元璋不仅提倡自给自足的经济模式，而且在许多人口稀疏的地区随意规划粮食生产量。如下文将要指出的，粗放型农业成为人口稀少地区的主要耕作模式，大量的休耕土地要等到下一年才有人工播种。但是正如洪武年间的制度所要求的那样，一旦地方官员和军事将领奉命屯田，他们需要按时汇报垦田总数作为政绩。在这种情况下，官方报告不仅包

括下一年才能有人工播种的休耕土地，还会包括计划将要开垦
的荒地。从这一体制角度看来，这些新定居区的家庭农场规模 186
的过度膨胀，也就意味着主要的耕作方式退回到粗放生产，这
进一步导致了粮食亩产量下降到唐宋转型以来的最低水平。下
文笔者用军屯和其他例子来说明强制移民、粗放型农业与粮食
亩产量降低之间的联系。

向粗放型农业倒退的现象可以追溯到12世纪末的金朝后
期。元朝统一中国后，粗放型农业便成为中国北方主要的耕作
方式。这个过程也与经济去货币化尤其是管制经济的兴起密切
相关，军屯制的兴起最能说明这一点。12世纪末，为了在风
雨飘摇中维持其统治，金朝在华北大力推行军屯，女真人每户
拥有的平均农场规模达275亩，但1183年的牛具数量不超过
390141个，平均大约每两户才有一个牛具。[45]蒙（元）宋战争
期间，忽必烈把军屯作为确保军事后勤的有效手段，这项政策
的成功又推动后来的统治者将其推广至全国。根据一份不完整
的官方记录，1262年到1331年间，全国共有72个州级行政
单位设置了军屯，涵盖227201户家庭和16454720亩土地，[46]在
这个政策之下耕种土地的既有士兵，也有普通百姓。表8-10
列出了元代军屯制下不同区域的户均农场规模，数据总体上显
示出户均农场规模的扩张。

表 8-10 1262~1331 年人口稀疏区军屯的平均规模

地区	户数	耕地（亩）	户均农场规模（亩）
Ⅰ. 中国北部			
河间	3172	1298638	409
大同	12765	700000	55

续表

地区	户数	耕地（亩）	户均农场规模（亩）
Ⅱ. 中国东部			
淮安	19909	4037666	203
扬州	1305	168815	129
庐州	2608	337630	129
Ⅲ. 中国中部			
南阳	6041	1066207	176
德安	15340	887996	58
Ⅳ. 中国西北部			
丰原	4534	468272	103
赣州	2290	116664	51
宁夏	3004	224650	75

资料来源：王颋，1983：247-249。

尽管不同区域户均农场规模有很大的差别，但我们仍然可以看到粗放型农业在人口密度严重下降地区的盛行。考虑到明初管制体系下一里有110户人家，表8-10中所显示的平均军屯规模和表8-8中所显示的1393年平均军屯规模惊人地相似。在元代军屯制下，地处长江以北的淮安和扬州地区的户均农场规模分别达到了203亩和129亩。到1393年，据记载扬州地区的户均农场规模为192亩。家庭农场规模在数百年里持续扩张，意味着1200~1500年，由于相关地区的人口土地比极低，包括休耕制和人力耕种在内的粗放型农业实践模式在这些地区广为流行。

在明代头一百年的历史中，中国北部和中部地区的农业无疑被置于管制经济之下。朱元璋极力推行军屯，并在全国范围内推行强制移民政策，以保障民屯的实施。根据曹树基的研究，包括军事移民和普通移民在内的强制移民人数仅在洪武年间就高达1100万（关于重点移民地区见表8-11）。曹树基认为，1393年全国人口中每6.4人中就有1人是强制移民，[47]这无疑是中国历史上前所未有的大规模强制迁移。另外，如果从地区层面来看，地方社会中强制移民的比例可能还会更高。大多数强制移民被分配到人口稀少的地区，尤其是中国西部和中部地区，在这些移民流入地如四川、河南和湖广，移民可能占到总人口的40%~50%，而河北、皖北和苏北（明代南直隶长江以北地区）、山东继之，移民达到1/3左右。由表8-12可知，在某些地区，如河南的许多州县，以外来移民为主体所建构的村社（包括社、屯、寨等）数量要远远超出以本地居民为主体的村社。

表 8-11　1368~1398 年中国强制移民的分布及比例

单位：千人

省份	全部人口	本地人口	百分比	普通移民	百分比	军事移民	百分比
南直隶	11711	8804	75.2	1863	15.9	1044	8.9
湖广	4525	2811	62.1	1333	29.5	381	8.4
四川	1800	900	50.0	800	44.4	100	5.6
山东	5943	3870	65.1	1869	31.4	204	3.4
北直隶	2763	1659	60.0	848	30.7	256	9.3
河南	2859	1670	58.4	934	32.7	255	8.9
总计	29601	19714	66.6	7647	25.8	2240	7.6

资料来源：曹树基，1997：472。以上地区普通移民765万，加军事移民224万，合计989万。

表 8-12 河南农村中的本地村社和移民村社

单位：个

村社起源类型	卫辉	商丘	南阳	西平
本地居民	34	39	62	4
移民	85	64	144	23
总计	119	103	206	27

资料来源：曹树基，1997：247，253，259，262。

188   朝廷强制移民是为了开垦因战争和自然灾害而被废弃的土地。军事移民的对象包括士兵及其家人，主要任务为建立军屯；普通移民则会被编入里甲制度以开展耕种活动。这两个移民体系的基本单位都是屯，各移民地方的现实情况使粗放型农业成为必然。无论军事移民还是普通移民，都是受到强迫才在如此偏远落后的地区垦荒。这些地方没有基础设施来支持农村定居点，遭到破坏的水运也无法支持长途交通和贸易，农村集市寥若晨星地分布在各地，许多地方一个县才有一个市场。[48]

明朝政府对移民的补贴微乎其微，这进一步使移民的生活状况恶化。1403 年，明朝第三位皇帝朱棣颁布法令，要求按照里甲制度组织囚犯到北方耕种劳作。法令规定每个成年男性可得 300 贯宝钞，每里居民可共用 5 头耕牛。[49]法令允许有经济能力的家庭额外购买耕牛，但移民家庭几乎都没有这个能力，[50]因此大多数移民应该都是与同里内的 110 户家庭共用 5 头耕牛。鉴于每个成年男性可获得不少于 50 亩农田且上不封顶，假设每户平均有一个半成年男性，那么耕牛和土地的比例将达到 1∶1650，也就是说平均一头牛要耕种 1650 亩土地。这种情况下，牛耕这项农作技术显得毫无意义。

中国粗放型农业在 14~15 世纪的显著特征是畜力的缺乏。

表8-13展示了一份基于直接证据的全国性调查。尽管朱元璋迫切地推广军屯，但他也注意到了农具和役畜缺乏的问题。为此，卫所指挥官需向朝廷汇报役畜的具体数量。1393年，全国记录在册的耕牛总数超出28万头，但用这个数字除以已知的全国军屯面积后，平均每头牛耕作的面积多达78亩。需要指出的是，已知的全国军屯面积（表8-13中的耕地面积）来自弘治年间（1488～1505年）的官方数据，当时军屯已处于衰落状态，因此总的军屯耕地面积可能远少于1400年的总面积。我们由此可推算出明初军屯中每头牛耕作的土地面积至少应为100亩。如果畜力不足的状况真的延续了几乎半个明朝，那么这将是导致农业普遍衰败的另一个原因。

表 8-13　军屯田耕牛的分布

地区	耕牛数量（头）	耕地面积（亩）	每头牛耕作的面积（亩）
Ⅰ. 东部			
南直隶	71450	3640983	51
浙　江	2246	227441	101[a]
Ⅱ. 东北			
	13878	1238600	89
Ⅲ. 北部			
北直隶	64387	1640276	25
山　西	26958	2308128	86
陕　西	27467	4245672	155
山　东	5999	206000	34
河　南	36319	3639017	100
Ⅳ. 中部			
江　西	499	562341	1126[b]
湖　广	4667	1131525	242
Ⅴ. 东南部			
福　建	—	538137	—
广　东	482	7233	15
广　西	950	51340	54

地区	耕牛数量(头)	耕地面积(亩)	每头牛耕作的面积(亩)
VI. 西南部			
四　　川	8190	659000[c]	80
云　　南	15284	1087743	71
贵　　州	5272	933929	177
总　　计	284048	22117365	78

资料来源：王毓铨，1965：103，122-123。1393 年耕牛数量源于《明会典》。军屯的耕地面积记录可追溯至弘治年间。14 世纪 90 年代，军屯耕地总面积估算在 4000 万亩以上。

注：a. 浙江每头牛耕作的面积达 101 亩，每块军屯分地仅有 12 亩，或有他因，见王毓铨，1965：121。

b. 江西每头牛耕作的面积为 1126 亩，为全国之最，而军屯面积只有 562341 亩，耕牛更只有 499 头，或为报告缺失不全所致，见王毓铨，1965：72。

c. 四川省记载的土地面积为 65954526 亩，数值过大并不可信。王毓铨（1965：103-106）认为这是中国传统标准单位转换时发生错误的结果，比实际面积扩大了 100 倍。

　　粮食产量低是粗放模式的必然结果。更具体地来说，进入元朝统治之后的近三个世纪中，华北的耕地亩产量大幅下降，这一点已经为现代的学者所了解。由表 8-14 可知，北方农业的平均亩产量一直要到 1550 年才恢复到 11 世纪的高水平。珀金斯估算的明初全国平均亩产量是 139 斤，笔者估算 1393 年全国平均亩产量是 84~93 斤。然而，华北的亩产估算值仅是笔者全国平均估算值的一半，只有纳入了南方特别是长江下游地区的高农业亩产数字之后，所得的平均估算值才可能体现全国平均水平。珀金斯估算的全国平均亩产量比中国许多地区的亩产量高出了 3 倍，这无疑是对明初农业生产的过度乐观。

表8-14 11~16世纪华北农业亩产量估算

时期	地区	亩产量
11世纪	河南	1.0~1.5宋石（94~148斤）
12世纪	河南	0.8~1.5宋石（75~141斤）
13世纪末	山东	0.1~0.5元石（13~67斤）
15世纪	河北北部和山西	0.3明石（42斤）
16世纪上半叶	山东	0.35~0.7明石（49~98斤）
16世纪下半叶	山东	0.8明石及以下（112斤）

资料来源：北宋时期数据，见华山，1982b：4-5。12世纪的估算值源于《金史·食货志》中1219年的一份报告。13世纪华北的估算值来自陈高华、史卫民（2007：113）。关于15世纪，高寿仙提供了农业产量低的两个典型例子，一个在山西大同，另一个在河北北部。这两个地方在任何情况下，即使是丰收年份的亩产量也没有超过0.5石（高寿仙，2006：75-76）。对于16世纪山东最先进的地区濮州，李令福估算每亩小麦产量是100斤，按照1石等于140斤或70公斤的比例，100斤小麦可转换成0.7石（李令福，2000：198-199）。笔者将这一数值除以2作为北方其他地区农业产量的估算值。

不过，考虑到相关数据资料极不完整，前文所述的估算结果还不够完善。农书的出版在元代达到高潮，其中许多农书都是由朝廷出资刊行的。[51]那么，在华北恢复和平后，农民是否有可能利用这些农书所提倡的技术并增加肥料和其他工具的使用？

人口密度的变化是造成华北出现不同农耕方式的重要因素。表8-15展示了华北人口密度长期变化的整体趋势。数据源于北宋、金和明代各时期的人口调查。如第一、二章所述，1400年后上报的人口数据并不可信，因为当时上报目的不再是记录农户数量，而是确保税收配额，这导致各地方上报的人口数量出现停滞甚至是"下降"。但北方一些省份的情况有所不同，例如，北方五个省份的在籍总户数从1393年的1550万左右增长到 1542 年的 2670 万。鉴于上述的情况，笔者也采用 1578 年的数据做进一步比较。[52] 除极少数例外，1393 年的人口密度是六个世纪里最低的，这与笔者认为华北粗放型农业盛行的观点相符。

表 8-15　980~1578 年华北人口密度变化

单位：人/平方千米

地区	10 世纪 80 年代	1102 年	1207 年	1393 年	1578 年
河南	36.9	63.9	105.6	19.2	54.0
山东西部	32.2	77.8	109.5	23.1	63.3
山东北部	36.6	82.6	139.1	35.4	51.7
河北	39.7	71.9	141.6	19.7	58.4
天津	15.3	25.1	67.0	17.8	18.0
北京	35.3	36.3	146.0	11.9	42.5
苏皖北部*	23.2	42.5	27.4	17.2	32.8
苏皖南部*	23.0	55.9	24.8	41.1	35.7
华北地区整体的平均人口密度	31.3	59.6	93.8	22.2	46.2

资料来源：吴松弟，1993b：256，262-263；曹树基，2000a：240-246。五个基准年内，只有 1393 年的人口密度按照曹树基关于人口密度分布的研究进行了重新计算。北京和天津的数据是曹树基表格中北平和河间的数据。按照曹树基表格中的人口和地理规模，笔者重新计算了山东和淮河地区的人口密度。

注：＊分别指安徽和江苏淮河以北的地区与淮河以南的地区。

14 世纪的数据源于胡祗遹（1227~1293[①]，曾任山东地方高级官员）的一篇重要文章——《论农桑水利》。在该文中，他批评了北方盛行的粗放型农业的低效。根据他的描述，一个农民要耕种 200~300 亩田地，但只有一头年迈体衰的役畜可供使用，农民从每亩土地上收获的粟不过 0.2 元石（26 斤）。[53]

① 一说卒于 1295 年。——编注

这段批评有力地揭露了13世纪末农业的恶劣境况。

《明实录》中有直接的证据可以表明，军屯的分地属于亩产量最低的耕地之列。对现代的研究者来说幸运的是，因为军屯制度是明初管制经济的基石，所以卫所需要在每年播种之后陆续提交三次报告，上报作物生长、开花、成熟和收获等情况。[54]保存在《明实录》中的产量数据为我们提供了有关屯军人均产量的第一手资料。1402年颁布的一项法令规定了军屯分地的绩效评定标准。根据这项法令，凡领有一块分地（北方大约50~100亩，南方更少）的士兵，其生产定额为24石粮食。这名士兵需要先将全部粮食（也称"屯田子粒"）上交至卫所粮仓，其中一半也就是12石是正粮，收贮于屯所仓库，作为该士兵及其家人的口粮，每月1石。另外12石作为余粮上交，供作本卫官军俸粮。这一标准还意味着军屯分地规模和亩产量之间会成反比例关系：随着分地规模的增加，亩产量会减少（见表8-16）。由于中国北方和中部地区的大多数士兵种植的耕地面积不少于50亩，所以平均亩产量很低，很可能只有0.2~0.4石。

表 8-16　1403~1450年军屯亩产量估算值与分地规模

分地规模（明亩）	分地产量（明石）	分地亩产量（明石/明亩）
12	24	2.0
20	24	1.2
30	24	0.8
50	24	0.48
100	24	0.24

资料来源：王毓铨，1965：130。

192　　　　永乐年间军屯的粮食产量经常被学者用于论证 1400 年前
后的经济复苏。[55]王毓铨的专题研究提供了一系列军屯粮食总
产量的数据，其中 1403 年的屯田子粒即军屯粮食总产量超过
了 2300 万石（见表 8-17），是当年土地税总额的 3/4。从一
般民户征收的土地税和从军屯田征收的粮食总计超过 5000 万
石，这是明代近三百年中朝廷税收的顶峰。之后在短短的二十
年内，军屯的总产量急剧下降到仅有 1403 年的约 1/5，到 15
世纪中叶更降至 1403 年的约 1/10。

表 8-17　军屯的屯田子粒

单位：石

年份	屯田子粒(总产量)	指数	年份	屯田子粒(总产量)	指数
1403	23450799	100	1434	1776141	8
1409	12229600	52	1439	2792146	12
1413	9109110	39	1444	2762777	12
1423	5171218	22	1450	2660673	11
1428	5552057	24			

资料来源：王毓铨，1965：213-214。

　　1403 年的粮食年产量之所以是一个顶峰，主要是由于上
交屯田子粒的政策有了重大调整。24 石之高的定额使屯军普
遍陷入了贫困，1422 年朝廷颁布一项新法令，将上交的余粮
从 12 石减至 6 石，加上自用的 12 石正粮，一名屯军需上交 18
石粮食。1437 年，明成祖朱棣最终决定一名屯军只需要将余
粮送至粮仓，即只需上交 6 石粮食，[56]这只有约四十年前所交
屯田子粒的 1/4。表 8-17 中报告的屯田子粒一路下跌，从
1403 年的约 2345 万石跌至 1439 年的约 279 万石，这首先是因

为配额的调整，而调整配额又是对军屯衰败的无奈回应，但这些措施仍然落后于实际情况的变化。1409 年，也就是朱棣颁布定额政策的第七年，报告的屯田子粒就已经减少了一半。气候恶劣、农具与耕牛匮乏、士兵被迫劳动、军事组织效率低下等因素共同造成了粮食生产的不稳定性。

可以想见，全国平均的军屯亩产量很低。1403 年，据报告全国军屯的屯田子粒达到 23450799 石，是明代历史上的最高纪录。根据每名屯兵需上交 24 石粮食的制度，这一总产量需要 977117 名屯兵。据估算，当时的军队总规模不低于 120 万人，其中超过 70% 的士兵被派去屯田，[57]因此可以估算至少有 84 万士兵常年务农。这个数字可以与前文估算的 1403 年所需屯兵数量相互印证，表明明代所有军队都执行军屯制。按照王毓铨估算的军屯田总面积 6000 万～9000 万亩，可以计算得出全国平均的亩产量为 0.2～0.4 石，[59]与元代华北亩产量估算值的下限基本相当。可以说，明代军屯只是沿用了 14 世纪盛行的粗放型农业模式。

军屯的兴衰可以作为一个指标，用来衡量明代采行粗放型 193
农业的程度。屯田子粒的顶峰出现在明代的前七十年，到了正统年间产量已经下跌到 270 万石左右，正德年间（1506～1521年）的产量暴跌到了最低纪录的 100 万石左右，还不到 1403年粮食总产量的 5%。[59]16 世纪初，军屯制与管制经济已经无法适应社会发展，许多屯户与市场的联系越来越紧密。然而在 16 世纪的明代，市场经济发展的区域差异十分明显。虽然北方人口增长明显，但贸易大部分集中在京杭大运河一带，对农村大多数人口影响不大。16 世纪中叶，允许农民支付货币以免除劳役的一条鞭法逐渐在长江下游和福建、广东的沿海地区推广开来，但北方的官员并不想效仿他们的南方同僚。16 世纪 80 年代，朝廷决定在北方省份强制推行这项改革政策，但很多地方士绅仍在抱怨这种财政改革不切实际，因为大多数农户很少有机会获得货币。因此，我们不应该高估 16 世纪中国北方的经济发展，更不能将其与 11 世纪和 12 世纪的经济发展相比较。

华北人口密度的长期变化趋势也可以验证以上观点。如表 8-15 所示，华北的人口从 1393 年到 1578 年大幅增长，然而增幅不及从 10 世纪 80 年代到 1207 年的人口增幅，16 世纪晚期的人口密度仍然很低。这里的关键因素之一就是明初人口数量的减少。除去极少数例外，1393 年的人口密度是其前后六个世纪当中最低的，这个情况也可以与笔者认为北方粗放型农业盛行的观点相印证。基于这个比较，我们很难想象 1580 年集约型农业的发展能达到宋金时期的高峰水平。

河南的经济发展是体现 16 世纪北方经济性质的一个典型实例。河南是金、元、明易代过程中人口减少最多的省份，15 世纪上半叶该省的大多数人口都是移民后代。基于丰富的土地供给，河南的在籍总户数从 1391 年的 373454 户增加至 1482 年的 541387 户，到 1578 年又上升到 633067 户，在不到两个世纪的时间里全省人口几乎翻了一番（见表 8-18）。但如此快速的人口增长应该被理解为复苏的表现，而不是向集约型农业转变的表现。人口数据可以证明这一点：1393 年河南人口密度为每平方千米 19.2 人，相比之下，浙江同期人口密度为每平方千米 110.4 人。[60]即使经历了长期的快速增长，河南人口仍然比 1102 年的估算人口（500 万~600 万）少。[61]在元朝以前河南人口密度的最高纪录是 1207 年的每平方千米 105.6 人，远远高于明末 1578 年的每平方千米 54.0 人。

　　把明代前两个世纪河南的市场发展与宋代的情况相比较，会发现前者更加谈不上有明显进步。河南曾经发达的水路运输网在明初已完全毁坏殆尽，只剩下了卫河以北的少数水道。由于京杭大运河改道后远离河南，一直到 1580 年我们在河南都很难找到大的经济中心。这里的市场和城市化不发达，因此几乎无法为农业提供商业化机会。

　　仔细研究一个半世纪当中户均农场规模的变化，我们甚至要怀疑，即使到了 1550 年河南的农业也没有从粗放型转向集约型。马雪芹试图重建明朝从洪武到万历期间河南人口和垦田的增长过程，据其研究，随着河南总户数从 1391 年的 373454 户增加到 1552 年的 621353 户，当地的户均农场规模实际上也扩大到了 100 亩以上（见表 8–18）。然而，这个户均农场规模上升的趋势很可能是一个计算错误，理由有二：第一，户均人口的增多造成了人口增长的低估；第二，如表 8–18 的按所指出的，马雪芹对 1391 年耕地面积的估算是错误的。如果按照何炳棣的理解，14 世纪 90 年代河南耕地面积为约 4.49 亿亩，那么户均农场规模将会略微缩小，而不是大幅扩大。尽管如此，不管是马雪芹的估算还是何炳棣的估算所揭示的户均农场规模都非常大，表明粗放型农业仍然占主导地位。因为休耕土地应占农田总面积的 1/3 或 1/2，如果将休耕土地面积包括在内，亩产量可能会更低。这种情况下，粮食产量也会明显低于 11 世纪末的水平。即使我们假设粮食亩产量翻倍，即从 0.3～0.4 石提高到 0.6～0.8 石，并且户均农场规模确实在 1550 年大幅下降，我们得到的亩产量上限值仍然和 11 世纪的产量值相差无几。

194

表 8-18   1391~1608 年河南人口与耕地面积的变化

年份	耕地面积(千亩)	指数	人口（户）	指数	家庭农田 平均规模(亩)	指数
1391	27351(44947)	100	373454	100	73(126)	100
1412	27708	101	382499	102	72	57
1482	28698	105	541387	145	53	58
1502	41629	152	—	—	—	—
1552	73615	269	621353	166	118	128
1578	74158	271	633067	170	117	127
1608	95418	349	—	—	—	—

资料来源：马雪芹，1997：51，66。

按：关于明代河南人口，曹树基指出，1393~1482 年平均家庭规模从 6.9 人增至 8.9 人。他认为，这是因为 1400 年以后家庭调查存在错误（曹树基，2000a：203-204）。因此，这里展现的家庭户数增长滞后于人口总量的增长。耕地指数暂以马雪芹所推测的洪武年间 27351 千亩为 100。据《明会典》的记载，河南耕地面积为 144947000 亩，高得令人难以置信。何炳棣认定这是印刷有误，应该是44947000 亩（何炳棣，1988：101）。马雪芹基于 14 世纪 90 年代人均耕地面积为14.1 亩的空洞假设，推测 1391 年河南耕地总面积为 27351000 亩（马雪芹，1997：35-39）。今表中二说并存，括号内系从何炳棣主张的 44947000 亩推出洪武时期河南户均农田面积为 126 亩。

小　结

195　　本章旨在考察市场的扩张和收缩对农业的影响，关注的核心问题是中国帝制后期的市场是否在提高农业生产力方面扮演了重要角色。根据马尔萨斯理论，由于人口与土地的比率变得极低，1400 年前后的农业人均产出将变高，生活水平也会随之提升。与此同时，笔者的研究表明，明朝的反市场政策导致当时经济的深度去货币化，市场机制在明朝成立之后被管制体系所取代。在这两方面对立的背景之下，人们或许会问，经济货币化的深度衰退是否真实地揭示出甚至直接导致了农业生产力的下降。

本章聚焦于农村经济，推算了华北农业生产率的变化。笔者的评估主要基于两种耕作模式的区别，以及人口密度与总需求的重大改变对耕作模式选择的影响。比较宋明时期的耕作模式与家庭生产能力，可以得出一个初步但有说服力的结论：对农业的发展来说，市场的重要性不亚于技术的重要性。技术上来说，当我们把宋代的人均实际收入转化为平均亩产量时，得到的是一个合理的"具有现实性"的估算值。为了与估算的人均收入标准相匹配，笔者计算指出 1109 年平均亩产量必须不少于 133 斤（相当于每宋亩 1.3 宋石）。这一结果不仅大大低于当时农书中的理想产量，也远远低于所谓"宋代经济革命"理论的说法。这个差距无疑是农书作者的理念与现实世界之间的差距，农书应该被理解为指导理论而非对现实的客观描述。有些人认为技术和知识的不足会使传统社会的发展遇到极限，但事实是，在 1000~1200 年的几个世纪中，农业的发展还没有遭遇天花板。

政治经济学角度的研究凸显了现在有关江南生活标准的争论的不足，它提醒读者留意，在元朝实现大一统并建立起以北京为中心的政治体系之后，中国各地区之间的市场整合程度严重下降，长江下游与北方地区的差异也空前地增大了。在我们判断 1400 年前后的中国经济是依旧低迷还是已经开始复苏时，北方的经济状况值得被给予同等的关注。在这一意义上，明初农业退化到粗放模式的事实更发人深省。与马尔萨斯式的观点不同，1600 年以前阻碍中国农业进步的并不是土地缺乏，1393 年的人口与土地的比值降到了中国帝制后期一千年内的最低点，但这个时候的农业亩产量也落到了最低点。

对明初粗放型农业的考察为市场经济体制与管制经济体制之间的比较研究提供了一个重要的答案。毫无疑问，对明初华北的论述总是与朝廷实施的管制经济有关，军屯和强制移民提供了土地开垦所需的绝大部分劳动力。中国北方、西北和中部的经济和社会重建都是在国家计划之下进行的，里甲就是组织强制移民的基本单位。大多数情况下，国家计划的重建都不包括对市场的利用。然而，这种国家计划的做法十分低效。粗放型农业导致产量低下，虽然各地区的估算值有所差异，但整体上华北农业亩产量在元朝实现统一之后的近三个世纪里持续降低。明初管制经济的崛起应该为生活水平的急剧下降负最主要的责任。

结　论

本书比较了在近千年的中国历史上曾经出现的两种独特的经济现象：被认为是 11 世纪世界上最大经济体的宋朝的市场经济和 14~15 世纪的明朝试图实现的世界上最庞大的管制经济。研究中国市场经济的历史，要求研究者基于量化数据全面评估市场表现，为此，笔者付出了大量的努力来收集宏观经济数据。与当前只强调社会变化或农业生产力的研究方法相反，笔者将研究范围拓展到更广泛的经济活动层面，其中笔者收集到的最核心资料是各类基于需求的数据（间接税、工资、物价、货币存量、消费等），整合这些数据并加以阐释，可以揭示中国前工业化时代的各种长期趋势和结构性关系，进而可以帮助我们检验从供给方面（主要是农业）观察到的经济变化。

从市场经济向管制经济的转变是 1000 年到 1500 年间最显著的变化。宋明两代市场的比较，本质上是在评价前工业化时代中国的市场经济。市场不仅在经济发展中发挥决定性作用，而且有助于人们维持高水平生活，表现为劳动者的实际工资、农民的平均收入以及交通和教育方面的地方项目等，这会使得社会大多数人从中获益。例如，从 980 年到 1080 年这一个世纪的市场扩张过程中，农户中佃农的比例明显下降。因此，废除市场会严重地损害普通民众的自由并导致他们的收入大幅下降。

中国历史国民收入的研究

本书试图研究宋明时期经济的重大变化，这说到底还是在探究过去，历史学家所能获得的前工业化时代的经济和人口数据很难达到现代社会科学的要求。现有的资料中还存在许多关键的空白，并且很多资料并不完全可靠，因此本书得出的任何结论都只是尝试性的。然而，定量分析有助于我们澄清一些历史假设，并通过突出某些特别的数据，促使研究者从不同的角度重新理解、审视历史上的某些事件。笔者能够从个别数据源和多数据源两方面得到一些逻辑上自洽的结论，这本身就是建立有信服力的解释的重要一步。

笔者的研究旨在对一些关键变量进行评估，包括国内市场的规模、税收结构和人均税负、农业亩产量、实际工资以及人口增长等，所有的这些都是影响中国历史上国民收入变化的重要因素。这些估算可能会有一定的误差，但不影响我们得出基本结论。基于这些估算，笔者希望建立一个能够体现前工业化中国的市场经济长期变化的框架，推动学界进一步探索中国历史上的演进历程。

在数据分析和历史研究相结合的框架之下，笔者考察了宋明两个时期的市场经济表现，并聚焦于五个方面：农业生产力、人口增长、人均 GDP、实际工资以及商业化程度。对于每一个方面，笔者均根据现有的数据，从经济角度来辨别其发展方向、趋势和模式，并将这些发现与各时期的相应制度背景和重要事件联系起来加以考察。

11世纪市场的发展

定量分析清楚地表明，11世纪市场的发展极大地改变了中国的面貌。幸运的是，1077年到1080年的宋代数据是现存数据中最丰富、最可靠的。这一时期的每一类数据都从各自不同但又相互联系的角度描述了经济的快速发展，最终共同指向了经济的整体上升趋势。北宋的人口数据显示，全国的总户数迅速增长。1077年的商税数据证明了宋代水运系统的快速发展，而这应该结合安史之乱后的过渡期内经济和政治权力转型的背景加以理解。水运对宋代商业的发展发挥了至关重要的作用。其他基于市场的数据，例如，1077年国内市场规模的复原、北宋时期货币存量的估算以及11世纪主要商品贸易量的估算，均表明了市场经济在11世纪达到了空前的繁荣程度。

笔者进一步从生活水平方面衡量了宋明时期的经济状况。笔者的比较显示出，11世纪宋代低级士兵（如厢军）和体力劳动者的生活水平明显比明初的高。在11世纪市场发展的前提下，笔者尝试论证了作为中国传统经济主要部门的农业的发展水平，认为它的发展可能足以与其他经济部门相提并论。从980年到1109年，中国的人口增长了3倍多，耕地面积则增加到原来的2倍左右。为了满足人口增长和城市化对粮食日益增长的需求，并应对人均消费水平的提高，我们估算的1109年平均亩产量至少要达到133斤，即大约1.3宋石每宋亩。

集约型农业的兴起为11世纪粮食总产量的增加奠定了坚实的基础。然而，集约型农业的发展必须从供给和需求两方面来考察。从供给角度来看，技术的革新、移民以及农村资本形成等推动了耕地面积的扩大和农业亩产量的提高。从需求的角

199

度来看，城市化的发展、水运的发展以及人口增长共同促进了农业生产力的提高。

向管制经济的倒退

从 1368 年到 1450 年，中国从繁荣的市场经济倒退回了僵化的管制经济，这是本书所描绘出的一个令人诧异的景象。政治史、制度史的学者已经指出，明初的经济体系以里甲制度、世袭户籍、强制移民和军屯为特点。明初丰富而可靠的经济数据使笔者能够深入探究这种管制经济的运作情况，并准确评估其对明代经济造成的持久负面影响。

管制经济占据主导地位的直接后果就是经济的去货币化。明初的两税数据显示，直到 16 世纪初，国家财政中的实物支付依然盛行。笔者还利用 1381 年的商税数据重现了明初的市场规模，并将其与 1077 年的数据进行比较。明初的在籍总户数只有 1060 万户，将近 1078 年宋代在籍户数的 2/3，但 1381 年国内市场的规模相比 1077 年的差距甚至比总户数的差距更大。以货币计算，11 世纪中叶的户均贸易量大约是 14 世纪 80 年代的 7~10 倍。市场机制曾经在中国经济中扮演很活跃的角色，但明初朝廷实施了各种各样的政策，如非货币支付、强制移民、世代当差以及公共工程强征劳力等，以图把市场机制从中国经济体系中移除。从徽州地契中可以看出，在曾经是最发达地区的长江下游，15 世纪初的经济已经退回到了以物易物的程度。与他们的先辈们不同，明初的农民生活在一个几乎不需要货币的世界里。

作为宋代市场经济发展的反例，明初的管制经济显示出反市场政策给经济生活带来的高昂代价。笔者首先通过士兵实际工资的长期变化来比较不同时期的生活水平。相关工资数据表明宋代士兵的工资远高于明代士兵领取的报酬，从 14 世纪 60 年代到 16 世纪 50 年代（占了整个明代 2/3 的时间），士兵的工资一直都很低。基于士兵工资的数据，笔者对 1080 年、1400 年和 1580 年的国民收入和人均实际收入进行了估算，结果显示 1400 年的人均实际收入只有 1080 年的一半。同时，明初税收在国民收入中占的比重是 11 世纪的 2 倍。换言之，一个普通的农民不仅收入更低了，而且被迫缴纳更高的税、承担更繁重的徭役。这清楚地表明了明初统治的强制性质以及随之而来的严重经济后果。

　　农业方面的数据也印证了笔者对明初实际工资低的观察结果。明初江南的农业生产力虽然维持在较高的水平，但农民无法再从事面向市场的生产，这必然会大大减少其家庭收入。此外，明初朝廷通过没收大地主和商人的土地，占有了江南地区绝大多数的土地。随后，明代政府将土地税提高到了过去的 8～10 倍。这项政策对农民的实际收入产生了极其不利的影响。

　　在长江下游以外的地区，特别是人口稀少的北部和中部地区，明初朝廷推行管制经济的主要基础是军屯和强制移民，但国家并不为此提供哪怕是满足最基本农作需要的农具或役畜。农户不得不在缺乏农具的情况下耕种近 100 亩的土地，这也导致很多农户的收入仅够维持生计。结果是全国平均亩产量降至极低水平，明初经济出现了向粗放型农业的倒退。

16 世纪的中国

　　宋代的市场经济与明初的管制经济的比较表明，市场可以在经济发展方面发挥重要作用，也有助于维持较高的生活水平并使大多数人从中获益。市场被压制以至消失则意味着普通民众的自由严重受损，同时他们的收入也会大幅下降。

这个看法还可以得到下述事实的进一步支持：明代管制经济的瓦解正好与物价的回升和市场的重新活跃同步。因此，16世纪市场经济的复兴对于明代国家和普通民众而言都是一个重要而积极的转折点。但这里的核心问题是，16世纪市场经济的出现是否如中、日主流学者所说的那样，给帝制中国带来了前所未有的发展。尽管现有数据不足以使我们彻底解决这个问题，但笔者的研究表明，我们应该将这个变化视为曾经存在于11世纪的活跃市场的某种复苏，而不是一种全新的发展。这里略举几个例证。一直到1580年，明代的长途贸易仍局限于京杭大运河、赣江以及长江下游地区。人均货币存量仍然很低，很多地区普遍存在通货紧缩。相比之下，11世纪和18世纪的经济更具可比性：这两个时期都出现了经济扩张，与之同步的是人口的大量增长，以及由货币供应量和商业贸易增加引起的物价上涨。因此，以11世纪和15世纪经济的比较研究为背景，我们应该把16世纪中国的进步描述为一场迟来的市场经济复苏，而不是迈向原始资本主义的新阶段。对理解16世纪的市场经济复苏来说，明初政权的出现和影响是一个至关重要的前提。

附录：宋明时期经济数据史料的概述

作为对中国市场经济的定量研究，本书力图提供宋明时期 的大量实证数据。全书有八篇附录，涵盖了宏观层面主要的经济领域。笔者相信，收集这些量化数据不仅能够为本书的研究奠定基础，也有助于其他学者研究中国经济史或其他更广泛的议题，如市场在前工业化时代中国社会中的作用，等等。

附录的构架

大部分中国经济数据均来自官方编制的文献。每篇附录就一个特定议题列出对应的宋、明经济数据，全部八篇附录可根据议题分为三组。

第一组包括附录 A、D 和 H，主要描述农业。附录 A 是人口数据，这是最重要和最丰富的数据源。附录 D 是关于中国土地和农业产量的数据。附录 H 包含了有关明初强制移民和军屯的数据。综上所述，这三篇附录将帮助读者对中国农业在六个世纪里发生的长期变化有一个全面的认识。

第二组由附录 B、C 和 G 组成，主要描述市场，具体包括有关物价与货币供应变化、水运航道以及国内市场主要商品估算价值等方面的数据。各篇附录分别就不同方面做了详细分析，综合起来可以呈现市场经济的全貌。我们相信，中国国内市场的规模需要从多个不同的角度加以评估，因此选择了上述的数据组合。如果不同角度的评估结果足以相互支持、印证，那么综合结果的可接受度也会更高。

第三组涉及前工业化时代的国民收入数据，包括附录 E 和 F。附录 E 涉及实际工资，包括一系列不同职业人员的工资数据，如工匠、吏员和学生等，其中最重要的是士兵工资。在附录 F 中，笔者给出了估算中国历史上国民收入情况所需的所有相关信息和基本计算过程，其中最重要的资料是张仲礼估算的 19 世纪国民收入，学者对宋代社会分层的研究也提供了有用的资料。

主要的数据来源

202   本书用于宋明经济比较研究的数据主要来自两个时段：11 世纪和明代的头一百年。量化证据是经济分析的基础。有一些数据涉及的时期更长，甚至延伸到 17 世纪，提供了特定领域的定量信息。但 15 世纪后，官方记载的人口和耕地面积并不可靠，这使宏观经济分析变得十分困难。

本书的重要贡献之一是对宋代经济数据进行了初步而系统的处理。本书会将宋代数据与其他朝代的数据一起呈现，并检验它们的内部一致性。然而，由于许多现代学者还不熟悉这些数据，所以有必要首先交代一下宋代数据的主要来源及其历史背景。

虽然现存宋代数据的"量"并不多，可能只有明代的 1/5 甚至 1/10，但宋代数据的"质"很高。宋代官方数据大多来自《宋会要辑稿》，这是收集了宋代公文和财政数据的重要文献。《文献通考》和《续资治通鉴长编》都是根据第一手资料和官方档案编写而成的，对宋史学家来说同样重要。宋代数据的性质与国家向市场征税的能力密切相关。正如第二章所述，朝廷税收的主要来源是间接税。因此，宋代的户籍登记制度允许自由移民，且不按照户籍登记对家庭成员征收人头税或分派劳役。这项政策大大降低了人们逃避人口登记的动机，所以大部分现存宋代总户数的数据呈现长期缓慢而稳定增长的正常模式。这种内部一致性证明了宋代人口数据的可靠性。然而，土地数据的问题要大得多，因为任何土地一经登记，土地所有人就需要纳税。这就是为什么当时的官员和文人经常批判由漏报造成的土地税分配不公问题。相比农村的土地税征收，基于商税来研究长途贸易和城市经济更能够得到准确的历史画面，因为间接税是直接向商家征收的一种隐性税，商家可以在向消费者销售商品时将税额计入价格，以此来转嫁成本。在这方面，人们对纳税的抵制比对直接税的抵制弱得多。税务官吏的工作变得相对容易，因为他们只需要向少量的商人收税，而不用向数以百万计的消费者收税。在 11 世纪商税这个案例中，现代学者更愿意研究宋朝 2000 多个税务机构的分布以及它们是如何在经济商业化方面发挥作用的。

明初的数据相对丰富，主要保存在《明实录》中，这是一部逐日记载明代重要事件的编年史。《明实录》和其他一手史料如《诸司职掌》《明会典》等，现已成为研究 14 世纪末和 15 世纪初中国经济的宝贵资料。从这些数据中我们能够了解到，明代头一百年中的几位君主将整个帝国带入了管制经济。所有的人不论身份、地位、境况如何，都要纳入里甲制度，纳税当差，不得躲避或变更。

由于何炳棣和珀金斯做出的重要努力，明初数据的价值已经得到广泛认可。何炳棣在其 1959 年出版的著作中肯定了

1393 年人口普查的数据质量，但认为之后几个世纪的所有人口调查反映的只是纳税单位的变化，而并非真实的人口情况。以何炳棣的研究为基础，珀金斯进一步研究了明初的主要经济数据，他广泛征引各种一手资料和研究论著，努力复原了明代全国和省级层面的耕地面积和人口信息。基于他们的工作，研究者完全有理由说明初管制经济的相关经济数据已经被证实是可靠的。遵循这一思路，笔者在这一时期的军屯、强制移民和以物易物等方面提供了一些新的信息。

为了验证数据的内部一致性，珀金斯还将对明初数据的系统考察扩展到了之前和之后的阶段，这就为我们研究 1368 年以前的中国经济开启了门径。例如，他利用 11 世纪的总户数和总耕地面积来考察宋代与明初数据之间的内在联系，他观察到元朝统一战争对四川以及中国北部和中部的许多地区的深远影响。这一宋元明转型的视角也极大地帮助笔者全面认识1200 年后的经济发展，没有这一视角，宋明比较就会缺乏历史背景。除土地税数据外，16 世纪经济数据的质量有根本缺陷。珀金斯和何炳棣均指出了 1500 年后经济数据的重要问题，何炳棣更进一步指出定额导致数据质量的下降。随着管制经济的衰落，明政府对经济管理逐渐失去兴趣，定额制被广泛运用于税收和户籍登记中，这使官方数据与实际情况不符。虽然这一时期经济充满活力，但很少有人能在当时的官方文献中找到有关市场发展的有用资料。

唯一的例外是土地税的货币化，特别是 16 世纪下半叶将劳役转为白银支付。现代学者可以在许多方志中找到关于各种折银率和实物税大幅下降的详细报告，据此我们可以推断出农民参与了市场交易，否则很难想象他们是如何用货币纳税的。

这意味着明初的管制经济体制到此时已经基本被推倒，明代社会经济内部发生了实质性改变，但从整个帝制中国的历史背景来看，我们不应高估这一改变的"创新性"。一套货币化的财政体制早在唐宋转型之际就已牢固确立，在11世纪中叶，国家税收已经主要来自间接税。相比之下，明末税收的主要来源还是土地税，明代财政体制在征收间接税方面的低效导致我们很难对16世纪的市场经济进行定量研究。

1077~1080 年经济数据及其史源

北宋中央财政部门编写的年度财务和行政报告为我们研究11世纪的经济发展提供了重要量化资料。这些报告不仅包含总户数、耕地面积、税收和国家预算的信息，也包含了路级和州级的财政细目。对于已知的大多数数据，报告中的信息可以追溯至1077年，这极大地帮助了现代学者观察特定时间点的宏观经济变化。

现在已经证实，宋代的中央政府会定期编写此类报告。宋代的国家年度预算又被称为《会计录》，于11世纪初首次见于使用，是一种以统计数据为基础呈现国家财政收支的文件。[1]所有宋代的这种年度预算报告都没能保存下来，但幸运的是，1077年的大部分有关国家财政的数据被保存在了《宋会要辑稿》和《文献通考》中，这使我们有可能获得有关国家税收结构的第一手资料。学者推测这很大程度上是得益于1080年北宋中央财政官员毕仲衍编修的《中书备对》一书的刊行与流通。[2]

现存的从《中书备对》转引而来的记录主要包含以下17个门类。

（1）1080年前后包括主户和客户在内的总户数，以及相应的路级人口数据。

（2）1078～1079年的耕地面积总数，以及相应的路级耕地面积数。

（3）1077年包括夏秋两税在内的两税税额，以及相应的路级数据。

（4）来自矿冶的实物收入，如金、银、铁、铜、锡、铝及其他金属的实物收入，以及相应的路级数据。

（5）纺织品如生丝、丝织品、麻等的数量，以及相应的路级数据。

（6）在重要节日和皇家庆典中进贡的金、银和丝织品。

（7）运河运输的预算，如通过运河运输粮食的总额、每年建造的船只以及支付给船工的费用。

（8）全国各税务机构（1077年有超过2000处）的具体定额，以及旧税额。

205　（9）一份简短的名单，列出了1077年全年缴纳5000贯以上商税的府州。

（10）酒榷收入，包括1077年从四京及其他酒榷府州所获得的收入。

（11）按从高到低排列的1077年以前各地方酒榷收入的旧额。

（12）1079年的盐榷总收入，以及相应的路级数据。

（13）1080年官方钱监的名称、分布，以及铜、铁钱每岁铸造额。

（14）以实物（如香料）征收的市舶司收入（关税）。

（15）用于地方饥荒救济和公共工程建设的常平仓在1076

年的储备情况。

（16）1076 年全国的免役钱数额，以及相应的路级数据。

（17）1076 年全国扑买的总数，以及相应的路级数据。

《中书备对》中登载的各类信息是北宋神宗朝朝廷所能够掌握的全国经济数据，截至元丰三年（1080）成书之时，所以现代经济史研究者有时也将其视为 1080 年北宋官方宏观数据，笔者在本书中尝试重构北宋中后期国民生产总值（GNP）及人均 GDP 时也遵循量化经济史研究的惯例，以 1080 年作为基准年，并与明清时期选定的标准年份进行了比较。为了描述和分析前工业化时代传统中国社会长达五六百年的经济结构变迁，笔者实际利用了一个朝代相近年份的数据作为实证分析该代表年份（"基准年"）的基础，这是经济学的逻辑，只要将误差控制在较小范围之内，并不求百分之百的真实精确，这是笔者必须提醒读者注意的。不过准确地讲，这些数据是 1080 年之前的信息，因为从各地收集、层层汇报到最后成书还是有时间滞后，这在书中也有披露，譬如《中书备对》中最新全国商税数据实际是熙宁十年（1077）的定额，而分路垦田、户口数据依照斯波义信和吴松弟的研究则是 1078~1079 年的官方汇报，所以笔者在国民生产总值估算以外的其他地方，常用"1080 年前后"这一措辞来指示其具体时间范围而非某一特定年份。这一官方记录虽然集中涵盖了熙宁、元丰之际，也就是 1076~1079 年这三四年的时间，但为现代研究者研究 11 世纪中国经济提供了珍贵史料。而且，这批数据保存之完整超出了人们的意料，许多数据经常能覆盖全国的所有府州，其中商税数据的覆盖范围甚至延伸到了市镇一级（见附表 1）。

附表 1　1080 年中国财政管理机构的级别和数目

单位：个

中央管辖机构	地方管辖机构
京（4）	路（23）
县（50）	州府（293）
镇＊（38）	县（1185）
	镇＊（682）

资料来源：《元丰九域志》。

注：＊这里的镇仅指设有税务机构的镇，因此数目要比县的总量少。《元丰九域志》记载，1080 年县的总量达到了 1235 个，除去四京所辖的县后还有 1185 个。

检验中国历史经济数据质量的方法

206　　由于历史数据本身的不完善，研究者需要把有用的、可以接受的数据与那些质量较差、不可接受的数据区分开来。在第二章，笔者从制度视角讨论了中国经济数据的性质，并且将这些数据与历史背景下税收管理的变化联系起来考察。在用这些数据解释经济变化之前，必须首先考察这些官方数据赖以生成的制度背景。不过，其他可以检验中国历史数据质量的方法也是存在的，因此有必要运用多种方法进行系统性的探索。就这一问题来说，珀金斯的研究至关重要。本书中，笔者采用了珀金斯提出的以下原则来检验原始数据。[3]

（1）完成调查、登记或测量的工作量有多大？有证据能够表明当时政府曾经严肃认真地想要尽可能记录全国的所有目标对象（人口、耕地面积），例如，曾经为相关任务设立专职机构吗？

（2）数据中是否存在已知的错误或偏差？

（3）公布的数据与已知的历史事件和人口/经济变化的合

理趋势相符吗？如果是估算的数值，那么它们与其他时期的数值具有一致性吗？与我们已知的中国历史兼容吗？

第一个原则指的是对历史背景进行探究，这一点本书的第二章有所展开，其他章节在必要时也有论述。第二条和第三条原则涉及数据集内部的和外部的一致性，这正是笔者在附录中用于检验数据的主要原则。统计学中，所谓内部一致性检验指的是通过检查数据集内部的各部分、各项目之间的关联性来检验数据集的可靠性；外部一致性检验则是考察某一议题所涉及的不同来源的原始资料之间的关联性。在这些原则的指导下，笔者对所有的数据系列做了仔细检验。尽管检验的结果证明了数据的可靠性，但显而易见的是，数据质量存在很大差异。例如，目前能找到的质量最好的数据是 1077 年的商税数据，笔者利用这批数据在第三章中还原了北宋中期国内市场规模，在第四章中还原了中国 11 世纪的水运体系。相比之下，由于工业化以前的农业生产很不稳定，历史上的农业产量记录非常零散且经常存在前后矛盾。研究者需要根据这种数据质量上的差异进行谨慎的论证研究。

附录 A　中国人口数据

　　人口数据是这三组数据中最重要的，让人庆幸的是，也是其中内容最丰富的。[1]从汉代至唐代，朝廷非常重视户籍登记。相比之下，土地登记只是辅助性的，并不重要。[2]然而，毕汉思、何炳棣和罗友枝（Evelyn S. Rawski）等学者对中国两千年历史上的人口数据的质量提出了严重质疑。何炳棣有力地证明，农户为了逃税而少报漏报人口的现象在明代普遍存在。从1393年起，明代二百五十一年中至少有一百三十七年是有人口记录可查的，但是这些记录中的人口数据只涵盖了明代总人口的一部分，而且与实际变化的关联越来越小。例如，在所有报告中，只有1403年和1506年的人口略高于1391年的人口。何氏最后认定，唯一可靠的是洪武年间的人口报告。[3]

　　对于明代人口数据中的一些错误，现代学者也找不到修正的办法。罗友枝在对明代福建人口的研究中，明确否定了"构建一种能够解释和预测各种少报漏报情况的方法"的可能性。[4]尽管罗友枝的研究证实了何炳棣关于明代人口的论点，但我们还需要面对明代以前的人口数据是否可靠这一问题。鉴于16世纪和17世纪中国人口数据并不可靠，珀金斯比较了宋、元和明初中国人口的变化和分布，确证了1400年以前户数数据的可信性。[5]这一跨朝代研究为笔者对中国经济的宏观研究奠定了坚实的基础。尽管如此，珀金斯的解释仍有很大的改进空间，因为近几十年来又出现了许多有关中国人口数据的详细得多的研究。在附录 A 中，笔者的探讨主要集中于宋代人口数据，而这正是珀金斯曾经留待日后研究的一个主要问题。

一

珀金斯努力复原了 1400 年前的中国历史人口情况。他就数据质量提出的几个重要问题包括：[6]

（1）统计中国人口的难度有多大？

（2）为了登记人口而设立的专职机构是否胜任？

（3）公布的数据与已知的历史事件和合理的人口趋势是否一致？ 208

遵循这三条线索对过去的数据进行调查，我们一定能够很好地理解中国人口的历史记录。1368 年明朝建立之前，中国政府在人口登记方面做出了很大努力。所公布的数据与元朝统一中国的战争等已知历史事件（导致中国的总户数大幅下降）高度一致。此外，从"户"数的角度而非在籍"口"的角度来看，现存数据显示出的人口变化趋势相当可信。由于现存的人口数据由三个朝代独立编制，所以他们彼此之间的一致性有力地证明，这些人口数据在推断 1080 年前后到 1393 年这三个世纪里中国人口主要变化趋势方面是可靠的。[7]

朱元璋建立里甲制度时，规定必须对居民户、口进行清点。配户当差的制度尤其需要此类信息。然而，地方政府不可能将清点所有家庭的全部成员作为自己的日常公事，因为这一工作不仅成本高昂，而且容易引起基层的反抗，百姓都想尽力逃避税收负担。因此，各地方为因应税收和差役事实上形成了一种传统做法，即将之前报告的人口数据做一点点技术上的微

调之后，直接作为合法的税收基础。这个工作与三个世纪以来
实际的人口增长毫无关系。除了最早的记录外，现存的明代人
口数据只有在这种财政实践中才有意义。

第二章中，笔者从制度的角度论证了宋代的人口报告是最
可靠的，因为其人口报告是独立于税收之外的，上报户数的增
长与税收的增加没有直接的关系。地方官员在任职期间应该完
成的最重要的任务之一就是促成户数的增长。[8]但有一点很清
楚，朝廷不要求地方政府上报户内的成员数目，因为这样做也
不会增加实际税收。这两个观察结果有助于解释表 A-1 所示
的宋代人口数据中似乎存在的争议性。

209

表 A-1 1003~1223 年宋朝人口数据

年份	总户数	"总人数"（总丁数）	"户均人数"（户均丁数）
1003	6864160	14278040	2.08
1006	7417570	16280254	2.19
1008	7908555	17803401	2.25
1009	8402537	—	—
1011	133112[a]（8535649）	541419（—）	4.07（—）
1014	9055729	21996965	2.43
1015	8422403	18881930	2.24
1019	8545276	19471566	2.28
1020	9716712	22717272	2.34
1021	8677677	19930230	2.30
1023	9898121	25455859	2.57
1029	10162689	26054238	2.56
1031	9380807	18936066	2.02
1034	10296565	26205441	2.55
1037	10663027	22482516	2.11
1038	10104290	—	—

年份	总户数	"总人数"（总丁数）	"户均人数"（户均丁数）
1039	10179989	20595307	2.02
1042	10307640	22926101	2.22
1045	10682947	21654163	2.03
1048	10723695	21836004	2.04
1050	10747954	22057662	2.05
1053	10792705	22292861	2.07
1058	10825580	22442791	2.07
1061	11091112	22683112	2.05
1063	12462317	26421651	2.12
1064	12489481	28823252	2.31
1065	12904783	29077273	2.25
1066	12917221	29092185	2.25
1067	14181485	—	—
1069	14414043	23068230	1.60
1072	15091560	21867852	1.45
1075	15684529	23807165	1.52
1077	14245270	30807211	2.16
1078	16402631	24326123	1.48
1080	16730504	23830781	1.42
1083	17211713	24969300	1.45
1086	17957092	40072606	2.23
1088	18289375	32163012	1.76
1091	18655093	41492311	2.22
1094	19120921	42566243	2.23
1097	19435570	43411606	2.23
1099	19715555	44364949	2.25
1100	19960812	44914991	2.25
1102	20264307	45324154	2.24
1103	20524065	45981845	2.24
1108	20648238	46173891	2.24

续表

年份	总户数	"总人数"（总丁数）	"户均人数"（户均丁数）
1109	20882438	46734784	2.24
1110	20882258	46734784	2.24
1159	11091885	16842401	1.52
1160	11575733	19229008	1.66
1161	11364377	24202301	2.13
1162	11139854	23112327	2.07
1163	11311386	22496686	1.99
1164	11243977	22998854	2.05
1165	11705662	25179177	2.15
1166	12335450	25378648	2.06
1167	11800366	26086146	2.21
1168	11683511	25395502	2.17
1169	11633233	24772833	2.13
1170	11847385	25971870	2.19
1171	11852580	25428255	2.15
1172	11730699	25955359	2.21
1173	11849328	26720724	2.26
1174	12094874	27375586	2.26
1175	12501400	27634010	2.21
1176	12132202	27619019	2.28
1177	12176807	27025758	2.22
1178	12976123	28558940	2.20
1179	12111180	29502290	2.44
1180	12130901	27020689	2.23
1181	11567413	26132494	2.26
1182	11432813	26209544	2.29
1183	11156184	22833590	2.05
1184	12398309	24530188	1.98
1185	12390465	24393821	1.97
1186	12369881	24341447	1.96

续表

年份	总户数	"总人数" （总丁数）	"户均人数" （户均丁数）
1187	12376552	24311789	1. 71
1188	11876373	24306252	2. 14
1189	12907438	27564106	2. 31
1190	12355800	28500258	2. 26
1193	12302873	27845085	2. 24
1218	12669684	28377441	2. 24
1222	12669310	28325070	2. 24
1223	12670801	28320085	2. 24

资料来源：方健，2010：234-237；陈智超、乔幼梅，1996：25-27。

注：a.1011 年报告的户数太少，数据不可能是真的。程民生认为，这一数字应该是总户数的增加量，因此将总户数修改为了 8535649 户（程民生，2003：19）。

按：表中第三列的总丁数和第四列的户均丁数，在 1980 年以前研究中常被视为总人数和户均人数，这是因为他们错误地解读了宋代官方户口登记的格式。宋代官方每三年统计户口一次，但是与汉唐明清不同，宋朝户口登记往往将一家中女性和小孩排除在外，所以每户规模多为 1.5~2.5 口，这在 20 世纪中国人口史研究中引起很多争论。当代学者已经公认这些被官方登录的家庭成员就是男丁或男口，不到平均真实家庭规模的一半，见本书正文中的解释。

表 A-1 中的 84 条宋代总户数记录中，有 48 条是在 1127 年女真南下并攻灭北宋王朝之前记载下来的。对于现存的记录，《宋会要辑稿》提供的信息最为丰富。1003 年至 1110 年的 48 条记录中，有 33 条源于《宋会要辑稿》。[9]除《宋会要辑稿》之外，《续资治通鉴长编》、《宋史》和《文献通考》等其他官方文献中也有一些记录。11 世纪北宋人口变动的主要趋势十分明显，总户数从 1003 年的约 686 万户上升到 1110 年的约 2088 万户，年均增长率为 1.05%。除了 1011 年的数据存在明显错误之外，其他数据均显示人口在缓慢平稳增长。1021 年登记户数减少了约 100 万户，使总户数出现大幅下降。这种异常变化的原因可能是仁宗年间宋夏战争引发财政危机，进而削弱了宋朝政府的行政能力。在保存下来的这一时期间接税数据中，恶性通货膨胀也很明显。

211　　1110 年以后的宋代总人口数据共有 36 条记录，涉及 1159年至 1223 年的情况，大约每两年有一条记录。如表 A-1 所示，1159 年总户数急剧下降，这是在与女真的战争结束后不久报告的人口数据。在此前的二十年里，宋朝失去了一半的领土和大量的人口。南宋的人口记录不如北宋的可靠。[10]从表 A-1 所观察到的主要趋势是 1159 年到 1200 年，总户数在缓慢增长，到1178 年达到约 1298 万户的最高值。在 1178 年后的几年里，记录显示人口增长停滞。这批数据中有许多年份的变化很不规则，宋朝政府在 12 世纪失去了有效的人口上报机制应该是造成这种情况的一个主要原因，但我们很难真正把这些变化解释清楚。

　　北宋人口记录的一致性可以在州级层面进一步得到检验。北宋时期的地理、司法、交通、人口等方面的著述提供了第一手资料。现有的记录提供了三个基准年（980 年、1080 年和1102 年）所有 234 个府州军户数的完整报告。在中国其他朝代中，没有哪个时期能找到如此详尽的资料。此外，上述三个基准年的州人口数据分别独立地记载于三部地理志书，后者是在不同时期编纂而成的，因此通过它们之间的比较所得出结果是比较可信的。[11]吴松弟已经汇集了这些史料，并将之用于他的宋代人口史著作中。他认为有 63 个府州军（约占总数的 1/4）报告的数字令人怀疑，因为成年男性数量或"户数"存在异常的变化。[12]但我们可以清楚地看出，在一个世纪内路级区域的共同趋势是总户数在迅速增长。如果将这种上升趋势与税收数据所显示的城市化和水路运输的发展相联系，无疑会发现中国市场经济在 11 世纪出现明显扩张。

如果确定总户数的数据可靠，那么我们不仅可以推测宋代人口长期变化的主要趋势，还可以估算总人口的数量。近三十年来，宋史学家大都认为宋代的平均家庭规模在 5 人至 6 人之间。[13] 如表 A-1 所示，每个家庭的人数在 1.42 人至 2.57 人之间，而这些"人数"实际上只报告了成年男性或所有男性，不包括女性。吴松弟坚持认为宋代户籍登记涵盖了所有男性成员，他估算宋代平均家庭规模为 5.4 人。这是他根据两个不同的数据来源得出的估算值。第一个数据源是 1187 年金朝在华北进行的户口登记，结果显示当时的平均家庭规模为 6.0 人至 6.2 人。第二个数据源是吴松弟收集的南宋 28 个州的饥荒救济报告中保存的人口资料。饥荒救济期间的粮食配给要求对家庭所有成员进行全面清查。据此，12～13 世纪报告的平均家庭规模大多在 5.2 人至 5.4 人之间。所以，吴松弟采用 5.4 人作为 11 世纪的平均家庭规模。[14] 与此同时，何忠礼、方健等学者认为每户家庭人数只体现了成年男性的数量，因此他们认为宋代的平均家庭规模约为 6 人。[15]

应当指出，这两者之间的差异并不足以造成估算上的巨大差距。事实上，根据北宋著籍户数增长的确凿证据，双方都认为，到 13 世纪初宋代人口应该已经超过 1 亿。具体来看，1077 年的登记户数为 14245270 户，1080 年总户数达 16730504 户（见表 A-1）。1080 年是对宋明国民收入进行比较的基准年之一，如果按每户平均 5.4 人计算，则该年总人口达 90344722 人；如按每户 6 人计，则达 1 亿人。学者们最常引用的是 1080 年报告的人口总数，因为这一年可以看到府州一级人口的完整报告。12 世纪初，北宋总户数增加到 20882438，实际人口已经上升到 1. 13 亿 ~ 1. 25 亿。然而，到 12 世纪中叶，南宋官方登记人口降低到 1100 万户稍多，也就是 6000 万人左右，这是因为刚刚在战火中重建的南宋失去了对北方土地和人口的控制。而即使加上女真人控制的北方人口，实际人口规模应该已经下降到 9000 万至 1 亿之间。

二

构建 13 世纪和 14 世纪数据的一致性也是研究宋金至元明过渡时期经济史的关键。幸运的是，珀金斯完成了这项任务，他将元代的人口报告与 1393 年的人口普查进行了比较，并为省级层面的巨大变化提供了历史解释。在验证明初数据可靠性的过程中，他证明了元朝统一中国的战争给中国人口造成了巨大损失，特别是在华北、长江上游和中游地区（见表 A-2）。[16] 在未受到战争影响的省份或宏观区域，人口继续增长。浙江的人口增长清楚地证明了这种连续性。如表 A-2 所示，浙江人口从 1080 年的 180 多万户增长到了 1173 年的约 230 万户，元朝实现大一统后浙江人口继续增长，但在元明之际减少了 10%。

213

表 A-2　1080 ~ 1393 年中国分省人口数据

单位：户

省份	宋（1080）	宋 ~ 金（1173）	元（1270 ~ 1290）	明（1393）
河北（华北）	984195	2277131	593852	334792
陕西-甘肃（西北）	962318	—	92651	294526
山西（华北）	450869	—	241969	595444
山东（华北）	1370800	—	363611	753894
河南（华北）	823066	—	162962	315617
小计	4591248	6987000[a]	1455045	2294273

续表

省份	宋(1080)	宋~金(1173)	元(1270~1290)	明(1393)
湖北(中部)	589302	267000	527518	775851**
湖南(中部)	811057	1005134	1819145	775851**
江西(中部)	1365533	1862614	2648299	1553923
小计	2765892	3134748	4994962	2867388
安徽(东部)	2152814*	1161339*	676115	537614
江苏(东部)	2152814*	1161339*	1602281	1375320
浙江(东部)	1830096	2295863	2384274	2138225
小计	3982910	3457202	4662670	4051159
福建(东南)	992087	1424296	1364467	815227
广东(东南)	565534	526913	681477	675599
广西(东南)	242110	505883	386239	211263
小计	1799731	2457092	2432183	1702089
四川ᵇ	1403484	2721911	99538	215719
总计	14543265	18757953	13644388	10593314

资料来源：Perkins, 1969：195。

注：a. 这里的北方人口基本就是金朝控制下的总人口，杜兰德（Durand）曾报告《金史·食货志》所载章宗明昌元年（1190）"天下户六百九十三万九千"，珀金斯予以引用并稍微增补了南宋控制下的河南某府人口而达到6987000户。

b. 四川户数还包括了贵州和云南的户数。

*宋代安徽和江苏的大部分地区属于淮南路，因此省份数据不详。报告中1080年的2152814户和1173年的1161339户是指这两个省合计的人口。

**清代湖北湖南户数总计775851。又，曹树基估计明初湖广北部（相当于今湖北）人口为160万，湖广南部（相当于今湖南）人口为205万，合计达365万人（曹树基，2000a：129-130）。假定元代南方家庭规模为5口，而户数规模为方便比较粗定为180万~200万户，则元实现大一统后湖南人口为900万~1000万人，大约是曹树基估计明代洪武年间人口规模的4~5倍。

按：珀金斯在计算人口总数时，将湖北、湖南、江西、安徽、江苏、浙江、江西和福建等地的总人口加在一起，笔者把这些地方分为中部、东部和东南三个区域进行比较。珀金斯原书中明代总户数为10593314，今实际加总表中各项得11130628。原表中元代总户数为13644388，今加总得出13644398。又，元朝实现大一统后湖南人口在表A-2中显示为1819145户，而吴松弟计算为2075422户（见吴松弟，2000：635，表14-3），多出的约25万户估计是由于统计口径差异。今天湖南北部在宋代属于荆湖北路管辖，而在元明时期，湖北、湖南又归入湖广行省而无独立省级行政区划，数据需要根据分府州（路）数据重建。由于双方在书中都没有提供其工作草稿，特别是分路数据，这里很难判明何者为确。

分省人口出现明显的周期性变化，这在南方的湖北、湖南、江西、安徽、江苏、浙江和福建等地区表现得特别明显。笔者把这些地方分为中部、东部和东南三个区域进行比较，结果显示这些地区的人口在元明更迭之际急剧减少。以长江中游的湖南为例，虽然关于其宋元明各时期户数估计，研究者有不一致之处，但是这些差异不足以影响我们对湖南在宋元明过渡时期的人口变动长期趋势的判断，即从 11 世纪到 13 世纪末，湖南户数一直高速增长，直至 14 世纪末，也就是由元入明之际。结合珀金斯、吴松弟和曹树基等人的估算，明洪武年间的户数仅仅是元朝实现大一统后的约 1/4。我们所观察到的宋元明过渡时期在省级层面的变化，由于缺乏人口统计资料，很难延伸到州/地方层面。尽管如此，依靠 13～14 世纪编纂的地方志中留存的人口资料，在长江下游、浙江和福建等地区我们可以验证上述省级层面的变化趋势。长江下游地区的人口变化趋势对笔者比较宋明时期的市场发展和生活水平而言极其重要。1400 年以前不同朝代长江下游地区的人口数据也证明了宋元时期人口数据的一致性。虽然现存方志中保存的人口记录还远谈不上丰富，但就表 A-3 所示的在长江下游选定的 8 个州而言，方志的人口数据体现了大致相似的人口变化趋势。

表 A-3 显示，元朝统一中国后的三个世纪中，所有 8 个府的人口密度都明显增加。例如，苏州人口从 980 年的每平方公里 21 人增加到 1279 年的 196 人。宋元易代的动荡对当地经济和人口增长几乎没有造成什么损害，因为 1290 年人口密度增至每平方千米 277 人。南京、绍兴和徽州明显也有类似的情况。这一人口增长进一步支持了 13～14 世纪江南农业发展的论断。同时，除苏州外，元明过渡时期这些州的人口密度略有下降。

表 A-3　长江下游地区人口密度

单位：人/平方千米

	980 年	1080 年	1102 年	1199 年	1279 年	1290 年	14 世纪 90 年代	1770 年
苏州	21	104	91	103	196	277	292	756
杭州	47	135	138	174	261	241	144	367
湖州	31	117	131	165	—	192	162	348
南京	41	119	85	—	83	160	116	507
镇江	39	81	94	94	159	146	128	383
绍兴	28	77	140	—	137	150	134	447
徽州	4	36	36	41	42	53	44	188
扬州	23	42	44	28	34	—	95	330

资料来源：表 7-4。

现存的宋代人口数据构成了一个有待进一步挖掘的丰富宝藏。由于本书是将 11 世纪的市场发展与明初的管制经济进行比较，所以有必要确定 1077 年至 1400 年的中国人口。对明初人口的研究为 1400 年前后中国人口的估算提供了可靠的依据。由于珀金斯已经对 1393 年以前三个世纪的中国总户数的一致性进行了检验，附录 A 旨在证明北宋人口数据与明初数据进行比较的可靠性。为了表明宋代总户数在一个世纪内保持了一致性，笔者研究了 11 世纪的总户数数据，并阐述了三个基准年中总人口分布的总体情况。　214

可以相当确定地说，13 世纪初的宋代人口应该已经超过 1 亿，而 11 世纪末的实际人口应该在 9000 万到 1 亿之间。因此，估算的 1077 年的 8970 万人口[①]可以作为一个合理的近似值。

---

①　吴松弟统计 1078 年（宋神宗元丰元年）北方户数为 5664046，南方户数为 10939908（吴松弟，2000：122-135，表 4-2），合计为 16603954 户。他建议将户均规模定为 5.4 口，故 1078 年总人口为：5.4 口×16603954 户＝89661352 人，十万位去整得 8970 万人。同理，1080 年总户数为 16730504 户，故总人口为：16730504 户×5.4 口＝90344722 人。

附录 B　物价和货币存量的长期变化

彭信威的稻米价格指数

　　由于粮食的价格尤其是稻米的价格具有重要的战略意义，所以中国帝制时期各地会经常向朝廷上报粮食价格。虽然关于粮食价格的研究有多个版本，但只有彭信威的研究基本涵盖了帝制中国的所有时期。虽然有一些学者研究过特定朝代的粮价，如宋代（960～1279 年）、明代（1378～1644 年）或清代（1644～1912 年），但唯一涵盖中国帝制后期所有时段的全面研究是彭信威所著的《中国货币史》。[1]彭信威是著名的经济史学家，他编纂了一份从 900 年到 1900 年的粮价数据集。遗憾的是，彭信威等人的相关数据仍然无法详细描述粮食价格的短期波动（如季节性变化和地区差异），因为每三到四年才有一条记录，而且这些记录记载的往往不是相同地点而只是相近地点的价格数据。尽管如此，就各个具体的朝代而言，彭信威所揭示的价格（如粮价和纺织品价格）长期变化趋势还是能够得到其他各方面资料的印证。

　　然而，即使是彭信威也未能做出明确的跨朝代比较，因此我们还是无法借助一个统一的指数来观察 10 世纪到 20 世纪不同价格水平的变化，也无法将价格变化与实体经济的变化联系起来。[2]为了提供这样一个指数，笔者将彭信威的一系列稻米价

格转换为一个单一指数——彭信威指数，如表 B-1 所示（下
文称"彭信威指数表"）。

彭信威指数表将 961~970 年的稻米价格定为 100。可以看
出，宋代粮价在近百年的时间里逐渐上升到约 200。到 13 世
纪初，粮价上涨到了宋初的 3.5~4 倍。在三个世纪的时间里，
稻米价格持续上涨，比宋代以前的价格上涨了 4~5 倍。然而，
到 14 世纪末，长期的物价上涨趋势结束，明代物价下降。彭
信威指数表显示，明初的物价几乎回落到 10 世纪中叶的水平，
但这还不是最低点，一直要到 15 世纪上半叶，粮价才触底反
弹。直到万历朝（1573~1620 年）后期，粮食价格指数才超
过了 200。

表 B-1 961~1910 年彭信威稻米价格指数

216

年份	指数*	价格**
961~970	100	12.40
971~980	153	19.03
981~990	95	11.76
991~1000	119	14.73
1001~1010	184	22.76
1011~1020	95	11.79
1021~1030	98	12.21
1031~1040	159	19.67
1041~1050	382	47.33
1051~1060	136	16.81
1061~1070	207	25.7
1071~1080	444	55.1
1081~1090	260	32.25
1091~1100	283	35.04
1101~1110	481	59.61
1111~1120	366	45.37

续表

年份	指数 *	价格 **
1121 ~ 1130	2141	265.42
1131 ~ 1140	1960	243.00
1141 ~ 1150	243	30.18
1151 ~ 1160	346	42.84
1161 ~ 1170	355	44.05
1171 ~ 1180	297	36.81
1181 ~ 1190	359	44.50
1191 ~ 1200	510	63.19
1201 ~ 1210	775	96.08
1211 ~ 1220	367	45.56
1221 ~ 1230	401	49.66
1231 ~ 1240	306	37.90
1241 ~ 1250	306	37.90
1251 ~ 1260	305	37.83
1361 ~ 1370	89.7	11.12
1371 ~ 1380	280	34.73
1381 ~ 1390	140	17.35
1391 ~ 1400	105	13.02
1401 ~ 1410	85.4	10.59
1411 ~ 1420	—	—
1421 ~ 1430	104	12.87
1431 ~ 1440	78	9.63
1441 ~ 1450	84	10.41
1451 ~ 1460	100	12.38
1461 ~ 1470	122	15.07
1471 ~ 1480	124	15.33
1481 ~ 1490	148	18.39
1491 ~ 1500	180	22.31
1501 ~ 1510	172	21.30
1511 ~ 1520	144	17.83

年份	指数 *	价格 **
1521~1530	162	20.14
1531~1540	172	21.30
1541~1550	165	20.48
1551~1560	184	22.75
1561~1570	182	22.60
1571~1580	159	19.66
1581~1590	203	25.18
1591~1600	203	25.22
1601~1610	215	26.60
1611~1620	182	22.57
1621~1630	293	36.37
1631~1640	271	33.57
1641~1650	380	47.11
1651~1660	361	44.81
1661~1670	258	31.94
1671~1680	196	24.31
1681~1690	260	32.22
1691~1700	223	27.50
1701~1710	290	36.01
1711~1720	279	34.53
1721~1730	265	32.84
1731~1740	301	37.37
1741~1750	344	42.69
1751~1760	493	61.06
1761~1770	518	64.22
1771~1780	458	56.75
1781~1790	484	60.01
1791~1800	591	73.28
1801~1810	654	81.13
1811~1820	647	80.19

217

年份	指数 *	价格 **
1821~1830	584	72.44
1831~1840	728	90.19
1841~1850	679	84.13
1851~1860	514	63.72
1861~1870	789	97.84
1871~1880	523	64.88
1881~1890	468	58.04
1891~1900	724	89.72
1901~1910	1172	145.28

资料来源：彭信威，1965：498、505、705、850。

注：* 指数：以 961~970 年的价格为指数 100。

** 价格是每百公升稻米价值多少克银。彭信威提供的宋代稻米价格的货币单位是银两，笔者以银 1 两 = 37.68 克的比率进行了换算。

218　　　南宋和平繁荣期粮食价格指数常在 300~500 点内波动，直到 18 世纪下半叶，清朝平均粮食价格才达到这一较高指数水平，两个相近的粮价指数之间相距五百余年。

1550 年之前宋代铜钱和
明代货币供应量的估算

根据费雪方程式，物价的变化应该与宏观层面的另外两个变量密切相关：货币供应和人口。如果货币供应量的变化远大于人口的变化，那么宋代和明初之间的物价差异就应该主要归因于名义价格的变化，因此需要从通货膨胀的角度对物价进行调整。与此同时，总人口的减少可能是实体经济危机造成的后果，而这反过来又表明生活水平的实际下降和市场经济的萎缩。因此，唐宋和明清两种物价格局的出现，应从帝制中国最后一千年里的货币供应量和人口变化这两个方面来进一步考察。

下面，笔者将重点讨论宋明过渡时期货币供应量的变化。[3] 货币供应量的估算涉及两个问题。第一，在进行任何比较研究之前，必须确保不同时期之间的交易手段具有可比性；第二，有必要厘清宋明两代在货币流通方面是否存在区别。这两个问题将我们的注意力从货币供应量转移到了货币流通方面，而货币流通其实更能反映一个特定时期的货物贸易总量。例如，如果宋代的货币所有者倾向于持有货币，那么总贸易量就会低于预期，这种情况下的总需求也会受限。

在这里，笔者只能尝试解决第一个问题。关于第二个问题，这里可以提出一些间接看法。从人均货币供应量来看，19 世纪之前，明清时期的消费者平均拥有的金属货币一直比宋代消费者的少。一方面，11 世纪的人谈到消费时，经常认为许多地方都存在铜钱稀缺、"钱荒"的问题；但另一方面，宋代其实是中国历史上钱币铸造量最多的时期。[4] 宋代货币流通与货币供给之间的这一悖论暗示了宋代市场经济的超常规模，因此，货币需求肯定是相对旺盛的。这反过来又会促使宋代的货币持有者以快于前工业化时代的预期速度进行消费。但目前，笔者还是假设宋明时期货币的流通速度保持不变，以便进行比较。

第一个问题涉及宋明时期交易手段的多样性。宋代可以说是一个实行扩张性货币政策的时代。金银等贵金属和钱监铸造的铜钱占流通货币的主要部分。此外，在 10 世纪，汇兑票据（飞钱或便钱）开始广泛使用，到 12 世纪朝廷开始发行纸币。明朝继续发行纸币（宝钞），结果却导致了恶性通货膨胀，使

219 宝钞失去交易价值。[5]随之而来的是白银和铜钱再次主导了交易活动。

为了保守地估算宋代的货币供应量，笔者只考虑了朝廷钱监铸造的铜钱。这个做法严重低估了宋代的货币总量，因为笔者在估算明代货币总量时把白银和铜钱均包括在内。事实上，宋代的白银产量远高于明代的国内产量。[6]然而，这一保守估算并没有改变最终的比较结果。即使对宋代货币供应的估算不包括金银，后续的比较研究也显示宋代的货币总量是远远超过明代总量的。

著名经济史学家日野开三郎收集了关于宋代官方铸钱的数据。11 世纪晚期，宋朝有 19 个钱监生产铜钱。平均年铸币量见表 B-2。

表 B-2　995~1119 年年均铸币量

单位：百万贯

年份	数量	年份	数量	年份	数量
995	0.80	1021	1.05	1077	3.73
1000	1.25	1030	1.00	1080	5.06
1007	1.83	1050	1.46	1105	2.89
1015	1.25	1065	1.70	1119	3.00

资料来源：日野开三郎，1936-1937，引自『日野開三郎東洋史学論集』卷 6：345。

事实上，钱监的产量必须依靠充足的金属供应，尤其是铜和锡。日野开三郎也调查了宋代朝廷控制的铜的年产量，并发现记载的铜产量与年均铸币量之间的差距很小，[7]因此钱监可以维持其生产规模。高聪明将日野开三郎对年均铸币量的估值乘以年数，得出了各个时间段的铸币量，见表 B-3。

　　笔者也根据彭信威的数据估算了宋代官钱监生产的铜钱总量。彭信威收集了 15 个年号期间钱监年产量的 16 个数据。[8]笔者把每个数据乘以每一年号的年数，得出总和是 1.934 亿贯。这可能小于实际数据，原因有二：一是笔者排除了宋代几个地区官方铸造和流通的铁钱，二是这里涵盖的年数（15 个年号共 94 年）只略微超过 1127 年之前宋代年数的一半。然而，数据显示，在 12 世纪初随着王安石变法的展开，官钱铸造有了显著增长：钱监生产了 1.068 亿贯铜钱，[9]这个数字超过此前铸造的所有宋钱的总数。据彭信威估算，1127 年以前宋代官钱监生产的铜钱总量为 1.4 亿至 1.5 亿贯，如果把前代铸钱和民间私铸钱均包括在内，宋代货币供应量将达到 2.5 亿至 2.6 亿贯。[10]

　　然而，无论是高聪明的估算还是笔者的估算，都不能作为宋代铜钱的实际铸造数据，只能用来表明实际铸钱的范围区间。考虑到流通中的纸币、金银、铁钱等其他交易手段，宋代的货币供应量至少相当于基于彭信威的数据所估算的 2.5 亿至 2.6 亿贯。

表 B-3　976~1125 年铜钱铸造量　　　　220

单位：百万贯

时期	数量	时期	数量
976~982	0.49	1016~1048	33.0
983~996	4.20	1049~1073	40.0
997~999	2.40	1074~1085	54.0
1000~1015	18.75	1086~1125	109.20
总计	262.04		

资料来源：高聪明，2000：103。

官钱铸造在明代开始衰落。人们通常认为，在帝制中国的最后一千年里，官府只铸造了为数很少的钱币。明初官钱年铸币量的最高值是 1372 年的 22 万贯左右，仅占宋代 11 世纪 70 年代年铸币量的 4.3%。据估算，明朝建立后的 174 年中年均铸币量不足 35000 贯。[11]"货币紧缩"越发明显，但明朝并没有认真解决经济中的钱币短缺问题，官府在 1430 年以后的一个世纪里几乎没有铸钱。到了嘉靖年间，流通中的钱币基本上都是前代旧钱和私铸钱。朝廷在北京、云南和其他省份新设了钱局，试图对钱币流通加以规范。这一举措带来的钱币产量增长幅度很小，1368 年到 1572 年间官钱铸造总量可达到 400 万到 600 万贯，只相当于宋代 11 世纪 80 年代的一年铸币量。

然而，包括历代旧钱和私铸钱在内的铜钱被广泛用于小额交易，明代官府在绝大部分时候也不禁止。鉴于明代官钱的铸造量很少，当时流通中的钱币实际上大部分是从宋代保存下来的。今天发现的许多明代遗址都出土了大量的宋钱。例如，一份关于河南窖藏情况的特别报告显示，全省 3000 处遗址中出土了 1000 多公斤的宋钱，[12] 相比之下，出土的明代钱币要少得多。为此，我们需要知道在明代保存下来并在市场上使用的宋钱有多少。这可以通过考察明代遗址中出土的宋钱的数量和比例来实现。遗憾的是，迄今为止，还没有关于出土的宋钱总量与明钱总量的比例的研究。然而，日本钱币史学者对 16 世纪末日本的中国钱币窖藏进行了调查，他们发现明代官铸钱的数量是宋钱数量的 1/9 左右。[13] 中国钱币在日本作为通用货币使用了很长时间，大概一直持续到 17 世纪中叶。上述的研究清楚表明了与明代制钱一起流通的宋钱的相对比重。考虑到明朝与日本之间的贸易在当时要么被国家垄断所限制，要么直接被

221

禁止，所以大多数中国货币应该是通过走私渠道流入日本的，而明代制钱通常是官方发行的，这可能也限制了明钱的流入。[14]因此，笔者将这一比例下调至 8：1，作为宋钱与明钱在明朝流通中的正常模式。[15]

　　除了流通的钱币之外，在 1436 年以后的几个世纪里，白银被作为一种主要货币。根据乐观的看法，当时国内银矿的总产量能够达到 2500 万两；但是细究之下，1500 万到 2500 万两似乎更合适。因此，在 16 世纪末白银大量进口之前，国内货币供应量的总价值估算为 4650 万至 7150 万贯，具体来说是 1500 万至 2500 万两白银加上 3600 万至 5400 万贯钱币。[16]宋代在 1043 年以前的货币供应量已经超过了前述明代货币供应总量 1 倍，在随后变法时期的几十年里，铸币量甚至进一步超过了所有官钱监此前铸币量的总和。[17]

附录 C　11 世纪水运网

　　在第四章中，笔者描述了 12 条主要的水路。把表 4-1 中列出的 11 条主要水道沿线的商税加起来，很容易就占到了土地税收的 1/6。在下文中，笔者将介绍 9 个实例，其中有的是长距离水路，有的是区域内水运网。为了突出水路运输情况在日后的恶化，笔者特意选择了唐宋转型时期在华北、华中发挥重要作用的水道。在接下来的几个世纪中，这些水道大多只能用于短途运输，有些更由于不可逆转的生态变化而遭废弃。

　　城市消费的扩张和长途贸易的发展都促成了商税的增加。正如珀金斯指出的，商税数据非常适合研究市场扩张，因为商税所指向的正是传统经济中推动非农业部门增长的两个主要领域。然而，由于目前关注的重点是水运，所以我们需要考虑把水路对贸易增长的推动作用与城市化的作用区分开来。对此我们虽然还没有完美的答案，但是对一个水运网中的特定港口城市与其他城市加以比较，会有助于我们对相关问题的认识。长途贸易的影响在运河沿岸的港口城市显而易见。汴渠和泗水（见表 C-6）的贸易是宋代最重要的长途水路贸易，沿线城镇也因贸易而繁荣，在 17 个城镇中有 9 个的商税额都超过了15000 贯。

　　地方贸易、长途贸易与城市化的发展一起推动了商税的增加，也构成了商税的不同来源。它们之间的关系十分复杂，基层集市、地方市场、城镇消费是一府一县之内商税的基础，长途贸易则是跨区域的商品流通。从经验上看，我们可以说各城市（特别是府治所在的城市）的商税规模和城市居民数量呈高度正相关。[1] 这里列出的实际是因水路便利而相连的城市集群，在任何一个集群内，1077 年城市间税收额都存在巨大差异，即使城市的行政级别相同（如都是县城或府城），税额的差异仍然可能很大。那些商税比同类城市高出一截的城市一定得益于水运所带来的长途贸易。例如表 C-5 中所列出的城镇，其中有三个征收了大量商税：傅家崖（22467 贯）、高家港（17080 贯）和郓州（32444 贯）。当时，傅家崖和高家港属建制镇。两地在行政级别上远低于济南（11836 贯）和曹州（4439 贯）等府州，但凭借运河沿岸和河海联运主要港口的地位，得以征收大量的过税。

军队也会提振城市的消费，从而带动商税数额。河北路各城市（见表 C-8）所缴纳的商税数额似乎比较接近，大多数在 9000~15000 贯的范围内。宋朝在河北驻扎了大量禁军，主要集中在城市周围，用以防御游牧民族的进攻。士兵的消费以及其他的军事开支带动了城市的商业繁荣。真定（39590 贯）、定州（19738 贯）和雄州（11552 贯）都是在本防区的军事后勤供应方面至关重要的城市。值得注意的是，盐山的情况与这种军事消费模式不同。盐山是一个以产盐和捕鱼而闻名的海港城市。1077 年，盐山的商税纳税额达到 37438 贯，仅次于真定。

224

表 C-1　1077 年开封周围的区域内水运网

1. 向北通往北京大名：
大名（38628）—磁州（7545）—相州（12222）—黎阳（6462）—卫州（5718）

2. 向西通往西京洛阳：

朝城（7517）—内黄（3432）—清丰（6009）—濮阳（15568）—孟州（8549）—洛阳（37943）

3. 向东南通往南京应天府：

河阴（5740）—开封（402379）—陈留（6768）—雍丘（13527）—襄邑（7815）—应天府（27886）

4. 向东通往济阴和郓州：

开封（402379）—东明（5421）—济阴（7658）—冤句（4505）—定陶（3570）—巨野（6305）—郓城（3234）—郓州（32444）

5. 向东南通往亳州：

咸平（9635）—太康（11867）—亳州（4377）

6. 向南通往陈州：

开封（402379）—合流镇（1752）—长社（18334）—陈州（19533）

按：括号中的数字是以贯计算的商税。如果未具体说明，表 C-1 和表 C-2 中的所有数据均来自《宋会要辑稿》中保存的 1077 年商税数据。非常感谢哈佛大学的中国历史地理信息系统项目为笔者研究这组数据所提供的资助。表 C-1 中所列各处商税均为该城单独征收，如当时的北京大名府除府城以外，还下辖朝城县、莘县、清平县、新县、夏津县、冠氏县、内黄县、成安县、魏县、临清县、馆陶县、临清县、宗城县、南乐县等十几个县城税务，还在若干镇、渡口设有收税机构，总数达 31 处，熙宁十年（1077）合计征商税 933345 贯 429 文；其中府城（元城县在郭）一地征收 38628 贯 67 文，笔者就选取附郭县城（也是府城）所纳商税，同时四舍五入作 38628 贯作为表 C-1 的数据。笔者在本书第四章中假定北宋各地商税数额大小主要取决于通过该地的长途贸易规模及其城市人口消费，故中心城市譬如府城（一般也是在郭县城）的商税税额才能反映出长距离水运发达。附录 C 中所列表格，凡与水运有关者，均按此处理。

表 C-2 1078 年宋代核心区域人口密度

单位：户/平方千米

1. 开封以及北方的人口稠密地区					
开 封	13.6	洛 阳	7.1	蔡 州	8.4
大 名	16.9	开 德	19.4	博 州	25.3
德 州	18.6	卫 州	13.2	应天府	14.2
兴仁府	21.7	濮 州	17.5	亳 州	10.8

2. 南方的人口稠密地区　　　　　　　　　　　　　　　　　225
　　a. 成都平原

成都府	57.5	眉　州	31.1	彭　州	65.7

　　b. 长江下游

杭　州	27.7	镇　江	17.2	苏　州	21.6
常　州	18.3	秀　州	21.9	湖　州	24.9
明　州	24.0				

　　c. 江　西

洪　州	13.7	袁　州	15.8	临江军	18.4

资料来源：吴松弟，2000：398，434-435，474-475，495-496，540-542。

表 C-3　1077 年永济渠（御渠）沿岸河港城镇的商税额

单位：贯

卫　州	5718	永济镇	2338
安　乐	1893	新乡镇	2877
临　清	2104	永济军	23891
黎　阳	6462	宗　城	1416
大　名	38628	内　黄	3432
恩　州	9738	洹水镇	2208
武　城	1842	李固镇	1046
历　亭	2333		
	总计：105926		

表 C-4　1077 年黄河下游河港城镇的商税额

单位：贯

濮　阳	15568	聊　城	12261
濮　州	19637	高　唐	3334
范　县	2147	德　州	30429
朝　城	7517	临　邑	6251
阳　谷	6596	厌　次	26760
安乐镇	1532	宾　州	8877
	总计：140907		

表 C-5　1077 年广济渠-清河沿岸河港城镇的商税额

单位：贯

曹　州	4439	东　阿	3527
邹　平	3327	定　陶	3570
景德镇	2930	高　苑	26526
合蔡镇	1160	北新桥	1259
博　兴	2569	巨　野	6305
傅家崖	22467	千　乘	3219
郓　城	3234	滑家口镇	3173
高家港	17080	郓　州	32444
济　南	11836	平　阴	3554
章　丘	6615		

总计：159234

表 C-6　1077 年汴渠和泗水沿岸港口城镇的商税额

单位：贯

汴渠		泗水	
开　封	402379	淮　阴	2197
雍　丘	13527	楚　州	67881
陈　留	6768	宝　应	16080
襄　邑	7814	涟　水	21191
应天府	27886	扬　州	41849
永　城	7569	真　州	53536
宿　州	15079		
零　壁	2156		
虹　县	2042		
青阳镇	1532		
泗　州	21682		
小　计	106055(不包括开封)	小　计	202734

总计：308789(不包括开封)

表 C-7　1077 年惠民河和涡河沿岸河港城镇的商税额

单位：贯

1. 惠民河			
陈　州	19533	西　华	3156
项　城	3871	长　社	18334
郾　城	4438	颍　州	3241
叶　县	7393	寿　州	17550
汝　阳	12016	正阳关	4094
		小计：93626	
2. 涡河			
太　康	11867	亳　州	4377
蒙　城	2785	濠　州	8265
		小计：27294	
		总计：120920	

表 C-8　1077 年海河流域河港城市的商税额

单位：贯

真　定	39590	定　州	19738
雄　州	11552	莫　州	9615
河　间	19167	冀　州	10331
祁　州	8267	赵　州	11209
沧　州	10475	洺　州	6368
磁　州	7545	盐　山	37438
		总计：191295	

表 C-9　1077 年汉江流域港口城镇的商税额

227

单位：贯

a. 主航道			
淅　川	1782	金　州	8330
顺　阳	1569	襄　阳	55467
邓　州	21370	郢　州	8818
均　州	6977		

b. 四川分支			
兴　元	27484	城　固	3147
洋　州	11131		
c. 陕西分支			
商　州	8944	虢川镇	3380
武休镇	9392		
	总计:167791		

附录 D　900~1600 年中国耕地面积

　现存的中国耕地面积记录在数量和质量上都不尽如人意。即使 750 年以后土地数据显著增加，数据质量仍然低于历史人口数据。例如，从 1398 年到 1850 年，中国人口据估算从 6500 万增加到了 4.3 亿，而同时期报告的耕地面积只从 8 亿亩增加到 12 亿亩。少报现象显然在土地登记中更为普遍。

耕地面积数据的缺陷特别是少报漏报的情况，需要被放在历史背景下加以理解。随着土地税在安史之乱以后成为国家税收的主要来源之一，在明代甚至成为唯一的主要财政来源，少报土地成为一种普遍的逃税手段，土地所有者有充分的动机隐瞒部分甚至全部土地，从而减轻纳税负担。因此，政府只有花费巨大的成本在全国开展土地调查，才有可能获得可靠的耕地报告。然而，这个措施真正付诸实行的时候很少，因为这与基层地主的经济利益相冲突，会遭到强烈的抵制。

珀金斯对中国土地数据的实证研究展示了研究者应该如何处理数据问题。为了缩小研究范围，他提出了三个具体问题，可以用于合理地测试数据质量。

（1）政府是否为在全国范围内登记全部土地而投入了很大的成本？

（2）数据中是否存在已知的错误或偏差？

（3）估算的数值是否与其他时期的数值一致，是否与我们所了解的中国历史一致？[1]

在估算 11 世纪亩产量之前，需要厘清宋代官方文件中所报告的耕地面积是否合理。在附录 D 中，笔者遵循珀金斯的方法，对 600 年至 1600 年间现存的中国土地数据进行了检验。第一节首先概述了现存的耕地面积数据，并将其分布情况与历史上的具体财政部门相关联。这项工作揭示出，从 2 年到 1626 年，中国可靠的土地数据分布并不均匀。其中大部分集中在 959 年至 1393 年之间，这也是宋明比较研究的重点时期。第二节中，笔者对宋明时期的省级土地数据进行了分析。这项工作主要是对现有的由珀金斯和何炳棣研究所得的土地数据进行复核，它印证了何炳棣所强调的核心观点，即洪武以后没有可用的土地数据。第三节，笔者将南宋现存的地方层面的土地数据与平均每户耕地面积等相关资料进行了对比。这种外部一致性检验表明，南宋与明初在州级耕地面积上存在一定联系。在土地登记方面，南宋政府与明初的管制体系一样富有效率。在小结中，笔者建议采用 5.61 亿亩作为 12 世纪初全国耕地面积的估算值。

现存耕地面积数据概览

为了研究中国历史上的人口、土地面积、税收等问题，梁方仲付出了巨大的努力，从现存的中国过去两千年里的官方记载中搜取有用的数据信息。梁方仲试图将有关传统经济各重要方面的丰富数据与中国官僚机构的有效管理联系起来，然而通过这个宏大的研究，我们发现了许多记录资料不是有缺陷就是存在错误。梁方仲自己也承认，土地数据的问题比人口登记的问题多得多。尽管梁方仲认为后期的中国政府提供了更丰富、更可信的数据，但是在面对这些原始的定量资料时，"何炳棣之惑"仍是不可避免的。

我们需要思考的第一个问题是，在研究中国古代的土地数据时，可以得到多少有关土地总面积的资料？答案肯定不能尽如人意。现存的有关帝制中国耕地的资料极为匮乏。笔者在表 D-1 中列出了梁方仲收集的耕地面积数据，它展示了我们所了解的相关信息是多么匮乏。我们发现，从 2 年到 1911 年的近两千年中，拥有耕地面积上报数据的只有五十八年。在 960 年之前的一千年里，只有六年有可靠记录可寻，而且这些数据都集中在 2 世纪。在此后直到 1911 年清朝灭亡的千余年中，宋代的耕地面积数据表现出了明显的合理性，能够反映出人口和土地总面积长期变化的合理趋势。随着在籍户数从 976 年的 3090504 户增加到 1083 年的 17211713 户，上报的耕地面积也从 295332060 宋亩增加到了 461655600 宋亩。如果我们关注人口增长与耕地增加之间的动态关系，那么似乎只有 959 年至 1393 年这段时间才有可能了解平均耕地规模。其他时期的数据往往极具争议性，要么是因为人口在一个世纪内没有任何变化，要么是耕地面积停滞不前，再或者是官方报告中的耕地面积大得令人难以置信。

现存最早的耕地面积报告所记录的时期为 2 年至 146 年。一个半世纪里，我们仅获得了六年的上报耕地总面积。对照现有的总人口数据，每户平均耕地面积可达 67~80 亩（见表 D-1）。[2]这样的平均耕地面积体现出一种接近粗放型农业的耕作方式。如果我们能够了解有多少地区的平均耕地面积低于总平均数值，从而更加清晰地呈现粗放型农业的格局，那一定会很有意思。可惜的是，我们并没有关于耕地的分区数据，因此，现代研究者不可能弄清汉代大部分地区盛行的户均耕作规模究竟有多大。

表 D-1　中国古代人口、耕地面积以及户均耕地拥有量

年份	户数	耕地面积（亩）	户均耕地拥有量（亩）
2	12233062	69594978	67.61
105	9237112	732017080	79.25
125	9647838	694289213	71.96
144	9946919	689627156	69.33
145	9937680	695767620	70.01
146	9348227	693012338	74.13
609	8907546	5585404000	627.04
726	8914709	1430386213	160.45
959	2309812	108583400	47.01
976	3090504	295332060	95.56
996	4574257	312525125	68.32
1006	7417570	186000000	25.08
1021	8677677	524758432	60.47
1053	10792705	228000000	21.13
1066	12917221	440000000	34.06
1083	17211713	461655600	26.82
1381	10654362	366771549	34.42
1391	10684435	387474673	36.27
1393	10652870	850769368	79.86
1403	11415829	—	—
1413	9684916	—	—
1423	9972125	—	—
1435	9702495	427017200	44.01
1445	9537454	424723900	44.53
1455	9405390	426733900	45.37

续表

年份	户数	耕地面积（亩）	户均耕地拥有量（亩）
1464	9107205	472430209	51.87
1474	9120195	477899000	52.40
1484	9205711	486149800	52.81
1490	9503890	423805800	44.59
1502	10409788	622805881	59.83
1510	9144095	469723300	51.37
1519	9399979	469723300	49.97
1532	9443229	428828400	45.41
1542	9599258	428928400	44.68
1552	9609305	428035800	44.54
1562	9638396	431169400	44.74
1571	10008805	467775000	46.74
1578	10621436	701397628	66.04
1602	10030241	1161894800	115.84[a]
1620	9835426	743931900	75.64
1626	9835426	743931900	75.64

资料来源：梁方仲，1980：4-13。

注：a. 原表数据为每户 11.53 亩，当系刊印时误植小数点。又，1602 年全国垦田面积达到 11.6 亿亩，是明朝官方记载中最高纪录，应与万历朝清查田亩有关，但人口数据基本未变，于是造成户均田亩面积大增，而此后在册田亩数据又回落，且表中万历四十八年（1620）人口、田亩数据与天启六年（1626）完全一样，说明后者是照抄前者，显见明代后期《明实录》数据之不可靠。

汉代以后直到 959 年前的近八个世纪里，政府没有开展土地调查，因为人头税成为国家税收的主要来源。在战乱时期，国家对人口的控制往往敌不过贵族和军阀。只有出现强大的中央政府，才有可能实现全国范围的人口登记。但在土地登记方面，情况却更为糟糕。例如，610 年前后，上报的耕地面积达到 5585404000 亩，登记户数达到 8907546 户，户均有 600 余亩耕地。但是没有任何确凿的证据可以判定这份报告是基于认真调查的。唐天宝年间（742～756年）上报的耕地面积达1430386213亩，相当于户均160亩左右。[3]

我们有理由认为，前述的隋唐两份土地数据都是根据均田制和租庸调制的要求编造出来的。根据这两种制度，唐代的农民从国家获得一定额度的土地分配，并承担相应的赋税和劳役。从理论上讲，农户的耕地面积不应该超过100亩，在有些地方还常见有休耕地。官员们根据户籍登记，将理论上应该分配给每户的耕地额相加得出了一个耕地总面积，但这个数字与土地的实际分配无关。

原则上，可靠的耕地数据是征收土地税的先决条件。780年两税法出台以后，土地税成为对农业产出征税的主要手段。[4]然而，两税法实行以后，上报的耕地面积马上下降到200万亩以下。在随后的三个世纪里，朝廷没有在全国范围内进行任何认真的土地普查。这可能迫使朝廷转而对长途贸易和城市消费征税。10世纪末北宋统一全国后，政府官员每次计划开展土地调查时，都会遭到民众的抵制。为了鼓励在受灾地区开垦闲地，朝廷很快放弃了土地调查的计划。

宋代尤其是11世纪的实际耕地面积可能比上报面积要大。包括三司在内的财政官员承认，土地税的纳税率很低。他们推测，大约70%的耕地没有上报，也没有向朝廷纳税。由于没有意识到宋代土地数据存在的这种偏差，学者们可能低估了宋代的耕地面积。在一项复原土地数据的研究中，珀金斯估算宋代的耕地面积为4.23亿宋亩，甚至比1400年的还要少。珀金斯仅仅是采用了1082年的数据，没有做任何调整。[5]而明初1393年的人口还不到11世纪80年代的2/3，但明初的耕地面积据估算达到 425401000 亩，这个数值甚至比 1082 年的还要大。[6]

　　11 世纪中叶进行的土地调查反映了耕地面积被严重漏报的情况。从 1072 年到 1085 年，王安石组织进行了一次土地普查，以评估华北许多地区民田的面积和质量，这就是人们熟知的方田均税法。这次土地普查后来因地方官员的强烈反对而中止，在它中止以前总共报告了约 248434900 宋亩的耕地，已经相当于调查之前耕地面积的 2.1 倍。因为普查工作的中止，我们现在无法获得全国性的耕地数据。但以前述调查前后的数据对比为基础，漆侠等现代学者估算瞒报的耕地面积可能接近已经上报的耕地面积。1083 年，上报耕地面积达到 461655600 宋亩（见表 8-1a 表下注和表 D-1）。因此，漆侠建议将 7 亿至 7.5 亿亩（约 8 亿宋亩）作为宋代全国的耕地面积。类似地，赵冈估计 1072 年的耕地面积达 6.66 亿亩，也就是 7.7 亿宋亩。[7]

233

　　然而，他们可能也高估了瞒报耕地的份额。如果我们认可他们的调整结果，即耕地面积从 997 年的 3.12 亿宋亩增加到了 1083 年的 8 亿宋亩，则耕地面积在近九十年的时间里增加了 1~2 倍。在这种情况下，宋代全国的耕地面积将达到 1957 年的一半以上。[8]与此同时，总户数从 6418500 户增加到了 17211713 户，与耕地面积的增幅相当。宋代农业亩产量保持在相同水平就可以满足新增人口的粮食需求。这也意味着在北宋时期，每户平均要耕种 47 亩土地。这是对 11 世纪土地开垦的一种非常乐观的看法。在确定加权平均数时，笔者选择了 6.6 亿宋亩作为 12 世纪初耕地面积的估算值。

　　1393 年以后的宏观经济数据可信度更低。"何炳棣之惑"直接指向了表 D-1 所示的 1403~1626 年上报人口和耕地数据的伪造性质。在这两个世纪里，总人口和总耕地面积变化缓慢。例外情况是，1502 年、1578 年和 1602 年上报的耕地面积有大幅增加。因此，珀金斯等学者利用这些数据修正了明代人口数据中的偏差。其中，1602 年上报的数据更为重要，因为那时已经接近明末，这个数据提供了有关耕地长期变化的珍贵信息。但这一努力只取得了很小的成果，因为 1602 年耕地报告的细目并没有保存下来，在上报的时间、方式等具体方面也存在争议。

宋、明省级耕地资料

对明代耕地面积的研究只能聚焦于明朝初期，其中最主要的问题是虚额多报。如表 D-2 所示，1393 年上报的全国耕地面积为 850762368 明亩（7.93 亿亩）。令人不解的是，1393 年的人口仅为 1957 年的 1/10，但上报的耕地面积居然接近 1957 年耕地面积（12.38 亿亩，见表 D-6）的 2/3。珀金斯已经指出，1393 年的主要耕地区域应该集中在中国中部和东部地区，但是到 1957 年这些区域的耕地总面积还不到 4 亿亩，因此 1393 年的全国耕地总面积数据一定是不可靠的。[9]

珀金斯倾向于采用的一个简便的解释，即在总体上相信明初耕地上报数据的基础上，将其中若干不正常的数字归因于刊印错误。换言之，他受日本学者的影响，认为我们可以找出报告中的一些错误并加以修正，然后相应地修改全国耕地总面积。例如，藤井宏指出，由于刊印错误，湖广（中国中部的湖北和湖南）的耕地面积可能误增了 10 倍。[10]珀金斯在调查了 1393 年耕地面积数据与 1502 年耕地面积数据的内部一致性后发现，除河南和湖广之外，大多数省份上报的这两个时期的耕地面积非常相似。因此，他接受了藤井宏的解释，并以 1502 年的耕地数据作为数据重建的依据。他估算 1400 年明朝的耕地面积达到 4.25 亿明亩（3.7 亿亩）。笔者在计算 1393 年亩产量时，也采用了这一估值。

表 D-2　1393～1578 年明代耕地分布

234

单位：明亩

	1393 年	1502 年	1578 年
北直隶	58249951	26971393	49256844
南直隶	126927452	81018040	77394672
浙　江	51705151	47234272	46696982
江　西	43118601	40235247	40115127
湖　广	220217575	223612847	221619940
福　建	14625969	13516618	13422501
山　东	72403562	54292938	61749900
山　西	41864248	39080934	36803927
河　南	144946982	41609969	74157952
陕　西	31525175	26066282	29292385
四　川	11203256	10786963	13482767
广　东	23734056	7232446	25686514
广　西	10240390	10784802	9402075
云　南	—	363135	1799359
贵　州	—	—	516686
总　计	850762368	622805886	701397631

资料来源：梁方仲，1980：340-341。

学者们针对明初耕地面积存在持续的争论，这里不可能阐述所有针对 1393 年数据的质疑。[11]值得注意的是，珀金斯试图确证明代耕地数据大体上是具有一致性的。剔除一些异常庞大的数字后（见表 D-2），大致可看出，明代上报耕地面积在两个世纪里逐渐增长。抛开 1393 年 8.5 亿明亩不论，官方数据里的全国垦田面积从 15 世纪初的约 4.2 亿明亩增长到了 16 世纪 70 年代的约 4.7 亿明亩，到 1580 年前后跃升至 7 亿明亩。这种逐步增长支持了我们对 16 世纪经济中农业发展的观察结果。然而，由于缺乏关于人口增长的合理数据，很难从人口角度来确认经济的长期变化。

但是，珀金斯的解释也只是部分地解决了全国耕地总量的问题。从省级层面来看，仍有许多争议有待解释。例如，在南直隶、浙江、江西和福建等南方地区，耕地上报面积从 1393 年到 1502 年再到 1578 年均存在不同程度的减少。而湖广的耕地面积几乎保持不变，即使像珀金斯那样把 1393 年的数据排除在外，1502 年上报的耕地面积与 1578 年上报数据之间也没有明显差别——两者相差还不到 1%。

如果我们检查州这一级的耕地面积数据，这种内部的不一致就会变得更加明显。如表 D-3 所示，长期来看，浙江省 11 个府的耕地面积在 1553 年至 1932 年的几个世纪中趋于稳定。其中大多数府在 1553 年和 1610 年的耕地面积比 1735 年和 1932 年的耕地面积要大，其中湖州 1553 年上报的耕地面积是几个世纪之中最大的。南直隶的情况与浙江省类似，但是前后相差的幅度较小（见表 D-4），整个南直隶上报耕地面积的总数从 1393 年的 126927452 亩下降到 1502 年的 81018040 亩，1578 年继续下滑到 77394672 亩。苏州和松江是 16 世纪中国最著名的两个市场扩张地区，1502 年至 1578 年期间，这两个地区的耕地面积都呈现出下滑或停滞趋势。

表 D-3　1553~1932 年浙江省耕地数据

单位：亩

	1553 年	1610 年	1735 年	1932 年
杭州	4197388	4257457	4296328	3790563
嘉兴	2910722	4323299	4356223	3943211
湖州	6846523	6122873	6136078	4251817
宁波	4047156	4099180	3900593	4154450
台州	4110403	4195994	3492271	3561371
绍兴	6534104	6714730	6826539	7233891
金华	7356074	7374160	7440802	6552210
处州	2987214	3068821	2847134	2656020
严州	2805009	2848060	2859169	2029375
温州	2609118	2608692	2133308	2345891
衢州	1237096	2250913	1740804	1871175
总计	45640807	47864179	46029249	42389974

资料来源：Perkins，1969：230，table B.9。数据摘自《浙江通志》（1736）卷六七~七〇，第 1304~1353 页。

　　珀金斯转而使用其他时期的耕地数据来检验这些记录的内部一致性。在这里，当把明代与其他朝代同一地区的耕地数据做比较时，珀金斯面临两个选择：选择明代以前的数据，或者选择明代之后的数据。然而，与明代以后的数据做比较很难有令人满意的结果，因为许多省份保存下来的清代耕地数据基本上一直保持不变。以浙江省为例，1553 年上报的耕地面积约为 4560 万亩，1735 年上报的耕地面积 4600 万亩，变化很小（见表 D-3）。同样，南直隶特别是江南地区的上报耕地面积（见表 D-4），要么增加很少，要么大幅度减少。因此，珀金斯决定弃用 1600 年以后的数据。[12]

　　而与明代以前的数据进行对比的结果要好得多。在宋元明时期，上报朝廷的耕地面积虽有变化却具有内在一致性，也和历史逻辑吻合。如表 D-5 所示，1082 年至 1393 年期间省级变化清楚地表明了三种不同的模式。第一，位于长江以南的江西，在 14 世纪出现耕地面积的快速增长，到 1393 年耕地面积大幅增加到 6400 万亩。第二，北部的河南呈现出与江西相反的趋势。在元朝统一中国期间，由于军事冲突和自然灾害，河南经历了严重的人口损失，耕地面积也从 1082 年的 1.33 亿亩下降到 1393 年的 7800 万亩。第三，介于以上两种极端情况之间的是江浙（包括浙江）。在宋元明过渡期间，江浙地区保持了繁荣，其耕地面积也是最稳定的。不过，江浙耕地面积的最高纪录出现在 1300 年，距离南宋灭亡只有二十一年，这表明元朝攻占长江下游的破坏性比元明易代战争的破坏性要小。

236

表 D-4　1393~1578 年南直隶耕地数据

单位：亩

	1393 年	1502 年	1578 年
南　京	7270175	6997408	6940514
苏　州	9850671	15524998	9295951
松　江	5132290	4715662	4247703
常　州	7973188	6177776	6425595
镇　江	3845270	3272235	3381714
庐　州	1622399	2543046	6838911
凤　阳	41749390	6126267	6019197
淮　安	19333025	10107373	13082637
扬　州	4276734	6229707	6108500
徽　州	3534977	2527752	2547828
宁　国	7751611	6068297	3033078
池　州	2284445	891963	908923
太　平	3621179	1624383	1287053
安　庆	2102937	2189066	2190531

续表

	1393 年	1502 年	1578 年
广德州	3004784	1540430	2167245
徐　州	2834154	3001223	2016716
滁　州	315045	291284	280996
和　州	425228	1189170	621580
总　计	126927452	81018040	77394672

资料来源：梁方仲，1980：340-341。

表 D-5　土地面积数据一致性检验

单位：千亩[*]

元代行省	宋（1082 年）	元（1300 年）	明（1393 年）
江浙行省（东部）	90437	99508	97500
江西行省（中部）	48369	47469	64000
河南行省（北部）	133000	118077	78000

资料来源：Perkins，1969：227，table B.6。数据摘自《文献通考》。
[*] 均以各代当时亩制为据，未转换成统一数值。

　　按照前面描述的宋元明过渡的过程，珀金斯还比较了省级的土地数据（见表 D-6），显示的结果相当令人满意。珀金斯发现，许多省级单位的数据是相互印证的。仅有的一些问题出自宋代，而非明代。例如，1082 年山东和山西上报的耕地面积比 1400 年的要少得多，这一情况一定是由附录 D 第一部分所讨论的少报漏报现象造成的。另外，在广东和广西也存在少报漏报问题，但这是缘于朝廷在控制这些地区后有意采取的一项特殊政策。正如人们所预料，两者都与少报漏报风行有关。1053 年平均每户的耕地仅为 21 亩，是北宋时期最少的。因此，这个并不严重的缺陷只不过进一步支持了笔者在第八章中对宋代耕地面积所做的向上调整。珀金斯进行的内部一致性检查为利用 1000 年至 1500 年的中国土地数据进行历史分析奠定了坚实的基础。18 世纪和 19 世纪的土地数据存在严重的错误，但宋代到明初的经济数据质量好于预期。事实上，为了在明代以后的时期找到另一组可比的国家土地数据，珀金斯不得不采用 20 世纪的土地上报结果。然而，他并没有解释为什么与 17 世纪的数据相比，宋元土地数据和明初土地数据之间的一致性更高。这是一个值得探讨的问题，它的答案一定与宋元明之际土地数据的产生方式有关。

237

表 D-6　宋明时期与当代耕地数据对比

	宋（1082 年）		明（1400 年）		1957 年
	千宋亩	千亩	千明亩	千亩	千亩
西北地区 陕西-甘肃	44710	38000	26066	22680	157000
北部地区 河北	27906	23720	26971	23470	132000
山东	26719	22710	54293	47230	139000
山西	11171	9500	39081	34000	67000
河南	32688	27700	27705	24100	130000
小计	98484	83630	148050	128800	468000
东部地区 浙江	36344	30890	47234	41090	33000
安徽	102358 *	87000 *	24991	21740	88000
江苏	102358 *	87000 *	56026	48740	93000
小计	138702	117890	128251	111570	214000
中部地区 湖北	25989	22090	13548	11790	65000
湖南	33204	28220	10428	9720	58000
江西	45223	38440	40235	35000	42000
小计	104416	88750	64211	56510	165000

续表

	宋（1082 年）		明（1400 年）		1957 年
	千宋亩	千亩	千明亩	千亩	千亩
东南部地区					
福建	11092	9430	13517	11760	22000
广东	3146	2670	23734	20650	58000
广西	55	50	10785	9380	38000
小计	14293	12150	48036	41790	118000
西南部地区					
四川	23148	19680	10787	9380	116000
总计	423733	360170	425401	370730	1238000

资料来源：Perkins，1969：229，table B. 8。又，表 D-6 中全国数据总计一律遵从原书中数值。

＊估算数据为安徽和江苏的总计。珀金斯的表中没有单独的估算值。

南宋地方耕地数据

　　为什么明代以前的土地数据比 16 世纪和 17 世纪的数据更可靠，这个问题显得有些违反常识。因为时间上晚了几百年，一般来说数据的数量会更多，质量也更好。此外，宋元明过渡时期是中国历史上有记载的战争、灾害最频繁的时期。在这几个世纪中，无论是王朝领土还是政治制度都不止一次地发生了重大变化。官方文件即使没有遗失，也只是零星地保存下来。笔者在本书第二章已经尝试回答这个问题，强调的是国家机构以不同的方式在获取有效数据方面所扮演的重要角色。在本节中，基于何炳棣收集的有关宋元明过渡时期户均耕地的数据，笔者进一步论证了这些数据与历史上耕地面积和人口数据之间高度的内在一致性。

238

户均耕地拥有量的长期变化是人口和土地数据质量的一个重要指标。如表 D-1 所示，明代数据在这方面显示出明显的不一致。1435 年至 1626 年期间，户均耕地拥有量随着时间的推移继续扩大。相比之下，宋代的数据则在人均农田规模下降的同时，显示出亩产量的合理上升趋势。

目前对户均农田规模的主流研究表明，南宋的耕地数据是具有一致性的。根据现存宋元方志的资料，梁庚尧计算了长江下游及福建的 37 个县的户均农田规模。可以清楚地看出，每个家庭的耕地面积在 10 亩到 45 亩不等。区域差异主要是由土地供应所致。在海拔较高的山地和丘陵地区的户均耕地面积在 20 亩以下，而江南地区总体上户均耕地面积达到了 40 亩。作为长江下游的核心地区，江南拥有大面积的低地、沼泽和湖泊，这些都可以转化为耕地。无论是以上哪种情况，这一差异可进一步归因于该地区聚落历史发展阶段的不同。例如表 D-7 所示，华亭的户均耕地面积接近 50 亩，是 37 个县中最大的。由此可见，华亭是长江下游一个较新的聚居区，且在 12 世纪经历了快速的发展。相比之下，作为长江下游最早的聚居区之一，绍兴的户均耕地面积不到 10 亩。

土地税额与土地登记之间的变化关系，也可以为解决耕地面积数据可靠性的问题提供参考。何炳棣的经典研究揭示了后朱元璋时代人口和耕地数据质量的恶化。他说："除了 1602 年之外，1398 年至 1867 年间官方登记的耕地没有任何增加。"[13] 他把这一令人费解的事实归因于在征收土地税时采用定额制这一普遍做法。何炳棣的观察揭示出，明初管制经济崩溃后，土地税额与耕地登记的关系发生了变化。

表 D-7 南宋户均耕地面积

单位：亩

地区	户均耕地面积	户均其他性质的土地*
一、太湖地区（3 县）		
平江府（1 县）		
常熟县	45.40	51.39
嘉兴府（1 县）		
华亭县	48.45	—
江阴军（1 县）	19.58	—
二、浙江宁绍平原（4 县）		
绍兴府（1 县）	9.43	—
嵊县	11.32	—
庆元府（3 县）	17.93	43.18
鄞县	—	—
慈溪县	23.46	—
定海县	18.66	—
三、浙东地区（6 县）		
温州（1 县）		
乐清县	18.71	—
台州（5 县）	9.88	21.17
宁海县	10.86	—
临海县	9.03	—
黄岩县	13.90	—
天台县	7.14	—
仙居县	9.12	—
四、福建（12 县）		
福州（12 县）	13.27	32.75
闽　县	10.26	—
侯官县	10.90	—
怀安县	11.30	—
福清县	10.99	—
长溪县	17.85	34.93
古田县	25.78	

续表

地区	户均耕地面积	户均其他性质的土地*
连江县	13.70	—
长乐县	15.11	—
永福县	14.40	—
闽清县	15.18	—
罗源县	13.65	—
宁德县	14.07	42.56
五、建康府（5 县）		
建康府	37.34	52.71
上元县	41.37	68.21*
江宁县	38.46	43.86*
溧阳县	27.96	27.90*
句容县	39.96	36.85*
溧水县	11.96	32.21
六、徽州（7 县）		
徽　州	23.93	—
歙　县	17.60	—
休宁县	15.53	—
祁门县	46.19	—
婺源县	18.57	—
绩溪县	36.89	—
黟　县	43.05	—

资料来源：何炳棣，1988：51-55；梁庚尧，2006：74-77。其中户均耕地面积系梁庚尧根据南宋方志中数字计算得出，如福州府及下辖 12 县就是他据淳熙《三山志》版籍类中"户口"和"垦田"条所算。

注：＊南宋经界法实行以来，在南方特别是江浙、福建地区，土地财产登记内容包括田、地、山、园、池、塘、坡、林、沙洲等各种具备经济功能的土地、山地和水面。这里只有"田"实指种植粮食作物的耕地，而"地""池""林""沙洲"指代耕地以外的各种能带来经济利益的土地、池塘和山丘。

何炳棣的研究还揭示了明初土地数据与明代以前的土地数据之间的联系。在他精心挑选的 47 个地方案例中，有大约1/3

即 18 个州县上报的耕地面积是直接从南宋和元代抄来的，只做了一些小的调整。[14]基于这一对比以及其他的资料来源，何炳棣认为朱元璋下令进行的土地调查仅限于浙江和江南。因此，明初土地数据远不如其人口数据可靠，因为人口报告得到了里甲制度在全国范围内的有力支持。[15]

无论我们在多大程度上接受何炳棣关于明初耕地登记依赖于明代以前耕地数据的论断，这一看法至少有助于证明 1200 年至 1400 年这几个世纪的土地数据确实具有一致性。何炳棣特别指出，有效的土地上报开始于南宋时期。[16]如表 D-5 所示，有些明初的土地数据似乎与南宋和元代的土地数据存在密切联系。然而，这些证据尚不足以展现一个能覆盖南宋全部领土的模式，更不用说几乎没有关于北方的直接信息。不过，何炳棣的调查结果也给了我们信心，它至少说明在一些地方，宋元明过渡时期的官府曾认真收集并上报了土地数据（见表 D-8）。

徽州是证明从 1140 年到 1315 年的两个世纪间地方政府认真开展土地调查的最好例子。12 世纪 40 年代耕地报告面积增加了 1 倍，达到 300 万亩，这一数字一直到 20 世纪之前都是最高纪录（见表 D-9）。同样显而易见的是，在 1500 年前的三个半世纪里，耕地面积几乎一直保持在 250 万亩以上。

小　结

耕地数据是中国经济数据中最缺乏的。众所周知，洪武年间的土地登记形成了中国帝制晚期最可靠的耕地数据。此后，中国耕地数据的质量严重恶化，不做重大调整就难以使用。然而，即使是最可靠的数据，如 1393 年上报的耕地，如果不做必要的调整，其所显示的耕地面积也是令人难以接受的。对于大多数耕地数据来说，少报漏报是造成数据偏差的主要原因。如第二章所述，780 年两税法成立后，上报家庭拥有的耕地面积成为征收土地税的前提条件。因此，农民有强烈的动机在土地登记时隐藏部分甚至全部耕地。

241 　　　　　　　　　　表 D-8　宋元明时期的地方耕地数据

单位：亩

	南宋	元	明
一、太湖地区			
上　海	—	2139073	2206204
崇　明	—	75736	724600
常　熟	2321563	1172502	1242500
无　锡	—	1824046	869023
乌　程	669630[a]	1143384	1036300
江　阴	1253602	—	991130
宜　兴	—	2249569	1551354
镇　江	—	3661127	3845270
二、浙江宁绍平原			
绍兴府	2000000（6122952）[b]	6257740	6517155
嵊　县	375738	382468	411692
鄞　县	746029	—	—
慈溪县	469100	—	—
定海县	356790	—	—
三、浙东地区			
乐清县	460000	417662	428932
台　州	2628283	2634292	2554586
宁海县	385718	—	—
临海县	668383	—	—
黄岩县	957974	—	—

续表

	南宋	元	明
天台县	313122	—	—
仙居县	310126	—	—
四、福建			
福　州	4263318	—	—
闽　县	335825	—	—
侯官县	293451	—	—
怀安县	263451	—	—
福清县	533078	—	—
长溪县	826834	—	—
古田县	609041	—	—
连江县	255756	—	—
长乐县	200411	—	—
永福县	282735	—	—
闽清县	231015	—	—
罗源县	169175	—	—
宁德县	284891	—	—
五、南京地区			
南　京	4397633	—	—
上元县	775431	—	—
江宁县	523426	—	—
溧阳县	1788955	1770956	1185537
句容县	1013683	—	—
溧水县	296139	—	—
仪　征	420724	—	109046
高　邮	1153296	—	526319
宣　城	1400284	—	972030
六、徽州			
徽　州	2919553	33529278	2427049
歙　县	458156	468890	550408
休宁县	303964	463711	516879
祁门县	717636	59163	158457

242

续表

	南宋	元	明
婺源县	795787	327852	519279
绩溪县	309566	322494	340382
黟　县	334440	358866	341642

资料来源：何炳棣，1988：51-55；梁庚尧，2006：74-77。

注：a. 何炳棣书中宋元明初土地数字一表记宋代湖州乌程县耕地为669630亩，仅为元、明数值的一半稍多（何炳棣，1988：52）。乌程县原始数据载成化《湖州府志》卷八"税负中"田土一栏，何氏表中的巨大数值差距，实因为他忽略了乌程县南宋数字仅限于官方统计的耕地，元明数字不仅包括耕地，还包括诸如山、园、地、荡之类性质的土地，是所有经济用地的总和。如果考虑到这种统计口径的差异，则南宋、元代到明初，乌程县的官方登记的土地面积也是连续而稳定的。

b. 括号内的数字只表示耕地。

表 D-9　徽州耕地数据

单位：亩

一、宋代	
1140 年以前	1516201
12 世纪 40 年代	3000000
1208～1244 年	2919553
二、元明	
1315 年	2984553
1365 年	2000979
1391 年	2427049
1482 年	2527676
1492 年	2527676
17 世纪 40 年代	2056466
三、清～民国时期	
17 世纪 40 年代	2056466
1699 年	2053457
1827 年	2056576
1877 年	2055973
1923 年	2055747

资料来源：何炳棣，1988：64。

表 D-10-a　宋代徽州分县耕地数据

单位：亩

	12 世纪 40 年代以前	12 世纪 40 年代	1200 年
徽　州[a]	1516200	3000000	2919553
歙　县	252984	460000	276120
休宁县	177271	303960	304433
婺源县	679707	790000	795787
祁门县	199563	750000	717636
黟　县	92125	334430	104648
绩溪县	104538	296000	309546

注：a. 徽州的耕地总面积略高于所有县的耕地面积相加之和。12 世纪 40 年代 6 个县的耕地面积之和为 2934390 亩。

表 D-10-b　元明时期徽州分县耕地数据

单位：亩

	1315 年	1360 年	1365 年	1391 年
徽　州	3348654	2000979	2000979	2417049
歙　县	466974	468890	468956	550408
休宁县	463711	463711	463648	516879
婺源县	1007615	327852	341602	519279
祁门县	729737	59163	130339	158457
黟　县	358866	358866	332672	341642
绩溪县	322494	322494	322385	340382

主要资料来源：《弘治徽州府志》卷二。

　　宋代耕地数据的可靠性是我们关注的重点。笔者认为宋代前两个世纪上报的耕地面积无疑比实际面积低。如果将 1080 年的耕地上报结果与明初的耕地数据进行对比，就会发现这种差距明显是由宋代漏报所致。到 1110 年，中国人口应该已经超过 1 亿。因此，基于我们对北宋时期平均家庭农田规模的了

解，笔者相信 12 世纪 10 年代全国的耕地面积可以估算为 6.6
亿宋亩，即 5.61 亿亩。然而，与 1600 年之后的耕地数据相
比，宋代的耕地面积数据仍然是合理的。如果将明初的耕地面
积与南宋和元代的耕地面积比较，可以看出两者在地方层面上
存在密切联系。这种联系意味着宋代耕地上报情况在 12 世纪
有所改善。

附录 E　实际工资的长期变化

　　人均收入反映的是一个国家的物质生活水平。一般来说，当经济增长率超过人口增长率时，人均实际收入就会增加。即便是为了初步回答在比较宋明两代时提出的问题，都有必要将有关人均实际收入的长期变化运用于衡量经济的运行状况。然而，在本书所述的历史时期，由于人口数据质量差，我们不可能准确衡量 GDP，因此选择普通雇佣劳动者的实际工资来代替生活水平指标是一个更为可行的办法。[1]但是，这一解决办法也存在问题：在这七个世纪的大部分时间里，关于普通雇工工资的记录少之又少。

　　笔者决定选择大范围的低收入群体进行分析，但重点关注士兵的工资。主要的资料来源包括官方典籍、文集、家谱、地方志以及其他各类文献（见表 E-3）。工资数据分为三类：

　　（1）参与水利工程和其他建筑工程的非技术工种的日工工资；

　　（2）学生、官府文吏等下层专业人员的津贴和薪金；

　　（3）士兵工资。

　　此外，救济贫困人群的渠道也能一定程度地反映赤贫阶层的生活水平，如他们收到的实物补助和福利机构的一般食品开支情况。赤贫阶层的情况体现了不平等的程度、社会福利相对于国民收入的规模和结构，以及地方社会的财富积累。

篇幅所限，笔者在此不对救济问题加以展开，而是集中讨论工薪阶层的问题。

工资数据良莠不齐。士兵的实际工资数据（SRW）是反映长期趋势的最佳指标。如果假设一个日工把他所有的收入都花在衣食和住房上，那么普通劳工的日工资不仅能够充分体现市场经济中劳动力供给的弹性，还能体现满足个人基本生理需求的相对成本。参与水利工程和其他建筑工程的非技术工种也完全符合这一研究条件，但这类数据大多出现在笔记和方志中，几乎不可能支持全面性的研究。与这类工资的鲜有记载相比，士兵的工资情况可见于公文的记录，因此数量和细节都相对丰富。

246　　　选择士兵工资作为比较标准原因有二。其一，它是现有最丰富的工资数据来源。普通雇工的工资数据总计有 312 条记录，时间跨度有八百余年（1004～1805 年），笔者将其按不同的职业细分为若干个小类（见表 E-1）。其中士兵类别的记录最多，达到 113 个，其中 38 个属于宋代，但是只有 8 个记录可追溯到 1127 年以前。明代有 67 个记录，还有 1 个是明亡后不久的记录。然而，由于其中一些记录属于同一年的同一单位，只是根据军阶、兵种或婚姻状况而有所不同，所以笔者将其合并为一个单独的条目，并进行了必要的加权。经过处理之后，士兵实际工资记录最终从 113 个减少到 84 个。

表 E-1　工资记录的分布

职业	士兵	苦力	工匠	学生	吏员	总计
案例数量(个)	113	78	67	15	39	312
百分比(%)	36	25	21	5	13	100

一定会有人质疑这 113 个或 84 个记录能否代表八百年来士兵实际工资的阶段性变化。然而，就研究工资的长期变化而言，这些士兵实际工资记录是足够的。与在笔记、文集中发现的证据不同，这里的记录都是真实发生的政府向士兵支付的报酬，因此可以结合当时的兵种、工作情况以及与军阶和技能相对应的工资差异等历史背景直接加以考察。虽然物价的短期波动（例如，季节性波动）可能影响货币工资的购买力，但士兵工资的长期变化主要与国家政策、中央政府的收入以及物价的长期变化趋势有关。幸运的是，政府公文提供了许多有关军费开支的细节，包括支付给士兵的工资。例如，明朝根据士兵的婚姻状况按不同的标准支付工资，非屯田的士兵中，单身的每月能够领取 0.3 石稻米，有家属的能够领取 0.5 石稻米。因此，笔者计算的平均工资为 0.4 石。

其二，普通士兵的工资代表的是平民的收入，因此非常有助于我们了解平民的生活水平。在一项针对英国早期近代史的研究中，士兵被看作地位低下、生活贫困的平民大众。[2]宋明两代也是如此。[3]中国军队的人员组成在 8 世纪末发生了根本性的变化，军队不再是基于土地分配、自支自用的世袭府兵，而是转变为雇佣兵，宋朝的士兵无一例外都是从社会上招募来的。[4]

宋代利用在饥荒地区征兵的办法，缓解社会上的紧张矛盾。因行为不端而入狱的人常被充军做杂务，其地位甚至比通过其他方式征募的士兵还低。士兵的后代如愿意，也可以继续从军。因此，宋代士兵的主体来自社会的下层。募兵以公开和公平的方式进行：应征者只需通过以体能和军事技能为主的测试，即可入伍。为确保应征士兵的入伍率，政府会立即发放一笔奖励（通常相当于两三个月的工资）。[5]宋军士兵的工资通常由三个部分构

247

成：按月发放的货币工资、按月发放的稻米，以及春冬季的衣物补贴。根据士兵的军事才能和兵种不同，工资也有所差异。[6]按军阶和技能支付的工资差别与劳动力市场上的工资差别类似。

明代的情况则完全不同。明初的老百姓被强制向国家提供专门的劳役，从理论上讲，明朝政府无须为获得相关劳役而支付任何报酬。明初朝廷还要求，全部士兵的七成要从事农业生产，其余三成执行军事行动。这种在卫所制度下实现军队自给自足的目标使明朝军队退出了市场。原本劳动力市场的需求会影响劳动者的收入，但在明初这种制度下，不种田而执行军事职责的士兵收到的报酬并不反映劳动力市场需求的变化。

为满足研究需要，笔者收集了那些不需要从事农耕的全职执行军务的士兵每个月的工资情况。从事农耕的士兵即所谓"屯田旗军"，他们没有工资，全靠土地过活。即使如此，他们也得先按卫所要求的比例上交部分收成，然后才能拿到自己的分成。这些屯田旗军的生活水平通常低于领取固定工资的正职士兵的生活水平。有关军屯制的更多相关信息见附录 H。

士兵的生活水平反映了 14 世纪末和 15 世纪管制经济中平民的实际收入情况。明初的财政体制在很大程度上是反市场的，它完全通过对物质和劳动力供给的直接控制来组织。军队是明代承担专门劳役的最大群体，在军队中服役的士兵和工匠及其家属占明代人口的 13.1%。[7]明初军队大多驻扎在都城和其周边，以及人口稀少的地区，[8]尤其是在北部和东北部边境，这些地区有大片土地可用来军屯。士兵也被要求建造宫殿和城墙。其生活条件很可能接近基本生存水平，因此能够代表明初平民的生活水平。然而，明初的政策只维持了一个半世纪；到 16 世纪初，军屯制瓦解，中央政府开始向士兵发放白银作为薪酬。[9]

　　这一转变在沿边地区催生了进行粮食和布匹交换的地方市场。[10]随着军事支出方式的改革，明朝政府也试图采取募兵制，而不是仅仅依靠卫所和世袭军户。16 世纪以后，明代士兵的工资接近自由劳动力市场的水平，不过他们的工资与长江下三角洲地区的工资有所不同，因为长三角的劳动力比北方边疆和北京的丰富得多。

248

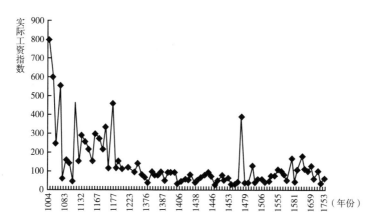

图 E-1　1004~1753 年士兵实际工资

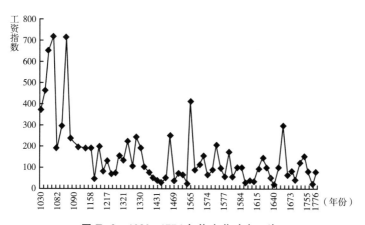

图 E-2　1030~1776 年体力劳动者工资

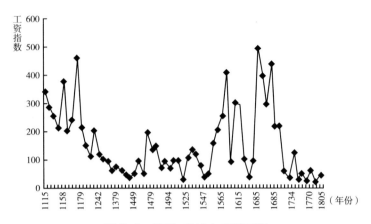

图 E-3   1115~1805 年工匠工资

249

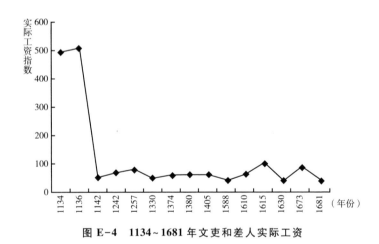

图 E-4   1134~1681 年文吏和差人实际工资

250   笔者已将士兵实际工资数据转换为实际工资指数以供比较
（见图 E-1）。这一指数清楚地表明，在七个半世纪的时间里，
实际工资在持续下降。换言之，宋代士兵比明代士兵得到了更
多的报酬：北宋士兵以米计的收入比明代士兵的收入要多 2~
2.5 倍，南宋时期由于严重的通货膨胀，士兵的工资只比明初

士兵的工资高出 50%~80%，可能与 16 世纪明代士兵工资达
到最高点时的水平相差无几。宋朝的头一百年间，士兵的工资
先是达到最高值，之后又下降至每人每月不到 300 公升稻米。
从 1150 年起的一个世纪里，工资甚至更低，人均收入在 100~
200 公升稻米。

除此之外，笔者还从其他三个来源找到了支持本书论点的
数据。第一个来源是其他学者对宋明军事制度和政策的研究。
11 世纪，宋朝禁军有 40 多万人，厢军有 20 多万人。[11]根据王
毓铨、小岩井弘光和长井千秋的研究，我们可以得到北宋士兵
的月薪为 200~240 公升稻米，南宋士兵的月薪为 120~150 公
升稻米。12 世纪中叶，驻扎在长江下三角洲的禁军士兵的实
际工资是 141~342 公升稻米。同一时期，一名江西的厢军士
兵每月除了衣物补贴外，还能够得到 87~101 公升稻米的实际
工资。如果我们把衣物补贴考虑在内，实际工资就会更多一
点，可能有 92.8~113 公升稻米。上述工资标准在整个南宋时
期都在执行。然而，由于通货膨胀，南宋士兵的实际工资可能
会比上面这些数字更低一些，平均的实际工资可能维持在
120~150 公升稻米的水平。

这个估算值基本上与笔者的士兵实际工资数据所体现的情
况一致。不过，SRW 还提供了一些更高的记录数字，这些数
字大多是在 11 世纪早期记录的。由于熙宁年间物价上涨，从
那时起，士兵的货币收入在其实际工资中所占的比例变得更
小。SRW 也提供了一些更低的记录数额，因为其中不仅包括
正规部队的士兵，也包括城防部队和预备役部队的士兵，他们
的工资比正规部队士兵的更低。

第二个来源是对前工业化时代中国实际工资的研究。有学

者研究了 17 世纪至 19 世纪期间价格和工资的长期变化，他们指出，这几个世纪的实际工资出现了明显的下降。[12]这种情况显然不同于 11 世纪的情况，当时的实际工资保持在较高水平，市场经济也在持续扩张。

在英语学界，赵冈的研究是唯一有关前工业化时代中国实际工资的研究。他对 18 世纪工资变化的研究清楚地证明了其他学者所提到的工资下降的情况。此外，他试图将这种下降追溯到更早的时期，因而对两千多年里（前 206～1818年）的实际工资进行了长期调查。赵冈认为，人口过剩造成的人口土地比升高必然会导致"劳动边际产出"的下降，即实际工资的下降。[13]赵冈认为，这种下降的转折点发生在南宋，因为他发现南宋普通体力劳动者的实际工资水平很低，只有北宋的 1/5。[14]然而，赵冈的工资数据分布很不均匀，在 1700 年以前只有 27 条记录，平均每七十年一条。在找到充分证据之前，我们很难接受将南宋作为转折点的看法。

251

体力劳动者、工匠、文吏和差人的工资，是第三类能够支持前面基于 SRW 所得出的看法的数据。笔者已将其转换成工资指数（见图 E-2 至图 E-4）。这些数据所显示的实际工资的长期趋势清楚地表明，在 11 世纪出现了一个峰值点，体力劳动者工资数据尤其如此。相比之下，工匠工资数据在 16 世纪下半叶出现了一些不寻常的波动，因此显得更加复杂。这种波动的原因可能有两方面。一方面，工匠这一类别实际包括许多职业，如酿酒师、铁匠、纺织工、水手和木匠，他们需要不同的技能，因此也有不同的薪酬标准。由此，我们观察到的一些明末高薪的记录可能是存在偏差的，只是恰好记录了更高薪的职业的收入。[15]另一方面，这些较高的薪酬记录主要体现了 16 世纪末长江下三角洲地区和福建的薪酬情况，这种高薪酬记录的地域性集中可能是这些地区经济繁荣的结果。在这方面仍有许多不确定性，所以笔者希望今后的研究能够通过提供更好的定量和定性分析来解决这一问题。

这一系列数据也显示了南宋工资情况的复杂性，当时的工资既出现了最高点，也出现了最低点。南宋的经济更加货币化，纸币成为日常经济中通行的交易手段，即使对平民而言也是如此。包括士兵在内的工薪阶层的工资中纸币的比例越来越高，因此其收入更容易受到通货膨胀的影响。虽然与北宋相比，南宋的实际工资大幅下降，但直到 13 世纪 30 年代，南宋的体力劳动者、工匠、文吏和差人的工资一直都很高。所以，赵冈关于南宋转折点的论述不能适用于整个南宋的情况。在13 世纪 30 年代，南宋的北伐失败给国家预算造成严重危机，进而导致纸币因过度发行而贬值。

为了证明这一点，笔者从宋元时期的印刷作坊找到了一个例子。一些保存下来的宋元书籍提供了出版一本书的成本信息，包括付给图书雕版师的费用。根据这些书所记载的成本，南宋末年的名义工资增长迅速。例如，在一块木板上刻一百个字的标准工资，从 1233 年的 750 文上升到 1238 年的1000 文，到 1253 年达到 50000 文。[16]这一增长只能用纸币的严重贬值来解释。然而，如果选择贬值前的时期与元明时期的工资标准进行比较，13 世纪 30 年代的工资仍然是最高的（见表 E-2）。

表 E-2　南宋至清代图书刻工工资举例

	每百字工资标准	月薪	每月实际工资(石稻米)
1233 年	600~700 文	18~21 贯	3.45~4.02
1344 年	1350 贯[a]	40 贯	0.95
1554 年	0.06 两	1.8 两	3.00
17 世纪 30 年代	0.03 两	0.9 两	0.90

资料来源：杨绳信，1984；叶德辉，1999：154。

注：a. 此处的货币为元代纸币中统钞。1346 年，大约 40 贯的中统钞可以买到 1 元石的稻米。

表 E-3　工资数据来源

年份	来源
1004	《宋会要辑稿·食货》四二之三
1030	《宋会要辑稿·方域》一四之一四："正月下旬入山采砥，寒节前毕。虽官给口食，缘递年采砥，山林渐稀，亦有一夫出钱三五千已上……"
1034	《宋史》卷一九四《兵志八》："景祐元年，三司使程琳上疏，论：'兵在精不在众……计骑兵一指挥所给，岁约费缗钱四万三千，步兵所给，岁约费缗钱三万二千，他给赐不预。……'"
1042	姚文灏：《浙西水利书》卷一
1045	《续资治通鉴长编》卷一五七
1047	张方平：《乐全集》卷二三，四库全书版
1064	蔡襄：《端明集》卷一八，四库全书版；《宋史》卷一九一《兵志五》
1077	《续资治通鉴长编》卷二八五"熙宁十年十一月乙卯"条："诏河北京东西淮南等路，出夫赴河役者，去役所七百里外，愿纳免夫钱者听从便，每夫止三百五百。"
1079	《宋会要辑稿·职官》二八之一〇
1080	《宋会要辑稿·职官》二八之一〇
1082	《宋史》卷一七五《食货志》
1083	《宋会要辑稿·职官》四八之六五

续表

年份	来源
1085	苏轼:《论役法差雇利害起请画一状》,载《苏轼文集》,长沙:岳麓书社,2000,第 1057 页
1086	《续资治通鉴长编》卷三七六,吕陶言"每程只破二百文,今若每程量添一百文"
1089	《续资治通鉴长编》卷四二四,李常言
1090	苏轼:《申三省起请开湖六条状》,载《苏轼文集》,长沙:岳麓书社,2000,第 1071 页
1092	苏轼:《乞罢宿州修城状》,载《苏轼文集》,长沙:岳麓书社,2000,第 1126 页
1104	《宋会要辑稿·职官》二八之一五
1105	《宋会要辑稿·食货》六八之一三一
1108	《杨龟山集》卷二《余杭所闻》
1116	《宋会要辑稿·食货》七之三五
1120	《宋会要辑稿·食货》三四之九九
1129	《宋会要辑稿·兵》一之一五
1132	《宋会要辑稿·职官》一六之五;《建炎以来系年要录》卷四四;《宋会要辑稿·职官》五七"俸禄杂录"条
1134	《宋会要辑稿·食货》五四之一九;《宋会要辑稿·食货》五四之二〇
1135	《宋会要辑稿·职官》五七"俸禄杂录"条;李纲:《梁溪先生全集》卷八七
1136	《宋会要辑稿·职官》二七之六六
1142	《宋会要辑稿·职官》三一之七;《宋会要辑稿·食货》五四之一九;《宋会要辑稿·食货》五四之二〇
1144	《宋会要辑稿·食货》六八之一四一
1145	杨炬:《重开顾会浦记》,载《云间志》下卷
1158	《宋会要辑稿·帝系》七之五;《浙西水利书》;《宋会要辑稿·食货》七"水利"条
1161	《双流昭烈庙记》,载《宋代蜀文辑存》卷五四
1162	李华瑞,1995:178-179
1164	洪适:《盘州文集》卷四二
1168	《宋会要辑稿·兵》一之一二四;《宋会要辑稿·兵》一之一二八

253

年份	来源
1169	《宋会要辑稿·兵》一之二九;《宋会要辑稿·兵》一之三一;范成大:《括苍金石志》
1171	《宋会要辑稿·食货》二七之三四
1177	朱熹:《朱子文集》卷二〇
1179	《淳熙三山志》
1180	朱熹:《晦庵集》卷二〇
1181	袁说友:《东塘集》卷九
1192	《宋会要辑稿·兵》一七之三二;《宋会要辑稿·兵》三"弓兵"条,光宗绍熙三年八月十八日
1216	叶适:《水心别集》卷一六
1217	《景定建康志》;《勉斋先生黄文肃公文集》卷三二,收录于《北京图书馆古籍珍本丛刊》卷九〇,第 657 页
1219	《宋会要辑稿·职官》四八之八六
1222	《嘉定赤城志》卷一八《诸县寨兵》
1223	同上
1241	《四明它山水利备览》
1242	同上
1243	同上
1250	《永乐大典》卷一〇五〇所引《临川志》
1252	《景定建康志》卷二九《儒学》,第 5 页
1257	《景定建康志》
1259	同上书,卷三九
1287	《通制条格》卷一三
1324	《至顺镇江志》《浙西水利书》
1327	《元史》卷六四《河渠志》
1330	《至顺镇江志》
1351	徐一夔:《织工对》,载《始丰稿》
1370	《明实录纂·安徽史料卷》,第 349~350 页
1374	《明实录·太祖实录》卷九一,第 1597~1598 页
1375	《明实录·太祖实录》卷九六,第 1653 页

254

续表

年份	来源
1376	《明实录·太祖实录》卷九六,第 1653 页;《明实录·太祖实录》卷一一五,第 1881 页
1377	《明实录·太祖实录》卷一一五,第 1882 页
1379	《明实录·太祖实录》卷一二八,第 2033 页;《明实录类纂·经济史料卷》,第 90 页;《古今图书集成·食货典·国用部》
1380	《明实录·太祖实录》卷一三〇,第 2073、2074 页;卷一三三,第 2109 页
1382	《明实录·太祖实录》卷一四四,第 2264~2265 页
1383	《明实录·太祖实录》卷一五四,第 2401 页
1387	《明实录·太祖实录》卷一八七,第 2799 页
1388	《明实录·太祖实录》卷一八七,第 2799 页
1389	《明实录·太祖实录》卷一九七,第 2962 页
1392	《万历会计录》卷二七,第 943 页
1404	《明实录类纂·经济史料卷》,第 619 页
1405	《明实录北京史料》卷一,第 218~219 页
1406	《明实录类纂·经济史料卷》,第 768 页;《明实录北京史料》卷一,第 216~219 页
1429	《万历会计录》卷三七,第 1192 页
1430	龚诩:《上巡抚周公书》,载《娄水文衡》卷一〇
1431	《明实录类纂·浙江上海史料卷》,第 628 页
1437	《明史》卷九一《兵三》
1438	《明会典》,北京:中华书局,1989,第 984 页;《万历会计录》卷二七,第 943 页;《明实录类纂·浙江上海史料卷》,第 1020 页;《明实录北京史料》卷二,第 62 页
1439	《明实录类纂·浙江上海史料卷》,第 765 页;《明实录类纂·安徽史料卷》,第 329~330 页
1440	《明实录北京史料》卷二,第 86 页
1442	《万历会计录》卷二七,第 943 页
1443	《明实录类纂·浙江上海史料卷》,第 768、1026 页;《明实录类纂·安徽史料卷》,第 330 页
1446	《明实录类纂·安徽史料卷》,第 330~331 页

255

年份	来源
1449	《万历会计录》卷三七,第 1192 页;《明实录北京史料》卷二,第 205 页
1450	《明实录北京史料》卷二,第 223 页;《明实录类纂·经济史料卷》,第 95 页;《明实录类纂·浙江上海史料卷》,第 644、770 页
1451	《明实录北京史料》卷二,第 264 页
1452	《明实录类纂·浙江上海史料卷》,第 771 页
1456	《明实录北京史料》卷二,第 319 页
1457	《明实录类纂·经济史料卷》,第 96 页
1462	《明实录北京史料》卷二,第 382 页
1463	《明实录北京史料》卷二,第 385 页
1466	《弘治兴化府志》卷三〇,叶一四
1469	《皇明条法事类纂》卷三三,叶二
1472	王恕:《王端毅奏议》卷二,四库全书版
1479	《明实录北京史料》卷二"外卫京操官军口粮"条,第 503 页;《皇明条法事类纂》卷一,收录于《中国珍稀法律典籍集成·乙编》第 4 册,北京:科学出版社,1994,第 32～33 页;《皇明条法事类纂》卷 49,第 5 册,第 968 页
1481	《皇明条法事类纂》卷二〇,第 4 册,第 914~916 页
1485	《明实录类纂·经济史料卷》,第 97 页
1487	胡世宁:《胡端敏奏议》卷二,四库全书版
1488	《万历会计录》卷三七,第 1192 页
1494	《明孝宗实录》卷八七
1495	马文升:《修饬武备疏》,载《御选明臣奏议》卷八
1496	《明实录北京史料》卷二,第 632 页
1497	《万历会计录》卷三七,第 1192 页
1498	《明实录北京史料》卷二,第 648 页
1499	《明实录北京史料》,卷二,第 648 页
1502	杨一清:《关中奏议》卷一,四库全书版
1503	《明实录类纂·经济史料卷》,第 100 页
1504	《明史》卷八九《兵一》

256

续表

年份	来源
1506	杨一清:《关中奏议》卷六,四库全书版
1507	同上
1517	《金山卫志》卷三
1520	《万历福州府志》卷三四"时事"条
1521	《明实录北京史料》卷三,第 134 页
1524	《明实录类纂·安徽史料卷》,第 842 页
1525	《明实录北京史料》卷三,第 182~183 页
1529	《明实录类纂·经济史料卷》,第 101 页
1530	《明会典》,第 1105、1112 页
1536	《嘉靖事例》,收录于《北京图书馆古籍珍本丛刊》第 51 册,第 74、82~83 页
1547	《苏州织造局志》卷三
1553	郑若曾:《筹海图编》卷五,第 398 页
1555	《明实录类纂·安徽史料卷》,第 850~851 页
1560	《明史》卷二〇五《李遂传》
1565	唐顺之:《武编》卷五,收录于《四库未收书辑刊》,第 319 页
1569	海瑞:《备忘集》卷一
1570	《穆宗实录》卷四,引自梁方仲,1984:174
1571	潘季驯:《河防一缆》卷一六,第 26 页
1574	《万历和州志》卷一
1575	同上书,卷二;《明实录类纂·安徽史料卷》,第 769 页
1576	同上书,第 896 页
1577	同上书,第 770 页
1580	潘季驯:《河防一缆》卷七,第 43~44 页
1581	《明实录类纂·安徽史料卷》,第 868 页
1582	同上
1583	同上
1584	同上书,第 904 页

257

年份	来源
1587	《明实录类纂·安徽史料卷》,第 341 页
1588	《新修南昌府志》卷八,第 141 页
1591	王樵:《方麓集》卷一
1602	盛万年:《岭西水陆兵记》卷上,收录于《北京图书馆古籍珍本丛刊》,第 51 册,第 652、656~657 页

附录 F　国民收入的估算

估算国民收入的方法有很多，从不同方法得出的估算值可以相互验证。接下来，笔者基于实际工资对宋明时期的国民收入再次进行评估。这种评估方法利用前面所言及的从 11 世纪到 18 世纪的实际工资变化指数来估算人均实际收入的变化，并重建宋明国民收入与 19 世纪 80 年代国民收入的联系。

关于前工业化时代中国国民收入的估算，目前学界普遍认可的是张仲礼主要针对 19 世纪末期所做的研究。张仲礼选择 19 世纪 80 年代作为基准，因为该年代是中国前工业化经济的最后阶段，在那之后中国经济进入了 21 世纪才完成的漫长的工业化进程。张仲礼承认他的估算只是粗略的，但"至少可用作基本参考"。[1]张仲礼采用增加值法或收入法，将不同行业对总产值的贡献相加，从而得出总的估算值。他的研究广泛援引了当时的各种资料，如海关和商会的报告、外国研究者和旅行者的调查、政府出版物、报纸、地方志以及族谱等，深入研究了各类生产数据（关于各类重要的农工业产品的产值或实物产出等）。在张仲礼的计算中，经济被分为农业和非农业两大部门，非农业部门又包括采矿业、制造业（主要是手工业）、建筑业和交通运输业、贸易和金融、住宅、政府服务、专业技能服务、来自国外的收入转移。[2]

根据张仲礼的估计，19 世纪 80 年代的中国经济仍以农业为主（见表 F-2 和表 F-3）。农业占 GNP 的近 2/3，其中粮食产量占 GNP 的 1/3 以上，经济作物（茶叶、棉花、烟草等）占 18.6%。相比之下，采矿业、制造业、建筑业和交通运输业加起来只占 8.2%。

张仲礼的研究同时讨论了经济中的总供给和总需求，并从供给（生产）侧得出了 GNP 估算值。在说明各类商品和服务的生产和消费情况的同时，他还从需求侧（收入和消费）来分析财富分配的极端不平等（见表 F-3）。[3]例如，19 世纪 80 年代，士绅阶层的总收入为 675225000 两白银，约占国民生产总值的 24%。19 世纪末的士绅及其家庭成员总数约为 900 万人，仅占当时总人口 37750 万人的 2%。[4]据此，张仲礼通过令人信服的方式展示了少数受过良好教育的精英是如何控制经济资源的，他们对把自己的财富投资于贸易和工业并不是很感兴趣，而是致力于通过政府和社会服务来确保他们的收入和社会地位。根据张仲礼的估算，这些专业技能服务的收入占士绅收入的 52%（调整后的比例，下同），甚至高于地租收入的比例（29%）。[5]

由于缺乏系统性经济数据，我们不得不在张仲礼的综合分析的基础上延伸开展有关宋明国民收入的研究。第一步是确定 19 世纪 80 年代的人均实际收入。根据张仲礼的统计，19 世纪 80 年代的人均 GNP 是 7.4 两白银。他是通过将 19 世纪 80 年代的国民收入（2781272000 两）除以总人口（3.775 亿）而得出这一数字的。曹树基认为清代人口为 364389000，按照这个数字，人均 GNP 可调整为 7.63 两白银。按张仲礼的计算，当时的大米价格是每担 1.28 两白银，以此为基础，19 世纪 80 年代的人均实际收入为 5.96 石大米。

第二步是确定如何用 1880 年的人均实际收入作为基础，

来估算 11 世纪的人均实际收入。在 11 世纪 70 年代，宋代禁军的一名普通士兵每月能得到 2.35~2.48 石大米，厢军的士兵每月能得到 1.9 石。这就意味着前者每年获得约 28.8 石，后者获得每年 22.8 石。如果这一比例也适用于人均实际收入，那么宋代的人均实际收入就可以根据 19 世纪 80 年代的人均实际收入估算出来。然而，我们需要考虑 11 世纪士兵的实际工资与 1880 年人均实际收入之间的差别：前者用于支付一名士兵及其家属的日常生活费用；后者是人均收入相对于总人口的算术值，如果这个总人口数字准确，那么它应同时包括独立人口（特别是成年男性）和受扶养人口（如儿童、老年人和半就业妇女）。有理由认为，士兵的工资应该比人均实际收入高几倍，因为不是每个家庭成员都会工作，而且工资应该是士兵家庭收入的主要来源。因此，笔者采用了一个系数 3（士兵加上其家属的大致人数）[6]来除以上述的宋代士兵年工资，分别得到 7.58 石和 9.58 石两个数值。

现在，我们可以用这个估值与张仲礼的人均 GNP 数据进行比较。假设宋代的生活水平比清代的高出 30% 或 50%，那么可以分别得到 7.75 石（5.96×1.3）和 8.94 石（5.96×1.5）。显然，这一结果与前面提到的对宋代人均实际收入的估值非常接近。考虑到宋代士兵的生活条件，这一估算值也是讲得通的。宋代厢军不仅工资低于禁军，而且要从事非技术性的繁重劳动，如架桥、筑城墙等。他们的生活水平可以代表宋代平民的经济状况。考虑到对宋代士兵工资的小幅高估，笔者倾向于选择 7.5 石而非 9 石作为 1077 年人均实际收入的粗略估计。

如果笔者对宋代士兵家庭结构的假设是正确的，那么它应该也能适用于明清时期。以粮食为单位计算，18世纪中后期一名清军士兵的工资是每月0.92~1.25石大米。因此，将这一数值除以2.5，得到0.37~0.5石。这比19世纪80年代的工资还要低。然而，19世纪80年代距离帝制后期中国最大规模的内部动乱——太平天国运动刚刚过去十年，那时大米的价格远低于18世纪70年代。如果19世纪80年代实际工资确比之前有所提高，那一定是粮食价格下跌导致的。笔者选择0.44石作为18世纪70年代的月工资，也就是每年5.28石。

接下来讨论明代的人均实际收入。明代经济的表现，无论是在明初还是在16~17世纪，都与宋代经济和清代经济有很大的差异。明初官府公文记载的数据显示，一名有家庭的士兵每月工资是0.6~0.8石，换算人均实际收入为2.9~3.8石（0.6~0.8/2.5×12）。16世纪末的情况问题更大。笔者初步决定以0.6两白银（16世纪80年代官府公文中通常记录的工资标准）作为长江下三角洲地区明代士兵的标准月薪，按当时的物价（每石大米0.73两）计算，人均实际收入为每年3.95石［（0.6×12/2.5）/0.73］。

如果将这些数字汇总起来，并相应乘以各时期的总人口，就会得出表F-4所示的国民实际收入估算值。D行和F行显示的是税收和人均税负，从而反映国家税收能力与经济规模和个人纳税负担之间的关系。

将这些估值放到经济背景下，作为对各部门经济和税收在整个经济中所占份额的体现，可能会更好理解。表F-4中C3行表示的是以19世纪80年代物价计算的宋明清国民收入，其所显示的趋势与其他相关基准计算所得的趋势相似。D行和E

行共同揭示了中国帝制后期税收的结构性变化。作为国民收入的一部分，宋代税收占国民收入的比例仅次于明初的。明初政府控制着大约 1/5 的国民生产总值，虽然笔者已详细讨论过明初朝廷对社会的直接控制，但这个比例对一个前工业化时代的政府来说似乎还是过高了。这可能是因为笔者过分依赖明初的官方记录，所以低估了明朝国家控制之外的未被上报的经济的规模。另外，笔者选择的估算时间是 15 世纪 20 年代，在这一时期，我们可以清楚地看到国家政策和自然灾害造成了人民生活条件的恶化，即国民经济的衰退。

撇开税收在国民收入中所占的极高比例不谈，表 F-4 的其他推算结果与笔者之前对国家征税能力的描述是高度吻合的。宋朝税收占国民生产总值的 8%～9%，与大多数近代早期的欧洲国家相比，这似乎是非常高的。事实上，英国 18 世纪的税收在国民收入中所占的份额都达不到这个程度，直到 1815 年才超过这个数字。据奥布赖恩（O'Brien）所述，从 1665 年到 1805 年，税收在英国国民收入中所占的份额从 3.4% 增加到 12.9%，并没有比宋代的比例高出很多。[7] 英国政府将其总支出的 60%～70% 用于发动战争，布鲁尔（Brewer）称之为"财政-军事国家"。[8] 类似地，国防消耗了宋朝预算的 2/3。我们可以认为，在 12 世纪 20 年代女真南下之后，宋朝税收占国民收入的比重一定会上升，因为朝廷为了维持战场上的大规模军队只会尽可能多地征税。明末清初税收占国民收入的比例较小，这说明朝廷对市场经济活动征税失败。太平天国运动之前的清政府尤其如此，尽管市场经济在当时迅速发展，但清政府仍以土地税为主要税源。18 世纪 70 年代，税收占国民收入的比例大约仅为 1.4%。

262

笔者对宋明国民收入的估算，大体上是依托张仲礼对 19 世纪 80 年代国民收入的估算而得出的，前者的解释力会受到后者的影响。这意味着什么？基于对收入和消费的实证研究来审视有关 18 世纪的研究，会有助于解决许多遗留的不确定性，进而增进我们对宋代和晚明的认识。单就宋代而言，笔者希望有兴趣的研究人员可以收集一些保存在方志内的地方户口数据，以验证笔者的估算。目前学术界对收入和消费的研究主要集中在家庭层面。笔者对宋代人均实际收入的估值可以换算成每户（约 5.5 人）每年 37~50 两白银，或者按粮食换算成37~50 石大米。明末每户家庭年收入为 15 两，18 世纪 70 年代的清朝家庭年收入为 30 两。

根据上述数据，宋代家庭年收入仍然是最高的，晚明的年收入仅为清代 18 世纪 70 年代的一半左右。这些粗略估值为平均值，未显示区域和社会差异，但它们体现的总体趋势确实能与零星记载的历史案例相契合。据 13 世纪学者方回的记载，当时居住在长江下三角洲地区的一个佃户，租 30 亩的土地能够收获 60 宋石的大米。他把 30 宋石作为地租付给地主，用剩下的 30 宋石来养活家里的五口人。[9] 记录中，30 宋石的大米可以换算成近 20 明石。方回看到的农民家庭粮食收入似乎低于笔者的计算（37~50 石）。然而，这是一个佃农的案例，他名下没有土地，属于宋代户籍登记上的"客户"，也就是最穷的、可免于纳税的那一类。一个拥有类似资源，耕种自己名下相同数量土地的农民，能够收获 60 宋石（40 石）粮食来养家，这与笔者的估算完全一致。从社会角度来说，年均收入为40~60 石粮食的群体主要是客户和贫困自耕农。

虽然宋朝在全国范围内都实行根据家庭财产划分户等

的制度，但各地的分等标准不尽相同，而且这方面的资料也很少。漆侠制作了宋代各社会阶层的财富和收入分配表。宋代官方的户等制度将农村有产居民分为五个等级，城市有产居民分为九个等级。漆侠把这一官方分类纳入马克思主义的土地所有者与农民的对立关系模式。年收入在 60 宋石以下的社会阶层以佃户和贫困自耕农为主，据漆侠估计，这些人占宋代家庭户数的一半以上。虽然漆侠的方法并不是完美无缺的，但对低收入人群的观察很有说服力。当然，这从根本上得益于宋代的官方统计口径。借助宋代政府的户籍登记，我们在中国历史上第一次获得了农村无地或无产人口与有地或有产人口的比例。这种关于全国各地土地分配的资料特别是无地家庭比例的数据，在将近九百年之后才再次出现在政府记录中。为了涵盖以土地划分的群体之外的其他社会群体，笔者做了一些调整并制成了另一个表格，在表 F-1 中宋代家庭仍呈现出金字塔式的阶级结构：少数人控制着大多数财富，而大多数人生活在贫困之中。但是，笔者在调整时增加了农民之外的穷人（如士兵、非农业劳动者等），还涵盖了专业人员（5%），包括文吏、商贩、医生、教书先生、算命先生、学生、和尚和尼姑等。

263

表 F-1　宋代家庭收入与土地分配的社会结构

阶层	在总户数中所占比例(%)	土地拥有量（亩）	年收入（石大米）
大地主		>400	—
中层地主	7~8	150~400	—
下层地主		100~149	>100

续表

阶层	在总户数中所占比例(%)	土地拥有量（亩）	年收入（石大米）
专业人员[a]	5	—	—
军队人员[b]	2~3	—	37~50
工匠和小店主	8~9	—	—
雇　工[c]	10	0	—
普通农民	21.5	30~100	>50
贫　农	20	<30	—
佃　农	25	0	—

注：a. 包括文吏、商贩、医生、教书先生、算命先生、学生、和尚和尼姑等。

b. 宋代军队总人数在800万到1200万之间。假设平均家庭规模为3人，则总人口数为240万至360万，仅占当时宋代人口的2.6%至3.9%。考虑到还有一些未婚士兵，笔者将这一数值降为2%到3%。

c. 既包括农业雇工也包括非农业雇工。在宋代的户籍登记中，他们也被归类为"客户"。在这里，笔者把租种土地为生的佃户与既无土地也无生意而是逐日打零工或长工的雇工进行了区分。

264　　同样，如果没有关于各群体的百分比及各群体财富和收入的可靠数据，无论是漆侠的数据，还是笔者调整后的数据，都不能作为宋代国民收入的最终估值。宋代相对贫困阶层所占比例较大，但这并不能否定平均家庭收入标准较高的可能性。[10]但是，我们可以推断出非农业人口所占比例较高。如果把所有农民、佃农和2/3的雇工都算作农业人口，那么宋代的农业人口就占总人口的73.2%，比1688年英国的这一比例要高得多。然而，关于剩下的近1/3的人口，如果我们假设其中的2/3居住在城镇，那么城市化率可以达到17%至18%，[11]这一估算值无疑将使宋代成为中国历史上城市化率最高的时期。

目前学者对宋代城市人口的研究主要集中在 13 世纪初期，当时地方志中已经出现城市户口的记载。在长江下三角洲地区、江西和福建，城市人口（县治及以上行政级别的城市）占总人口的比例通常在 8%～25%。[12] 若将镇这一级别的人口考虑在内，笔者认为对 11 世纪城市人口比例的合理估值为 12%～18%。在宋代，反映巨大贸易规模的商税与比例相对较小的农业税形成鲜明对比，再加上采矿、运输和手工业的显著扩张，都可以支持城市化程度高和非农业人口比例大这一论断。

就明清两代而言，将国民收入与财富和收入的分配相联系就更加困难了。我们可以通过考察估算所得结果与明清时期单个普通农户年收入的契合程度，来对估算结果进行简单的检验。关于明末时期，何良俊对松江农业的论述常被现代学者引用。16 世纪中叶，一户人家可以种植 25 亩水稻，每亩收获 2.5 石，总共可以收获 62.5 石的大米。[13] 明末时期，松江已经是一个地佃关系很发达的地区，我们可以合理地假定，大量农民将大米产量的 50% 作为地租交给地主，这会使农民的年收入减少到 30 石左右，就像前面提到的宋代长江三角洲的佃户一样。16 世纪中叶的大米价格为每石 0.5～0.7 两，[14] 那么 30 石大米可以卖到 15～21 两白银。16 世纪中叶松江农户收入的下限与笔者对明末情况的估算完全一致。徽州地方文献最能说明明代乡村的情况。明末徽州的一个农民家庭的年收入为 10～15 两白银。[15] 在徽州商人编纂的族谱中，有不少事例提到相关的人物在若干年内积蓄了大约 10 两白银，然后开始经营生意。[16] 一位研究 18 世纪中国的社会史学家表示，当时一名雇工每年可以赚到 3000~4000 文钱，折合 3.3~5.0 两白银。结婚需要准备 20000 文钱作为聘礼，折合 22~25 两白银。此外，中国北部一个拥有 15~20 亩土地的中层农民能够收获 30~40 石大米，折合年收入 30~40 两白银。[17]

265

表 F-2　19 世纪 80 年代中国国民生产总值

单位：千两，%

经济部门	产值	占 GNP 比例
农业	**1672456**[a]	**60.1**
粮食	1369607	44.3
禽畜、渔业等	142945	4.6
茶叶	84000	2.7
棉花	59843	2.0
其他作物[b]	201890	6.5
非农业	**1108816**	**39.9**
（1）采矿业	47800	1.7
煤炭	13000	
金和银	3200	
铜	200	
铁	5800	
盐	20000	
其他	5600	
（2）制造业	125800	4.5
纺织品[c]	92900	
食物	15000	
陶器和瓷器	3000	
（3）建筑业和交通运输业	60000	2.0
（4）贸易和金融	294645	10.6
（5）住宅	164000	6.0
（6）政府服务	164000	6.0

续表

经济部门	产值	占 GNP 比例
（7）专业技能服务	241313	8.7
（8）来自国外的收入转移	11258	0.4
总计	2781272	100.00

资料来源：Chang, 1962：296, 303。方便起见，笔者将几个子类别进行了合并。

注：a. 原来的农业总产值是 1858285000 两。张仲礼扣除了 10% 的成本费用。第 3 列中的百分比在计算时使用原来的总值作为分母，以求比例一致。又，张仲礼假定农业部门中非粮食种植部门如"禽畜、渔业等""其他作物"的产值分别是粮食总产值的 10% 和 20%，并以此推算出具体数值。

b. 原表中"其他作物"一项里茶叶是最主要者，今为比较，将其单独列出，此项中还剩余蔬菜、水果、烟草和丝茧等。

c. 纺织品可进一步做如下分类：棉纺 21300000 两、棉织 51300000 两、丝织 18600000 两和其他。

表 F-3　按经济部门分列的士绅收入

266

经济部门	GNP （千两）	士绅收入 （千两）	士绅收入占 GNP 比例 （%）
农业	1672456	220000	13
采矿业和制造业	173600	—	—
建筑业和交通运输业	60000	*	*
贸易和金融	294645	113600	38
住宅	164000	30000	18
政府服务	164000	121000	74
专业技能服务	241313	190625	79
来自国外的收入转移	11258		
总计	2781272	675225	24

表 F-4　1080 年至 19 世纪 80 年代国民收入估算和税收所占份额

	宋 （1080 年）	明 （15 世纪 20 年代）	明 （16 世纪 80 年代）	清 （19 世纪 80 年代）
A1	7.50	2.90~3.80	3.95	5.96
A2	7.50	0.73~0.95	2.88	7.63
B	89.7	85.0	120.0~200.0	364.4
C1	673	247~323	474~790	2173
C2	673	62~81	346~576	2781
C3	861	316~413	607~1011	2781
D	62.7	48.0*	22.4	88.2
E	9.3	15.0~19.0	3.9~6.5	3.2
F	0.70	0.30~0.34	0.13	0.24

A1：人均实际收入（单位：石大米）。

A2：人均实际收入（单位：两白银）。

B：人口（单位：百万）。1078 年的登记总户数为 16603954 户。吴松弟认为一个宋代家庭的平均规模为 5.4 人（吴松弟，2000：122-137，162，352）。《明实录》的官方记录显示，1420 年有 5140 万人，比 1403 年（约 6660 万人）还要少。一些学者还估计，1400 年的人口已经达到 8500 万，假设 1381 年为 6000 万人，那么年增长率为 0.4% 至 0.5%（Heijdra，1998：440）。关于明代总人口估算的讨论，见曹树基，2000a：281，430。笔者按照珀金斯的观点，假设明末的人口为 1.2 亿到 2 亿。

C1：国民收入（单位：百万石大米）。

C2：国民收入（单位：百万两白银）。

C3：以 19 世纪 80 年代物价计算的国民收入（单位：百万两白银）。

D：税收（单位：百万两白银）。

E：税收占国民收入的比例（单位:%），E＝D/C2。

F：人均税负（单位：两白银）。

* 粮食税（百万石大米）。

附录 G　国内市场主要商品

附录 G 继续探讨宋明时期长途贸易的变化，这里特别关注与贸易组成有关的下列几个问题：宋明时期长途市场上流通的主要商品是什么，每种商品对贸易总额的贡献有多大？由于现存史料中关于 19 世纪 80 年代以前贸易或消费的具体商品数量的一手资料不尽如人意，所以需要在必要时做出估算。

要对宋明时期的情况进行比较，首先要确定当时流通的主要商品的数量。人们公认的情况是，前工业化经济中的主要商品有盐、茶、纺织品、粮食、木材、糖、纸、金属、瓷器、漆器等。[1]在 10 世纪，宋代社会已经能够广泛消费这些商品，所以可以称之为"大众消费革命"。[2]例如，纸的生产集中在 47 个府州，其中大部分在浙江、福建、安徽、江西、湖南和四川。[3]但是，我们几乎无法找到有关纸张生产的定量数据。

宋代商品生产的定量信息主要集中在粮食、纺织品、茶叶、酒、食盐以及矿产品（金、铁、铜等）等几种商品上。首要的资料来源是官方文献。宋代政府通常每年购买大量的粮食和丝绸，因此留下了许多采购价格和数量的记录。毫无疑问，政府的这些采购额是真实的贸易数据。根据部分采购记录（后文讨论），政府通常是在竞争性市场上进行采购的。

第二个来源是国家专卖。宋朝对某些战略资源实行国家专卖政策，这些战略资源既可以带来巨额收入，也可以满足军事需要，比如，可以用来制造武器和钱币的铁、银和铜等金属受国家的监督甚至是直接控制。因此，宋代官方文献保留了一些有关工业投资的宝贵细节。郝若贝以这些记录为基础来估算11世纪的铁产量，并作为支撑他的"北宋早期工业革命"论断的主要证据。[4]除了采矿，酒、茶和盐的专卖是宋朝最大的货币收入来源。

268 　　这些证据使研究者能够在更坚实的实证基础上探索贸易的长期变化。例如，为了阐明16世纪市场上一些重要商品的流通情况，一些学者曾经仅仅根据19世纪末期的数据来做出估算。这些学者往往假定在三个世纪甚至五个世纪的时间里某些重要指标（如生活水平、消费或人均生产率）始终保持不变，对此恐怕绝大多数经济史学家都会觉得不合情理。下面，笔者对宋代长途贸易中的主要商品做了自己的估算，并将之与学界已经广泛认可的有关明清时期贸易规模的一些估算值进行对比。

中国茶叶生产和贸易的估算

　　茶叶专卖（古代多称为"榷茶"）是宋代政府与长途贸易之间存在紧密关系的典型例证。750年以后，茶业生产快速发展（见表G-1）。8世纪中叶，茶叶产区仅限于52个县，只占了全国所有县数量的3.31%。在随后的三百年里，茶叶生产遍布全国，而以南方的茶叶生产最为集中。例如，在两浙路（包括现代上海、浙江和江苏南部）和江南东路（包括现代安徽南部、江苏南部和江西东部），总计176个县中有135个县为茶叶生产县，占宋代茶叶生产县总数的48%。[5]

表 G-1　742~1120 年茶叶种植传播情况

年份	茶叶生产县的数量(个)	指数*
742	52	100
900~970	80	154
1120	277	533

资料来源：孙洪升，2001：64-65，69。

注：* 以 742 年的数据为 100。

　　茶叶的长途贸易是由于南方茶叶生产的集中与北方庞大的外部市场而发展起来的。茶叶被从南方运往数百英里以外的北部和西北地区消费者手中，这使得中国政府有可能干预茶叶市场。

　　宋代国家分几步实现了对茶叶的专卖。最初，茶叶贸易在宋朝（以开封为都城的军事政权）据有南方之前就被归类为"跨境贸易"（international trade）。商人将茶叶从南方运到边境，然后卖给宋朝的代理商，后者会通过开封的官营店铺把茶叶转卖出去。宋朝据有南方后，虽然可以直接控制茶叶供应，却发现自己没有能力购买南方所有茶叶，因为开封和其他北方城市的市场不足以全部吸纳这些茶叶。与此同时，朝廷也不愿意接受自由贸易，因为这样的话，商人只需要按通行税率缴纳商税，然后就可以将茶叶贩卖到他们想卖去的任何地方，国家的收入将大大少于以前通过"跨境贸易"模式所获得的利润。结果，宋朝将茶叶贸易整合入一种内部垄断性贸易框架，以确保国家能够从茶叶贸易中获取高额收入。专卖制度通常采取三种策略，不过这三种策略并非始终同时进行：

　　（1）只有官府专卖机构榷货务、山场有权与茶叶产区的　　269

农民和茶场签订所有茶叶产品的供应合同；

（2）商人只能从官府机构购买茶叶；

（3）只有获得政府的许可证（茶引），商人才能在指定的地区（多数情况下是一个或几个府）和固定期限内销售茶叶。

宋朝设立了由三司严格管控的若干专门经济机构，证明了宋代重商主义在市场上的干预力量，同时，重商主义的措施也必须根据市场的变化调整步伐。从 10 世纪开始，茶叶专卖的管理部门从策略 1 和策略 2 转向策略 3。宋代国家被迫放松对茶叶贸易的管制，从而避免在市场上造成一种极其严格的垄断体系。采购茶叶的特许权被从官府的专门机构转授给经过竞争产生的特许私商，但这也带来了市场风险，并增加了监督成本，从而侵蚀国家的收入。为了提高茶叶产量，官方机构向茶农提供了大量短期贷款用于购买工具和肥料，茶农在收获季节用茶叶偿还。然而，由于茶叶生产面临不可预测的风险，茶农可能无法如期上交茶叶。此外，商人可能在茶叶市场上投机，不愿意以当前的价格从官方机构购买茶叶。因此，市场的不稳定往往导致大量过剩库存，给官方机构造成巨大损失。

1112 年，当时的宰相蔡京主导的茶法改革结束了官方采购。蔡京允许商人和茶农在官府的监督下进行自由贸易。商人需要从官府购买许可证（茶引），上面规定了允许商人销售茶叶的具体地区和日期，违反者将被处以重罚。茶叶专卖的这些变化，一方面成功地鼓励了更多商人参与茶叶贸易，另一方面也降低了国家专卖的风险。通过蔡京的茶法改革，朝廷每年成功获得 250 万贯的额外收益，茶叶的年销售量增加至

12815600 斤。改革后的政策一直延续到宋代末年，其间只有一些小的调整。

笔者已经阐明，茶叶专卖的目的是控制南方茶叶主产区与北方这一最大的茶叶外部市场之间的贸易。在 1112 年蔡京改革之前，国家在主要茶叶产区设立的官方机构是享有特权的中间商。他们从当地茶场购买茶叶，再转售给商人，商人再将茶叶运往北方市场。可以想见，有关茶叶产量和茶叶购买量的官方数据很多。表 G-2 列出了经常引用的一些官方机构采购茶叶的记录，总计 5410 万宋斤，即约 8450 万斤或 4225 万公斤。

表 G-2　宋代官方机构的购茶情况

270

单位：千宋斤

茶叶收购点	四川	淮南路	两浙路	江南路	荆湖路	福建路	总计[a]
数量	30000	8700	1300	10200	3500[b]	400	54100

资料来源：引自贾大泉、陈一石，1989：38-39；刘春燕，2000：50-51。原数据载于《宋会要辑稿》和《净德集》。

注：a. 官方记录中，四川的茶叶被单独统计，因为来自其他地区的茶叶都被整合入一个全国茶叶垄断网，称为"东南茶（榷卖）"。

b. 原始数字为 2272014 宋斤。这一数字应加以调整，因为荆湖路茶叶收购中使用的当地重量单位标准与宋代国家标准相差很大（方健，1993：75-76；刘春燕，2000：51）。

除去从四川收购的茶叶，剩余总量为 2410 万宋斤。[6] 学者们通常将这一数字视为 10 世纪和 11 世纪中国南方（四川除外）的茶叶产量。然而，将官方收购量与茶叶总需求量等同起来是错误的。所有这些数字都来自设立在南方的官方机构的报告。这些官方机构是被指定与北方进行长途贸易的唯一供应商，但它们会把所有茶叶都卖给北方而一点也不留给南方当地消费吗？刘春燕在其研究中表示，这些数字代表的是宋代官方机构从当地种植者手中收购并卖给长途贸易商的茶叶量，这一观点比较可信。因此，输出到北方的茶叶量为 2410 万宋斤，[7]但这一数值并不包括南方当地需求。

检验刘春燕结论的另一种方法是检查她是否高估了长途茶叶的贸易量。如前所述，茶叶贸易在 1034 年共贡献了 57 万贯的商税。如果假定平均税率为 5%～10%，这个数字意味着茶叶的总价值为 570 万～1140 万贯。然而，由于记录的茶叶批发价（单价 30～900 文）因质量和品牌的不同而有很大差异，[8]如果没有关于不同种类茶叶数量的信息，就很难确定平均价格。尽管如此，笔者还是用 1058 年的记录得出一个大致的平均价格：官方机构报告显示，1058 年共销售了 1050 万宋斤茶叶，总价值为 2254047 贯。这当然包括了多种售价的茶叶，笔者据此得出了 100 万斤茶叶 22 万贯的平均价格。将估算的茶叶贸易总价值（570 万～1140 万贯）除以这一平均价格，将得出 2600 万～5200 万宋斤的长途贸易茶叶输出量（四川除外）。这一估算的最低值非常接近南方报告的茶叶收购量，即 2900 万宋斤。[9]

中央机构把重点放在与北方的长途贸易上后，有关地方茶叶消费市场的管制有所不同。地方政府在南方府县治所设立了零售官铺。然而，由于南方当地可以轻易获得茶叶供应，这些官铺几乎很难与以半黑市甚至是公开黑市的方式经营的私营店铺竞争。例如在 1058 年，地方官铺销售了 740 万宋斤茶叶，总价值 34 万贯，同一年官方专卖机构以批发价销售了 1050 万宋斤茶叶，价值 2254047 贯。[10]官府在南方零售的茶叶量甚至比输出到北方的量还要少，这说明地下茶叶交易在当地盛行，因此研究者通常认为地下茶叶贸易的销售额是官方机构的数倍。地方政府甚至常常公开允许私人茶叶交易在当地市场进行，只收缴小额零售税即可。当时，只有"越界"贸易，即商人翻山越岭向远处市场走私茶叶，才会受到茶叶专卖机构和政府的惩处，因为这种贸易会直接威胁到专卖的长途贸易。

271

人们可能会想，既然来自私营茶叶生意的竞争如此激烈，为什么地方政府还坚持从事茶叶零售。与官方专卖机构旨在控制市场以确保茶叶产品质量的做法不同，地方政府收购了大量粗加工的劣质茶叶。这些茶叶通常以很低的价格卖给当地消费者。此外，在征收两税时，地方政府允许农民用茶叶或其他经济作物代替粮食来交税。所有这些来源的茶叶都必须通过南方的官铺找到销路。虽然南方的茶叶零售量接近向北方的出口量（比例为 1∶1.4），但南方茶叶零售收入仅相当于长途贸易批发收入的 15%。价格过低是茶叶零售利润低的主要原因。

笔者对茶叶垄断问题的探讨，突出了宋代茶叶专卖与长途贸易的关系。虽然官方机构对茶叶贸易的监管权力比对其他商品的更大，但当面对多个买家和卖家时，国家仍然无法长期控制价格，只能与茶农和商人分享利润。私人参与者，无论是种植者还是商人，只要他们愿意，随时都可以退出市场。但做出这样的决定并非总是易事，而国家同样也要承担风险。专卖所带来的负面影响最有可能被转移到消费者身上。

表 G-3　宋代茶叶贸易量的估算

单位：千宋斤

地区	四川	长江中下游	福建	总计
长途贸易	8000[a]	23700[b]	394[c]	32100
本地消费	22000	26600	2806	53000~63000
总量	30000	50300~66800	3200	90000~100000

资料来源：贾大泉、陈一石，1989：38，84；刘春燕，2000：55-56。总计一栏数额均于 10 万斤位取整数，而本地消费和总计两项稍高于四川、长江中下游和福建三地区实际估算量之和，这是因为茶叶在当地市场（包括黑市）的销售额难以准确估算，笔者因而采用了刘春燕简单假定而得出的总市值而稍加修正，见下文说明。

注：a. 仅送往熙河地区进行茶马贸易的茶叶就有 400 万宋斤，笔者把这个数字翻了一番作为总数，以涵盖陕西其他地区消费的茶叶。笔者找不到本地消费的记录，就以地方官员估算的总量 3000 万斤，扣除长途贸易量之后，得到 2200 万斤作为本地消费量。1078 年，宋代四川登记的户数为 478171 户，共有 2300 万人。这意味着，如果笔者对当地茶叶消费量的估算是正确的，那么人均茶叶消费量为 0.96 宋斤。

b. 从南方（四川除外）收购的茶叶量为 2410 万宋斤（见表 G-2）。据报告，在福建收购的茶叶为 40 万宋斤，因此，笔者将这个数字扣除后得出长江中下游地区长途茶叶贸易的估值。笔者还排除了广东和广西的数据，因为这两个地区的茶叶外输规模有限，不足以改变总的估算值。

c. 这一数字是 1084 年一位宋代官员援引的数据，与表 G-2 中的 40 万宋斤相当接近。

笔者在表 G-3 中展示了对宋代茶叶贸易规模的估算值。表 272 G-3 假定官方机构收购的茶叶是长途茶叶贸易的唯一来源，但这可能会低估长途贸易的规模，因为没有包括走私茶叶的量。

南方本地市场的规模仍然有待确定。如表 G-3 所示，将本地消费与长途贸易相加，就可以估算出 11 世纪茶叶的总销量。当时的记录通常显示本地市场上私营茶铺的销量比官铺销量要高出数倍，刘春燕认为前者的销量是后者的 3 倍。[11] 官方茶叶零售量达到 740 万宋斤，因此，刘春燕估算南方的私营茶叶销量为 2200 万宋斤。据此，长江以南茶叶本地市场的全部销量将达到 5000 万~7000 万宋斤。[12] 刘春燕所用的 1：3 的比例似乎仍然有些保守，但这还是提供了一个可以基于政府收购量来估算地方贸易总量的数字。

在表 G-3 中，南方茶叶的出口量约为 3210 万宋斤，约占茶叶产量的 1/3。这一比例可能低估了长江中下游、福建和两广的私人茶叶交易量。例如，在福建，长途贸易量只占茶叶产量的 12%。[13]因此，将南方当地茶叶消费量的估算值增加 1 倍不见得就不合理。但是，笔者已经采用了刘春燕估算的 9000 万~1 亿宋斤（1.15 亿~1.28 亿斤）作为对 11 世纪茶叶总产量的一个适当的估算值。[14]表 G-4 中列出了长时段内茶叶产量和人均消费量的对比情况。11 世纪和 19 世纪中叶之间缺失了好几百年，因为没有 1800 年之前的估算值。就人均茶叶消费量而言，宋代在 19 世纪末之前一直未被超越。七个世纪以来，中国的茶叶产量似乎增长缓慢，跟不上人口增长的步伐。[15]

表 G-4 11 世纪至 19 世纪 80 年代人均茶叶消费量与长途贸易情况

时期	茶叶产量（千斤）	长途贸易（千斤）	人均茶叶消费量[a]（斤）	长途贸易量占产量的比重（%）
11 世纪	115200~128000	47360	1.28~1.42	37~41
1840 年	302180	—	0.58	—
19 世纪 80 年代	638000	348000[b]	1.50	55

资料来源：关于 19 世纪 80 年代前后的估算值，见 Chang，1962：303-304；1840 年估算值，见许涤新、吴承明，1985：282-284，表 4-1 和表 4-2；吴承明，1983a：99；11 世纪估算值，见表 G-3。重量单位已按下列比例换算成现代单位斤（500 克）：1 宋斤=1.28 斤，1 清斤=1.16 斤。

注：a. 张仲礼估算 19 世纪 80 年代国内人均消费量为 0.95 斤，如果加上出口量，则为 1.5 斤。吴承明估算，1840 年以前的人均消费量为 0.5 清斤（1983a：99）。1078 年宋代人口为 9000 万，因此，11 世纪的人均消费量为 1.28~1.42 斤。

b. 据张仲礼报告，19 世纪 80 年代的茶叶出口量为 2 亿清斤，他估计当时的国内茶叶消费量为 3.5 亿清斤。在这 3.5 亿清斤中，笔者估算有 1 亿清斤是国内长途贸易的输出量。因此，3 亿斤是国内长途贸易加上出口的总量。许涤新和吴承明两人估算，1840 年的茶叶出口量为 6050 万斤，国内消费量为 2 亿斤。类似地，笔者假设国内消费量中，长途贸易的总量为 5710 万斤。

中国纺织品贸易的估算

273 在 16 世纪棉布成为主要纺织品之前,丝绸和麻是百姓消费的传统纺织品。[16]宋代,丝绸已经被广泛使用,丝绸业在城市和农村均有发展,成为宋代最重要的手工业之一。[17]宋明过渡之际,棉布逐渐取代丝绸成为流行的纺织品,这导致丝绸产量急剧下降。[18]随着明清时期棉纺织业的兴起,农村家庭可以通过种棉和织布增加货币收入,从而吸收家庭内部的剩余劳动力,提高农业生产率,这是微观层面的分析往往强调的一点。[19]然而,学者们往往忽视了这一转变对整个纺织业经济的影响。因此,对比宋明两个时期的丝绸、麻布、棉布等纺织品,有助于探讨农村棉花产业的发展是否促进了纺织品总产值的全面扩大,以及能否为八个世纪内纺织品的总需求扩大找到有力证据。在讨论棉花产业之前,笔者将首先考察宋明时期丝绸的供求情况。表 G-11 所示的总体比较表明,尽管以家庭为基础的农村棉花产业的生产潜力巨大,但棉布的长途贸易量很少。[20]此外,由于棉布是低价值商品,所以明末棉布的长途贸易总值远远低于宋代的丝绸长途贸易总值。

这里首先从供给侧开始对宋代丝绸的调查。除了大量的农村家庭从事养蚕和丝织外,还有许多城市的织工和学徒也专门从事生丝加工和丝织。[21]据漆侠估算,约有 10 万户机户在城市从事丝织业。[22]从生产能力来估计,到 11 世纪末,其丝绸产量应该已经达到 2000 万~3600 万匹,价值 2400 万~4300 万两白银。

尽管宋代城市的丝绸业也得到了发展,但当时大部分纺织品是由农民生产的。考虑到仅仅城市机户就生产了 2000

万~3600万匹丝绸，因此全国的总产量可能已经超过1亿匹。农村丝绸业的主要基地正在向长江下三角洲转移，该地区在11世纪用作纳税的丝绸占到了全国总额的2/3。黄河中下游和四川等传统生产基地的两税税收中丝织品的数额也比较大（见表 G-5）。尽管蚕丝生产属于农业，但技术发展推动了生产环节的专业化，进而带动了丝绸业各部门的就业。在农村丝绸业中，出现了养桑和养蚕的分工。[23]这种情况下，湖州一个专门生产蚕丝和丝绸的农村家庭一年最多可以生产15匹丝绸，相当于21.8宋石的稻米。[24]

表 G-5 宋代丝绸收入地域分布

274

地区	税收额（匹）	上供额（匹）	总计（匹）	占比（%）
黄河中下游	1242933	865862	2108975	31.7
长江中下游	1611530	2456874	4068404	61.1
四川	456187	23273	479460	7.2
总计	3310650	3346009	6656839	100.0

资料来源：《宋会要辑稿·食货》六四。

注：税收额指来自两税的丝织品；上供额指地方政府向朝廷上交的贡品，主要是从市场上采购的。

从财政政策和政府采购两个方面对总需求进行的分析支持了宋代纺织业发展的观点。宋代鼓励农民用纺织品纳税的政策也增加了民众对丝绸的需求。到11世纪，丝织品在宋代两税中所占的比例大约是明末时期棉布占两税比例的数倍。[25]

宋朝政府成功的地方正是明朝政府失败之处。到16世纪末，明朝廷从两税中征收227万匹棉布（见表 G-6）。与16

世纪初相比，这一数字已经有了明显增加。[26]山东和长江下三角洲地区（南直隶）的棉布产量加起来占 16 世纪总数的一半以上。如此高的产量表明，这两个地区在商业化的推动下实现了棉纺织生产的迅速发展。[27]但是，与丝织品在宋代两税中所占的较大比例相比，明末时期棉花对两税的贡献似乎微不足道。宋代政府鼓励在缴纳两税时用纺织品和钱币代替粮食。在 11 世纪，宋代两税包括 1200 万～1340 万石（1800 万～2000 万宋石）粮食，250 万～350 万匹丝绸，以及 500 万～700 万贯钱币。[28]12 世纪初，丝织品和钱币收入的总价值已经超过了两税中的粮食收入。

表 G-6　明代两税税额中棉布和棉花的数量

地区	1502 年棉布数量（匹）	1578 年棉布数量（匹）	1502 年棉花数量（斤）
山　西	128770	128792	17172
陕　西	291000	291000	102500
北直隶	5700	27878	103739
山　东	296418	601937	139000
河　南	81837	260850	130342
四　川	0	150308	72851
湖　广	0	200000	—
江　西	100000	—	—
南直隶	415000	605000	—
福　建	0	0	0
广　东	0	0	0
总　计	1318725	2265765	565604

资料来源：西嶋定生，[1948] 2002，卷 1。

除了鼓励用纺织品缴税之外，宋代政府还从民间市场和农民那里采购了大量的丝绸以备公用。1016 年，朝廷从京东西路采购了 2000 万匹丝绸。朝廷声称这次采购是为了振兴萧条的经济，所以价格定为每匹 1000 文，比市场价格高出约 20%。[29] 这可能是 1700 年以前中国对纺织品进行的最大规模的政府采购。11 世纪的年均采购量约为 300 万匹，已经接近以丝绸纳税数额的上限。[30]

宋代两税在 11 世纪从以粮食为基础的缴纳模式转变为以纺织品或钱币为基础，这一转变为农民种植经济作物和从事纺织手工业提供了动力。同时，政府大量采购纺织品也增加了有效需求。代替粮食上缴两税的丝绸数量以及政府丝绸采购的丝绸数量反映了宋代纺织品市场的巨大规模。日野开三郎通过对宋代政府丝绸采购的全面研究形成了对宋代纺织品总需求量的非常有用的估算。[31] 他认为，11 世纪丝织品的总需求量可能达到了 1 亿多匹（见表 G-7）。这一数字与笔者从供给侧做出的估算相符。

无论前工业化时代食品和纺织品的生产潜力如何，有效需求在降低生产成本、加速整个产业发展方面发挥了核心作用。私营部门和公共部门的巨大需求肯定对宋代丝织业的发展产生了巨大的影响。虽然没有直接证据表明宋代丝织品的生产成本发生了变化，但以银计量的价格从 10 世纪中叶到 12 世纪初出现了明显下滑（见表 G-8）。与粮食价格的长期变化趋势相比，丝织品相对价格的下滑幅度更大。丝绸与稻米的相对价格指数从 10 世纪 60 年代的 100 下降到了 1070 年至 1110 年的 20~30。丝绸和稻米分别是工业和农业领域的主要代表商品，如果假设稻米供给变化不大，那么丝绸对稻米的相对价格下降就表明纺织业的生产力有所提高。

表 G-7 宋代丝绸需求量的估算值

单位：匹

地区	中国北部	四川	江南地区	总计
估算总量	3000 万以上	数千万	数千万	1 亿以上

资料来源：日野开三郎：1952b：466-468。

276

表 G-8 961~1600 年丝织品与粮食的相对价格

年份	每匹平均价格（两白银）	丝织品价格指数*	每匹平均价格（石稻米）	纺织品和稻米的相对价格指数*
961~970	1.20	100	3.65	100
971~980	1.25	104	2.48	68
981~990	—	—	—	—
991~1000	1.28	107	3.27	90
1001~1010	—	—	—	—
1011~1020	0.65	54	2.08	57
1021~1030	0.85	71	2.62	72
1031~1040	—	—	—	—
1041~1050	1.00	83	0.80	22
1051~1060	1.30	108	2.91	80
1061~1070	1.44	120	2.11	58
1071~1080	1.30	108	0.89	24
1081~1090	1.10	91	1.29	35
1091~1100	1.00	83	1.08	30
1101~1110	—	—	—	—
1111~1120	—	—	—	—
1121~1130	0.81	68	0.11	3
1131~1140	2.35	196	0.36	10
1141~1150	3.20	267	4.00	110

续表

年份	每匹平均价格（两白银）	丝织品价格指数*	每匹平均价格（石稻米）	纺织品和稻米的相对价格指数*
1151~1160	1.71	143	1.50	41
1161~1170	1.48	123	1.27	35
1171~1180	1.51	126	1.55	42
1181~1190	1.51	126	1.28	35
1191~1200	1.56	130	0.93	25
1211~1220	1.21	101	1.00	27
1368~1400	0.50	42	1.08	30
1401~1450	0.44	37	1.50	41
1451~1500	0.63	53	1.42	39
1501~1550	0.70	58	1.28	35
1551~1600	0.70	58	1.12	31

资料来源：彭信威，1965：505-507，711。

注：* 指数以 961~970 年为 100。

　　丝织品与稻米的相对价格在明代保持稳定，到 15 世纪甚至出现价格上涨的大趋势。尽管明代丝绸业的技术水平保持不变，但相对价格的这种稳定，尤其是曲线上升的趋势，表明随着总需求的明显下降，丝织品生产停滞不前。[32]

　　16 世纪，明代的土地税制度也经历了与宋代制度类似的转型，但步伐要慢得多。松江、苏州、常州三地每年向明朝廷进贡 60 万匹棉布，用于替代粮食缴纳土地税。相比之下，宋朝廷每年在长江下游（两浙路）采购的丝绸约为 110 万匹，另外还在土地税项目之下折收 78 万匹。明代棉纺织业虽然被认为是当时最大的工业部门，但实际上仅限于山东、浙江和江苏，例如，吴承明就只用松江的棉布数据作为唯一的信息源来

277

分析明末的长途贸易。纺织品生产的地区分布不均匀的主要原因在于狭隘的需求模式。[33]

在明代的大部分时间里，棉布与粮食的相对价格没有出现明显下降。如表 G-9 所示，棉布的价格在 17 世纪 10 年代是最低的。考虑到相对价格的下降出现较晚，两种相对价格指数应该在明代呈现出类似的趋势。这种相似性可以在一定程度上支撑笔者先前提出的观点：明代对纺织品（包括丝绸和棉布）总需求的下降可能阻碍了纺织业的发展。

然而，确定进入长途贸易的纺织品数量尤其重要。由于纺织品实行自由贸易，所以虽然我们有保存下来的政府采购数据，但这只占了纺织品跨区域贸易中的一小部分。因此，笔者将首先确定政府在正常时期采购丝绸的平均数量，因为在饥荒或战争期间，政府可能会像 1066 年那样，动用其财政储备来采购比正常时期更多的丝绸。在此基础上，笔者再确定长途贸易规模与政府采购的比例。

表 G-9　1368~1643 年明代棉纺织品与稻米的相对价格指数

年份	每匹棉纺织品价格（石稻米）	指数 *
1368	0.4~0.8	100
1407	0.83~1.0	153
1429	1	167
1457	0.75	125
1469	1	166
1499	1.2	200
1511	1	166
17 世纪 10 年代	0.2	33
1643	0.087	15

资料来源：彭信威，1965：712。

注：* 以 1368 年为 100。

由于朝廷消费、发放的丝织品数量与它从税收和上供中能 278
得到的数量之间存在明显的差距，所以在正常时期，政府应该
购买了大量的丝绸。1021 年，宋朝廷发放了各类纺织品总计约
4270 万匹。³⁴如表 G-5 所示，宋朝廷每年收到的纺织品数量为
670 万匹，其中上供量占一半。实际上，大部分地方政府的上供
产品也是从市场采购的。范仲淹在 1042 年记载了政府采购纺织
品的例子，提到越州（今绍兴）每年大约采购 2 万匹绢。³⁵户部侍
郎张方平也写道，朝廷每年从长江下游和南方其他地区采购 300
万匹绅绢。³⁶因此，笔者将采用 300 万匹作为政府在南方采购丝织
品的平均数量。据估算，宋朝每年从北方和四川采购的丝绸不超
过 100 万匹。因此可估算，宋朝每年稳定采购量为 400 万匹。考
虑到北宋时期城市地区丝绸业的产量估算为 2000 万~3600 万匹，
且据日野开三郎的研究，宋代丝织品的总产量达到了 1 亿匹，可
见政府采购的 400 万匹丝绸只占丝绸贸易的一小部分。因此，笔
者认为，长途贸易中的丝绸数量应该接近宋代城市地区丝绸业的
年产量，估算为 1500 万~2000 万匹。

除了丝绸之外，纺织品还包括宋代生产的麻织物，即苎
布、麻布。虽然苎麻、大麻等麻织物一直是中国古代服装的主
要原材料，但到了宋代，麻织物的主导地位已在很大程度上被
其他纺织品所取代。³⁷宋代税收的现存数据表明，麻织物在一
些地区仍然被广泛使用。11 世纪，宋朝在土地税项目内征收
了近 320 万匹苎布，这意味着麻织物流通量远超这个数字。
1030 年，江西一位高官提到从福建采购的 5 万匹苎布被制成
衣物分发给江西士兵穿。³⁸四川可能是宋代最大的苎麻织物产
地，苎布贸易增加了在当地征收的商税。³⁹到 11 世纪 20 年代，
朝廷开始在四川的 6 个州采购苎麻织物。⁴⁰1078 年之前，朝廷每

年都以每匹 400~450 文的价格采购 70 万匹麻布。如果我们将宋朝采购的麻布数量保守估计为不少于 50 万匹,[41]而且与丝绸的情况类似,政府采购的麻布也是长途贸易量的 1/5,那么麻布的贸易总量可以估算为 250 万匹。

表 G-10　11 世纪宋代赋税中的麻织物

单位：匹

区域	省份	麻织物	小计
中国北部	河北	253035	679708
	山东	196525	
	河南	79158	
	山西	150990	
中国西北部	陕西	2164	2164
中国中部	湖北	17223	119185
	湖南	101962	
中国东部	浙江	3372	34507
	淮南东路	11214	
	淮南西路	3870	
	江西	5047	
	江南东路	11004	
中国西南部	四川（含梓州、利州和夔州）	569589	569589
中国东南部	福建	995	181248
	广东	462	
	广西	179791	
总计			1586401（3192765）

资料来源：周藤吉之，1962a：334-335。

按：周藤吉之引用《宋会要辑稿·食货》六四"匹帛杂录"中"凡岁总收之数……布三百一十九万二千七百六十五匹端段"及各路数据,并以为多数为苎布、麻布。这里除淮南东路、淮南西路、江南东路外,均按现代省份汇总,所得总数 1586401,与《宋会要辑稿》原文所云 3192765 匹端段不符,或有遗漏,其中河南数额为京畿、京西南路、京西北路之和。

要对宋明两代的纺织品进行全面比较，就必须把明代的丝 279
织品也考虑在内。吴承明估算，从江南输出到外地市场的丝绸
约有 3 万匹，总价值达 3 万两白银。到 19 世纪中叶，国内市
场的丝绸数量为 416 万匹，此时总产量的 80% 仍来自江南，所
涉及的劳动力估算为 50000 人。江南丝绸产量到 19 世纪出现
了 10 倍的增幅，这有力地表明了明末丝织业并不发达，而且
16 世纪后期对丝织品的需求不足。

具体对比情况见表 G-11。由于对宋代长途贸易的估算比
较保守，所以 11 世纪至 16 世纪末期纺织品的总量几乎没有什
么变化。然而，宋代的纺织品中有近 90% 是丝绸，而丝绸在
明清时期的纺织品中所占的比例很小。这意味着宋代长途贸易
中纺织品的价值很高，因为丝绸的价格通常是棉布的好几倍。
例如，根据吴承明对明末市场上纺织品的估算，丝绸的售价为
每匹 0.7~1 两白银，而棉布的售价是每匹 0.16 两白银。[42] 如此
巨大的价格差异说明，就在国民收入中所占的比重而言，宋代
丝织业超过了明代的棉纺工业。

表 G-11　宋明清三代纺织品数量估算

单位：百万匹

时期	丝绸	长途贸易中的丝绸	麻布或棉布	长途贸易中的麻布或棉布[a]
宋（11 世纪）	100	15~20	—	2.5
明（16 世纪末期）	0.3	0.3	—	15~20
清（1840）	4.16	4.16	314	45

资料来源：关于明清时期纺织品的估算，见吴承明，2001：131，134，150，161。

注：宋代取麻布数据，明清取棉布数据。

粮食贸易估算

　　宋明时期中国粮食市场的竞争已经非常激烈。[43]宋代粮食贸易的兴起得益于"唐代中期以来农业生产力的巨大进步"。[44]农业生产的区域差异造就了特定的粮食输出区和粮食输入区。例如，长江下游地区是 12 世纪后期最重要的稻米输出地区之一，这里的大地主常常能收到数千石或数万石稻米的地租，其中大部分会流回市场。[45]除了长江下游，江西、河北和湖南等中部省份在 12 世纪末也成为稻米输出区。相比之下，浙江和福建的沿海地区，如温州、台州、宁波（明州）、福州和泉州，则是稻米输入区，依靠从广东和广西运来的稻米来缓解粮食短缺。[46]除了这种跨区域的输出输入外，从农村流入长江下游城市的粮食也占粮食贸易的很大份额。[47]

　　国家调拨的粮食运输量也相当可观。宋代士兵是为数不多的不依靠农业为生的几个社会群体之一。他们的大部分工资仍然以粮食的形式发放。虽然国家从两税中收取的粮食数量与国家必须发放给士兵和官府人员的粮食数量之间差距很小，但由于军队集中在北方，所以粮食供应还是一大难题。[48]都城开封及其邻近地区每年需要 600 万宋石粮食来养活大约10 万名士兵和大批官员，[49]因此每年从南方沿汴渠向开封运送的稻米超过了 600 万宋石，其中有 200 万~300 万石是官方机构采购的。[50]驻扎在北方边境地带部队的粮食供应也是宋朝廷迫切关心的问题。河北、山西、陕西的军队人数最多的时候达到了 70 万~80 万人。[51]当地粮食供应仅占士兵及其家属消费总量的一小部分。例如，1034 年河北军队的粮食供应为

1020 万宋石，而当地的农田产量仅能满足他们 30% 的粮食需求。

　　为了解决粮食供应不足的问题，宋朝在河北设立了地方粮食收购机构，[52]1070 年朝廷批准相关机构的年度粮食采购预算为 200 万~300 万贯。[53]在其他边境地区，如山西政府通常要收购 80 多万宋石的粮食，陕西军队在 1044 年的宋夏战争中消耗了大约 1500 万宋石的粮食和饲料，其中约有一半来自当地的农业产出。[54]

　　除了使用货币之外，宋代国家还利用其他实物商品来购买粮食，丝织品就是常用于粮食购买的交换手段。表 G-12 显示，11 世纪宋朝政府用丝绸购买的粮食均在 100 万宋石以上，多者常有 500 万~1000 万宋石。这表明非农业领域对粮食的需求很大，但需求不一定来自丝绸市场，因为在粮食和丝绸的交换中用于支付的丝绸很大比例可能来自税收。

　　官方购买的部分粮食也会重新进入市场。为了估算长途贸易粮食的规模，有必要确定官方购买的数量是否超过了私营市场供应的数量。官方购买的数量基本只占市售粮食的一小部分，甚至只占农业产量的一小部分。据吴承明估算，宋代人均粮食产量高于明清时期的人均粮食产量，这为满足非农业领域粮食需求奠定了基础。[55]

　　政府收购背后的真正难题并不是人均粮食产量的变化会扰乱市场，而是将特定时间、地点购买的粮食转运到消费地点的过程中面临的技术困难。整合完善的水运网络，将有助于采购粮食的机构向粮食富余地区派遣官员甚至是设立临时分支，这样相关机构就能在收获季节以相对低价购买到更多的粮食。

281

表 G-12　1031~1061 年宋代政府用丝绸收购粮食的情况

年份	地区	丝绸量(百万匹)	粮食量(百万宋石)
1031	所有地方	6	10.8
1034	河北	3	5.4
1035	所有地方	10	18.0
1036	河北	2	3.6
1037	河北	3	5.4
1037	河北、陕西	5	9.0
1038	陕西	10	18.0
1040	所有地方	10	18.0
1042	所有地方	20	36.0
1043	所有地方	30	54.0
1050	河北	10	18.0
1050	河北	6	10.8
1052	所有地方	1	1.8
1052	河北	1	1.8
1053	河北	3	5.4
1054	河北	5	9.0
1055	河北	3	5.4
1056	河北	2	3.6
1058	河北	1	1.8
1061	河北	2	3.6

資料来源:日野開三郎,1935b,引自『日野開三郎東洋史学論集』卷11,355~356。

表 G-13　宋明清时期粮食市场规模

时期	粮食总产量[a] (百万斤)	粮食 亩产量 (斤)	人均粮食 产量[b] (斤)	向非农领域 供应的粮食量 (百万斤)	市售粮食占 粮食总产量 的比例(%)
宋 (1064~1067 年)	151864	325.8	1518	25417	17
明末 (16 世纪 50 年代)	134200	346	895	21687	12.8

续表

时期	粮食总产量[a]（百万斤）	粮食亩产量（斤）	人均粮食产量[b]（斤）	向非农领域供应的粮食量（百万斤）	市售粮食占粮食总产量的比例（%）
清（18 世纪 70 年代）	310890	385	1085	53660	17.3

资料来源：吴承明，1998。

注：a. 郭松义估计，明末为 1716.01 亿斤，18 世纪 70 年代为 2861.52 亿斤（2001：389，表 7）。

b. 吴承明用 1.25 亿作为宋末人口，用 1 亿作为 16 世纪 50 年代的人口。两者显然都不太合适。笔者将其分别调整为 1 亿和 1.5 亿，并重新计算了人均粮食产量。

　　朝廷的这种做法是否会导致垄断的贸易格局，即作为最大购买者的官方机构可以操纵价格，而牺牲其他参与者的利益？就此，笔者只能做出部分解答。就河北的粮食收购而言，官方机构往往会稍微提高收购价格来与市场上的其他官方和私人买家竞争，1098 年就有一家官方机构指责由地方政府管理的其他官方机构抬高价格（根据他的申诉，实际上只高出 4%）来吸引更多的农村粮食商贩。[56]

　　笔者以官方机构在市场上稳定收购的粮食量为基础，估算 11 世纪的粮食长途贸易量。表 G-14 显示，河北平均每年的粮食收购量应该至少为 200 万宋石，总价值为 200 万贯。

　　至于山西和陕西这两个沿边地区，笔者估计政府平均每年收购 80 万~100 万宋石的粮食，这低于战时的收购量。[57] 为供应开封而从南方采购的粮食也约有 200 万宋石。因此，贸易总量超过 500 万宋石。

　　由于缺少长途贸易粮食总量方面的量化证据，所以很难确定政府收购量在其中所占的确切比例。吴承明认为，明末粮食的长途贸易量应该在 1000 万石以下，按当时价格计算约为

850 万两白银。[58]这个数字应该是低估了粮食贸易量，笔者将它增加 1 倍，作为估算值的上限。11 世纪的粮食贸易量不可能比明末时期的少。从一开始，宋朝在军事方面的商业化程度就很高了。11 世纪中叶，宋朝军队有 100 多万名士兵，这意味着有 300 万人靠他们的工资生活。[59]同时，据估算，11 世纪中叶宋代城市人口为 3800 万，可见城市的粮食消费总量是士兵及其家属消费总量的十余倍。鉴于宋代城市人口中通过出租土地或在农村市场获得粮食供应的比例很小，笔者认为，11 世纪长途粮食贸易的规模为 2000 万石，即 3000 多万宋石。因此，政府为养兵而采购的粮食量与依靠区域间粮食贸易供给的城市消费量之间的比例为 1∶5 或 1∶7。

283

表 G-14　11 世纪政府在河北的粮食收购情况

一、官方文件中报告的粮食收购量（单位：百万宋石）					
1041 年	0.85	1044 年	4.00	1055 年	1.60
1042 年	0.45	1052 年	3.00~4.00	1069 年	3.83
1043 年	1.04	1054 年	6.00		
二、官方文件中报告的粮食收购成本（单位：百万贯）					
1052 年	4~5	1070 年	2~3	1083 年	2	1120 年	2
1055 年	5	1077 年	3	1094 年	2		

资料来源：日野開三郎，1935c，引自『日野開三郎東洋史學論集』卷 11，381。

　　表 G-15 对不同时期的粮食长途贸易进行了比较，结果表明到 18 世纪清代的粮食长途贸易量才超过宋代的粮食长途贸易量。1078 年宋代人口超过 9000 万，不到 1840 年清代人口的 1/4。如果将这些总量估值转换为人均的粮食长途贸易量，那么宋代的数值最高。这意味着宋代的城市化率可能比后来的高得多。[60]

表 G-15　1000~1840 年长途贸易粮食的估算值

单位：百万石

时期	宋(1000~1100 年)	明(1550~1610 年)	清(1770~1840 年)
数量	20	10~20	30~50

资料来源：关于明末和清初长途贸易粮食的估算，见吴承明，[1983a] 2001，[1983b] 2001：123-126，153-157。

小　结

本书中，基于对宋明时期的比较，笔者提出明初国内贸易量出现了急剧下降。笔者将比较的重点放在货币存量和水运的长期变化上。由于学者们在复原宋明时期贸易时依托的是各种不完整的证据，他们对各种主要商品的估算量存在较大差异也是很正常的。在附录 G 中，笔者对茶叶、纺织品和粮食的区域间贸易进行了初步研究，并根据不算完整的量化证据对这些商品的价值和份额做了粗略估算，得到的结果都可以支持宋代贸易兴盛而明代贸易衰落这一论断。人们普遍认为，没有能够估算农村市场贸易量的可靠方法。但是，珀金斯所做的一项粗略估算表明，19 世纪后期有 30%~40%的农业产品被用于出售。[61]在此之前，农产品中用于市场销售的份额甚至更小。与此同时，珀金斯估算农业总产出中仅有 7%或 8%是作为长途贸易商品而输出的。[62]

其他一些学者的定量研究也能支持笔者的估算。吴承明的研究集中在晚明和清代的长途运输和主粮产品的销售方面，他对粮食、棉布、丝绸等主要商品的估算已经被笔者用于比较研究。他的估算清楚地表明 1400 年至 1600 年间的贸易并不发达，到 18 世纪和 19 世纪主要粮食产品的长途贸易量才迅速增

284

加。[63]笔者对长途贸易的估算可以与这些估值相互印证。就茶叶、粮食、纺织品等主要商品而言，笔者估算宋代的长途贸易规模超过了晚明时期的规模。

宋明清时期长途贸易在国民收入中所占比重也不尽相同（见表 G-16）。如果笔者的估算合理，那么很明显宋代长途贸易在国民收入中的比例在 19 世纪后期之前都是最高的。然而，这些计算并不是根据实际数据进行的，所以如果将来发现新的证据，相关结论有可能会被修正。宋代的比重大，充其量说明 11 世纪的中国已经出现了一个全国性的市场。如前所述，水运的发展为这一深度整合的市场奠定了坚实的基础，当时的长途贸易发展远远超出了初级阶段。

表 G-16　1100 年至 19 世纪 80 年代的长途贸易及其在国民收入中的比重

单位：百万两

时期	长途贸易商品价值	贸易总量(国内市场规模)	国民收入	贸易总量占国民收入的比重
宋（12 世纪头十年）	—	100	662	15.1
明（17 世纪头十年）	—	24.2[a]	252~760	3.2~9.6
清（18 世纪 70 年代）	500	189.3	2009	9.4
清（19 世纪 80 年代）	—	420~500	2780~3338	12.6~18

资料来源：有关清代（19 世纪 80 年代）的情况，见 Perkins，1969：355，表 I.8；以及张仲礼（本书表 F-2 引用）的估算；有关清代（18 世纪 70 年代）的情况，见吴承明，［1983a］2001，［1983b］2001。

注：a. 现在没有关于明末中国长途贸易规模的估算。吴承明分别估算了 16 世纪 50 年代较长距离的粮食和纺织品运销的价值（许涤新、吴承明，1985：67，71，73），笔者将这三类（粮食，棉花和棉布，丝和丝织品）合计得 1210 万两白银。由于在对清代（18 世纪 70 年代）的估计中，这三类商品占长途贸易的 52%，所以笔者把吴承明估算的上述数字翻了一番，作为明后期长途贸易规模的近似值。

附录 H　军屯、强制移民和粗放型农业

军屯和强制移民都是明朝在人口稀少地区开垦土地的必要手段。士兵和农民被强制在远离市场的偏远地区耕种大量土地，这些地方缺少道路和桥梁、灌溉设施、学校以及寺庙等基础设施。虽然荒地没有供应限制，每个家庭平均拥有的土地面积通常能达到 100 亩，但屯兵和移民的资金和工具都很不充足，有些时候由于缺乏役畜，犁都需要人力拉。这进一步导致了粗放型农业的日益普遍化。因此，有关军屯和强制移民的数据可以用来描绘明初管制经济的大致情况。移民流入的地区通常人口密度极低而且粗放型农业盛行。我们能够确定相关数据的一致性来检验核心论点，即管制经济的兴起造成了农业生产力和生活水平的下降。

要想用强制移民来衡量明初朝廷对人口的控制情况及其对农业生产的影响，必须解决两个重要问题：（1）在宏观层面上，我们能够多大程度地量化军事和普通移民的规模和结构？（2）我们能否从农村社区找到重要的证据来支持 1400 年前后存在全国范围的大规模移民这一论点？关于第一个问题，我们需要在省级层面上确定主要的移民流入地区和移民流出地区。进行这项研究并不难，因为在过去的半个世纪里，研究者已经以《明实录》保存的重要资料为基础开展了众多实证研究，成果丰硕。[1]但是，第二个问题很难回答，因为我们必须进行田

野调查，利用诸如家谱和地名录等非官方文件。幸运的是，越来越多的明史研究正在关注微观的社会史和家庭史，这非常有助于将微观层面的证据与宏观层面的人口流动联系起来。附录H接下来就结合这两方面的重要研究成果进行简要概括。

边疆和华北的军屯与强制移民

286　　　大量的士兵及其家属支撑起了明初的卫所制度，这些人被要求耕种土地以维持管制经济。士兵和军属由都司通过卫所等军事单位管理。现存的记录表明，明朝的军屯分布十分广泛，而且军屯所在地附近往往还有民政机构控制的强制移民的民屯。不过在边疆地区，卫所制度是唯一的官方管理体系，所有强制移民都听从军官的命令，这个政策有效地强化了地方的自给自足模式。[2]

曹树基对明初强制移民做了最具系统性的研究。他试图根据官方记录和家谱资料，重建1400年之初的移民流动情况。对于边疆的军事人口，曹树基利用《明实录》来确定卫所等军事单位的数量及其分布情况。然后，他估算这些军队的士兵人数达到了规定的限额，即每卫5600名士兵，从而估算出卫所士兵的总数。在根据相关史料做出一定调整后，他认为军人家属人数是士兵人数的2~3倍。

287　　　在包括辽东和云南在内的边疆地区，强制移民占当地人口的绝大多数。如表H-1所示，估算的边疆军事人口（士兵及其家属）超过了220万人。曹树基还估计，其中约有158万人是从外地移居边疆的，受军事管理的本地平民人数约为46万，仅占1400年前后边疆人口的一小部分。

表 H-1 1368~1398 年边疆军事移民的估算

单位：千人

地区	总人口	军事人口			军管移民	军管本地人口
		士兵	家属	小计		
东北						
辽东都司	500	130	270	400	200	100
北方						
山西行都司						
宣府	325	100	200	300	150	25
大同	278	84	168	252	126	26
小计	603	184	368	552	276	51
西北						
陕西						
延绥	66	22	44	66	33	0
宁夏	87	23	46	69	69	18
其他地方	62	17	34	51	25	12
陕西行都司	258	69	139	208	104	50
小计	473	131	263	394	231	80
西南						
四川	134	31	62	93	93	41
云南	705	120	240	360	360	96
贵州	510	140	280	420	420	90
小计	1349	291	582	873	873	227
总计	2925	736	1483	2219	1580	458

资料来源：曹树基，1997：320。

　　军屯的设置涉及全国各地。然而，官方记录中士兵耕种的土地面积并不准确。现存明代军屯耕地面积的最早记录是1487年，记载为891041194亩。[3]王毓铨发现，1585年明代军屯的上报总面积为6300万亩，是现存文献记载中的第二大数字。他认为

明初军屯田总面积至少应与 1585 年相同。[4]笔者假定明初有 120
万~200 万士兵，其中 70% 被分配去种田，每个士兵得到 50 亩
地，因此笔者估算明初军屯有 4200 万~7000 万亩土地。

通过对山东德州卫的考察（见表 H-2），可以了解军屯制
是如何运作的。德州卫位于山东西部，当地的人口因为战争和
自然灾害而锐减。所有屯兵都被编入称为"屯"的地方单位，
总计 111 个屯分布在 14 个县。应当指出的是，鲁西也是普通
移民流入的主要地区，普通移民也以屯为单位。地方志记载，
鲁西东昌府有 168 个农村居民点，其中屯的数量达到 130 个，
是本地村落数量的 3 倍多（见表 H-3）。

鲁西人口中强制移民和屯兵占主导地位，这在现存的家谱
中也很明显。例如在梁山县，一项现代调查发现，在 167 个被
调查的村庄中，106 个村庄有移民情况。所有这些村落的移民
都可以追溯到明初时期。这是一个重要的例证，揭示了明初鲁
西鲁中许多农村地区的重建是以强制移民为基础的。

表 H-2　鲁西军屯的分布

单位：个

地区	德州守卫	德州左卫	总计
德　州	42	12	54
恩　县	5	13	18
夏　津	7	0	7
临清州	2	2	4
武　城	0	10	10
高唐州	0	2	2
清　平	0	4	4
堂　邑	0	1	1

续表

地区	德州守卫	德州左卫	总计
清　河	0	1	1
德　平	0	2	2
陵　县	0	2	2
禹　城	0	2	2
平　原	0	3	3
乐　陵	0	1	1
总　计	56	55	111

资料来源：曹树基，1997：365。原始资料摘自清代方志《德州志》卷四《地域》。

表 H-3　1368～1398 年东昌府村落分布情况

288

单位：个

县	屯	本地村落
观　城	5	5
武　城	18	3
茌　平	27	9
临清州	27	6
莘　县	8	6
博　平	18	6
夏　津	27	3
总　计	130	38

资料来源：曹树基，1997：166。

在本书第八章中，笔者修正了珀金斯对明初山东农业产量的估算，假设强制移民和屯兵耕种的农田在 1393 年占山东土地总面积的绝大部分。表 H-2、表 H-3 和表 H-4 中的信息可以清晰地验证这一假设。在中国中部和东部的许多地方也存在类似的情况，下文将提出证据，证明强制移民在这些地区的农村人口中同样占主导地位。

表 H-4　山东梁山县聚落的起源

单位：个

	本地村落	鲁东移民村落	其他省份移民村落	总计
元代以前	5	—	—	5
元末	9	—	—	9
1368~1398 年	37	2	87	126
1403~1424 年	7	1	19	27
总计	58	3	106	167

资料来源：曹树基，1997：174。

中国中部和东部地区的强制移民

在明初的管制经济中，粗放型农业与军屯和强制移民是相互关联的。因此，研究移民流入的地区以及移民在当地人口中所占的比例，会为我们了解农业耕作方式的变化以及明初农业生产力水平的下降提供一个清晰的社会背景。

表 H-5 提供了内地各省份的强制移民（包括普通移民和军事移民）规模的估算值，可以粗略反映明初人口大规模流动的主要趋势和方向。显然，包括平民和军人在内的强制移民在四川、湖北、河南和安徽等地人口中所占的比例高于其他省份的比例。这种格局无疑能够支持笔者关于明初平均亩产量总体下降的论点，因为这些移民流入地上报的耕地面积占 1393 年土地总面积的份额最大，这些地方的官员往往在报告中列入计划而实际未开垦的土地，上报的收成也很低。

表 H-5 洪武年间内地强制移民的分布

单位：千人，%

省份	人口总数	本地人口	占比	普通移民	占比	军事移民	占比
江苏	8349	6641	79.5	902	10.8	806	9.7
安徽	3362	2163	64.3	961	28.6	238	7.1
湖南	2787	2056	73.8	539	19.3	192	6.9
湖北	1738	755	43.4	794	45.7	189	10.9
四川	1800	900	50.0	800	44.4	100	5.6
山东	5943	3870	65.1	1869	31.5	204	3.4
北京	2763	1659	60.0	848	30.7	256	9.3
河南	2859	1670	58.4	934	32.7	255	8.9
总计	29601	19714	66.6	7647	25.8	2240	7.6

资料来源：曹树基，1997：472。

由于明初都城南京所在的南直隶是明初政治制度和管制经济的核心，所以官方记录中保存了关于这一地区强制移民数量和背景的详细资料，这使得曹树基能够对其做出比其他省份更准确的估算（见表 H-6）。在南直隶下辖的 10 个州中，移民占总人口的 2/3。长江以北的扬州、凤阳、庐州等移民流入地，恰巧是第八章提到的以粗放型农业为主导的地区。

表 H-6 洪武年间南直隶的移民分布

单位：千人，%

	人口总数	本地人口	占比	普通移民	占比	军事移民	占比
南京	995	100	10.1	189	19.0	706	70.9
扬州	790	263	33.3	477	60.4	50	6.3
淮安	666	433	65.0	200	30.0	33	5.0
徐州	198	145	73.3	36	18.2	17	8.6
凤阳	628	140	22.3	300	47.8	188	29.9

续表

	人口总数	本地人口	占比	普通移民	占比	军事移民	占比
安庆	418	92	22.0	309	73.9	17	4.0
池州	219	134	61.2	68	31.0	17	7.8
庐州	367	110	30.0	257	70.0	0	0
和州与滁州	108	64	59.3	27	25.0	17	15.7
总计	4389	1481	33.8	1863	42.4	1045	23.8

资料来源：曹树基，1997：78。

290 在中部省份，强制移民在土地耕作中也发挥了重要作用。曹树基估算，湖广 1/3 以上的当地人口是移民（见表 H-5）。如表 H-7 所示，在湖南汉寿县，近六个世纪以来移民家族的时间分布非常不均匀，有 58 个家族是在 1368 年到 1400 年间迁入汉寿的，占迁入家族总数的 74%。

表 H-7　湖南汉寿移民家族的分布

单位：个

移民来自的省份	湖南	江西	江苏	其他省份	总计
1127~1275 年	—	1	—	—	1
1300~1367 年	—	3	—	—	3
1368~1399 年	—	20	2	2	24
1400 年	—	29	2	3	34
1500 年以后	1	6	—	1	8
1700 年以前	1	—	—	7	8
总计	2	59	4	13	78

资料来源：曹树基，1997：111。

　　湖北外来移民占当地人口的一半以上，而在德安，本地人口的比例只占 16.8%（见表 H-8）。这说明，宋（金）元易代和元明过渡时期的战乱使湖北人口严重减少，而减少的人口又以强制移民的方式得到了补充。

表 H-8　14 世纪末湖北的移民

单位：千人，%

	人口总数	本地人口	占比	普通移民	占比	军事移民	占比
黄　州	626	288	46.0	304	48.6	34	5.4
武　昌	294	138	46.9	122	41.5	34	11.6
德　安	113	19	16.8	91	80.5	3	2.7
汉　阳	50	20	40.0	30	60.0	0	0
沔阳州	88	35	39.8	36	40.9	17	17.5
安　陆	97	39	40.0	41	42.5	17	17.5
荆　州	334	130	38.9	160	47.8	44	13.2
襄　阳	130	86	66.2	10	7.7	34	26.2
施　州	6	0	0	0	0	6	100.0
总　计	1738	755	43.4	794	45.7	189	10.9

　　资料来源：曹树基，1997：147。

　　总之，对强制移民的研究揭示了明初管制经济的重要背景。人口史学家对明初移民规模和结构的复原，为 1400 年前后全国范围内向粗放型农业的倒退提供了有力的证据。

注　释

前　言

293　　1. 近代法国（欧洲大陆部分）的面积为 551550 平方千米。1111 年宋朝领土面积的估算见宋岩（1994）。

2. 有学者将此画作标题中的"上河"一词解读为"逆流航行"，而非"沿着河流"，见曹星原，2011：122-123。

3. Keith Bradsher，"China's Mona Lisa Makes a Rare Appearance in Hong Kong，"*New York Times*，July 3，2007.

4. Ihara，2001：137.

5. 关于对 11 世纪开封人口估算的讨论，见久保田和男，2000。关于汴渠在 11 世纪的作用，见青山定雄，1963：344，351-353。

6. 见附录 C 表 C-6；另见郭正忠，1997a：169。

7. Ihara，2001：140-145.

8. 李露晔特别细致地描述了明廷如何从全国抽调工匠和物资在龙江船厂打造下西洋所用宝船，见该书第四章。

9. 范金民、金文，1993：105-107，114。

10. 马欢：《瀛涯胜览》。另见郑一钧，1985：48-56。

11. 张思齐：《潋浦镇新创廨舍记》，《（绍定）潋水志》卷下，《宋元方志丛刊》影印清道光十九年刻本，北京：中华书局，第 4670 页。

12. 董谷：《（嘉靖）续澉水志》卷一《地理纪·风俗》，民国二十五年铅印《澉水志汇编》本，叶 1b。

13. 学者们通常将反市场政策的思想渊源追溯到《商君书》中的法家学说。在该书中，商鞅主张严控人力和资源为军事服务，只承认农民和士兵两种职业，并坚定地把弱化农村社会机能和自治性作为根本原则，因为"民弱国强，国强民弱"（赵靖，1986：105-107）。侯家驹将儒家自由市场经济与法家管制经济的对比作为解读中国三千年来经济演变的理论基础（侯家驹，1983，1986，2008）。

14. 管制经济的概念常用来描述苏联时期实行的中央管制经济体系（Grossman，1962，1963）。关于这一制度在 20 世纪中国的情况的研究，见 Perkins（1966）。但是，希克斯也将其应用于更早的人类历史（Hicks，1969），笔者认为这一概念经过修改，也适用于前工业化中国的情况。

15. Richard E. Ericson, "The Command Economy," in *The New Palgrave: A Dictionary of Economics*, second edition, ed. Steven N. Durlauf and Lawrence E. Blume (Basingstoke: Palgrave Macmillan, 2008).

16. Ho, 1959.

17. Perkins, 1969.

第一章　问题与方法

1. 见 Persson, 1988; Epstein, 1994, 2000; Hoffman, 1996。

2. Pomeranz, 2000; Allen, Bengtsson, and Dribe, 2005.

3. Allen, Bengtsson and Dribe, 2005：7.

294

4. 同上书，第 111 页。

5. 同上。

6. 12 世纪，中国的国民收入大约为欧洲的 3 倍；而到了 18 世纪初，中国的国民收入只比欧洲的多 20%。这一数据源自麦迪逊（Maddison，1998：20）的世界人口分布报告。麦迪逊还估算了自公元 1 世纪中叶至 18 世纪初欧洲和中国的人均 GDP，这一估算表明两者之间的差距很小（Maddison，1998：25）。因此，笔者假设前工业化世界的人均 GDP 没有显著差异，并以中国人口在世界人口中所占的比例作为其国民收入在全球生产总值中所占的比例。欧洲的人均 GDP 在 1280 年的估算值为 500 美元，1700 年为 870 美元（Maddison，1998：25）。1280 年欧洲人口达到 3.8 亿，1700 年前后达到 5.92 亿。1280 年的中国人口为 1 亿，1700 年为 1.38 亿，1820 年为 3.81 亿（Maddison，1998：20）。而麦迪逊对 1700 年中国人口的估算值过低，其真实性有待考证。1775 年的官方人口普查显示，中国总人口为 3.1 亿。若麦迪逊所估算的 1700 年人口数可以接受，则暗示中国人口在不到八十年的时间里增长到 2.25 倍。与麦迪逊不同，笔者选择 2 亿作为对 1700 年中国总人口的估算值。这一调整后的数字也表明，中国当时的总人口可能在印度总人口之上（1700 年的印度估算人口为 1.53 亿）。

7. Elvin，1973：113-199.

8. 加藤繁 1926 年的开创性研究将唐宋变革时期（750～1127 年）确定为市场经济扩张初期的关键阶段。第二次世界大战后的三十年间，中国、日本、美国的学者出版了许多关于 750 年到 1800 年间中国市场经济的专著。围绕着市场的研究表明，市场是决定中国经济发展性质和进程的主要力量，具体表现在市场规模的扩大、城市化（如非农业人口的增长、城镇和市场的规模和结构）以及商业化（农产品在市场上的销售份额的增加、货币支付的扩散等）等方面。见加藤繁，［1926］1953，［1933］1953a，［1933］1953b；斯波義信，1968；傅衣凌，1956，1957，1989；刘石吉，1987；傅宗文，1989；樊树志，1990；陈学文，1993；Skinner，1964，1977；Twitchett，1968。

9. 傅衣凌，1956，1957。

10. 许多研究 16 世纪以后中国的商业化和城市发展的学者都认为，明清时期的经济增长表现为市场与城市（城镇）的同步发展以及商人群体的崛起。他们的研究均是在傅衣凌的理论框架下进行的进一步阐释，因此可以说，从 20 世纪 80 年代至今都是"傅衣凌时代"。

11. Skinner，1977：276-281.

12. "核心"和"边缘"的概念源于"中心地理论"。有关施坚雅分析中的核心和边缘，请参见 Skinner，1977：287，table 1。

13. 1984 年，在意大利召开的一次国际会议上，一群研究中国经济史的西方学者开始推进这方面的研究。正如会议论文所论证的那样，必须把前工业化时代的中国经济和社会看作"一个由诸多宏观区域经济体集合而成的总体，这些宏观区域经济体都以各自的现实地理特征为基础，并自成一套可以容纳功能不同但又相互依赖的各种经济活动的系统"，进而从这样的角度探讨中国历史的连续与变化。（见 International Conference on Spatial and Temporal Trends and Cycles in Chinese Economic History，980-1980，Bellagio，Italy：1984。）

14. Sands and Myers, 1986：729-731；王庆成，2004。

15. Skinner, 1977：27-28.

16. 即使在 19 世纪 40 年代城市化程度最高的长江下游地区，城市化率估计也才 8%（Skinner, 1977：28）。

17. 施坚雅注意到了这一悖论，并将其归因于清朝在技术创新和国家财政能力两方面的颓势（Skinner, 1977：29）。

18. 笔者是基于对 1077 年中国国内市场的调查（见本书第四章）而提出这一区别的。珀金斯区分了前工业化中国的两种贸易模式："发生于遥远地区之间的贸易" 和 "特定乡村市镇区域内的贸易"。他还认为城市商业（第三种贸易形式）与长途贸易有许多相同之处，只不过前者的货物只进行短途运输（Perkins, 1969：112）。关于近代早期欧洲的市场等级，见 Braudel, 1986：111。

19. 许檀，1997：24，表 3。

20. 根据毕仲衍的报告，包括渡口在内的有记录可寻的市场于 1076 年达到了 27607 个。12 世纪初，除渡口外的市场增加到 31000 个（李华瑞，1995：202）。这些数字都是官员们在报告扑买收入源时引用的数据。扑买的对象包括渡口、酒馆、桥梁和寺庙等，此类设施都由私人筹建或由地方士绅管理，以换取固定期限（通常为三年）的特许经营权。这类项目为地方投资者带来了丰厚的利润，而且从现代标准来看，它们与农村市场的建设类似。周藤吉之在分析宋代农村市场（店、市、埠）与 "买扑" 和商税的关系时明确指出了这一点（周藤吉之，1965a：803，807-12，821-23，843-62）。另见日野开三郎，1989，405-413。

21. 正如珀金斯指出的，农村市场的数量既不与农民进入市场的频率存在线性关系，也不与市场上交易商品的数量或价值存在线性关系（Perkins，1969：115）。

22. Perkins，1969：114-115.

23. Hartwell，1982.

24. 尽管郝若贝声称要调查货物、技术和资本的跨地区流动，但他基本上接受了施坚雅对中国宏观区域经济周期的看法。施坚雅认为，这些宏观区域经济体的发展周期完全不同步，因为（陆上）运输成本高，所以区域间的交流严重受限。这一解释意味着将中国传统市场经济作为整体进行研究是没有意义的（Skinner，1985a，1985b：280-281）。

25. 郝若贝特别指出，中国传统社会的区域发展模式分为四个阶段：开拓阶段、高速发展阶段、系统性衰退阶段和均衡阶段。同时，他对宏观区域周期的描述和解释完全基于人口变化（Skinner，1985b：373-375，378）。

26. Bengtsson，2004；Bengtsson et al.，2004.

27. 虽然这一问题隐含在许多早期的研究中，但直到德怀特·珀金斯提出了一个基本的经济框架，该问题才真正得以解决。这个经济框架为后来伊懋可、黄宗智或"加州学派"经济学者的研究奠定了基础。见 Perkins，1969；Elvin，1972，1973；Huang，1985；Lavely and Wong，1998；Lee and Wang，1999；Li，1998；Pomeranz，2000。

28. Perkins，1969：14-18.

29. 关于埃斯特尔·博斯鲁普对农业生产与人口增长之间关系的重要研究，见 *The Conditions of Agricultural Growth：The Economics of Agrarian Change under Population Pressure*（Chicago：Aldine，1965）。

30. Huang，1985；Li，1998。同时，李伯重也在《中国农史》上刊载了包含其主要观点的系列文章，见李伯重，1997，1998a，1998b，1998c。

31. 蒙文通根据亩产量的长期增长及其对社会、税收和政治的影响，将这三千年划分为四个时期，分别是：战国至汉代（前 475~220 年），魏晋南北朝（221~589 年），唐宋（618~1279 年）及明清（1368~1912 年）。在蒙文通的指数中，第一个时期的亩产量被设定为 100 点，该指数到第二个时期上升到 120 点，第三个时期上升到 200 点，第四个时期上升到 300 点（蒙文通，1957：27，28-32）。

32. 事实上，许多对粮食供应总量和农村家庭收入所做的估算都仅仅依赖极其零碎的方志和文集资料，未能反映农业产出模式方面重要的变化趋势。见陈恒力，1958；闵宗殿，1984；Chao，1986；许涤新、吴承明，1985；吴承明，1998；郭松义，1994，2001。

33. 这种复苏政策说在相当长的一段时间里成为一种流行说法，普遍存在于教科书和各类专著中。如翦伯赞，1979，第八章第一节；韦庆远，1961：79-87；韦庆远，1985；韩大成，1991：1-19；王毓铨、刘重日、张显清，2000：322-343，382-386。

34. Elvin，1973：113-130.

35. 同上书，第 204-215 页，第 306-315 页。

36. Chao，1986：216，220.

37. 同上书，第 5-7 页，第 221-227 页。

38. 同上书，第 2-3 页。

39. Perkins，1969：216，240.

40. 同上书，第 33 页。另见琼斯对赵冈和陈钟毅的人口和土地数据的评论（Jones，1990：12-16）。

41. 该记录是关于福建采茶工人工资的，这实际上只是故事而不是真实的事件。1700 年以前的两千年里，总共有 20 条记录。

42. 相应地，"农业生产力决定论"认为，人均农业产出或亩产量是经济结构变革的先决条件。然而，这个观点有一个内在的问题，即生产力的提高是市场经济发展的结果而不是原因。例如，短期或长期的人口变化可能与人均农业产出的变化无关。在关于 18 世纪中国人口变化的研究中，李中清和王丰提出了人口变化机制的自主性（Lee and Wang，1999）。彼得·H.林德特还讨论了人口、价格和实际工资之间相互作用关系的复杂性，并认为这些趋势之间存在相关性（Lindert，1985）。

43. 关于三角洲模式的详细讨论，见高谷好一，1982；渡部忠世、樱井由躬雄，1984。

44. 所谓的"三位一体"模式包括"一年两熟"、"人耕十亩"和"男耕女织"（Li，1998：153-154）。

45. 同上书，第 155 页。

46. 同上书，第 47 页。

47. 同上书，第 51 页。

48. 同上书，第 51、53、72 页。

49. 对供给端的考察就可以验证这一说法。许多农耕、棉花种植和养蚕业的技术革新可以追溯到宋代，但直到 18 世纪才得到大规模应用。这就是市场而非技术带来了变化。

50. 李伯重，1997，1998a，1998b，1998c。

51. 李伯重在《中国农史》上发表的一系列文章呼吁要仔

细辨析历史记载和相关的现代研究，并且认为许多水利工程和水稻早熟品种在长江三角洲东部地区出现的时间比现代研究者估计的时间要晚得多，因此当地农民不可能在宋代大幅度增加收成。见李伯重，2000b。

52. 见葛金芳、顾蓉，2000；李根蟠，2002。

53. 关于如何在分析前工业化经济时利用总需求和总供给等国民收入概念，见 Cipolla，1993：22-94。

54. 在明清史专业学者经常引用的理论中，由速水融和德弗里斯（De Vries）最初提出的工业革命以前的"勤俭革命"和"斯密型增长"，都是指市场经济的扩大导致农业产出份额的增加。关于"勤俭革命"，见速水融，1989；De Vries，1994。

55. 他还认为，宋代几乎不可能发生经济革命，因为当时在长江下游地区，平均亩产量并没有大幅度提高（李伯重，2000b：178）。

56. 刘光临，2013。

57. 施坚雅首先将 19 世纪的中国划分为九个宏观区域：华北地区、西北地区、长江上游地区、长江中游地区、长江下游地区、东南沿海地区、岭南地区、云贵地区和东北地区（Skinner，1977：212-213）。后来，他把江西从长江中游地区中分离出来作为第十个宏观区域，并将其命名为江赣地区（Skinner，1985b：273）。

58. "税收国家"这一概念系熊彼特（Joseph A. Schumpeter）在 20 世纪 30 年代提出，他将 14~16 世纪西欧近代历史视为从领地国家向税收国家的过渡，并认为这一过程受到战争的直接推动，当时君主政权因雇佣士兵而产生越来越多的军事开支，陷入财政危机，这种困境进而推动了公共财政的兴起，具体见

Schumpeter，1954：99-140。

59. 虽然学者们通常承认长江下游和福建的商业活动及海外贸易有持续上升的态势，但由于缺乏证据，学者们对元代经济情况并没有达成共识。

60. 王曾瑜，1983：207-208，228-235。

61. Skinner，1977；Hartwell，1982.

62. Dardess，1983：111.

63. Schurmann，1967：2-12.

64. 于志嘉，1987，2010。

65. 彭信威，1965：493。

66. 李国祥、杨昶，1993：67。

67. 明代人口统计数据的不可靠性被何炳棣归因于户籍登记的财政功能：政府只对家庭中的成年男性感兴趣，因为他们有义务提供劳务或获得劳务报酬，并因此将相关丁数像准配额那样固定了下来。不过，何炳棣自己也明确承认，明初的人口普查情况并非如此。1393 年的人口普查涵盖了"全部人口，很多地方无疑都进行了足以令人信服的登记工作"（Ho，1959：23）。栾成显（1998）对《明代黄册》的研究为这一观点提供了无可辩驳的支持。

68. 关于对浙江、福建、四川和云南等地的私人采矿所采取的武力镇压，见李国祥、杨昶，1993：122-125。

69. 关于湖北的起义及其平定，见明代巡抚奏折，摘录于李国祥、杨昶，1993：81；关于福建暴动，见 Brook，1999：81-85。

第二章　宋明经济数据的性质

1. 有关中国历代经济数据的来源和分布情况，见梁方仲，

1980，"导论"。

2. 有关战国时期军功爵制的最新研究，见朱绍侯，2008：27-38。

298　　3.《商君书》卷四《去强》，北京：商务印书馆，2006，第 97 页。

4. 考古学证据，如在内地和边疆发现的简牍、文书等，为我们提供了汉唐时期按这种形式编写的农户家庭的第一手官方报告。有关户籍登记的介绍性研究，见池田温，2007。

5. Bielenstein，1947：156.

6. 同上书，第 157 页。

7. 中国人口在 2 年达到 59594578 人，在 742 年达到 48909800 人，总人数差异不大，仅有较大的区域差异（Bielenstein，1947：126，157）。

8. 曹树基，2000a：46。

9. Perkins，1969：222-226；另见高寿仙，2006：3-25。

10. Ho，1959：101.

11. Ho，1959：4.

12. 曹树基，2000a：704。

13. Gernet，1982：252-259.

14. 李锦绣，2001：9-10。

15. Bielenstein，1947：156.

16. 严耕望，1996。

17. 冻国栋，2002：299。

18. Ho，1959：1-23.

19. 陈支平，2004：3-21。

20. 柳田節子，1995：304-305；梁庚尧，2006：16。

21. 有关 12 世纪和 13 世纪岭南连州、广州、潮州和惠州的土地税率及其施行情况，见刘光临，2012：438-470；浙江东清宋元明时期土地税种和税率的变化，另见刘光临，2020。

22. 杜正胜，1990：49-61。葛剑雄认为，覆盖全国人口的涉及性别、年龄、身高等准确信息的例行人口普查制度形成于战国时期的秦国，而这主要得益于法家的影响（葛剑雄，2002：214-230）。

23. 县级人口普查每年实施。县令及其下属主要负责清点农村人口（葛剑雄，2002：230-244）。有关基于考古证据对汉代户籍登记的研究，见张荣强，2010：80-88。

24. 杜正胜，1990：24，49-50，93-96。

25. 有关汉代的在籍人口数据，参见 Durand，1960：216。马大英指出，7~14 岁的人口占总人口的 17%，15~56 岁的人口占总人口的 67%。因此，应纳税人口占总人口的 84%。基于这一假设，当总人口达到 5000 万时，人头税会达到 38 亿文铜钱；当总人口达到 6000 万时，人头税会达到 45 亿文铜钱（马大英，1983：63-64）。

26. 见西嶋定生，1986：588，600-601。

27. Durand，1960：216.

28. 葛剑雄，1986：100-101。

29. 有关报告的总数，参见附录 A。

30. 葛剑雄，2002：399-408。

31. 关于这一时期粮食价格的记录很少。根据官方的工资标准，1 汉石相当于 150 文铜钱。

32. 宫崎市定，1966：251。

33. Twitchett，1970：25-26。

34. 池田温，2007：84-86，88-98。

35. 唐长孺，［1983］2011：144。

299 36. 《通典》卷七《食货七》。此处两个数字加总后为52909309，与总人口相差 1 万，但《通典》原文如此，特此说明。

37. 李锦绣，2001：9-10。

38. 杜佑在《通典·食货典》中将天宝中的应受田面积记作 14303862 顷 13 亩（1430386213 唐亩），根据汪篯的研究，这一数字甚至比 20 世纪 50 年代的中国耕地面积还要多。汪氏又从杜佑记载天宝时地税总数及其每丁实际耕种 70 唐亩的逻辑出发，认定杜佑估计的，也是当时政府或应掌握的全国耕地面积为 620 余万顷，并进一步推定唐天宝时实际耕地面积在800 万~850 万顷（以唐亩计算），即 180 万~230 万顷耕地为隐匿（唐长孺等编《汪篯隋唐史论稿》，北京：中国社会科学出版社，1981，第 48~52、62~73 页）。值得指出的是，汪氏对于应受田总数的解释极为精辟，但他在文章中也承认政府或应掌握全国耕地面积这一推演逻辑为不少学者反对，今天研究宋明时期官方耕地数据的学者都强调传统中央政府推行土地调查的低效无能，对照而言，汪氏或对唐代国家的管理能力过于乐观。

39. 笔者在另外的地方对中国历史上的"税收国家"给出了一个定义，所谓税收国家应具备以下特点：国家收入必须高度货币化；间接税（消费税、关税和矿业产品）应该在税收结构中占主导地位；可流通的商业票据开始在公共借贷中发挥重要作用；财政管理普遍实现了高度的集中化和专业化；公共支出足够大，以至国家政策对市场的直接影响（如通货膨胀、投资和实际工资）变得十分明显（Liu，2015）。

40. 严格地说，户税是介于人头税和财产税之间的一种混合税。它最初是对成年男性征收的一种杂税，但后来发展成为逐户征收的正式税种。各户适用的税率往往不同，因为决定税率的因素不仅有家庭成年男性的人数，还有其拥有的不动产、家丁、下人和牲畜的数量。关于户税及其在唐代税制演变中作用的讨论，参见李锦绣，1995：468-500。

41. 到 9 世纪中叶，盐专卖的年收入达到了 400 万贯。相比之下，酒类专卖的收入还不到盐专卖净利润的 1/6，而来自茶叶专卖的年收入总额为盐业收入的 12%（Twitchett，1970：58，62-63）。

42. 汪圣铎，1995：709-717，表 7。

43. 贾大泉、陈一石，1989：38，84；刘春燕，2000：55-56；Liu，2005：316，318。

44. 郭正忠，1997b：285。正如盐专卖所反映的那样，专卖收入的增长速度远远超过盐业生产的增长速度，但如果把通货膨胀的因素考虑在内，两者之间的差距几乎就不存在了。

45. 包伟民，2001：318。

46. Twitchett，1970：111.

47. 同上书，第 39~40 页。

48.《新唐书》卷一五四《列传第七十》。

49. 宫崎市定，1952，1971；高桥芳郎，2002：3-38；梁太济，1998：82-96。

50.《旧唐书》卷一四《宪宗纪上》。

51. 陈乐素，1947：74-76；程民生，2003：14-17。

52. 梁太济，1998：44。

53. 这个问题可以追溯到两税法改革初期。唐朝已经采用了一种税收定额制度，允许税率因地而异（Twitchett，1970：

41-46）。

54. 有关纺织品支付在土地税中作用的进一步讨论，参见附录 G。

55. 島居一康，1993：231-239；柳田節子，1986：102-124。该法令明确指出，成年男性的人数是划分有地家庭的户等时应该考虑的一个因素。但正如柳田节子所指出的，我们很难在地方实践中找到成年男性的数量对户等产生重要影响的例子。

56. 漆侠，1987：442-444。

57. 宋神宗元丰年间上报的全国耕地面积为 4616555600 宋亩，有地农户达到了 10995133 户，总户数达到了 16492631（梁方仲，1980：180，399）。

58. 曹树基，1997：472-473。另见本书附录 H。

59. 王毓铨，1991。

60. 吴晗的估计值是最大的，他引用了 1501 年一位高官的报告，估计明初士兵总数有 280 万，1392 年的士兵总数为 1198434（吴晗，［1937］1956：101）。吴晗还估算，永乐年间明军有 280 万人（吴晗，［1937］1956：101）。曹树基报告了洪武和永乐年间军队规模的三个总数：分别为 191 万、206 万和 219 万。他估计永乐年间的军户总数达到了 219 万户（曹树基，2000a：379）。

61. 王毓铨，1965：209。

62. 关于明代军事制度尤其是军屯的研究，成果丰硕。笔者参考了一些重要著作，如王毓铨，1965；寺田隆信，［1972］1986；顾诚，1989a，1989b；于志嘉，1987，2010。

63. 于志嘉，1987：47-76；Hucker，1998：62-65。

300

64. 由于财政收入减少，1500 年以后的国家进入了衰退状态，这种情况一直持续到了 20 世纪。根据研究报告，在此期间国家税收和公共开支始终低于 GDP 的 10%。在二战之后，能以如此之低的国家收入维持国家运转的，也就只有阿富汗和埃塞俄比亚两个国家了（Rawski，1989：25-26）。关于国家政权在明清时期的有限作用的讨论，参见 Eastman，1988：103-107，130-134。

65. 王育民认为，许多人户都没有被报告给地方政府，其中包括权贵控制的依附劳力、国家控制的农民、军户和非汉民族的人户。所以，他建议将 680 万户和 3800 万人作为三国时期的人口数字。葛剑雄选择以 3000 万作为估算人口的下限值（葛剑雄，2002：441-447）。

66. 邓广铭、漆侠，1988；何忠礼，1999。

67. 《续资治通鉴长编》卷四。有关英语学界对宋代户籍的研究，见 So，1985。

68. 有关宋代户籍登记制度方面的内容，见 So，1985；吴松弟，2000：第二章。

69. 漆侠，1987：329。

70. 有关户籍登记中的财产分类，见梁太济，1998：19-36，37-68；王曾瑜，1996：8-27。农村地区的户籍登记情况，见柳田節子，1986：102-131。

71. 农村客户户数情况，参见柳田節子，1986：240-83，284-23。不可否认的是，宋代城市客户户数众多，但由于文献资料较少，学者们对坊郭十等户中是否包括城市客户户数仍存在争议（柳田節子，1995：198）。

72. 此处根据王曾瑜（1996：13-14）所引《抚州府志》

景定时期的户口资料，计算出抚州总户数达 247320 户，其中坊郭户有 30588 户，乡村户有 216733 户。而坊郭户中，主户有 17540 户，客户有 13048 户。

73. 对 16 世纪国内市场的主流研究大多采用了社会史的方法，傅衣凌时代尤其如此。只有少数人试图量化明末的市场扩张情况，但结果不尽如人意。例如，吴承明公开承认，不太可能根据商税税额来重现明代国内市场的规模，因为大多数税收都是配额，而且几十年来的波动也不合理（1995：164 - 167）。

第三章　货币经济的规模

1. Elvin, 1973：203-204；Hartwell, 1982：405.

2. 元代北方户口数见吴松弟，2000：261。金代泰和七年（1207）户数达 8413164 户，见吴松弟，2000：380。有关进一步的讨论，见本书第五章。

3. 虽然人口普查的质量随着时间的推移而变化，但可以通过比较对人口数据进行内部检验。最好的证据是长江下游的人口增长。尽管人口普查是由不同的政府进行的，但比较结果表明，长江下游地区的人口在过去几个世纪中逐渐发生变化。这是数据质量高的一个重要标志，因为前后独立取得的数据源之间不存在总体趋势上的冲突。

4. 计算情况见表 5-1。

5. Perkins, 1969：195，199.

6. 根据吴松弟的研究，湖南总户数从北宋初期的 205583 户增加到了元前期的 2075422 户（2000：635，表 14-3），增长了 9 倍。吴氏计算宋初湖南户数时依据《太平寰宇记》所

载宋太宗太平兴国年间（976～984年）荆湖南路数据而又做
了必要调整，这是因为当时归属荆湖北路管辖的岳州、澧州、
鼎州、辰州、沅州和靖州今日俱属湖南；但是他调整后的湖南
总户数居然出现了两个数字——181565户和205583户，两者
相差2万多户。具体而言，吴松弟在该书第四章考证北宋平定
各国所得户数时，根据《宋会要辑稿》《宋史》考证湖南归宋
之时（963年）仅有97388户，而至太平兴国年间有181565
户（2000：116，表4-1），归宋不到三十年后户数居然翻了一
番。程民生（2003）认为，这或许是因为归宋之时当地呈报
给朝廷的仅是主户数据。吴松弟在该书表4-2中合计太平兴
国年间荆湖南路户数为126434。用181565户减去126434户后
的55131户，应该是当时归属荆湖北路管辖的岳州、澧州、鼎
州、辰州、沅州和靖州（今俱属湖南）的户数。《太平寰宇
记》记载了其中岳州、澧州、鼎州的户数，而辰州、沅州和
靖州三州户数原缺，吴氏又根据鼎州北宋户数增长比例进行推
算和重建（见吴松，2000：130，表4-2；136，注释30-32），
而以上六州合计53665户，与上文计算的55131户非常接近。
总之，由于《太平寰宇记》的版本问题，所记有诸多缺失或
不一之处，而吴氏考证虽总体上可以接受，但关于宋初湖南户
数还是有矛盾，笔者在撰写本书时采用了181565户这一数字。
如此一来，湖南总户数从北宋初期的181565户增加到元前期
的2075422户，后者是前者的约11.4倍，也就是增长了约
10倍。

7. 彭信威和全汉昇都指出，明代白银的购买力高于宋代
（彭信威，1965：706-22；全汉昇，1967a）。例如，在16世
纪，购买1石稻米需要0.29～0.60两白银；而在12世纪，需

要 1.2~2.3 两（彭信威，1965：506，703）。

8. 池田温对汉代（前 206~220 年）和唐代（618~907年）的物价水平进行了比较，并得出结论：8 世纪之前，中国古代的物价一直处于相对较低的水平。他承认物价上涨始于 8 世纪末，且在宋代曾经历了两次上涨，并将这种现象归因于唐宋社会经济结构的转型。参见池田温，1968。

9. 20 世纪初由美国耶鲁大学教授欧文·费雪（Irving Fisher，1867—1947）提出，一般表述为 MV＝PT 或 P＝MV/T。

10. Hartwell，1982：369，table 1.

11. 货币主义者认为，货币流通速度（V）是外生性的，不受货币政策的影响（至少从长远来看确实如此），而实际产出的价值从长远来看是由经济生产能力决定的。基于此种假设，平均物价水平变化的主要原因是货币存量（M）的变化。在设定 V 作为外生变量且速度恒定时，货币供应量决定了短期内的名义产出价值。

12. 明初朝廷于 1375 年发行宝钞，禁止金银在市场上流通。直到 1488 年，朝廷才允许税课司局接受铜钱和白银作为支付手段（《明史》卷八一《食货五》）。

13. 全汉昇，1967b。

14. 与宋元时期不同的是，明朝政府没有为支持宝钞而设立储备，而是盲目地指定宝钞为市场上唯一的货币，并禁止铜钱和白银的使用。但百姓们无视这一政策，还是更加欢迎铜钱和白银。

15. 檀上宽，1980。

16. Huang，1974：69-70.

17. 彭信威，1965：492-493。

18. 彭信威，1965：490-491。

19. Von Glahn，1996：100。原文出自《明孝宗实录》卷一九七，弘治十六年三月。

20. 宋明两代物价制度的差异，尤其是 1400 年到 1550 年间的严重通货紧缩，并不单单是货币供应量萎缩和总人口锐减造成的。直到 1550 年国内市场开始复苏，货币供应量不足才导致明代出现通货紧缩。

21. 杰克·戈德斯通（Jack Goldstone）对英国价格革命的解释突出了这样一个事实，即城市化和人口增长是促成价格 V 字形增长的动因。当商业化发展时，价格的增长速度是人口增长率的平方值（Goldstone，1984）。

22. 据李若愚报告，安徽省博物馆收集的徽州契约有 1062 份，时间跨度从 1368 年至 1644 年。明朝建立后约一百年间（1368~1457 年）共发现契约 226 份，其中以布匹、粮食等实物支付的有 72 份，占契约总额的约 32%（李若愚，1988：40-41）。

23. 安徽省博物馆，1988：10-11；中国社会科学院历史研究所，1990：20-21。

24. 在明初的契约如汪氏兄弟的契约中，大部分交易涉及的土地面积不足 1 亩。乾隆年间徽州地价高昂，与苏州地价不相上下［见洪焕椿（1988）中收集的土地买卖契约，第 87~177 页］。有关五个世纪以来（1400~1900 年）土地价格变化的长期调查，见 Chao，1986：130；岸本美绪，1990：755。

25. 陈昌，1993。

26.《明实录·太祖实录》卷二三〇；《明会典》卷一八九《工部九》。

27. 中国市场和商业网络的发展虽然在 16 世纪到 20 世纪呈现出连续性，但许檀（2000）认为，除了明代中叶沿京杭大运河的贸易量外，长途贸易真正迅猛发展是在清代，当时贸易扩展到沿海地区和长江流域。

28. 傅崇兰（1985）对明末和清代京杭大运河沿线的城市和工业进行了有益的考察，并从行政和军事职能方面将它们的起源追溯到了明初。

29. 见周忱的《与行在户部诸公书》，转引自何炳棣，1988：30-33。

30. Fan, 1993：139-140.

31. 有关中国北方的内容，参见山根幸夫，1995；有关珠江三角洲的内容，参见叶显恩、谭棣华，1984；有关福建的内容，参见陈铿，1986；有关山东的内容，参见许檀，1998a；有关长江下游地区的内容，参见樊树志，1988，1990，以及刘石吉，1987。许檀试图以施坚雅的框架为基础，建立有关这些区域调查的理论。她从时间和空间两个方面对当地市场和城镇的发展进行了全面的分析（许檀，1997，1999a，1999b，2000）。长期战乱破坏了当地的经济和社会，明初的经济还处于农村市场发展的初级阶段。

32. 明代早期徽州土地交易契约见安徽省博物馆，1988：卷 1-卷 2。土地价格从明初至 15 世纪 40 年代一直保持在每亩不到 1 两白银的低水平，弘治年间才涨至 10 两左右。乾隆年间的地价攀至顶峰，均价约为每亩 20 两。乾隆年间土地市场价格趋高在苏州也有所体现（见何炳棣，1988：87-177 中收录的土地买卖契约）。有关五个世纪以来（1400~1900 年）土地价格变化的长期调查，见 Chao, 1986：130；岸本美绪，

1990：755。

33. 举例来说，1880~1889 年的厘金达到了 16867000 两白银。这一数字不包括直隶（河北）、云南、贵州（464000~720000 两）以及东北地区（15104000 两）。见 Perkins，1969：350，表 I.4。加上东北和直隶的部分，可以发现国内省际商品贸易的总价值估算为 4.2 亿两白银。商品的估算价值是以1/20 的一般税率推算出来的，因此，16809000 两厘金可换算为 336180000 两白银的商品价值。对于来自东北的税收，换算率为 1.5%；而在直隶等地方，换算率为 1.25%（同上书，第 351 页，表 I.5）。

34. 这只代表国内生产的商品。如果把外国进口商品包括在内，总额将超过 10 亿两（同上书，第 349~357 页）。

35. 见附录 G 表 G-16。这一比例相当接近珀金斯对农产品长途贸易（不包括国外进口）的估算比例，珀金斯估计在 19~20 世纪之交贸易额占国民收入的比例为 12%~14%（Perkins，1969：119）。

36. 同上书，第 117 页。四川的税收收入是用铁钱支付的，因此，20 世纪初的学者往往把四川的数字排除在宋代商税的总收入之外。然而，可以假定铜钱、铁钱的兑换率为 1：2，据此计算以铜钱计价的四川税收额（郭正忠，1997a：219-223）。

37. 1077 年，1 贯铜钱相当于 1 两白银。笔者按白乐日（Etienne Balaz）和珀金斯的做法，采用 5% 至 10% 的一般税率。计算过程如下：770 万/（5%~10%）= 0.77 亿~1.54 亿。现实情况更为复杂，因为每种商品的税率可能不同。关于厘金收入中同样问题的讨论，见 Perkins，1969：345-349。

303

38. 征收商税的地方行政机构被称为税课司和税课局。商税只是课程的一个主要组成部分。课程可以实物或宝钞支付，实物支付很多时候是盐农和茶农以实物形式上交的直接税。如《明实录》所示，这些税是直接从生产者那里征收的。对采矿业和捕鱼业征税也是如此。只有在季节不对或难以运输的时候，明代政府才不得已接受以货币交税。

39. 14世纪80年代末，内阁首辅解缙在其文章中提到，无论贸易的兴衰如何，各州县的商税额度都是固定的。见《明史》卷一四七《解缙传》。

40. 彭信威，1965：111。

41. 宝钞收入的其他来源包括酒醋课程钞、窑灶课钞、契本工墨钞以及赎刑。这些税收在以宝钞的形式征收的税收收入中只占一小部分。

42. 朱元璋于1380年下令关闭364个商税税课局，因为其年税收低于500石稻米。更多信息见本书第五章。

43. 明代商税的标准税率为货物价值的1/30，按1贯宝钞等于1两白银的规定，原商税收入推测为177624贯，加上现增补的109200两白银合计为286824两，将其乘以30即得出估计的明初国内商品流通量为8604720两。

44. 伊懋可首次使用这个术语来描述宋代中国金融市场的发展，参见Elvin，1973：146-163。关于这一课题的重要著作，另见宫崎市定，1943；日野开三郎，1983。

45. 全汉昇，1948b，1967a；Gernet，1962：78。有关宋代白银作为交易媒介的作用，见王文成，2001。

46. Atwell，1990，1998；Von Glahn，1996：113-141；宫泽知之，1998。

47. 万志英怀疑统一的货币体系是否可以作为判断中国货币经济发展的标准，并且认为："中国帝制晚期多种货币的出现表明，随着货币使用范围的扩大，市场对货币媒介的需求也日益多样化。"（Von Glahn，1996：8–9，11）中村质指出日本的德川幕府甚至把支付标准从钱币改回了稻米，但是这种"倒退"独特地适应了当时日本的经济增长（中村質，1988）。瑞典是另一个原本使用低价值金属钱币，随后发行纸币的国家。斯德哥尔摩银行（瑞典银行）于1661年在欧洲发行了第一张纸币。为了维持货币供应量的稳定增长，并解决用"达雷尔"（daler，一种铜铸币，它的铸造需要靠马车运输大量的金属）支付大笔款项时存在的问题，瑞典采取了发行纸币的办法。

48. 全汉昇，1967a，1967b。

49. 见表3–4。

50. 关于官府钱币铸造的生产资料，见附录B。

51. 高聪明，2000：103。宫泽知之认为，货币存量在1127年之前的宋代大约是3亿贯（宫澤知之，1993：204）。

52. 彭信威，1965：111。

53. 关于明代官钱局生产的铜钱的估算，见附录B。

54. 彭信威，1965：646。

55. 鈴木公雄，1999：59–61。

56. 关于该比例的计算方法，见附录B。

304

57. 全汉昇，1967b。全汉昇还指出，宋代所征收的白银是对采矿产出征收的税收，而明代由于严格的垄断政策，矿主需要向朝廷上交40%至50%的白银产出，比例比宋代高得多。全汉昇的解释暗示了宋代与明代在白银产量方面存在巨大差异。见全汉昇,1967b:613-615。有关宋代采矿政策的概况,见王菱菱,1988,1998;邓广铭、漆侠,1988:576-597。

58. 全汉昇,1967b:602-608,表1、表2。由于1487~1520年采矿收入将黄金和白银加在了一起,所以白银收入略低于记录显示的结果。另见 Atwell,1998:386。

59. 王裕巽对两个高峰期的白银产量给出了乐观的估算:就第一个采银高峰期嘉靖十六年至四十五年(1537~1566)的数据,他选择嘉靖年间采矿业的最高十年产量记录作为正常产量,并以此将嘉靖三十六年(1557)各矿收入总和的48271两白银(按:其文章此处误刊为482710两,将《明世宗实录》该年数据扩大至10倍)作为这三十年平均年产量,最终得出这三十年间的总产量为1448100两(按:其计算有小误,实则为1448130两);关于第二个采银高峰期万历二十四年至四十八年(1596~1620)的数据,他选择万历二十五年至三十三年(1597~1605)矿银收入最高纪录——近300万两白银作为代表,并算出333300两作为年平均数,得出万历后期二十四年间银矿总产量为7992000两(王裕巽,1998:19-20。按:总产量应为7999200两,疑王氏计算或刊印有误)。这两个数字加起来达9440100两,占明代后期(1520~1664年)估算总数的68%(按:这两个数字加起来应为9447300两,但不影响最后的估算占比68%)。考虑到前工业化采矿业的产出不稳定,王裕巽的估算有些过于理想化。

60. 根据当时银币的价格,笔者估算1两白银等于0.7贯铜钱。

61. 他进一步将15世纪中叶的经济衰退主要归为两个因素:气候急剧变化造成的农业产量下降和国际贵金属供应的急

剧收缩（Atwell，2002：92-96，98）。

62. 他认为，在永乐年间，"一个相对繁荣、朝气蓬勃的明朝曾试图带领欧亚其他国家摆脱严重的经济困难"（同上书，第 98 页）。

63. 就中国人在此期间从国外市场得到的收获，艾维四列出了除贵金属以外的各种商品：玉石、珊瑚、象牙、香木、胡椒及其他香料、钴、木材、棉织品、兽皮以及马匹（同上书，第 90 页）。

64. 同上书，第 97 页。有关 16 世纪中国私铸钱盛行的情况，见 Von Glahn，1996：86-88，97-99，104-112。

65. Liu，2005：111.

66. Von Glahn，1996：140-141. 吴承明还指出，18 世纪以前的白银进口量是明代白银存量的 3 倍（吴承明，2002：173，249）。

67. 笔者认为当时白银和铜钱的兑换率是 1 两白银 = 0.7 贯铜钱。

68. Braudel，1974：28.

69. 有关长江三角洲地区市场经济的理论，以李伯重的实证研究为代表性突破，英文文献见 Li，1998；中文文献见李伯重，1997，1998a，1998b，1998c。

70. 例如，"一条鞭法"最早于 16 世纪 60 年代在江西启用。这一改革允许农民缴纳货币代替劳役，从而增加了对白银的需求。学者们通常认为，一条鞭法最晚不迟于 1592 年在全国范围内推行；有些人认为更早，如 1581 年（黑木国泰，1993：599）。两个时间与 1600 年相差不远。

71. 根据布罗代尔（Fernand Braudel）和 F. C. 斯普纳

(F. C. Spooner) 的观点，在发现美洲之前，欧洲和地中海地区流通的金属货币总量约为 5000 吨黄金和 60000 吨白银。在1500~1650 年的一个半世纪里，从美洲运来的金银量达到了1600 吨白银和 180 吨黄金 （Braudel，1974：28）。现在看来，16 世纪进口到欧洲的白银数量并没有之前想象的那么重要。相比之下，明末的白银进口是一个极其特殊的案例，因为进口白银的数量在当时国内货币存量中占到了主导地位。

305   72. 目前，学者普遍认为 1600 年是明代人口最多的一年。然而，目前还没有关于明代中后期人口的可靠统计数据。有关当时总人口的估算值在 1.2 亿~2 亿，例如：1.5 亿 （Ho，1959：264）、1.2 亿~2 亿 （Perkins，1969：216）、1.2 亿 （许涤新、吴承明，1985：39）及 2 亿 （曹树基，2000a：201）。

73. 彭信威试图量化中国历史上的货币供应量。他的比较研究为后来的学者起到了示范作用，没有彭信威的工作，很可能就不会有本书的研究。然而，彭信威有关明代货币供应量的估算值无论是从总值还是从人均来看都过高了。彭信威低估了明代的总人口，认为当时的人口只有 6000 万，而且也没有确定其所关注的具体年份 （彭信威，1965：781）。

74. 尽管大多数中国的社会经济史学家，尤其是从事长江三角洲地区和东南沿海地区研究的社会经济史学家，经常认为明代晚期和清代早期可以被视为一个整体的经济发展阶段，但就前工业化中国经济表现的研究而言，这两个阶段在总量数据方面表现为两种不同的情况。

75. "单向支付"借用自中世纪欧洲经济史的研究，它原本表示领主应得的以实物或劳务形式支付的收入 （Cipolla，1956：7-8）。笔者在中国的语境下使用这个词，旨在说明明初国家几乎完全是以实物或劳役的形式从基层社会攫取收入。直到 16 世纪中叶，地方官府才逐渐将这些"单向支付"转为货币收入，这个过程一直持续到 18 世纪中叶才在全国范围内完成。

76. 杨国庆估算了南京城墙建设涉及的徭役规模。他指出，建筑工程的潜在人力资源包括 20 万名士兵、约 20 万名工匠、100 万名农民和几十万名因犯。总的用工量达到 700 万（一"工"即一人工作一日，见杨国庆，2002：37-44）。

77. 例如，宋朝政府在 12 世纪 20 年代所持有的白银总量达到了约 4000 万两（Shiba，1983：92）。

第四章 11 世纪的贸易和水运

1. 针对第二次世界大战前中国运输方式的一项研究表明，水路运输仍然约占当时货物运输总量的 81%（Rawski，1989：200，table 4.10）。

2. Elvin，1973：131.

3. 宫崎市定，1950，再版时收录于『宫崎市定全集』（第 2 卷），1991-1994：157-159。

4. 有关中国中古以前的技术发明和船舶工艺的内容，参见李约瑟（Joseph Needham）的研究（Needham，1971）。李约瑟集中讨论了 3 世纪之前的船尾、船身、船桨、轴向舵、锚和帆船筏的设计和发明。

5. Needham，1971：54-55.

6. Hartwell，1982：367-368，385.

7. Elvin，1973：136. 中文史料见《旧唐书》卷九四《崔融传》。

8. 谭其骧，1955：276-277；宫崎市定，［1950］1991，卷2：157-159。

9. 辛德勇，［1989a］1996，［1989b］1996。

10. 全汉昇，1944b：16-24。

11. 辛德勇，1996：9。

12. 自从1934年日本学者加藤繁发表了关于宋代商税的开创性文章以来，中日两国的专家就对宋代税收数据的方方面面展开了激烈的讨论。讨论内容包括：数据之间的明显差异，这些数据揭示出的宋代贸易格局的特质，货物的种类，以及贸易的区域差异，等等。然而，大多数学者主要关注的是官僚控制和抗税，而不是国家的税收能力（见加藤繁，1953；宋晞，1979；曾我部静雄，1974：390-404；郭正忠，1997a：123-233，234-277；宫泽知之，1998：45-70）。数十年来，马润潮的专著一直是英语文献中关于1077年商税数据唯一的也是最重要的出版物。斯波义信在研究长江下游的城市化和商业时，也利用了1077年数据中的一小部分（斯波義信，2001b）。同时，白乐日和珀金斯用这些数据来衡量工业化以前中国的市场规模。

13. 池田静夫，［1939］1940：144。

14. 在调查中，笔者省略了长江下游的贸易港口和城市。因为众所周知，自唐宋转型以来，这一地区就有密集的水运网，所以很容易获得原材料和市场（郑学檬，2003：127-138）。本案例支持了笔者论点，即前工业化时代中国的贸易严重依赖内陆水运。

15. 两浙路和江南东路的商税共计122万贯。鉴于长江下游干流沿线港口城市和少数独立于水运的城市存在重复计算的情况，笔者将这个数字乘以 0.8，将其估算为 100 万贯。

16. 现代中国流域面积在 100 平方千米以上的河流有 5 万多条（任美锷，1985：80）。宋代的河流数量要少于这个数字，因为 11 世纪宋代的国土面积小于今天的中国疆域。

17. 南宋时期，沿长江干流航行比较危险，航运经常通过与长江干流平行的辅助航道（如夹江）来进行（罗传栋，1991：222-223）。

18.《长江航运史（古代部分）》（罗传栋，1991）为宋代运河航道的建设和维护提供了有益的资料。汴渠见张圣城，1989：128-133；广济渠见张圣城，1989：138-140；永济渠见王树才、肖明学，1988：32-34；渭河见《黄河水利史述要》；江南和浙东运河见童隆福，1993：66-73；闽江见《福州港史》，19-20；赣江见沈兴敬、杨竹森，1991：50-52；汉江见张圣城，1989：140-142，以及王树才、肖明学，1988：62。

19. 罗传栋，1991：223-225。

20. 王树才、肖明学，1988：9-10，62，92-94；安作璋，2001：44-50。有关 960 年以前华北平原运河的建设情况，见史念海，1988。

21. 全汉昇，1944b；青山定雄，1963：327-328；史念海，1988：153，175，189，216-219；安作璋，2001：659-677，692-712。

22. 任美锷，1985：87。

23. 对于中国在 10 世纪到 20 世纪的气候变化，一般认为宋元时期黄河流域的气候趋于温暖湿润，14～20 世纪气候趋于寒冷，后面这一时期通常被称为"小冰河期"。然而，其间

的 18 世纪是一个气候相对温暖的时期（邹逸麟，1997：28-
47）。不管是不是巧合，11 世纪和 18 世纪的两次经济繁荣期
也正是气候温暖的这两个时期。

24. 如果前工业化时代中国的国内贸易模式仅仅由低廉的
运输成本决定，并因此更加依赖河流的地理特征，那么长途贸
易的方向就应该是从西部向东部。在这种情况下，长江作为中
国最长的河流，可能对长途贸易而言就至关重要。但这一假设
没有得到证据支持。根据 1077 年的数据，从上游的夔州一直
到入海口，沿长江干流所征收的商税仅占宋代商税的 4.7%
（见表 4-1）。

25. 如珀金斯所述，贸易路线和货物量的主要决定因素是
运输成本、收入分配以及气候和土壤条件的变化（Perkins，
1969：120）。

307   26. 郑学檬，2003：13-19；张剑光，2003。有关唐宋转
型时期中国农村市场的扩张，尤其是茶叶、纺织品和粮食的流
通，以及南方货币支付盛行等情况的调查，见梁庚尧，2013。

27. 有关这一问题的一般看法，见 Hartwell，1982。

28. 1078 年，北方总户数为 5664066 户，南方总户数为
10939908 户。宋代户均人口被估计为 5.5 人（吴松弟，2000：
122-135，156）。关于欧洲的估算人口（不包括俄国），见
Durand，1974，259：table 2。

29. 刘光临，2013：216-217。

30. 1077 年，以铜钱征收的商税达到 6868288 贯，以铁钱
征收的商税达到 1667647 贯。郭正忠假设铜钱与铁钱的兑换率
为 1：2，据此计算总数为 7702112 贯铜钱（郭正忠，1997a：
211）。

31. 南北之间的货物交换给北方造成了更大的贸易逆差。因此，根据幸彻的说法，国家在当时发行了汇票来解决这一问题（幸徹，1993）。这些工具性的信贷创新催生了开封的资本市场。

32. 陈高华、吴泰，1981：123。

33. 谢元鲁，1995：30。

34. 黄盛璋，1957。有关 12 世纪从长江河谷沿嘉陵江逆流运送粮食的情况，见 Von Glahn，2003：189-190。

35. 兴州、三泉及利州属于利州路，使用的货币是铁钱。笔者按照 2∶1 的汇率把它们的商税换算成了以铜钱计算的数额。

36. 嘉陵江全长近 700 英里，汉江全长 950 英里。

37. 襄阳的商税在长江流域所有城市中名列首位（见表 4-2）。

38. 宋晞，1979：23-29。

39. 邹逸麟，2005：138-149。

40. 11 世纪上半叶，宋朝为确保淮河与长江之间地区的茶叶供应，在蕲州、黄州、庐州、寿州、光州等地设立了 13 个山场作为茶叶贸易管理机构，在真州、汉阳军（今汉口）、蕲州、江陵、海州和无为军设立了 6 个榷货务。所有这些机构均位于长江下游北岸（朱重圣，1985：261-265；刘春燕，2000：46-56）。

41. 将鄱阳湖北部的三个主要港口城市湖口、江州和星子的商税加在一起才能超过赣州的商税额。1077 年，这几个城市的合计税收配额为 55870 贯。这一事例和洞庭湖地区的长沙-岳州事例表明，支流和湖区对长江流域的水运做出了重大贡献。

42. 宫崎市定，1950：157-159。伊懋可认为，"运输和通信在推动中世纪经济革命方面几乎和农业一样重要"（Elvin，1973：131）。

43. 有关宋代交通运输的全面情况，见斯波義信，1968：49-132，以及 Shiba，1970：4-44。

44. 斯波義信，1968：56-70，72-106，109-129，以及王轼刚，1993：66-85。

45. 斯波義信，1968：51-129；1970：4-44。

46. Needham，1971：460-461；Elvin，1973：137.

47. 13 世纪末，浙江三大海港——明州、温州、台州——共有私营船只近 2 万艘，其中海舶 3833 艘。一艘海舶可以装载 5000 担货物和/或 500~600 名乘客（斯波義信，1968：102-103；Shiba，1970：7）。

308

48. Elvin，1973：136.

49. 在 8 世纪，如果运输 1 吨货物，逆流每 100 公里需要 4975 文，顺流需要 1658 文。在宋代，同样路程的运费分别为 995 文和 332 文。由于宋代粮价相比 8 世纪粮价有大幅上涨，宋代运输成本的下降幅度可能比货币成本所显示的更大。

50. 《续资治通鉴长编》卷二九七。假设 1079 年 1.1 贯钱币能够买到 1 石稻米（见"彭信威指数表"），那么每百里的运费是每 100 宋斤 0.008 石。

51. 彭信威，1965：362，457。

52. 清木場東，1996：348。

53. 由于 12 世纪 60 年代的物价水平接近 11 世纪末 12 世纪初的物价水平，所以可将此案例作为支持表 4-3 中宋代运费的证据。通货膨胀可能是导致宋代水运的实际成本下降的一个因素。如我们已经知道的，在宋代的两个半世纪里，粮食价格上涨了 3~4 倍，同一期间运费却基本维持在固定水平上。

54. Chuan and Kraus，1975.

55. 明代第一个世纪的物价体系呈现出管制经济的主要特征，但是在 1500 年以后各地区的粮食价格相差很大（全汉昇，1967d）。

56. 《续资治通鉴长编》卷三六七，第 8826 页。

57. 11 世纪 60 年代以前，驻扎在陕西的部队占宋军总兵力的 37.5%；11 世纪 60 年代以后，这一比例上升到 43.2%（秦九韶，1992：173）。

58. 郝若贝就宋朝在 11 世纪中国工业快速发展过程中的作用提出了一个开创性的论点。根据郝若贝的观点，宋朝的这一作用尤其与北宋（960~1127 年）对铁制品的需求相关，而铁制品生产中心的分布在一定程度上取决于其向开封运输产品的成本（Hartwell，1962：155-156；1966：36）。

59. 宋朝每年征收 1800 万~2200 万宋石的粮食；如果将货币和纺织品替代的部分也包括在内，总额应该不超过 2900 万宋石（包伟民，2001：316-318）。相比之下，明初政权掌握了 3000 万~4000 万石的上供粮食；然而，在随后的时期内，土地税有所下降。在明末的 1531 年，土地税估算总额为 2200 万石（唐文基，1991：54，188）。

60. 日野先生收集了《续资治通鉴长编》从仁宗天圣九年（1031）至嘉祐六年（1061）的相关记载并制成表格，原文于 1935 年 7 月发表在《历史学研究》（日野开三郎，1935b），后收录于《日野开三郎论集》卷 11，该表载同书第 355~366

页。笔者将表中数据汇总而得出籴买总数。

61. 斯波義信，1974：129。

62.（宋）苏轼：《乞罢宿州修城状》，载《苏轼文集》卷九，长沙：岳麓书社，2000，第 1126 页。

63. Hartwell, 1966：36; Kracke, 1975：50-51.

64. 施坚雅通过推算开封城市人口从 742 年到 1078 年的增长规模来确认 8~13 世纪中国北方的城市发展周期的上升阶段。关于唐代中后期开封人口，他引用了毕汉思（Bielenstein, 1947）和杜兰德（Durand, 1960）的数据，并根据郝若贝的研究将 1200 年开封城市人口定为 80 万（实际上，郝若贝根据日本学者的研究推测当时开封人口规模已经达到或超过 100 万，见 Hartwell, 1967，施坚雅调低为 80 万），具体表述及推测依据见 Skinner, 1977：16，680。

65. Hartwell, 1966：36.

66. 例如，郑学檬认为，直到北宋末年，长江下游地区才在中国经济中占据中心地位（2003：19）。如果的确如此，那么整个 11 世纪可以被看作一个过渡时期。

67. 1102 年，成都平原每平方千米约有 62 户人家，大约是杭州的 3 倍。而杭州在一个半世纪之后才赶上成都（吴松弟，2000：465-456，474-475，540-542）。

68. 吴松弟，2000：434-435，474-475。

69. 程民生，1992：321-325。

70. 开封没有能够抵御外敌的天然屏障。因此，宋朝选择开封为都城表明当时国家对经济的考量超过了军事或政治考量（史念海，1988：215-219；王鑫义，2001：511-527）。

71. 黄盛璋，1958：104-105。

72. 有关大名的历史及其在安史之乱以后在北方的重要性，见史念海，［1994］1998：1-33。有关永济渠1127年后的发展以及1400年前后大名是如何被洪水淹没在地下的，见陈桥驿，2008：84-87，100-101。

73. 陈桥驿，2008：80-84；《黄河水利史述要》，178-196。 309

74. 山东半岛征收的商税总额约为740033贯（包括1077年数据中的京东东路和京东西路）。

75. 除黄河下游外，1077年在河北北部（今海河流域）的12个河港城镇产生了近20万贯商税（见附录表C-8），广济渠-清河沿岸（今山东小清河方向）的19个城市产生了约159000贯商税（见附录表C-5）。

76. Kracke，1975：2-5.

77. McNeil，1987.

78. 有关宋代各产品在朝廷税收中所占的比例和数额，见包伟民，2001：318。有关盐茶专卖与运输的问题，见郭正忠，1997b；Huang，2002。有关进一步的讨论，见Liu，2005。

第五章　1200年后的中国：危机与碎片化

1. 尽管施坚雅明显低估了宋代贸易的重要性，但他注意到了"从1200年到1500年这几个世纪的退化趋势"，因此选择1465年作为他所说的帝制晚期城市化和商业化周期的基准年（Skinner，1977：27）。

2. 吴松弟，2000：352；曹树基，2000a：199。洪武二十六年（1393）明朝人口合计60525812，而北宋大观三年（1109）著籍户数达20882258，吴松弟估计每户5.4口，由是可得 112764193 口。

3. 许涤新、吴承明，1985：111。另见王毓铨、刘重日、张显清，2000：858-873。

4. "1291 年河南行省的设立，就是为了将中国的南方与北京连接起来，因此这个行省包含的地区范围很广，包括长江中下游以北的许多重要城市，如江陵、安庆和扬州。"（见李治安，2011：183-184）事实上，河南行省下辖 30 个税务机构，其中安徽（17 个）和湖北（5 个）有 22 个。相比之下，在近代河南省的地理范围内只有 7 个税务机构。

5. 郭正忠，1997a：211，表 3-16。

6. 根据吴松弟的计算，湖南人口从 980 年到 1290 年增长了 9 倍。吴氏这里选择的宋太宗太平兴国年间湖南户数是 205583（吴松弟，2000：635，表 14-3），但他在别处又采用 181566 户作为宋初湖南总户数，以此计算湖南户数到 1290 年增长了 10 倍。关于吴氏估算的矛盾之评论，可见本书第三章注释 6。

7. 举例来说，在元代，福建的贸易开始繁荣起来（So，2000：117-122）。

8. 有关忽必烈如何促进贸易并给予商人崇高地位的讨论，见 Rossabi，1988：122-127。

9. 有关忽必烈为改善运输系统所做的努力，尤其是修筑公路和建立 1400 个驿站的情况，见 Rossabi，1988：124。易劳逸（Lioyd Eastman）表示，元朝"似乎是最后一个持续关注道路的朝代"（Eastman，1988：105）。

10. 陈高华，1997：14。

11. 愛宕松男，1973；宫澤知之，1998：232-246。

12. 这里所报告的数字是以中统元宝交钞计算的，1 锭 ＝ 50 贯（陈高华、史卫民，2007：511）。当时的稻米价格大约为每元石 40 贯（0.8 锭）的中统元宝交钞（彭信威，1965：441-442）。

13. 陈高华、史卫民，2007：279，283。

14. 13 世纪 70 年代之后，纸币的过度发行已经引发了严重的通货膨胀。例如，稻米的价格从每元石 10 贯升至 1306 年的 30 贯，后来在 1311 年升至 35 贯（李幹，1985：421；陈高华、史卫民，2007：277，283；彭信威，1965：435）。

15. 陈高华，1997：11。

16. 盐引的价格从 1281 年的每引 14 贯涨到了 1314 年的 150 贯（陈高华、史卫民，2007：425）。1295 年至 1342 年期间，地方政府通常把本应销售给商人的盐引额摊派强卖给农户（陈高华，1991：76）。

17. 商税只是"课程"（间接税）的一个重要组成部分。310 在明初的课程中，如《明实录》所示，盐税和茶税基本上以实物支付，矿税（盐铁课等）和鱼课也是如此。只有在季节不对或运输有困难时，政府才不得已接受货币。其他一些使用货币缴纳的情况有酒醋的出售、契约认证以及赎刑。有关进一步的讨论，见附录 E。

18. 佐久间重男认为，从更广义的角度划分，明代商税收入有四个来源：商税课司局，其收入具体又分商税、门摊；契本工墨钞；钞关；向林木业征税的抽分竹木局。其中，第一、三项是明初商税收入的重中之重。见佐久间重男，1965：53-58。

19. 李龙潜，1997：101。

20.1380 年，朱元璋同意关闭每年缴商税低于 500 石稻米的税课局，总计撤销 364 个（李国祥、杨昶，1993：168）。

21. 陈支平、林枫，1999：403。

22. 有关长江下游地区的市镇设有税课司局的另一份资料也提到了以稻米计量和征收商税的情况。太平镇从商人那里征收了近 900 石的稻米，因此 1377 年当地官员向朱元璋提出建议，在那里设立了一处税课司局。见李国祥、杨昶，1993：168。

23. 有关政府发给官员和士兵的工资情况，见张金奎，2007：111。

24. 藤井宏，1943b。

25.1390 年，1 贯宝钞（1/5 锭）等于 0.2 两白银。1452 年，1 贯宝钞只相当于 0.002 两白银（彭信威，1965：494 - 493）。明初以宝钞申报的税收收入情况，见本书表 3-2。

26. 现存有关明代水运的研究只提供了京杭大运河和江南的相关信息（Huang，1974：53-55；Brook，1998：597-608；星斌夫，1971）。"中国水运史丛书"虽然极大地提高了我们对前工业化时代中国水运的认识，但其中对明代水运的讨论仍显不足。如本章前文所述，这是因为缺乏相关信息：除了京杭大运河外，明代的官方文件中几乎找不到其他水路长途运输的资料。

27. 明代京杭大运河的主干道始建于 13 世纪 80 年代元朝据有江南的时候。他们认为有必要开辟一条从长江下三角洲地区通往元朝都城北京的漕粮运输水道。有关明代京杭大运河的修建、维护和利用，见吴缉华，1961；星斌夫，1963，1971；史念海，1988：309-332。

28. Fan, 1993：139–141.

29. 明中期动员了约 1775 艘漕船，18 世纪初使用了 10455 艘漕船，其中来自长江流域的有 9362 艘（Fan, 1993：141）。

30. 青山定雄，1963：352–353；全汉昇，1944b：105。

31. 赣江是明末著名的贸易通道。地方政府还在赣州设立了税课司局，对经过广东和江西边境的货物征税，每年税入有 4 万多两白银。此外，16 世纪末与外国人进行海上贸易的唯一港口——月港也征收了 4 万两白银（全汉昇，1944b：396，401，405）。

32. 1900 年以前，商税收入为 2030 万两白银（出处同上，408）。

33. 吴承明在研究 16 世纪和 17 世纪中国商业扩张时也提出了同样的观点（吴承明，1995：167）。

34. 出处同上；另见许涤新、吴承明，1985：84。 311

35. 没有全国性的过税税率标准。清代钞关大多沿袭明末的做法，并在必要时加以调整。1775 年，在完成大部分政策调整之后，清朝正式出版了一套全面的规章和案例汇编。尽管如此，清代前一个半世纪的税率仍然保持了稳定（祁美琴，2004：213）。因此，明清过渡时期内地各钞关征收的税额具有很高的可比性。

36. 青山定雄，1963：352–353；全汉昇，1944b：105。

37. 关于明代漕运的开通及经济成本的估价，参见黄仁宇，2005，该书原系其于 1964 年在密歇根大学完成的博士论文；樊铧，2009 属于最新研究，侧重分析了明廷舍弃海运而坚持漕运的政治考虑。有关谭其骧的论点，见谭其骧，1955。

38. 谭其骧，1955：277。

39. 有关明末商书和旅行指南的研究，见陈学文，1997。

40. 路线 1 和路线 2 构成了京杭大运河。路线 6、路线 8 和路线 13 将京杭大运河与沿海的港口和盐产地连接起来。路线 7 连接京杭大运河和山东半岛的内陆城市齐州。路线 9 是连接巢湖和长江的短通道。

41. 正如黄汴所述，如果想将货物从南方运往北方边境和内陆省份，必须先在京杭大运河沿岸港口卸载，然后用大车运到目的地（《一统路程图记》，载于杨正泰，1994：184）。

42. 《士商类要》，载于杨正泰，1994：253-255。

43. 69 年，王景领导的著名水利工程完成后，黄河保持了八百多年的稳定。这无疑促成了华北地区长期的经济繁荣。从 11 世纪开始，黄河河道开始向河北平原移动，但是没有对河北平原的经济和生态造成严重破坏（谭其骧，1986：72-75）。

44. 谭其骧，1986：97。

45. 从 1272 年到 1493 年，黄河决口形成了三条独立的支流，许多地区洪水泛滥。1272 年至 1363 年间，堤坝决口引起的洪水几乎每年或每隔一年发生一次（邹逸麟，1986：96，232-235）。

46. 有关相关水路的内容，见《中国历史地图集》第八辑，第 14~15 页。

47. 1077 年扬州商税 41849 贯，苏州商税 51035 贯，杭州在南方大城市中排名第一，达 82173 贯。这说明北宋淮南西路（今江苏东北部地区）以楚州为中心的四座城市的水路网络发达，转运贸易相当繁荣，由此产生的税收总额不仅超过了扬州一地，而且居然压倒了江南排名前茅的杭州和苏州。

48. 宋晞，1979：23-29。

49. 《一统路程图记》，载于杨正泰，1994：184。

50. 邹逸麟，2005：191-207；周魁一，2002：77-79。

51. 惠民河就是一个例子。宋代最初在 10 世纪修建惠民河时，将其作为开封与豫中地区之间的区域内通道。但这条运河很快成为连接开封、豫中地区与淮河流域中部城市的重要水道，因此当时的人将整个水运网都称为惠民河（邹逸麟，2005：141）。

52. 史念海，1981：64-66。

53. Skinner, 1977：16.

54. 史念海，1981：63-69。

55. 除永济渠和黄河之外，滹沱河、漳河、桑干河是近代中国海河的重要组成部分，构成了河北的另一个重要水运网，向太行山以东的河北平原呈扇形扩张。与永济渠相比，这一水运网的多条支流所连接的河北城市比其他水道连接的都要多。有十几个城市是滹沱河沿岸运输货物的重要转运口岸（见附录表 C-8）。这些城市上交了近 20 万贯商税，大约是杭州的 2.3 倍。

56. 李孝聪，1993。

312

57. 吴承明，[1983b] 2001：118-120；Fan, 1993：128。

58. 郭正忠，1997a：211。

59. Perkins, 1969：195.

60. 宋清两代贸易繁荣期间，内河航运有了很大的改善，如修建港口和大坝、竖立航标、引航和清除沉石等措施保护了长江干流尤其是长江上游的航行安全，这段航路在当时对木船来说仍然很危险（罗传栋，1991：78-84，95-106）。相比之下，在明代的第一个世纪，内河航运几乎没有任何明显的改善。

61. 遗憾的是，除了少数几部外，"中国水运史丛书"的大部分作者都采用了明清资本主义萌芽的范式来展开讨论。因此，清代水运的案例往往被误用于证明明代水运的发展。

62. 吴承明，2001：206-207。吴承明认为江西的经济从1393年到1767年出现了相对的衰退。

63. 童隆福，1993：56，69-78。

64. 童隆福，1993：56，36-38。这些水路大多用于短距离陆上转运货物。

65. 池田静夫［1939］1940：65-73。

66. 有关江西河港城镇在1077年的商税额可以参见《宋会要辑稿·商税杂录》。

67. 许檀，1999b：86-87。

68. 曹树基，2000a：125；吴松弟，2000：130。宋代该地区的人口是将相州、光化军、浚州、房州和随州五个地方的人口相加得到的。

69. 13世纪中叶，宋军为了抵御蒙古的攻击，摧毁了江汉运河（刘宏友、徐诚，1995：62）。

70. 刘宏友、徐诚，1995：155-159。另外，武汉作为商业中心的崛起，见Rowe，1984；刘盛佳，1992。1635年袁公堤的修建标志着汉口此后两个世纪快速发展阶段的开始（刘盛佳，1992：125）。

71. 有关宋代茶马贸易的内容，见Smith，1991。

72. 黄盛璋，［1957］1982：214-217；王开、辛德勇，1997：191-193。

73. 王开、辛德勇，1997：193-194。

74. 同上书，第 199~202 页。

75. 黄盛璋认为，11 世纪中叶以后，从渭河到黄河的水运已不复存在；然而，考古学家最近发现了宋代工匠于 12 世纪 20 年代在靠近陕州的峡岸上建造的通道，陕州是渭河和黄河的航运中心。这些通道显然是为了方便体力劳动者跨越峡谷进行内河运输的，这就表明这条水路在 12 世纪初期仍在使用（建设管理局移民局，1998：65-78）。

76. 谢和耐（Jacques Gernet）指出了宋明中央政权的本质区别，并将"新的明帝国的专制特征"归因于蒙古帝国的影响（Gernet，1982：387，396）。

77. 许涤新、吴承明，1985：111。另见王毓铨、刘重日、张显清，2000：858-873。

第六章　物价、实际工资以及国民收入

1. Wong，1990；Wong，1997：17-22. 另见 Pomeranz，2000：69-107。

2. 吴晗，1965：229-262；韦庆远，1961：79-87；韦庆远，1985；Atwell，2002；斯波義信，2001a：91，153，252。

3. Chao，1986：111；Perkins，1969：26.

4. Postan，1972.

5. 见表 A-2。人口统计数据显示，元明过渡时期，战争和灾害造成了中国人口的巨大损失（约 1/3）（见本书第二章）。然而，从 13 世纪末到 14 世纪末，长江下三角洲地区的人口下降幅度相对要小得多（最多只下降了 1/4）。李伯重对 1368 年长江下三角洲的人口做了更为乐观的估算，认为当时人口仅比 1298 年少了 1/10（Li，2003：28-34）。

313

6. 1223 年南宋人口达到 8000 万，金朝时期中国北方人口达到 4380 万。因此，居住在中国农耕区的总人口大约有 1.24 亿（吴松弟，2000：366）。

7. 彭信威，1965：646；Von Glahn，1996：98-102。

8. 刘光临，2011b。

9. 岩見宏，1986：7-25；唐文基，1991：93-108；岩井茂樹，2004：318-326。

10. 市古尚三，1977：81，106。

11. 檀上寛，1995：129-130；Brook，1998：68-69。

12. 以白银计算的实际价格可以根据政府确定的多种商品兑换率推算出来。1376 年，1 贯宝钞能够买到 1 石稻米或 1 两白银，可以认为当时 1 石稻米兑换 1 两白银。到 1407 年，按照官定的换算率，1 石稻米需要 30 贯宝钞，1 两白银需要 80 贯宝钞。换算率的这一变化表明，1 石稻米可兑换 0.375 两白银（彭信威，1965：703；市古尚三，1977：75）。

13. 有关采用普通劳工工资作为人均实际收入的替代标准的讨论，以及为什么选择士兵工资的问题，见附录 E。

14. 王曾瑜，1983：216-219。

15. 有关明代士兵衣物补贴的内容，见附录 E。

16. 笔者采用了熙宁年间（1068～1077 年）开封的价格。一般来说，1 匹丝绸相当于 1000 文铜钱，或者 1 宋石稻米，或者 1000 文纸币。在其他地区，1 宋石稻米的价格在 500 文至 700 文之间，低于都城的价格。1 宋石等于 0.67 明石。1 石稻米重 150 斤，即 75 公斤。

17. 《宋史》卷一九四《兵志八》。

18. 王曾瑜，1983：220-224。

19. 有关详细讨论内容，见附录 E。

20. 有关所谓白银世纪的一般参考资料，见 Von Glahn，1996，第四章。

21. 根据《明史·兵志》的记载，14 世纪末的"卫"增加了 493 个。每卫满员是 5600 名士兵。假设当时所有的卫都已满员（这在明朝体制开始时是很有可能的），那么明代军队应有 276 万名士兵。虽然这个数字已经很大，但仍然只包括士兵，还不包括所有参与军事机构或受军事机构管理的人，如亲属、在籍军户家庭以及预备役人员。曹树基估算，明初军事系统的人口约为 620 万，约占总人口的 8.5%（曹树基，2000a：247）。

22. 根据贺凯（Charles O. Hucker）的观点，一名明代卫兵的基本工资是每月 1 蒲式耳（36.4 公升）粮食。贺凯（Hucker，1998：67）还认为，所有的衣物、武器和装备都是由朝廷提供的，笔者对此表示怀疑。

23. 早在 1376 年，兼用货币和粮食支付士兵和官员工资的做法就已经开始了。中央政府只用稻米支付工资的 50% 到 70%，剩下的部分用铜钱或纸币支付。然而，我们不知道洪武年间这种情况发生的频率有多高，也不知道这给士兵带来了怎样的压力。

24. 学者研究 20 世纪 80 年代末改革开放前中国的平均收入时，也会面临类似的问题。除了中央政府制定的固定工资和住房的全国标准外，很难估计一个人能够借助政府资源获得多少利益。

25. 梁方仲，1952；岩見宏，1986：107 - 134；唐文基，1991：228-265，285-316。

26. 范中义，1998：130。

27. 全汉昇，1967d；寺田隆信，［1972］1986：57。

28. 据黄冕堂报告，16 世纪中叶长江下游地区稻米的平均价格为每石 0.5 两白银，而全汉昇估算整个 16 世纪的平均价格为每石 0.94 两白银（黄冕堂，1985b：355）。吴承明也使用每石 0.85 两作为嘉靖年间的平均价格（许涤新、吴承明，1985：130）。

29. 梁森泰，1997：46。

30. 全汉昇，1967d：678。

31.《宋会要辑稿·食货》六八之八六。

32.《宋丽水县奏免浮财物力札付碑》，《两浙金石志》卷一一。

33. 漆侠，1987：197–218，349–350。

34. 京西南路和京西北路是北方人口最稀少的地区，因此比例较高。

35. 宫澤知之，1984：53–54。

36. 有关估值的详情，见附录 F。

37. 宫澤知之，1998：53–54，505–507；包伟民，2001：306。

38. 珀金斯对明初（1420 年）粮食税在农业产出和国民收入中的比重进行了初步估算，其估算的明初国民收入高于笔者估算的值，相应地，粮食税在农业产出和国民收入中所占的份额低于笔者估算的值。两项估算之间的差异可归因于对总人口的估计不同（珀金斯估计 1400 年人口为 8000 万，笔者根据当时的官方记录估计为 6660 万），以及对人均粮食产量的估计不同（珀金斯估计为 3.0~4.0 石，而笔者认为 15 世纪初的生活水平比后来低得多，所以估计为每人 2.9 石）。即使如此，他的估算同样表明，1400 年税收占农业产出的比例特别高（约为 10%），而 18 世纪中叶的比例仅为粮食总产量的 5%~6%（Perkins，1969：176）。

39. 有关 1400 年以后长江三角洲地区的经济和社会情况，见藤井宏，1953；傅衣凌，1956，1957；樊树志，1990；陈学文，1993；Li，1998；李伯重，2000a。

40.《俨山外集》卷三四《同异录》。

第七章　长江下游的农业发展

1. Elvin，1973：113-114，129-130.

2. 李伯重（Li，2003）进行了一系列对一千年来江南农业产量的估算，对 14 世纪黑暗时期的形象提出了强烈质疑。李伯重的观察主要集中在江南这个长江下游较小的核心地区。他的观点提醒我们，即使在同一宏观区域内，农业发展也存在巨大差异。

3. 斯波義信，2001a：160-161。

4. 天野元之助，［1962］1979。

5. Myers，1966.

6. Elvin，1973：118-129.

7. 伊懋可强调，中国晚期的传统农业已经"接近前近代方法所能达到的极限"，而且"正是人口的扩张带来了高水平的农业及交通技术与低人均收入的结合"（Elvin，1973：118，298）。

8. 有关修正派对传统解释的批判性评论，见大沢正昭，［1985］1996；1996：235-252。

9. 大沢正昭，1993；斯波義信，2001a：160-61；李伯

重，2000b。

10. 斯波義信，2001a：5，13，英文摘要。

11. 关于这一问题的简要介绍，见 Bray，1984：106-123。有关进一步讨论，见渡部忠世、樱井由躬雄，1984：1-22；游修龄、曾雄生，2010：284-296。

12. 李伯重，1990：59-64。

13. 邹逸麟，2005：73-77。

14. 周藤吉之，1962a：363-432；長瀬守，1974；漆侠，1987：89-96。另见柳田节子对灌溉工程、地主崛起以及农村社区形成之间的相互依存关系的分析（1995，394-404）。

15. 冻国栋，2002：198-199。

16. 全汉昇，1942b：403-404。

17. 由于明代人口数据质量不高，14世纪90年代以后过了近五百年，才有新的数据可供研究。所以，很难全面了解明代农村人口的增长情况。

18. 江南商品化农业最新的重要发展是在远离低地核心区的松江等高地区域种植棉花（渡部忠世、樱井由躬雄，1984：239-263），这与湄南河稻作模式不同。

19. 在泰国湄南河流域土地开发的历史上，三角洲低地和沼泽地区土地利用的变化，特别是集约型农业的兴起，往往伴随着大量移民的流入，以及灌溉和排水给三角洲带来的转变。这导致经济核心区的位置沿着河流向下游移动，从上游的难河到旧三角洲的大城府，最后到19世纪末新三角洲的曼谷。在大约两个世纪里，曼谷从最初建在河西岸的堡垒变成了1850年前后有40万居民的首都。从那时起到20世纪中叶，新三角洲的土地利用格局逐渐从以林木、园艺作物和甘蔗为主演变为以稻作为主（高谷好一，1987：179-214，251-333）。

20. 渡部忠世、桜井由躬雄，1984：79-88。

21. 岩見宏，1962。

22. 有关苏州、松江和江南人口的内容，见表7-5。

23. 关于三位一体模型的讨论参见第一章第二节。

24. 斯波義信，2001a：82。

25. 陈勇，2006：346。

26. 有些历史学家倾向于强调技术在农业中的决定性作用，而不考虑人口增长和总需求的变化。他们在自己的估算中没有充分考虑区域差异。因此，这些学者往往是以一个示例为依据，对几个世纪以来全中国的情况做出估算。

27. Perkins, 1969：315，表G.2。珀金斯还估计，宋代浙江的农业产量为每亩2.5~3石（Perkins, 1969：316，表G.3）。

28. 珀金斯提出了这一问题，并承认"如果学田数据在一个省的各个时期分布相当均匀，那么从这一来源得到的数据不太可能被低估"。毕竟，他倾向于认为"学田的质量很可能比最好的土地差一些，但不会比平均土地质量差"（Perkins, 1969：312）。

29. 除了先前报告的租金数据（见斯波義信，2001a，140-141：表1）外，斯波義信还收集了各种宋代的原始资料（奏折、方志、石刻和官方记录）。然而，这些资料大多显示，农业产量远远高于他推算的学田地租。斯波義信另外在同书中提及南宋后期贾似道推行公田法，在浙西苏州、秀州、湖州、常州、镇江和江阴强买350余万亩耕地，占六府州军耕地总面积的10%~20%，并用官庄形式经营，每亩收取地租有6~7

斗、8 斗乃至 1 石。斯波义信认为，如果按照租额占佃农秋米一半收获的通则，则公田亩产量也在 2 石上下，而这又超出了当时生产力所允许的范围（2001a：91）。斯波义信对于浙西农业亩产量的估算波动较大，主要是因为其采用的数据和样本之间有较大冲突，难以划一，但公田地租均在 6 斗至 1 石之间，也至少说明了浙西耕地的亩产量一定在 1 石以上，甚至是 2 石上下。

316　　30. 李伯重注意到斯波义信的估算是模棱两可的，见李伯重，2000b：180。

　　31. 对于表明宋代农业高产的其他原始资料，李伯重赞同大泽正昭的观点，认为这些资料要么是为了提倡水稻种植而编造的，要么就是所描述的先进技术只在高地区域使用，而没有应用于江南的核心区域松江和苏州。

　　32. 李伯重，2000b：182-183。

　　33. 另见表 1-1。尽管如此，李伯重认为，只有明末的发展才算是一场经济革命，因为它实际上是由商业化导致的前工业化中国从粗放型增长向斯密型增长（集约型增长）的过渡（李伯重，2001：173-175）。

　　34. 葛金芳、顾蓉，2000：80；梁庚尧，2001：267。

　　35. 梁庚尧，2001：267。

　　36. 同上书，第 274 页。

　　37. 李伯重用"自然经济"一词来描述宋代江南社会的非货币化本质（李伯重，2001：182）。

　　38. 李伯重从两个方面对这一转变进行了界定：一是农业发展的新动力；二是商业化带来的专业化和分工（李伯重，2001：172-175）。

39. 见表 1-1。

40. 松井秀一，1991：26-56。

41. 宫崎市定，1952，1971。

42. 周藤吉之，1950；1980：603-726。

43. 有关这场争论的回顾，见高桥芳郎，1978。

44. 《吴郡志》卷一九。

45. 宫泽知之，1984：67-68。

46. 宋晞认为宁波的商税为 42530 贯（宋晞，1979：23-29）。根据陆敏珍的研究，宁波商税在 1225 年已经达到了 87102 贯（陆敏珍，2007：289）。

47. 陈高华、吴泰，1981：109-113；黄纯艳，2003：222-223。

48. 有关宋代明州和绍兴的研究，见斯波义信，2001a：453-478，551-573。另见陆敏珍，2007。

49. 斯波义信，2001a：380-386。

50. 1077 年严州商税为 35556 贯，1275 年为 38275 贯（宋晞，1979：23-29）。

51. 台州在 1109 年至 1222 年间的人口年增长率为 0.006%，严州在 1186 年至 1262 年间的人口年增长率为 0.039%。台州的人口年增长率在南宋长江下游地区是最低的（见吴松弟，2008：206）。

52. 森正夫，1988：111-119。

53. 伍丹戈，1979：142。明王朝攻占长江下游后不久，松江的许多地方士绅就卷入了叛乱。叛乱失败后，他们财产被抄没，还被流放到边境的军事据点。这可能有助于解释为什么松江的官田比重在长江下游地区最高。

54. Ash，1976：521.

55. 同上。

56. 森正夫，1988：111-119。

57. 根据斯波义信的研究，北宋官田面积在 1078~1079 年达 6339300 宋亩，折合明代 61846 顷（斯波義信，1986：307）；伍丹戈（1979：136-137）指出明代官田的面积为 598456 顷，约为宋代官田的 10 倍。再将军屯考虑在内（1504 年军屯垦田 308191 顷），明代国有土地达到 906647 顷，是宋代官田的 14 倍多。

58. 伍丹戈，1979；韦庆远，1985：27-29；森正夫，1988：119。

59. 民田的土地税率为 0.03~0.005 石/亩，而被没收的土地（抄没田）的税率通常为 0.2~0.4 石/亩（森正夫，1988：151）。

60. 斯波義信，2001a：153，156。

61. 斯波義信，2001a：139。

62. Huang，1974；Wang，1973.

63. 有关对前工业化经济体的投资（资本形成）的一般说明，见 Cipolla，1993：80-91。

64. Gernet，1982：390-392；Brook，1998：18-19.

65. 有关松江地方项目的详细分析，参见附录 F；Liu，2005。

66. Bol，2003：16-17，表 1，表 3.

67. 王毓铨，1965：223-265；张金奎，2007：233-235。

68. 新宫学，1993：75-79。

69. 彭信威，1965：670。

317

第八章　1000～1600 年农业生产力的变化

1. Durand，1960：226，228-229.

2. 清代有记载的总人口从 1680 年的 17094637 人增长到 1753 年的 102750000 人，在不到一个世纪的时间里增长了 5 倍。然而对于大多数现代学者来说，这一增长率有些夸张，因为 1680 年的数据出于两个原因存在严重的少报漏报问题。首先，1680 年的人口上报是在战争期间进行的。1680 年和 1753 年的数字都没有涵盖全部人口。其次，也是最重要的一点，清朝地方政府沿袭了明朝的做法，将"人口"与税收挂钩，因此上报数据会偏离实际人口情况（Ho，1959）。

3. 有关宋代家庭平均规模的讨论，见第二章"宋代人口数据之争"一节。

4. 有关明初土地面积的估算，见 Perkins，1969：222-226。

5. 有关选择这一数据作为人均粮食产量稳定标准的讨论，见 Perkins，1969：14-15。

6. 根据珀金斯（Perkins，1969：289）的观点，20 世纪 10 年代粮食（水稻、小麦、粟、大麦等）的总价值占农业总产出的 75%。经济作物占 17%，其中棉花和大豆排第一位，共占 6.8% 左右。包括羊、马和猪在内的所有牲畜占 8.4%，但仅猪就占了 6.5%。因此，据估算，20 世纪 10 年代粮食生产在国民生产总值中所占的份额约为 60%。用这个数字来表示 11 世纪粮食产量的份额肯定是不恰当的。笔者建议采用 75% 这个数值，原因有二：其一，据估算，11 世纪中叶城市家庭的比例达到 15%，这大致说明了城市经济的规模；其二，非粮食产出尤其是桑树种植和纺织品，对农业发展也做出了重大贡献。

7. Perkins, 1969：35，302.

8. 同上书，第 56~58 页；天野元之助，［1962］1979。

9. 见附录表 B-1。

10. 李令福，2000：83-84。

11. 11 世纪 70~80 年代，宋朝廷进行了一次名为"方田均税法"的土地调查，调查数据显示，中国北方一半以上的耕地面积被隐瞒。因此，可以将 1080 年前后山东的土地面积翻一番，作为实际面积的近似值，进而最终得户均农田面积为 40 亩。考虑到可能存在的偏差，笔者采用 35~45 亩的数值。有关进一步的讨论，见附录 D。

12. 藤井宏，1943a；Perkins，1969。

13. Ho, 1959：170-71；Perkins, 1969：38-39.

14. Perkins, 1969：39.

15. 西嶋定生，1966：12-19。

318　16. 在中国古代数学文献中，重量和体积的起源都来自对粟的测量。粟、小麦和稻米之间的标准粮食转换率完全是以粟为基础的。有关唐代的转换率，见李淳风（602~670）的《孙子算经》。

17. 后来戴胄建议设立义仓。戴胄在奏折中将粟作为首要选择（《旧唐书》卷七〇《戴胄传》）。

18. 《通典》卷二六《职官八》。

19. 两个主要的国家粮仓按要求出借粟用于救灾：含嘉仓出借 12 万石，太仓出借 30 万石。详细内容见清木場東，1997：552-553。

20. 学者普遍认为，唐宋过渡时期小麦成为主要农业种植作物，见西嶋定生，1966：235－277；梁家勉，1989：336－368；董恺忱、范楚玉，2000：387；李根蟠，1997：238－240。

21. 珀金斯指出，"然而，在 20 世纪之前，小麦作为第二作物，其种植量的增加对亩产量的增加发挥了重要作用"（Perkins，1969：46－47）。

22. 梁家勉，1989：389－390。

23. 同上书，第 206～208 页。

24. 有关汉代集约型农业的极其珍贵的记录主要保存在《氾胜之书》中。这本书的作者氾胜之曾任都城附近的一名县官，在那里教授耕作技术（见梁家勉，1989：209－212）。

25. 根据巴里（Bary）的观点，"自汉代以来，犁很好地满足了所有这些效率条件"（SCCH, vol.6, part 2, 178－179）。大多数中国农学家倾向于认为，直到北魏时期，北方以犁为中心的耕作技术才得到充分发展。详细讨论内容见梁家勉，1989：265－270；闵宗殿，1992：140－142；董恺忱、范楚玉，2000：278－285。汉代农业发达这一观点也受到了挑战，见杨际平，2001a。

26. 例如，李根蟠（2005）认为唐宋时期大多数普通农户都拥有一头牛，这样牛犁的使用就可以在全国范围内推广开来。

27. 700 年至 1200 年间的产量增幅中，大约有一半增幅不能仅仅用新品种、新作物或不断更新的种植模式来解释。我们还必须进一步认识到，许多新的种植模式在当时不可能被采用，除非有机会得到许多其他因素的相互配合。

28. 竺可桢，［1964］1979：458-459，463。

29. 西嶋定生，1966：167-199。

30. Perkins, 1969：43.

31. 估算此类资本投入的增长率需要有关各种项目的规模及其建造日期的资料。珀金斯解释说，对许多其他项目来说，"我们能看到的是项目维修时的日期，但这些日期对确定资本形成净额方面没有多大用处"（Perkins, 1969：61）。

32. 珀金斯也注意到了缺乏历史记录造成的这种偏低现象："方志编纂人员所能获得的有关这些省份在明代以前的记录可能非常不完整，因此其中记载唐宋时期项目的数量之低可能具有误导性。"（Perkins, 1969：62-63）

33. 同上书，第 62 页。

34. 游修龄，1999a。

35. 根据游修龄的研究，《齐民要术》这部书的结构体现出"农耕的汉族和畜牧族交融的痕迹"，按叙述文字的内容和数量看，叙述马、羊的文字合占全部畜牧字数的 71% 以上，而且关于种植业的字数虽然在全书中远超畜牧业，但也仅限于对黄河流域经验的总结。游修龄特别指出，"《要术》中对于主要粮食作物如禾、黍、大麦、小麦、水稻等都没有提到施肥"，并且归因于当时地多人少且缺肥的背景，"在经营粗放、肥源不足时，强调了轮作、绿肥、以草代肥的办法"（1994：123-124；1999b：138-139）。

319 36. 董恺忱、范楚玉，2000：230。游修龄，［1983］1999：138。

37. 珀金斯已经估算出明初 1400 年的粮食产量为每亩 139 斤，与 11 世纪相比，这个数字看起来太高了（Perkins, 1969：

17）。

38. 参见第二章和第三章珀金斯对中国传统农业技术的定义和进一步讨论，以及第五章珀金斯对土地租佃的概括（Perkins，1969）。

39. 同上书，第 14~15 页。

40. 这一下限估值仍在合理范围内。例如，珀金斯在初步计算中指出，明代劳动者的人均年收入为 3.8 石（约合 500 斤）糙米，这个数字可以作为人均粮食消费水平（同上书，第 298 页）。

41. 同上书，第 178 页。

42. 有关 1393 年土地面积的官方报告内容，见表 8-8。8.5 亿亩的全国总面积数值太大，因此往往会被下调修正。

43. 藤井宏，1943a；另见梁方仲，1980：335-338。

44. 这里笔者采用了赵冈对 1393 年中国耕地面积的调整数，即 3.38 亿亩至 3.59 亿亩。原来的数字大约是 6.4 亿亩（Chao，1986：81）。珀金斯估计 1400 年明代的耕地面积为 4.254 亿明亩（Perkins，1969：229）。

45. 金朝的军屯是一种以女真部族为基础的组织，名为"猛安谋克"。除了他们自己的成员外，这些军屯大量使用奴隶。《金史·食货志》记载，猛安谋克需要缴纳牛具税，"其制每耒牛三头为一具"。同样也是《金史·食货志》记载，世宗大定二十三年（1183），女真猛安谋克 621379 户占有 171008792 亩土地，亦见梁方仲，1980：165。

46. 见《元史》卷一〇〇《兵志三》。另见梁方仲，1980：322-328；王颋，1983。

47. 曹树基，1997：472-473。

48. 山根幸夫，1995：4。

49.《明太宗实录》卷二二。

50. 明初宝钞的市场价值急剧下降。1400 年，朝廷规定 30 贯宝钞等于 1 石稻米，宝钞的价值几乎落到了 1376 年价值的 1/30。因此，300 贯宝钞的市场价值仅为 10 石稻米。

51. Deng, 1993：111.

52. 根据何炳棣的研究，地方官员记录的这一增长趋势可能与明代人口的实际情况非常接近。这些地区的农村居民不太有瞒报家庭成员的动机，因为他们移民到这里开垦荒地时被摊派的税收配额很少（Ho, 1959：263）。

53. 胡祗遹：《紫山大全集》卷一二。

54. 这一法令由朱元璋于 1388 年颁布（王毓铨，1965：203）。

55. 姜守鹏、林乾，1998：111；Atwell，2002：85-86。

56. 王毓铨，1965：130-132。

57. 同上书，第 39~48 页。另见附录 H 中的讨论。

58. 总产量的最高纪录是 1401 年报告的 23450799 石。王毓铨估计，军屯总面积为 6000 万~9000 万亩（王毓铨，1965：219，227）。

59. 军屯每年的粮食产量记录，见王毓铨，1965：219-223。

60. 曹树基，2000a：240-246。

61.1102 年，开封地区共有居民 261117 户，京西路有 549744 户，淮河以北的京西南路各州共有 204079 户。所有这些加起来，共有 1014940 户。假设户均人数为 5~6 人，那么总人口为 500 万~600 万。

附录：宋明时期经济数据史料的概述

1. 根据《宋史》的记载，景德四年（1007）权三司使事 320
丁谓上呈了这一报告。

2.《中书备对》共包括四部，每部两到三卷，全书共计
十卷，分一百二十五门。有关该书编修，见马玉臣前言。

3. Perkins，1969：192-193，218.

附录 A　中国人口数据

1. 梁方仲是第一个有力地证明了官方行政能够提供有效
历史经济数据的中国学者。他同时提出，从汉代到唐代，政府
均对户籍登记给予了高度关注；与此相反，政府对土地登记的
关注度不高（梁方仲，1980，前言）。

2. 梁方仲，1980，前言。

3. Ho，1959，3-23.

4. Rawski，1972：181.

5. Perkins，1969：195.

6. 同上书，第 192~193 页。

7. 同上书，第 196~201 页。

8. 程民生，2003：11-12。

9. 北宋时期人口数据的来源见吴松弟，2000：348-349，
354-355；程民生，2003：17-19。

10. 关于南宋人口数据的分布及质量的讨论，见吴松弟，
2000：138-154。

11. 这三个来源为：10 世纪 80 年代编撰的《太平寰宇

记》、1080 年编撰的《元丰九域志》，以及《宋史·地理志》中记载的 1102 年户数数据。

12. 吴松弟，2000：119-121。

13. 一个简要概述可见何忠礼，1999：338-345。

14. 吴松弟，2000：155-162。

15. 何忠礼，1999：363-364；方健，2010：231-277。

16. 吴松弟估算的 1124 年总人口数为 1 亿 2600 万（吴松弟，2000：352）。何忠礼认为 1109 年的人口数达到 1 亿 400 万至 1 亿 2500 万（何忠礼，1999：364）。

附录 B 物价和货币存量的长期变化

1. 关于宋代的价格数据，见汪圣铎，1987；宫澤知之，1998；龙登高，1993。明朝时期的价格数据见全汉昇，1967a，1967b，1967c，1967d；Atwell，1990，1998；Huang，1985。清代的价格数据，见 Von Glahn，1996；岸本美緒，1997。

2. 彭信威著作的部分章节描述了 11 世纪谷物价格的上涨趋势以及 14 世纪和 15 世纪极低的谷物价格。

3. 有关人口变化的核心论点是宋明过渡时期出现了总体的人口下降。人们普遍认为，由于战争和自然灾害，明朝初期出现了人口的大幅下降。

321　4. 关于货币短缺，见日野開三郎，1983：367-377，443-447；高聪明，2000：333-344。

5. 关于宝钞的流通，见第三章。

6. 全汉昇，1971。

7. 日野開三郎，1936，引自《日野開三郎东洋史学论集》卷 6，第 357~666 页。

8. 彭信威，1965：451。

9. 王安石变法期间的年铸币量由彭信威提供（同上书，第 401~402、416 页）。

10. 同上书，第 451 页。

11. 王裕巽，2001：3。

12. 刘开国等，2001：10。

13. 根据铃木公雄的报告，北宋铸钱占日本窖藏铜钱的 77%，南宋铸钱占 1.9%，而明代铸钱只占 8.7%（刘光临，2011a：77-78）。

14. 关于明代中国与日本足利幕府的官方交往，见木宫泰彦，1965：521-586。

15. 关于该估算比例，见刘光临，2011a。

16. 根据当时银的价格，笔者估算 1 两白银等于 0.7 贯钱币。

17. 笔者未将前代旧银计入明代的流通。可以肯定的是，明代经济继承了前朝的一些贵金属，但与宋钱的情况相反，金银这类贵金属由于体积小、价值高，极有可能在明朝建国之前近三个世纪的战乱中流向了境外或不知所终。为便于估算，笔者并未将银纳入宋代货币供给的估算，从而也就排除了考虑明朝继承前朝旧银的必要性。这会造成货币供给的低估，但相比之下，对宋朝的低估更甚于对明朝的低估。

附录 C 11 世纪水运网

1. 斯波義信，2001b。

附录 D 900~1600 年中国耕地面积

1. Perkins, 1969：218.

2. 根据珀金斯的计算，2 世纪中国户均农田规模约为 50 亩 （Perkins，1969：228）。

3. 《文献通考》卷三《田赋考三》。这里报告的总数实际上是按照分配标准计算的纸面结果，即以每户 160 唐亩乘以在籍户数 （汪籛，［1962a］2016，［1962b］2016。

4. Twitchett，1970：38-43.

5. Perkins，1969：229.

6. 同上书，第 225 页。

7. Chao，1986：80，87.

8. 1957 年全国耕地面积为 12.38 亿亩，约 14.57 亿宋亩。

9. Perkins，1969：222.

10. 同上书，第 224 页。

11. 有关争论的概述见高寿仙，2006：3-12。

12. 珀金斯明确指出，"清代耕地面积数据存在重大错误"（Perkins，1969：231）。

13. Ho，1959：116.

14. 何炳棣，1988：50。

15. 何炳棣，1988：38-47，58-59。

16. 何炳棣认为，1142~1149 年由李椿年领导的经界法是 12 世纪宋代中央政府在全国范围内进行的第一次也是唯一的土地调查的尝试。遗憾的是，没有总的耕地面积数据保留下来，只有在少数现存的方志中能找到某些州的部分耕地资料。初步研究这些地方资料，也能看到 12 世纪 40 年代记录下来的土地数据质量较高 （何炳棣，1988：24-25）。

附录 E 实际工资的长期变化

1. 以普通劳工工资作为人均实际收入标准这一做法被广泛应用于研究前工业经济和早期工业经济的生活水平。最著名的案例就是用于研究英国建筑业工资的布朗和霍普金斯系数。案例参见 Lindert, 1980; Lindert and Williamson, 1982; O'Rourke and Williamson, 1999; Allen, 1988; Allen, Bengtsson and Dribe, 2005。

2. 在格雷戈里·金 (Gregory King) 对 1688 年英格兰和威尔士人口和财富的估算中, 一个普通士兵每年赚 14 英镑, 仅高于乡村佃农和城市贫民。这些士兵在 17 世纪英国的地位和财富金字塔中处于最底层。这一论述也得到了马赛厄斯 (Mathias) 和科尔曼 (Colemam) 等其他政治算术学家的支持。在这两种论述中, 普通士兵的工资都与农业劳动者的收入相近。现代学者在构建工资指数和国民收入时采用了他们的估值, 只在必要时做了一些调整。参见 King, 1936; Coleman, 1977: 5–7; Mathias, 1979: 171–189; Lindert, 1980; Lindert and Williamson, 1982。

3. 汪圣铎比较了宋代军人和雇工的收入。11 世纪, 一名从事食盐加工的男性劳动者年收入约为 21 贯。一名福建雇工收入为 17~22 贯, 一名杭州灌溉劳工收入为 26 贯。相比之下, 一名宋代厢军士兵每年所得约为 20 贯。伊原弘将军饷作为南宋平民工资的主要参考。见汪圣铎, 1991: 446–449; Ihara, 2001。

4. 《宋史》指出: "国初因之, 或募土人, 就所在团立; 或取营伍子弟, 听从本军; 或募饥民, 以补本城; 或以有罪,

配隶给役。取之虽非一途，而伉健者迁禁卫，短弱者为厢军。"（《宋史》卷一九三《兵七》）

5. 王曾瑜，1983：207-215，35-42。

6. 同上书，第215~228页。

7. 曹树基，2000a：379-380。

8. 明初设南京、北京、凤阳三城为都城。除南京位于长江下游外，其余二城均地处欠发达的北方地区。关于明初政治权力高度集中背景下都城选择的讨论，见Farmer，1976：173-182。

9. 位于北京的明朝廷从正统年间开始向北方边境驻军转运白银，但数量极少，直到嘉靖年间，白银才成为边境军需的主要资金来源（寺田隆信，［1972］1986：21-27，45-59；梁森泰，1996）。

323　10. 寺田隆信，［1972］1986：120-132。

11. 王曾瑜，1983：154。

12. 彭泽益编写的《中国近代手工业史资料（1840—1949）》第一卷较早系统地收集了明末和清代官私手工业的生产状况、技术分工和工匠报酬。关于明清农业劳动生产率的变化，见陈振汉，1955；关于明代中后期棉花、棉布运销，吴承明特别强调了这在很大程度上是棉纺织业生产力落后所致（1983b：130）；黄鉴晖，2002；宋叙五，1997。这种下降是由物价上涨而名义工资不变造成的。宋叙五（1997）对实际工资的下降进行了全面研究。另见赵冈的研究（Chao，1986：218-219）。

13. Chao，1986：6-8.

14. 同上书，第219~220页；赵冈，1986：53。

15. 根据唐顺之海防建议得出的五点结论为16世纪60年

代的工资水平提供了强有力的证据。

　　16. 杨绳信，1984：51。

附录 F　国民收入的估算

　　1. Chang，1962：292.

　　2. 同上书，第 292~293 页。

　　3. 由于缺乏对社会群体间收入分配的可靠调查，他在需求研究中采用了士绅和平民的分法，但这种方法无法涵盖复杂社会结构的方方面面。关于 18~19 世纪家庭收入、职业和消费情况，现存有详细的档案记录，希望将来的研究能够推动这一领域的进步。

　　4. 同上书，第 326~327 页。

　　5. 同上书，第 329 页，表 41。士绅作为耕地拥有者需要向朝廷纳税，所以张仲礼将士绅地租收入调整为 1 亿 7250 万两白银，也就是从 2 亿 2000 万两地租收入中扣除了 4750 万两税赋；而另外两大类收入，即政府服务和专业技能服务的收入（3 亿 1162.5 万两）与贸易和金融（1 亿 1360 万两），均保持不变。

　　6. 宋代士兵的家庭规模小于普通家庭。宋朝的军队按计划每隔几年更换一次驻防任务，新的驻军地点可能距离原驻地百余里。驻防期间，士兵不得携带妻儿，因此与家人长期分离，这影响了家庭中孩子的出生率。文献中也有记载，由于士兵家庭规模小，家中常有余粮（粮食作为工资发予士兵），开封城内多有居民向士兵购买粮食。据久保田和男估计，士兵的平均家庭规模为三人，即士兵、妻子和一个孩子（久保田和男，2000：12）。

7. O'Brien, 1988：3.

8. Brewer, 1988：40.

9. 《续古今考》卷一八。

10. 林德特和威廉森（Williamson）制作的 1688 年英国社会表显示，社会结构中贫困社会阶层比例极高。士兵、劳工、农业劳动者（包括自由持地佃农和自耕农）、佃农、贫民和无业者共占总人口的 67.9%，但其收入只占国民收入的 37.9%（见 Lindert and Williamson, 1982）。

11. 这一城市化率与赵冈的估算值（19.2%）接近。见 Chao, 1986：56。

12. 据梁庚尧估计，13 世纪宋朝各地城市化率在 3% 至 14% 不等（梁庚尧，2006：5－7）；其他学者则认为在 12%（吴松弟，2000：619）或 15%（龙登高，2003：49）。赵冈估计，11 世纪宋朝的城市化率为 20.1%，13 世纪为 22.4%（Chao，1986：56）。

13. 该材料出自《四友斋丛说》。另见 Li，1998：139－140。

14. 根据彭信威指数，16 世纪大米的价格稳定在 0.58～0.63 两白银。吴承明认为，普通年份的价格为 0.49～0.57 两，将饥荒年份纳入考虑之后的平均价格为 0.96～1.09 两（吴承明，[1995] 2002）。

324

15. 《复初集》。

16. 笔者在《明清徽商资料选编》中找到了一些相关案例（括号中的数字为页码）：汪延寿（58）5 两；李魁（60）10 两；潘氏（64～65）10 两；程神保（69）30 两；诚斋（86）10 余两。

17. 王跃生，2000：177－178。

附录 G　国内市场主要商品

1. 斯波义信就宋代国内市场的主要商品进行了全面的、描述性的、非定量的研究（1968：132-305）。

2. 关于宋代城乡社会的各种消费模式，见斯波義信，1968：467-495。

3. 同上书，第258~261页。

4. Hartwell，1962，1966. 有关这方面的研究，见王菱菱，2005。

5. 孙洪升，2001：70。笔者计算了总值和百分比。

6. 在茶叶专卖方面，四川与其他地区有所区分。1074年以前，只有四川施行茶叶的自由贸易。后为支撑西北地区的战事，朝廷开拓了一个庞大的茶马贸易市场，并对其进行严格控制。四川为茶马贸易中茶叶的主要供应地，因此大部分川茶就被官方榷茶机构强制收购。

7. 刘春燕，2000。

8. 孙洪升，2001：139-150，表2-3。

9. 川茶当时不在专卖之列，所以这里不应该包含。

10. 孙洪升，2001：53。

11. 刘春燕，2000。

12. 同上文，第54页。

13. 1084年，一位掌管福建茶叶专卖的高官向朝廷进言道，朝廷应垄断收购福建所产茶叶。据其估计，福建茶叶产量达300万宋斤，朝廷仅采购了39万宋斤（同上）。

14. 对于宋茶产量的其他估算值在8400万斤到15000万斤之间（方健，1993：79；孙洪升，2001：81）。

15. 川茶产量的变化显示 13 世纪末至 18 世纪间茶叶产量呈下降趋势，但南方地区的茶叶生产总量不可考。

16. 关于唐代丝绸消费情况，见卢华语，1995：154-175。宋代丝绸价格便宜，普通百姓也消费得起，如士兵也可穿绸。

17. 丝绸业是宋代最重要的手工业之一，见赵雅书，1972，1976；松井秀一，1976，1990，1991，1992；漆侠，1987：632-662。

18. 邹逸麟，2005：460-467。

19. 在早期的研究中，西嶋定生关于 16 世纪松江乡村棉纺织工业的研究最为重要，很有助于我们建立理论框架（见西嶋定生，［1944］2002）。

20. 丛瀚香的研究显示，明代北方各省（特别是山西、河南）、湖广、江西和西南地区的棉布生产由于棉纺织业不发达而鲜有记录（丛瀚香，1981：65-69）。

21. 关于宋代丝绸业的专业化和技术介绍，见朱新予，1992：207-233。

325　22. 漆侠，1987：644。漆侠的研究还显示，1086 年宋代政府绸绢收入达 2445 万匹，约为笔者后续估值的 3 倍。然而，他未曾交代数据来源（同上书，第 627 页）。

23. 傅宗文，1989：261，264-265。

24. 根据农书所述，这里设定的是一个位于长江下游丝绸业的中心——湖州、拥有十口人的大家庭。

25. 1085 年纺织品收入约 163 万贯，占两税的 8%，见包伟民，2001：318。

26. 朱元璋数次为边疆士兵发放 100 万~200 万匹的棉布。但这大批棉布的来源目前尚不清楚。西嶋定生（［1948］

2002）认为这些棉布主要是粮食歉收期间土地税的折收物。

27. 西嶋定生（［1944］2002：268，277-278）首次指出了松江棉纺织手工业的发展对小农经济商业化的意义。

28. 包伟民，2001：318。

29. 日野开三郎，1952b：467-468。

30. 赵雅书，1972：83-84。

31. 日野开三郎，1952b。另见附录 E。日野开三郎提到的例子包括：952 年朝廷多次总共在青州购买 3500 匹棉布；9 世纪中叶，京东东路 20 个州进献规模在百万匹到千万匹；953 年京西路嵩州售出 10 余万匹。以南方为例，1042 年朝廷从浙江越州购买了 3 万匹。1028 年仅杭州就售出了 2 万~3 万匹。

32. 要充分证明这一观点，还需大量证据。许涤新和吴承明也看到了宋明时期丝织品和稻米相对价格的类似的长期变化趋势（1985：130）。然而，他们得出的结论正相反，认为明代平均相对价格甚至低于宋代的。他们的分析有两大缺陷。第一，宋明两代平均价格的计算分别涵盖了三个世纪，因此会忽略以十年为基础的相对短期的变化。第二也是最重要的一点，许、吴二人选择的嘉靖年间稻米价格为每明石 0.85 两白银，这个价格过高，无法代表 16 世纪中期江南地区平均的粮食价格。

33. 许涤新、吴承明，1985：98。

34. 松井秀一，1990：2。

35. 《续资治通鉴长编》卷一三五。

36. 日野开三郎，1952b：465。

37. 关于中国宋代苎布的研究，见周藤吉之，1962a：321-362。

38. 从福建沿海地区购进麻布，每匹 300 文以上（同上书，第 341 页）。

39. 同上书，第 349 页。

40. 这一政策在当地备受欢迎，但后来居民发现地方政府往往以低于市场的价格购买麻布。变法的著名反对者吕陶指责称，其同僚自 1078 年来只以市价 2/3 的价格购买布匹（同上书，第 346~347 页）。

41. 另一个案例是广西陈尧叟的麻布收购。陈尧叟在广西为官期间，为促进苎麻织物生产，以较高价格收购布匹（同上书，第 350~351 页）。

42. 吴承明，2001：131，134。

326　43. 关于宋代中国粮食贸易的研究，见全汉昇，1936；Perkins，1969：142-184；漆侠，1987：982-983。关于明末粮食贸易，见吴承明（1983a）和寺田隆信（［1972］1986：120-179）对北方边境粮食市场的描述。

44. Shiba，1970：50.

45. 同上书，第 51~52 页。

46. 同上书，第 61~62 页。

47. 由于斯波义信关注的是 12 世纪以后的粮食贸易，所以没有注意到地区间粮食贸易的起始时间。

48. 11 世纪中叶因土地税缴纳的粮食约为 1800 万宋石，加上来自国有土地等其他来源的粮食收入，总量达到 2690 万宋石。每年仅发放给士兵的总量就达 2300 万宋石（斯波義信，1974：128）。

49. 青山定雄，1963：352-353；全汉昇，1944b：105。

50. 斯波義信，1974：128。

51. 同上书，第 130 页。

52. 同上书，第 130~131 页；李晓，2004：81~86。

53. 日野开三郎，1935c，引自『日野開三郎東洋史学論集』，380。

54. 同上书，第 134 页。

55. 赵冈称，"1 世纪到 11 世纪之间，人均粮食产量有明显上升趋势"，但他也将 1109 年的宋代人口高估为 1.21 亿。这种高估降低了其计算的人均粮食产量（chao，1986：89，216）。

56. 李晓，2004：92。

57. 战争时期，陕西粮食收购量超过 300 万宋石。

58. 吴承明（1983b）在估算时认为，16 世纪 30 年代粮食输入地区只有长江下游、徽州和福建。他没有考虑到 1580 年后市场的快速发展，还排除了 16 世纪末输往北部边境的粮食数量不断增加这一情况。所谓"九边"的驻军由 1531 年的 37 万人增加到 1582 年的 65 万人；与此同时，士兵薪水从粮食发放变为货币发放。军队每年粮食和饲料消费量达 100 万~300 万石（赖建诚，2008：275-276，279）。16 世纪末边境军事防御方面的需求很可能达到 100 万石。

59. 士兵家庭平均规模假定为 3 人。

60. 珀金斯指出，粮食流通问题影响了中国城市的规模和位置，而这些城市又反过来影响了国内长途贸易的规模和方向（Perkins，1969：139）。

61. Perkins，1969：114.

62. 同上书，第 115 页。

63. 吴承明没有对宋明两代的贸易进行对比，因为他遵循的是唯物进化史观，将宋代商业主体活动形式，如墟集贸易、城市市场以及区域市场，视为"封建商业"，见许涤新、吴承明，1985：6-7。尽管存在术语上的差异，但他的估算与笔者的观察相似。

附录 H　军屯、强制移民和粗放型农业

1. 如徐泓，1982；于志嘉，2010。

2. 顾诚，1989a；曹树基，1997：267。

327　　3.《明会典》中可以找到地方军事部门上报的农田数量。据王毓铨介绍，这些上报数据在弘治年间有所记载。各数据相加即得总量（见王毓铨，1965：107-108，113）。

4. 王毓铨，1965：113。

参考文献

主要史料

安徽省博物馆编，1988，《明清徽州社会经济资料丛编 第1集》，北京：中国社会科学出版社。

北京图书馆古籍出版编辑组，2000，《北京图书馆古籍珍本丛刊》，北京：北京图书馆出版社。

毕仲衍，2007，《〈中书备对〉辑佚校注》，马玉臣辑，开封：河南大学出版社。

曹家驹，《说梦》，收录于《四库未收书辑刊》。

陈梦雷编，《古今图书集成》。

陈舜俞，《都官集》，收录于《文渊阁四库全书》。

程昌，1993，《窦山公家议校注》，周绍泉、赵亚光柱注，合肥：黄山书社。

程毅中，2000，《宋元小说家话本集》，济南：齐鲁书社。

《〔崇祯〕松江府志》，1991，北京：北京图书馆出版社。

《丛书集成初编》，1985，北京：中华书局。

《道光昆新两县志》。

董煟，《救荒活民书》，收录于《丛书集成初编》。

杜佑，《通典》。

何良俊，1959，《四友斋丛说》，北京：中华书局。

洪焕椿，1988，《明清苏州农村经济资料》，南京：江苏古籍出版社。

胡祗遹，《紫山大全集》，收录于《文渊阁四库全书》。

《皇明条法事类纂》。

黄彰健，1979，《明代律例汇编》，台北："中研院"历史语言研究所。

《嘉定赤城志》，收录于《宋元地方志丛书》。

贾思勰，1982，《齐民要术校释》，缪启愉校释，北京：农业出版社。

《金泽小志》，收录于《中国地方志集成·乡镇志专辑》。

《景定严州续志》，收录于《宋元地方志丛书》。

《康熙崇明县志》。

李淳风，《孙子算经》。

李焘，《续资治通鉴长编》。

李国祥，1993，《明实录类纂·福建台湾卷》，武汉：武汉出版社。

李国祥，1995，《明实录类纂·浙江上海卷》，武汉：武汉出版社。

李国祥、杨昶，1993，《明实录类纂·经济史料卷》，武汉：武汉出版社。

李国祥、杨昶，1994，《明实录类纂·安徽史料卷》，武汉：武汉出版社。

李国祥、杨昶，1995，《明实录类纂·浙江上海卷》，武汉：武汉出版社。

李衡，《乐庵语录》，收录于《文渊阁四库全书》。

梁克家，《淳熙三山志》。

刘昫等,《旧唐书》。

陆深,《俨山外集》。

吕陶,《净德集》,收录于《文渊阁四库全书》。

马欢,《瀛涯胜览》。

《明会典》。

《明实录·太祖实录》。

《钦定大清会典则例》。

秦九韶,1992,《数书九章新释》,王守义释义,合肥:安徽科学技术出版社。

《日本藏中国罕见地方志丛刊》,北京:北京图书馆出版社。

阮元,《两浙金石志》。

商鞅,2006,《商君书》,高亨今译,北京:商务印书馆。

邵亨贞,《野处集》,收录于《文渊阁四库全书》。

《四库全书存目丛书》。

《四库未收书辑刊》,1997,北京:北京出版社,影印本。

《宋会要辑稿》,1957,北京:中华书局,影印本。

《宋元方志丛刊》,1990,北京:中华书局,影印本。

孙佩,《浒墅关志》。

陶宗仪,1959,《南村辍耕录》,上海:中华书局。

脱脱等,《宋史》,北京:中华书局。

《(万历)福州府志》,收录于《明代孤本方志专辑》。

《(万历)续修严州府志》,收录于《日本藏中国罕见地方志丛刊》。

《(万历)严州府志》,收录于《日本藏中国罕见地方志丛刊》。

王国光、李幼滋等编,《万历会计录》。

王鹤鸣主编，2000，《上海图书馆馆藏家谱提要》，上海：上海古籍出版社。

王圻，《续文献通考》。

王水照主编，2016，《王安石全集》，上海：上海古籍出版社。

卫泾，《后乐集》，收录于《文渊阁四库全书》。

《文渊阁四库全书》。

吴履震，《五茸志逸随笔》，收录于《四库未收书辑刊》。

肖鲁编，2003，《宋赵清献公年谱》，曹清华校点，收录于《宋人年谱丛刊》，1293-1330，成都：四川大学出版社。

谢国桢，1980，《明代社会经济史料选编》（上、中、下），福州：福建人民出版社。

谢应芳，《龟巢稿》，收录于《文渊阁四库全书》。

徐光启，1979，《农政全书》，上海：上海古籍出版社。

《续修枫泾小志》，收录于《正德松江府志》。

《严州图经》，收录于《宋元方志丛刊》。

杨维桢，1995，《杨维桢集》，海口：海南国际新闻出版中心。

杨正泰，1994，《明代驿站考——附：一统路程图记、士商类要》，上海：上海古籍出版社。

《云间志》，收录于《宋元方志丛刊》。

张海鹏、王廷元，1985，《明清徽商资料汇编》，合肥：黄山书社。

张廷玉，《明史》。

张之翰，《西严集》，收录于文渊阁《四库全书》。

赵其昌，1995，《明实录北京史料》，北京：北京古籍出版社。

赵世延、揭傒斯，2002，《大元海运记》，上海：上海古籍出版社。

《〔正德〕松江府志》，天一阁藏本。

《正德金山卫志》。

郑元佑，《侨吴集》，收录于文渊阁《四库全书》。

《至元嘉禾志》，收录于《宋元地方志丛刊》。

"中国水运史丛书"，1986-2000，人民交通出版社、对外贸易教育出版社。

《中国地方志集成·江苏府县志辑》，1991，南京：江苏古籍出版社。

《中国地方志集成·上海府县志辑》，1991，上海：上海书店出版社。

《中国地方志集成·乡镇志专辑》，1992，上海：上海书店出版社。

中国科学院北京天文台，1985，《中国地方志联合目录》，北京：中华书局。

中国社会科学院历史研究所，1990，《明清徽州社会经济资料丛编》（第二辑），北京：中国社会科学院。

《重修枫泾小志》，收录于《中国地方志集成-乡镇志专辑》。

朱元璋，《申明佛教榜册》。

其他参考文献

中文

安作璋，2001，《中国运河文化史·第一卷》，济南：山东教育出版社。

白寿彝，［1957］1994，《明代矿业的发展》，载《白寿彝史学论集》，北京：北京师范大学出版社。

包伟民，1986［2009］，《宋代民匠差雇制度述略》，收录于《传统国家与社会：960~1279 年》，北京：商务印书馆。

包伟民，2001，《宋代地方财政史研究》，上海：上海古籍出版社。

鲍彦邦，1992，《明代漕粮折征的形式及原因》，《明史研究》2（14）：73-82。

鲍彦邦，1995，《明代漕运研究》，广州：暨南大学出版社。

曹树基，1997，《中国移民史（第五卷）：明时期》，福州：福建人民出版社。

曹树基，2000a，《中国人口史（第四卷）：明时期》，上海：复旦大学出版社。

曹树基，2000b，《中国人口史（第五卷）：清时期》，上海：复旦大学出版社。

曹树基、李玉尚，2006，《鼠疫：战争与和平：中国的环境与社会变迁（1230~1960 年）》，济南：山东画报出版社。

曹松叶，1929-1930，《宋元明书院概况》，《国立中山大学语言历史学研究所周刊》10（111）：4425－4453；10（112）：4479－4497；10（113）：4505－4531；10（114）：4541-4562；10（115）：4576-4589。

曹星原，2011，《同舟共济：清明上河图与北宋社会的冲突与妥协》，台北：石头出版社。

曹永和，1984，《试论明太祖的海洋交通政策》，《中国海洋发展史论文集》1（1）：41-70。

曹永和，1988，《明洪武朝中的中琉关系》，《中国海洋发展史论文集》5（3）：83-312。

陈朝勇，2003，《乾隆朝"物料价值则例"中的物价与工价》，第三届中国古籍与科技文献国际研讨会会议论文，德国。

陈锋，2006，《明清以来长江流域社会发展史论》，武汉：武汉大学出版社。

陈高华，1991，《元史研究论稿》，北京：中华书局。

陈高华，1997，《元代商税初探》，《中国社会科学院研究生院学报》97（1）：8-16。

陈高华，2005，《元史研究新论》，上海：上海社会科学院出版社。

陈高华、史卫民，2007，《中国经济通史：元代经济卷》，北京：中国社会科学院出版社。

陈高华、吴泰，1981，《宋元时期的海外贸易》，天津：天津人民出版社。

陈国栋，1991，《清代中叶厦门的海上贸易（1727～1833）》，《中国海洋发展史论文集》第四辑：61-100。

陈国栋，1997，《1780～1800，中西贸易的关键性年代》，《中国海洋发展史论文集》第六辑：249-280。

陈国灿、奚建华，2000，《浙江古代城镇史研究》，合肥：安徽大学出版社。

陈恒力，1958，《补农书研究》，北京：中华书局。

陈铿，1986，《明清福建农村市场试探》，《中国社会经济史研究》5（4）：52-60。

陈乐素，1947，《主客户对称与北宋户部的户口统计》，收录于《浙江学报》1（2）；重印于《求是集》，68-99。

陈乐素，1984，《求是集》（第二集），广州：广东人民出版社。

陈桥驿，2008，《中国运河开发史》，北京：中华书局。

陈诗启，1958，《明代官手工业的研究》，武汉：湖北人民出版社。

陈文华，1991，《中国古代农业科技史图谱》，北京：中国农业出版社。

陈学文，1993，《明清时期杭嘉湖市镇史研究》，北京：群言出版社。

陈学文，1997，《明清时期商业书及商人书之研究》，台北：洪叶文化事业有限公司。

陈学文，2000，《明清时期太湖流域的商品经济与市场网络》，杭州：浙江人民出版社。

陈勇，2006，《唐代长江下游经济发展研究》，上海：上海人民出版社。

陈振汉，1955，《明末清初（1620~1720年）中国的农业劳动生产率、地租和土地集中》，《经济研究》1955年第3期：124-139。

陈智超，1987，《北宋商税额补缺》，《中国史研究》36（4）：114。

陈智超、乔幼梅，1996，《中国封建社会经济史》第三卷，济南：齐鲁书社。

陈支平，2004，《民间文书与明清赋役史研究》，合肥：黄山书社。

陈支平、林枫，1999，《明代万历前期的商业税制与税额》，《明清论丛》1（12）：396-413。

程民生，1987，《宋代北方经济及其地位新探》，《中国经济史研究》7（3）：17-24。

程民生，1992，《宋代地域经济》，开封：河南大学出版社。

程民生，2003，《宋代户数探研》，《河南大学学报（社会科学版）》43（6）：11-19。

程念祺，2005，《中国古代经济史中的牛耕》，《史林》88（6）：1-15。

郑培凯，2005，《12 至 15 世纪中国外销瓷与海外贸易国际研讨会论文集》，香港：中华书局。

全汉昇，1936，《南宋杭州的消费与外地商品之输入》，《中研院历史语言研究所集刊》9（7）：91-119。

全汉昇，1939，《北宋汴梁的输出入贸易》，《中研院历史语言研究所集刊》12（8）：189-301。

全汉昇，1942a，《中古自然经济》，《中研院历史语言研究所集刊》10：75-176。

全汉昇，1942b，《南宋稻米的生产与运销》，《中研院历史语言研究所集刊》10：403-431。

全汉昇，1944a，《唐宋物价的变动》，《中研院历史语言研究所集刊》17（11）；重印于《中国经济史论丛》。

全汉昇，1944b，《唐宋帝国与运河》，重庆：商务印书馆出版社；重印于《中国经济史研究》（第一辑）。

全汉昇，1948a，《宋末的通货膨胀及其对于物价的影响》，《"中研院"历史语言研究所集刊》21（10）；重印于

《中国经济史论丛》。

全汉昇，1948b，《唐宋政府岁入与货币经济的关系》，《"中研院"历史语言研究所集刊》21（10）；重印于《中国经济史研究》（第一辑）。

全汉昇，1957，《美洲白银与十八世纪中国物价革命的关系》，《"中研院"历史语言研究所集刊》28：517-550。

全汉昇，1967a，《宋明间白银购买力的变动及其原因》，《新亚学报》8（1）；重印于《中国经济史研究》（第二辑）。

全汉昇，1967b，《明代的银课与银产额》，《新亚书院学术年刊》第9期；重印于《中国经济史研究》（第二辑）。

全汉昇，1967c，《明清间美洲白银的输入中国》，《中国文化研究所学报》1：27-49；重印于《中国经济史论丛》。

全汉昇，1967d，《明代北边米粮价格的变动》，《新亚学报》9（2）：49-96；重印于《中国经济史研究》。

全汉昇，1971，《自宋至明政府岁入钱银比例的变动》，收录于《"中研院"历史语言研究所集刊》42（3）：391-403；重印于《中国经济史论丛》。

全汉昇，［1972］1996，《中国经济史论丛》，台北：道禾出版社。

全汉昇，1974，《明清时代云南的银课与银产额》，《新亚学报》20（11）：61-88。

全汉昇，1976，《中国经济史研究》，香港：新亚研究所。

全汉昇，1984，《明中叶后中日间的丝银贸易》，《"中研院"历史语言研究所集刊》55（4）：635-649。

全汉昇，1993，《略论新航路发现后的中国海外贸易》，《中国海洋发展史论文集》10（5）：1-16。

全汉昇、李龙华，1972，《明中叶后太仓岁入银两的研究》，《中国文化研究所学报》5（1）：169-244。

丛瀚香，1981，《试论明代棉和棉纺织业的发展》，《中国社会经济史研究》9（1）：61-78。

戴建国，2007，《宋代籍帐制度探析——以户口统计为中心》，《"中研院"历史语言研究所集刊》3：33-73。

邓广铭，1980，《北宋的募兵制度及其与当时积弱积贫和农业生产的关系》，《中国社会经济史研究》2（4）：61-77。

邓广铭、郦家驹，1984，《宋史研究论文集：1982年年会编刊》，郑州：河南人民出版社。

邓广铭、漆侠，1988，《两宋政治经济问题》，上海：知识出版社。

邓亦兵，1996，《清代前期沿海运输业的兴盛》，《中国社会经济史研究》15（3）：40-52。

邓亦兵，2008，《清代前期关税制度研究》，北京：北京燕山出版社。

邓亦兵，2009，《清代前期商品流通研究》，天津：天津古籍出版社。

董恺忱，2007，《东亚与西欧农法比较研究》，北京：中国农业出版社。

董恺忱、范楚玉，2000，《中国科学技术史：农学卷》，北京：科学出版社。

冻国栋，2002，《中国人口史（第二卷）：隋唐时期》，上海：复旦大学出版社。

杜文玉，1998，《唐宋经济实力比较研究》，《中国经济史研究》52（4）：37-52。

杜家骥，1999，《清中期以前的铸钱量问题》，《史学集刊》44（1）：27-31。

杜正胜，1990，《编户齐民：传统政治社会结构之形成》，台北：联经出版公司。

樊铧，2009，《政治决策与明代海运》，北京：社会科学文献出版社。

范毅军，1998，《明清江南市场聚落史研究的回顾与展望》，《新史学》9（3）：87-134。

范金民、金文，1993，《江南丝绸史研究》，北京：中国农业出版社。

范金民、夏维中，1993，《苏州地区社会经济史（明清卷）》，南京：南京大学出版社。

樊树志，1988，《中国封建土地关系发展史》，北京：人民出版社。

樊树志，1990，《明清江南市镇探微》，上海：复旦大学出版社。

范中义，1998，《论明朝军制的演变》，《中国史研究》78（2）：129-139。

方健，1993，《唐宋茶产地和产量考》，《中国经济史研究》30（20）：71-85。

方健，2006，《关于宋代江南农业生产力发展水平的若干问题研究》，收录于范金民编《江南社会经济研究》，北京：中国农业出版社。

方健，2010，《南宋农业史》，北京：人民出版社。

方行，1996a，《清代农民经济扩大再生产的形式》，《中国经济史研究》41（1）：34-48。

方行，1996b，《清代江南农民的消费》，《中国经济史研究》43（3）：93-100。

方行，2004，《中国封建经济论稿》，北京：商务印书馆。

冯先铭、安志敏等，1982，《中国陶瓷史》，北京：文物出版社。

福州港史志编辑委员会，1996，《福州港史》（中国水运史丛书），北京：人民交通出版社。

傅崇兰，1985，《中国运河城市发展史》，四川：四川人民出版社。

傅衣凌，1956，《明清时代商人及商业资本》，北京：人民出版社。

傅衣凌，1957，《明代江南市民经济试探》，上海：上海人民出版社。

傅衣凌，1989，《明清社会经济变迁论》，北京：人民出版社。

傅宗文，1989，《宋代草市镇研究》，福州：福建人民出版社。

高聪明，2000，《宋代货币与货币流通研究》，保定：河北大学出版社。

高寿仙，2006，《明代农业经济与农村社会》，合肥：黄山书社。

葛剑雄，1986，《西汉人口地理》，北京：人民出版社。

葛剑雄，2002，《中国人口史（第一卷）：导论、先秦至南北朝时期》，上海：复旦大学出版社。

葛剑雄、曹树基、吴松弟，1993，《简明中国移民史》，福州：福建人民出版社。

葛金芳、顾蓉，2000，《宋代江南地区的粮食亩产及其估算方法辨析》，《湖北大学学报》3（5）：78-83。

顾诚，1988，《卫所制度在清代的变革》，《北京师范大学学报》33（2）：15-22。

顾诚，1989a，《明帝国的疆土管理体制》，《历史研究》36（3）：135-150。

顾诚，1989b，《谈明代的卫籍》，《北京师范大学学报》95（5）：56-65。

顾诚，1999，《沈万三及其家族事迹考》，《历史研究》46（1）：66-85。

郭道扬，1982，《中国会计史稿（上册）》，北京：中国财政经济出版社。

郭道扬，1988，《中国会计史稿（下册）》，北京：中国财政经济出版社。

郭松义，1994，《清前期南方稻作地区的粮食生产》，《中国经济史研究》33（1）：1-30。

郭松义，2001，《明清时期的粮食生产与农民生活水平》，《中国社会科学院历史研究所学刊》1（10）：373-396。

郭正忠，1982，《南宋海外贸易收入极其在财政税赋中的比率》，《中华文史论丛》21（1）：255-269。

郭正忠，1990a，《宋代盐业经济史》，北京：人民出版社。

郭正忠，1990b，《宋盐管窥》，太原：山西经济出版社。

郭正忠，1997a，《两宋城乡商品货币经济考略》，北京：经济管理出版社。

郭正忠，1997b，《中国盐业史》，北京：人民出版社。

韩大成，1991，《明代城市史》，北京：中国人民大学出版社。

韩茂莉，1993，《宋代农业地理》，太原：山西古籍出版社。

韩茂莉，1999，《辽金农业地理》，北京：社会科学文献出版社。

韩儒林，1986，《元朝史》，北京：人民出版社。

何平立，2005，《郑和下西洋与明代香料贸易》，收录于郑和下西洋600周年纪念活动筹备领导小组编《郑和下西洋研究文选》，北京：海洋出版社。

何伟帜，2002，《明初的宦官政治》（第二版），香港：文星图书有限公司。

何忠礼，1999，《宋代户部人口统计考察》，《历史研究》46（4）：83-98；重印于《科举与宋代社会》，338-364。

何忠礼，2006，《科举与宋代社会》，北京：商务印书馆。

何兹全，1991，《中国古代社会》，郑州：河南人民出版社。

何炳棣，1988，《中国古今土地数字的考释和评价》，北京：中国社会科学出版社。

侯家驹，1983，《先秦儒家自由经济思想》，台北：联经出版。

侯家驹，1986，《先秦法家统制经济思想》，台北：联经出版。

侯家驹，2008，《中国经济史》，北京：新星出版社。

华山，1982a，《宋史论集》，济南：齐鲁书社。

华山，1982b，《关于宋代农业生产的若干问题》，收录于

《宋史论集》，1-29。

黄纯艳，2003，《宋代海外贸易》，北京：社会科学文献出版社。

黄鉴晖，2002，《山西票号史》，太原：山西经济出版社。

黄丽生，1986，《淮河流域的水利事业》，台北：台湾师范大学历史研究所。

黄冕堂，1985a，《明史管见》，济南：齐鲁书社出版社。

黄冕堂，1985b，《明代物价考略》，收录于《明史管见》，346-372。

黄冕堂，1992，《清代农村长工工价纵横探》，《中国经济史研究》27（3）：71-78。

黄敏枝，1989，《宋代佛教社会经济史论集》，台北：台湾学生书局。

黄启臣，1989，《十四～十七世纪中国钢铁生产史》，郑州：中州古籍出版社。

黄仁宇，2005，《明代的漕运》，北京：新星出版社。

黄盛璋，1957，《川陕交通的历史发展》，《地理学报》第11期；重印于《历史地理论集》。

黄盛璋，1958，《历史上的渭河水运》，《西北大学学报》第1期；重印于《历史地理论集》。

黄盛璋，1982，《历史地理论集》，北京：人民出版社。

贾大泉、陈一石，1989，《四川茶叶史》，成都：巴蜀书社。

翦伯赞，1979，《中国史纲要》，北京：人民出版社。

建设管理局移民局，1998，《黄河小浪底水库文物考古报告集》，郑州：黄河水利出版社。

姜守鹏，1996，《明清北方市场研究》，长春：东北师范大学出版社。

姜守鹏、林乾，1998，《明永宣盛世》，郑州：河南人民出版社。

姜锡东，1993，《宋代商业信用研究》，石家庄：河北教育出版社。

姜锡东，2002，《宋代商人和商业资本》，北京：中华书局。

衣川强，1977，《宋代文官俸给制度》，台北：台湾商务印书馆。

赖惠敏，1983，《明代南直隶赋役制度的研究》，台北：台湾大学出版中心。

赖建诚，2008，《边镇粮饷：明代中后期的边防经费与国家财政危机》，台北：联经出版。

李伯重，1990，《唐代江南农业的发展》，北京：农业出版社。

李伯重，1997，《宋末至明初江南人口与耕地的变化：十三、十四世纪江南农业变化探讨之一》，《中国农史》16（3）：18-32。

李伯重，1998a，《宋末至明初江南农业技术的变化：十三、十四世纪江南农业变化探讨之二》，《中国农史》17（1）：16-24。

李伯重，1998b，《宋末至明初江南农民经营方式的变化：十三、十四世纪江南农业变化探讨之三》，《中国农史》17（2）：30-38。

李伯重，1998c，《宋末至明初江南农业变化的特点和历史地位：十三世纪、十四世纪江南农业变化探讨之四》，《中国农史》17（3）：39-46。

李伯重，1999，《中国全国市场的形成（1500~1840）》，《清华大学学报》14（4）：48-54。

李伯重，2000a，《江南的早期工业化（1550~1850）》，北京：社会科学文献出版社。

李伯重，2000b，《"选精"、"集萃"与"宋代江南农业革命"》，《中国社会科学》127（1）：177-192。

李伯重，2001，《历史上的经济革命与经济史的研究方法》，《中国社会科学》138（6）：171-208。

李伯重，2002，《发展与制约：明清江南生产力研究》，台北：联经出版。

李伯重，2007，《江南农业的发展（1620~1850）》，上海：上海古籍出版社。

李幹，1985，《元代社会经济史稿》，武汉：湖北人民出版社。

李根蟠，1997，《中国农业史》，台北：文津出版社。

李根蟠，2002，《长江下游稻麦复种制的形成和发展》，《历史研究》49（5）：3-28。

李根蟠，2003，《论明清时期农业经济的发展与制约》，《河北学刊》23（2）：155-161。

李根蟠，2005，《中国精耕细作的两种类型和牛耕使用的变化》，《史苑》8（1）：20-27。

李华瑞，1995，《宋代酒的生产和征榷》，保定：河北大学出版社。

李金明，1990，《明代海外贸易史》，北京：中国社会科学出版社。

李锦绣，1995，《唐代财政史稿（上卷）》，北京：北京大学出版社。

李锦绣，2001，《唐代财政史稿（下卷）》，北京：北京大学出版社。

李令福，2000，《明清山东农业地理》，台北：五南图书出版公司。

李龙潜，1994，《明代钞关制度述评》，《明史研究》4：25-43。

李龙潜，1997，《明代税课司、局和商税的征收》，《中国经济史研究》48（4）：95-118。

李隆生，2005，《明末白银存量的估计》，《中国钱币》22（1）：3-8。

李卿，2002，《论宋代华北平原的桑蚕丝织业》，《厦门大学学报》149（1）：80-87。

李露晔，2004，《当中国称霸海上》，邱仲麟译，桂林：广西师范大学出版社。

李若愚，1988，《从明代的契约看明代的币制》，《中国经济史研究》12（3）：39-43。

李文治、江太新，1995，《清代漕运》，北京：中华书局。

李晓，2000，《宋代工商业经济与政府干预》，北京：中国青年出版总社。

李晓，2002，《宋朝的政府购买制度》，《文史哲》270（3）：139-144。

李晓，2004，《北宋的河北籴便司》，《历史研究》51（2）：77-92。

李孝聪，1990，《公元十至十二世纪华北平原北部亚区交通与城市地理的研究》，《历史地理》10（9）：239-263。

李孝聪，1993，《唐、宋运河城市城址选择和形态的研究》，收录于《环境变迁研究》（第四辑），北京：古籍出版社。

李埏、林文勋，1996，《宋金楮币史系年》，昆明：云南民族出版社。

李治安，2011，《元代行省制度研究》，北京：中华书局。

梁方仲，1952，《明代一条鞭法年表》，《岭南学报》12（1）：15-49。

梁方仲，1980，《中国历代户口、田地、田赋统计》，上海：上海人民出版社。

梁方仲，1984，《梁方仲经济史论文集补编》，郑州：中州古籍出版社。

梁方仲，[1957] 2001，《明代粮长制度》，上海：上海人民出版社。

梁家勉，1989，《中国农业科学技术史稿》，北京：农业出版社。

梁庚尧，1998，《宋代社会经济史论集》，台北：允晨文化事业股份有限公司。

梁庚尧，2001，《宋代太湖平原农业生产问题的再检讨》，《台大文史哲学报》54（4）：261-303。

梁庚尧，2006，《南宋的农村经济》，北京：新星出版社。

梁庚尧，2013，《自中古入近世：唐宋乡村商业活动的扩大》，收录于柳立言主编《第四届国际汉学会议论文集——近世中国之变与不变》。

梁淼泰，1991，《明清景德镇城市经济研究》，南昌：江西人民出版社。

梁淼泰，1994，《明代"九边"的饷数并估银》，《中国社会经济史研究》13（4）：46-56。

梁淼泰，1996，《明代"九边"饷中的折银与粮草市场》，《中国社会经济史研究》15（3）：27-39。

梁淼泰，1997，《明代"九边"的募兵》，《中国社会经济史研究》17（1）：42-50。

梁太济，1998，《两宋阶级关系的若干问题》，保定：河北大学出版社。

林立平，1988，《唐宋时期城市税收的发展》，《中国经济史研究》3（4）：22-38。

林满红，1990，《世界经济与近代中国农业》，收录于《近代中国农村经济史论文集》，台北："中研院"近代研究所。

林满红，1991，《中国的白银外流与世界的金银减产》，《中国海洋发展史论文集》8（7）：1-44。

刘春燕，2000，《对北宋东南茶叶产量的重新推测》，《中国社会经济史研究》19（3）：46-56。

刘春燕，2001，《释宋代买茶额和产茶额》，《中州学刊》122（2）：158-161。

刘光临，2008，《市场、战争和财政国家：对南宋财政问题的再思考》，《台大历史学报》42：221-285。

刘光临，2011a，《明代通货问题研究：对明代货币经济规模和结构的初步估计》，《中国经济史研究》1：72-83。

刘光临，2011b，《银进钱出与明代货币流通体制》，《河北大学学报（哲学社会科学版）》36（2）：24-32。

刘光临，2012，《岭南州府宋元明之际两税征收的比较研究：以连州、广州、潮州、惠州为例》，《北大史学》17：68-105。

刘光临，2013，《传统中国如何对流通商品征税：关于宋代和晚清商税征收的比较研究》，《台大历史学报》52：145-249。

刘光临，2020，《制度与数据之间：宋元明之际两税的去货币化进程——以温州乐清为例》，收录于《宋史研究诸层面》，北京：北京大学出版社。

刘宏友、徐诚，1995，《湖北航运史》，北京：人民交通出版社。

刘开国等，2001，《信阳驻马店钱币发现与研究》，北京：中华书局。

刘淼，1996，《明代盐业经济研究》，汕头：汕头大学出版社。

刘淼，2012，《明代前期海禁政策下的瓷器输出》，《考古》48（4）：84-91。

刘秋根，1995，《中国典当制度史》，上海：上海古籍出版社。

刘瑞中，1987，《十八世纪中国人均国民收入估计及其与英国的比较》，《中国经济史研究》7（3）：105-120。

刘森，1993，《宋代的铁钱与铁产量》，《中国经济史研究》30（2）：86-90。

刘盛佳，1992，《武汉市城市地理的初步研究》，《历史地理研究》10：117-127。

刘石吉，1987，《明清时代江南市镇研究》，北京：中国社会科学出版社。

刘新园，1983，《蒋祈〈陶记〉著作时代考辨——兼论景德镇南宋与元代瓷器工艺、市场及税制等方面的差异》，《文史》18：111-130；19：97-107。

刘序枫，1999，《清康熙——乾隆年间洋铜的进口与流通问题》，《中国海洋发展史论文集》16（7）：93-144。

刘志伟，1997，《在国家与社会之间：明清广东里甲赋役制度研究》，广州：中山大学出版社。

龙登高，1993，《宋代粮价分析》，《中国经济史研究》29（1）：152-160。

龙登高，1997，《中国传统市场发展史》，北京：人民出版社。

龙登高，2003，《江南市场史：十一至十九世纪的变迁》，北京：清华大学出版社。

卢华语，1995，《唐代蚕桑丝绸研究》，北京：首都师范大学出版社。

陆敏珍，2007，《唐宋时期明州区域社会经济研究》，上海：上海古籍出版社。

栾成显，1998，《明代黄册研究》，北京：中国社会科学出版社。

栾成显，2007，《明代人口统计与黄册制度的几个问题》，收录于中国社会科学院历史研究所明史研究室编《明史研究论丛》（第七辑），北京：紫禁城出版社。

罗传栋，1991，《长江航运史（古代部分）》，北京：人民交通出版社。

罗尔纲，［1939］1996，《湘军新志》，上海：上海书店出版社。

罗尔纲，［1945］1996，《绿营兵志》，上海：上海书店出版社。

罗丽馨，1988，《明代匠籍人数之考察》，《食货月刊》17（1-2）：1-20。

罗彤华，2005，《唐代民间借贷之研究》，台北：台湾商务印书馆。

罗玉东，1936，《中国厘金史》，上海：上海商务印书馆。

吕卓民，2000，《明代西北农牧业地理》，台北：洪叶文化事业有限公司。

马大英，1983，《汉代财政史》，北京：中国财政经济出版社。

马茂棠，1991，《安徽航运史》（中国水运史丛书），合肥：安徽人民出版社。

马雪芹，1995，《明代河南的土地垦殖》，《中国历史地理论丛》9（1）：161-76。

马雪芹，1997，《明清河南农业地理》，台北：洪叶文化事业有限公司。

马依、舒瑞萍，1991，《广西航运史》（中国水运史丛书），北京：人民交通出版社。

茅伯科，1990，《上海港史（古近代部分）》（中国水运史丛书），北京：人民交通出版社。

蒙文通，1957，《中国历代农产量的扩大和赋役制度及学术思想的演变》，《四川大学学报》5（2）：27-106。

蒙文通，1961，《从宋代的商税和城市看中国封建社会的自然经济》,《历史研究》8（4）：45-52。

苗书梅，1997，《宋代监当官初探》，收录于漆侠、李埏主编《宋史研究论文集》，昆明：云南民族出版社。

闵宗殿，1984，《宋明清时期太湖地区水稻亩产量的探讨》,《中国农史》10（4）：37-52。

闵宗殿，1989，《中国农史系年要录》，北京：农业出版社。

闵宗殿，1992，《中国古代农耕史略》，石家庄：河北科学技术出版社。

缪全吉，1969，《明代胥吏》，台北：嘉新水泥公司文化基金会。

聂崇岐，1941［1979］,《宋代府州军监之分析》，收录于《宋史丛考》（第一辑），北京：中华书局。

彭泽益编，1957，《中国近代手工业史资料（1840~1949）》，北京：生活·读书·新知三联书店。

彭泽益，1960，《徐一夔〈织工对〉记事的年代和织业问题》，收录于南京大学历史系中国古代史教研室编《中国资本主义萌芽问题讨论集·续编》，北京：生活·读书·新知三联出版社。

彭泽益、王仁运主编，1991，《中国盐业史国际学术讨论会论文集》，成都：四川人民出版社。

祁美琴，2004，《清代榷关制度研究》，呼和浩特：内蒙古大学出版社。

漆侠，1987，《宋代经济史》，上海：上海人民出版社。

漆侠，2001，《宋史研究论丛》（第四辑），保定：河北大学出版社。

漆侠、李埏主编，1997，《宋史研究论文集》，昆明：云南民族出版社。

邱树森，1989，《江苏航运史（古代部分）》（中国水运史丛书），北京：人民交通出版社。

彭信威，1965，《中国货币史》（第三版），上海：上海人民出版社。

任放，2001，《二十世纪明清市镇经济研究》，《历史研究》48（5）：168-182。

任美锷主编，1985，《中国自然地理纲要（修订版）》，北京：商务印书馆。

商传，1983，《试论明初专制主义中央集权的社会基础》，收录于中国社会科学院历史研究所明史研究室编《明史研究论丛》（第二辑），南京：江苏人民出版社。

沈兴敬、杨竹森，1991，《江西内河航运史（古今代部分）》（中国水运史丛书），北京：人民交通出版社。

史念海，1963a，《三门峡与古代漕运》，收录于《河山集》，北京：生活·读书·新知三联书店。

史念海，1963b，《黄河流域桑蚕事业盛衰的变迁》，收录于《河山集》，北京：生活·读书·新知三联书店。

史念海，1981，《历史时期黄河流域的侵蚀与堆积（下篇）》，收录于《河山集（第二集）》，北京：生活·读书·新知三联书店。

史念海，1988，《中国的运河》（第二版），西安：陕西人民出版社。

史念海，1992，《黄土高原主要河流流量的变迁》，《中国历史地理论丛》2：1-36。

史念海，［1994］1998，《隋唐时期运河和长江的水上交通及其沿岸的都会》，收录于《唐代历史地理研究》，北京：中国社会科学出版社。

史念海，1999，《黄河流域诸河流的演变与治理》，西安：陕西人民出版社。

水利部黄河水利委员会"黄河水利史述要"编写组，1984，《黄河水利史述要》，北京：水利电力出版社。

宋晞，1979，《宋史研究论丛》，台北：中国文化研究所。

宋叙五，1997，《清初至乾嘉间物价及工资的变动》，《新亚学报》45（18）：49-98。

宋岩，1994，《中国历史上几个朝代疆域面积的估算》，《史学理论研究》3：149-150。

谭其骧，1955，《黄河与运河的变迁》，《地理知识》8-9：243-278。

谭其骧，1962［1986］，《何以黄河在东汉以后会出现一个长期安流的局面》，收录于《黄河史论丛》，上海：复旦大学出版社。

谭其骧，1986，《黄河史论丛》，上海：复旦大学出版社。

谭其骧，1982-1987，《中国历史地图集》第一至八辑，上海：地图出版社。

唐长孺，［1983］2011，《唐西州诸乡户口帐试释》，收录于《山居存稿三编》，北京：中华书局。

唐长孺，2011a，《山居存稿三编》，北京：中华书局。

唐长孺，2011b，《魏晋南北朝隋唐史三论》，北京：中华书局。

唐文基，1991，《明代赋役制度史》，北京：中国社会科学出版社。

王春瑜、杜婉言，1986，《明代宦官与经济史料初探》，北京：中国社会科学出版社。

王德毅，1970，《宋代灾荒的救济政策》，台北：学术著作奖助委员会。

王开、辛德勇，1997，《陕西航运史》（中国水运史丛书），北京：人民交通出版社。

王剑英，1992，《明中都》，北京：中华书局。

王菱菱，1988，《宋代矿冶经营方式的变革和演进》，《中国经济史研究》9（1）：45-53。

王菱菱，1998，《宋朝政府的矿冶业开采政策》，《河北大学学报》23（3）：17-23。

王菱菱，1999，《论宋代矿产品的禁榷与通商》，收录于漆侠主编《宋史研究论丛》第三辑，保定：河北大学出版社。

王菱菱，2001，《明代陆容〈菽园杂记〉所引〈龙泉县志〉的作者及时代——兼论宋代铜矿的开采冶炼技术》，《中国经济史研究》64（4）：96-101。

王菱菱，2005，《宋代矿冶业研究》，保定：河北大学出版社。

汪篯，［1962a］2016，《史籍上的隋唐田亩数非实际耕地面积》，收录于《汪篯隋唐史论稿》，北京：北京大学出版社。

汪篯，［1962b］2016，《史籍上的隋唐田亩数是应受田数》，收录于《汪篯隋唐史论稿》，北京：北京大学出版社。

汪篯，［1962c］2016，《唐代实际耕地面积》，收录于《汪篯隋唐史论稿》，北京：北京大学出版社。

汪篯，2016，《汪篯汉唐史论稿》，北京：北京大学出版社。

　　王庆成，2004，《晚清华北的集市和集市圈》，《近代史研究》26（4）：2-69。

　　汪圣铎，1985a，《南宋粮价细表》，《中国社会经济史研究》4（3）：38-52。

　　汪圣铎，1985b，《南宋各界会子的起讫、数额及会价》，《文史》25：129-144。

　　汪圣铎，1987，《北南宋物价比较研究》，收录于邓广铭、漆侠等主编《宋史研究论文集（1987年年会编刊）》，石家庄：河北教育出版社。

　　汪圣铎，1991，《关于宋代亭户的几个问题》，成都：四川人民出版社。

　　汪圣铎，1995，《两宋财政史》，北京：中华书局。

　　汪圣铎，2003，《两宋货币史》，北京：社会科学文献出版社。

　　汪圣铎，2004，《两宋货币史料汇编》，北京：中华书局。

　　王轼刚，1993，《长江水运史》（中国水运史丛书），北京：人民交通出版社。

　　王树才、肖明学，1988，《河北省航运史》（中国水运史丛书），北京：人民交通出版社。

　　王颋，1983，《元代屯田考》，《中华文史论丛》22（4）：222-250。

　　王卫平，1999，《明清时期江南城市史研究：以苏州为中心》，北京：人民出版社。

　　王文成，2001，《宋代白银货币化研究》，昆明：云南大学出版社。

王晓燕，2004，《官营茶马贸易研究》，北京：民族出版社。

王兴亚，1999，《明清时期北方五省棉纺织业的兴起与发展》，《郑州大学学报》32（1）：79-86。

王鑫义，2001，《淮河流域经济开发史》，合肥：黄山书社。

王永兴，1987，《隋唐五代经济史料汇编校注（第一辑）》，北京：中华书局。

王永兴，1994，《敦煌经济文书导论》，台北：新文丰出版股份有限公司。

王跃生，2000，《十八世纪中国婚姻与家庭研究》，北京：法律出版社。

王毓铨，1965，《明代的军屯》，北京：中华书局。

王毓铨，1991，《明朝的配户当差制》，《中国史研究》49（1）：24-43。

王毓铨、刘重日、张显清，2000，《中国经济通史·明代经济卷》，北京：中国社会科学出版社。

王裕巽，1998，《明代白银国内开采与国外流入数额试考》，《中国钱币》62（3）：18-25。

王裕巽，2001，《试论明中、后期的私铸与物价》，《中国钱币》74（3）：18-25。

王曾瑜，1983，《宋朝兵制初探》，北京：中华书局。

王曾瑜，1996，《宋朝阶级结构》，石家庄：河北教育出版社。

王振忠，1996，《近600年来自然灾害与福州社会》，福州：福建人民出版社。

孙洪升，2001，《唐宋茶叶经济》，北京：社会科学文献出版社。

韦庆远，1961，《明代黄册制度》，北京：中华书局。

韦庆远，1985，《论明初对江南地区的经济政策》，收录于中国社会科学院历史研究所明史研究室编《明史研究论丛》（第三辑），南京：江苏古籍出版社。

童隆福，1993，《浙江航运史（古近代部分）》（中国水运史丛书），北京：人民交通出版社。

吴承明，［1983a］2001，《论清代前期我国国内市场》，收录于《中国的现代化：市场与社会》，北京：生活·读书·新知三联书店。

吴承明，［1983b］2001，《论明代国内市场和商人资本》，收录于《中国的现代化：市场与社会》，北京：生活·读书·新知三联书店。

吴承明，1998，《现代化与中国十六、十七世纪的现代化因素》，《中国经济史研究》52（4）：3-15。

吴承明，［1995］2002，《十六与十七世纪的中国市场》，收录于《吴承明集》，北京：中国社会科学出版社。

吴承明，［1999］2002，《十八与十九世纪上叶的中国市场》，收录于《吴承明集》，北京：中国社会科学出版社。

吴承明，2001，《中国的现代化：市场与社会》，北京：生活·读书·新知三联书店。

吴承明，2002，《吴承明集》，北京：中国社会科学出版社。

伍丹戈，1979，《明代的官田和民田》，《中华文史论丛》9（1）：119-163。

伍丹戈，1983，《明代土地制度和赋役制度的发展》，福州：福建人民出版社。

伍丹戈，1985，《明代周忱赋役改革的作用和影响》，收录于中国社会科学院历史研究所明史研究室编《明史研究论丛》（第三辑），南京：江苏古籍出版社。

吴晗，[1937] 1956，《明代的军兵》，收录于《读史札记》，北京：生活·读书·新知三联书店。

吴晗，1956，《读史札记》，北京：生活·读书·新知三联书店。

吴晗，1965，《朱元璋传》，北京：生活·读书·新知三联书店。

吴宏岐，1997，《元代农业地理》，西安：西安地图出版社。

吴慧，1985，《中国历代粮食亩产研究》，北京：中国农业出版社。

吴慧，1990，《明清（前期）财政结构性变化的计量分析》，《中国社会经济史研究》9（3）：39-45。

吴慧，1998，《历史上粮食商品率商品量测估：以宋明清为例》，《中国经济史研究》52（4）：16-36。

武建国，1992，《均田制研究》，昆明：云南人民出版社。

吴缉华，1961，《明代海运及运河的研究》，台北："中研院"历史语言研究所。

吴量恺，1983，《清前期农业雇工的工价》，《中国社会经济史研究》22（5）：17-30

吴仁安，1997，《明清时期上海地区的着姓望族》，上海：上海人民出版社。

吴松弟，1993a，《北方移民与南宋社会变迁》，台北：文津出版社。

吴松弟，1993b，《黄淮海平原历史时期人口分布的初步研究》，《历史地理》13（11）：155-168。

吴松弟，2000，《中国人口史（第三卷）：辽宋金元时期》，上海：复旦大学出版社。

吴松弟，2008，《南宋人口史》，上海：上海古籍出版社。

水利水电科学研究院《中国水利史稿》编写组，1989，《中国水利史稿（下册）》，北京：水利电力出版社。

席龙飞，2000，《中国造船史》，武汉：湖北教育出版社。

席龙飞、杨熺、唐锡仁，2004，《中国科学技术史：交通卷》，北京：科学出版社。

夏湘蓉、李仲均、王根元，1980，《中国古代矿业开发史》，北京：地质出版社。

肖立军，2001，《明代中后期九边兵制研究》，长春：吉林人民出版社。

谢元鲁，1995，《长江流域交通与经济格局的历史变迁》，《中国历史地理论丛》第一辑，27-44。

辛德勇，［1989a］1996，《汉唐期间长安附近的水路交通》，收录于《古代交通与地理文献研究》，北京：中华书局。

辛德勇，［1989b］1996，《长安城兴起与发展的交通基础》，收录于《古代交通与地理文献研究》，北京：中华书局。

辛德勇，1996，《古代交通与地理文献研究》，北京：中华书局。

许涤新、吴承明主编，1985，《中国资本主义发展史（第1卷）：中国资本主义的萌芽》，北京：人民出版社。

徐泓，1982，《明洪武年间的人口移徙》，收录于《第一届历史与中国社会变迁中国社会史研讨会（上册）》，台北："中研院"三民主义研究所。

许檀，1992，《明清时期运河的商品流通》，《历史档案》12（1）：80-85。

许檀，1997，《明清时期农村集市的发展》，《中国经济史研究》45（2）：21-41。

许檀，1998a，《明清时期山东商品经济的发展》，北京：中国社会科学出版社。

许檀，1998b，《明清时期江西的商业城镇》，《中国经济史研究》26（3）：106-120。

许檀，1999a，《清代前期流通格局的变化》，《清史研究》9（3）：1-13。

许檀，1999b，《清代前期的九江关及其商品流通》，《历史档案》73（1）：86-91。

许檀，2000，《明清时期城乡市场网络体系的形成及意义》，《中国社会科学》3（3）：191-202。

许檀，2002，《明清时期中国经济发展轨迹探讨》，《天津师范大学学报》161（2）：43-47。

许檀，2004，《清代前中期东北的沿海贸易与营口的兴起》，《福建师范大学学报》124（1）：6-11。

徐新吾，1992，《江南土布史》，上海：上海社会科学院出版社。

严耕望，1996，《〈元和志〉户籍与实际户数之比勘》，《"中研院"历史语言研究所集刊》67（1）：1-42。

杨国庆，2002，《明南京城墙筑城人员构成及用工量初探》，《东南文化》153（1）：37-44。

杨际平，1996，《唐代尺步、亩制、亩产小议》，《中国社会经济史研究》15（2）：32-44。

杨际平，1998，《从东海郡集簿看汉代的亩制、亩产与汉魏田租额》，《中国经济史研究》17（2）：74-80。

杨际平，2000，《再谈汉代的亩制亩产》，《中国社会经济史研究》19（2）：39-47。

杨际平，2001a，《秦汉农业：精耕细作抑或粗放耕作》，《历史研究》4：22-32。

杨际平，2001b，《试论秦汉铁农具的推广程度》，《中国社会经济史研究》20（2）：69-77。

杨际平，2003，《北朝隋唐均田制新探》，长沙：岳麓书社。

杨绳信，1984，《从〈碛砂藏〉刻印看宋元印刷工人的几个问题》，《中华文史论丛》29（1）：41-58。

叶德辉，1999，《书林清话》，收录于《书林余话》，长沙：岳麓书社。

叶坦，1991，《富国富民论：立足于宋代的考察》，北京：北京出版社。

叶显恩，1989，《广东航运史（古代部分）》（中国水运史丛书），北京：人民交通出版社。

叶显恩、谭棣华，1984，《明清珠江三角洲农业商业化与墟市的发展》，《广东社会科学》1（2）：73-91。

叶孝信，1993，《中国民法史》，上海：上海人民出版社。

叶孝信，2002，《中国法制史》，上海：复旦大学出版社。

尹钧科，1993，《北京郊区村落的发展史》，《历史地理》

13（11）：233-245。

尹玲玲，2008，《明清两湖平原的环境变迁与社会应对》，上海：上海人民出版社。

游修龄，[1983] 1999，《从〈齐民要术〉看我国古代的肥料科学》，收录于《农史研究文集》，北京：中国农业出版社。

游修龄，[1994] 1999，《〈齐民要术〉成书背景小议》，收录于《农史研究文集》，北京：中国农业出版社。

游修龄，1999a，《方志在农业科学史上的意义》，收录于《农史研究文集》，北京：中国农业出版社。

游修龄，1999b，《农史研究文集》，北京：中国农业出版社。

游修龄、曾雄生，2010，《中国稻作文化史》，上海：上海人民出版社。

郁越祖，1988，《关于宋代建制镇的几个历史地理问题》，《历史地理》8（6）：94-125。

于志嘉，1987，《明代军户世袭制度》，台北：台湾学生书局。

于志嘉，2010，《卫所、军户与军役——以明清江西地区为中心的研究》，北京：北京大学出版社。

袁良义，1995，《清一条鞭法》，北京：北京大学出版社。

张彬村，1984，《十六世纪舟山群岛的走私贸易》，《中国海洋发展史论文集》1（1）：71-96。

张德信、林金树，1987，《明初军屯数额的历史考察》，《中国社会科学》47（5）：187-206。

张芳，2009，《中国古代灌溉工程技术史》，太原：山西教育出版社。

张弓，1986，《唐代仓廪制度初探》，北京：中华书局。

张海瀛，1993，《张居正改革与山西万历清丈研究》，太原：山西人民出版社。

张剑光，2003，《唐五代江南工商业布局研究》，南京：江苏古籍出版社。

张金奎，2007，《明代卫所军户研究》，北京：线装书局。

张荣强，2010，《汉唐籍帐制度研究》，北京：商务印书馆。

张圣城，1989，《河南航运史》（中国水运史丛书），北京：人民交通出版社。

张廷茂，2004，《关于 16~17 世纪初华商在东南亚活动的西方文献》，《中国史研究》102（2）：139-151。

张文，2001，《宋朝社会救济研究》，重庆：西南师范大学出版社。

章有义，1984，《明清徽州土地关系研究》，北京：中国社会科学出版社。

章有义，1990，《关于中国近代农业生产计量研究的几则根据》，《中国社会经济史研究》9（2）：67-71。

张泽咸，2003，《汉晋唐时期农业（下）》，北京：中国社会科学出版社。

张泽咸、郭松义，1997，《中国航运史》，台北：文津出版社。

赵冈、陈钟毅，1982，《中国土地制度史》，台北：联经出版。

赵冈、陈钟毅，1986，《中国经济制度史论》，北京：新星出版社。

赵冈、陈钟毅，1989，《中国农业经济史》，台北：幼狮文化事业公司。

赵冈、陈钟毅等，1995，《清代粮食亩产量研究》，北京：中国农业出版社。

赵靖，1986，《中国古代经济思想史讲话》，北京：人民出版社。

赵雅书，1972，《宋代蚕丝业的地理分布》，《史原》3：65-94。

赵雅书，1976，《宋代农家经营之蚕丝业》，《台大历史学报》3（5）：119-129。

郑克晟，1988，《明代政争探源》，天津：天津古籍出版社。

郑克晟，2001，《明初江南地主的衰落与北方地主的兴起》，《北京师范大学学报（社会科学版）》46（5）：49-58。

郑和下西洋600周年纪念活动筹备领导小组编，2005，《郑和下西洋研究文选》，北京：海洋出版社。

郑少斌，1994，《武汉港史》，北京：人民交通出版社。

郑天挺，1960，《关于徐一夔〈织工对〉》，收录于南京大学历史系中国古代史教研室编《中国资本主义萌芽问题讨论集·续编》，北京：生活·读书·新知三联出版社。

郑学檬，2003，《中国古代经济重心南移和唐宋江南经济研究》，长沙：岳麓书社。

郑一钧，1985，《论郑和下西洋》，北京：海洋出版社。

《中国古代煤炭开发史》编写组编，1986，《中国古代煤炭开发史》，北京：煤炭工业出版社。

中国硅酸盐学会主编，1982，《中国陶瓷史》，北京：文物出版社。

柳立言等主编，1998，《中国近世家族与社会学术研讨会论文集》，台北："中研院"历史语言研究所。

周宝珠，1999，《宋代东京研究》，开封：河南大学出版社

周魁一，2002，《中国科学技术史：水利卷》，北京：科学出版社。

周良霄，1957，《明代苏松地区的官田与重赋问题》，《历史研究》4（10）：63–75。

周宝珠、周良霄、顾菊英，2003，《元史》，上海：上海人民出版社。

周生春，1995，《试论宋代江南水利田的开发和地主所有制的特点》，《中国农史》14（3）：1–11。

周生春，2006，《宋元江浙诸郡稻米单产试探》，收录于方行主编《中国社会经济史论丛》，北京：中国社会科学出版社。

周育民，2000，《晚清财政与社会变迁》，上海：上海人民出版社。

朱重圣，1985，《北宋茶之生产与经营》，台北：台湾学生书局。

竺可桢，［1964］1979，《论我国气候的几个特点及其与粮食作物生产的关系》，收录于《竺可桢文集》，北京：科学出版社。

竺可桢，［1973］1979，《中国近五千年来气候变迁的初步研究》，收录于《竺可桢文集》，北京：科学出版社。

竺可桢，1979，《竺可桢文集》，北京：科学出版社。

朱绍侯，2008，《军功爵制考论》，北京：商务印书馆。

朱新予，1992，《中国丝绸史》，北京：中国纺织工业出版社。

邹逸麟，1978，《论定陶的兴衰与古代中原水运交通的变迁》，《中华文史论丛》17（8）：191-207。

邹逸麟，1981，《山东运河历史地理问题初探》，《历史地理》1：80-98。

邹逸麟，1986，《黄河下游河道变迁及其影响概述》，收录于谭其骧主编《黄河史论丛》，上海：复旦大学出版社。

邹逸麟，1988，《黄河下游南北运口变迁和城镇兴衰》，《历史地理》6：57-72。

邹逸麟，1997，《黄淮海平原历史地理》，合肥：安徽教育出版社。

邹逸麟，2005，《椿庐史地论稿》，天津：天津古籍出版社。

英文

Abu Lughod, Janet L. 1988. *Before European Hegemony: The World System AD 1250-1350*. New York: Oxford University Press.

Allen, Robert C. 1988. "On the Road Again with Arthur Young: English, Irish, and French Agriculture during the Industrial Revolution." *JEH* 48 (38): 117-125.

——. 1992. *Enclosure and the Yeoman: The Agricultural Development of the South Midlands, 1450 - 1850*. New York: Oxford University Press.

——, Bengtsson, Tommy, and Dribe, Martin, eds. 2005. *Living Standards in the Past: New Perspectives on Well-Being in Asia and Europe.* Oxford: Oxford University Press.

Ash, Robert. 1976. "Economic Aspects of Land Reform in Kiangsu [Jiangsu], 1949 - 52. " *The China Quarterly* 66 (67): 262-292, 519-545.

Atwell, William S. 1990. "A Seventeenth-Century 'General Crisis' in East Asia?" *Modern Asian Studies* 24 (4): 68-90.

——. 1998. "Ming China and the Emerging World Economy, c. 1470-1650. " In *The Cambridge History of China, Vol. 8, The Ming Dynasty, 1368 - 1644.* New York: Cambridge University Press.

——. 2002. "Time, Money, and the Weather: Ming China and the 'Great Depression' of the Mid-Fifteenth Century. " *JAS* 61 (1): 83-113.

Balazs, Etienne. 1960. "The Birth of Capitalism in China. " *Journal of Economic and Social History of the Orient* 4 (3): 196-216. Reprinted in *Chinese Civilization and Bureaucracy*, 34-54.

——. 1964. *Chinese Civilization and Bureaucracy: Variations on a Theme.* Trans. H. M. Wright. New Haven: Yale University Press.

Bengtsson, Tommy. 2004. "Living Standards and Economic Stress. " In *Life under Pressure: Mortality and Living Standards in Europe and Asia*, ed. Bengtsson, Campbell, and Lee.

Bengtsson, Tommy, Cameron Campbell, and James Z. Lee, eds. 2004. *Life under Pressure: Mortality and Living Standards in*

Europe and Asia. Cambridge, MA: MIT.

Bielenstein, Hans. 1947. "The Census of China during the Period of 2 – 742 A. D. " *Bulletin of the Museum of Far Eastern Antiquities* (19): 125–163.

Blake, Robert P. 1937. "The Circulation of Silver in the Moslem East Down to the Mongol Epoch. " *HJAS* 2 (3/4): 291–328.

Bol, P. K. 1993. "Government, Society, and State: On the Political Visions of Ssu – ma Kuang and Wang An – shihh. " In *Ordering the World: Approaches to State and Society in Sung Dynasty China*, ed. Hymes and Schirokauer.

——. 2003. "The 'Localist Turn' and 'Local Identity' in Later Imperial China. " *Late Imperial China* 24 (2): 1–50.

Braudel, Fernand. 1974. "The Mediterranean Economy in the Sixteenth Century. " In Earle.

——. 1977. *Afterthoughts on Material Civilization and Capitalism*. Baltimore: Johns Hopkins University Press.

——. 1986. *The Perspective of the World*, Vol. 3. In *Civilization and Capitalism, 15th – 18th Century*. New York: Harper and Row. English translation.

Bray, Francesca. 1984. *Science and Civilisation in China*, Vol. 6, *Biology and Biological Technology*, Part II: Agriculture. Cambridge: Cambridge University Press.

——. 1997. *Technology and Gender: Fabrics of Power in Late Imperial China*. Berkeley: University of California Press.

Brewer, John. 1988. *The Sinews of Power: War, Money, and*

the English State, 1688 - 1783. Cambridge, MA: Harvard University Press.

Brook, Timothy. 1998. "Communication and Commerce." In *Cambridge History of China*, Vol. 8, New York: Cambridge University Press.

——. 1999. *The Confusions of Pleasure: Commerce and Culture in Ming China.* Berkely: University of California Press.

Brown, Roxanna M. 2005. "Ming ban-Ming gap: Southeast Asian Shipwreck Evidence for Shortage of Chinese Trade Ceramics." In *Shier zhi shiwu shiji zhongguo waixiaoci yu haiwai maoyiguojiyantaohui wenji* 十二至十五世纪中国外销瓷与海外贸易国际研讨会论文集, ed. Pei-kai Cheng.

Carus-Wilson, E. M. 1962. *Essays in Economic History, Reprints edited for The Economic History Society.* 3 vols. London: E. Arnold.

Chaffee, John W. 1995. *The Thorny Gates of Learning in Sung China: A Social History of Examinations.* New ed. Albany: State University of New York Press.

Chao, Kang. 1986. *Man and Land in Chinese History: An Economic Analysis.* Stanford: Stanford University Press.

Chang, Chung-li. 1955 [1967]. *The Chinese Gentry: Studies on Their Role in Nineteenth-Century Chinese Society.* Seattle: University of Washington Press.

——. 1962. *The Income of the Chinese Gentry.* Seattle: University of Washington Press.

Chien, Cecilia Lee-fang. 2004. *Salt and State: An Annotated*

Translation of the Songshi Salt Monopoly Treatise. Ann Arbor: Center for Chinese Studies, University of Michigan.

Ch'u, T'ung-tsu. 1961. *Law and Society in Traditional China.* Paris: Mouton.

Chuan, Han - sheng, 1975. " The Chinese Silk Trade with Spanish America from the Late Ming to the MidCh' ing Period. " In *Studia Asiatica: Essays in Asian Studies in Felicitation of the 75th Birthday of Professor Ch'en Shou-yi*, ed. Laurence G. Thompson, 99-117. San Francisco: Chinese Materials Center.

⸭ Chuan, Han - sheng, and Richard A. Kraus. 1975. *Mid - Ch'ing Rice Markets and Trade: An Essay in Price History.* Cambridge: Harvard University Press.

Cipolla, Carlo M. 1956. *Money: Prices and Civilization in the Mediterranean World, Fifth to Seventeenth Centuries.* Princeton: Princeton University Press.

——. 1993. *Before the Industrial Revolution: European Society and Economy, 1000-1700.* London: Routledge, 1993.

Coleman, D. C. 1977. *The Economy of England, 1450 - 1750.* Oxford: Oxford University Press.

Conference on Spatial and Temporal Trends and Cycles in Chinese Economic History, 980-1980. *Papers from the Conference on Spatial and Temporal Trends and Cycles in Chinese Economic History, 980-1980.* Bellagio, Italy.

Crafts, N. F. R. 1985. *British Economic Growth during the Industrial Revolution.* New York: Oxford University Press.

Dardess, John W. 1983. *Confucianism and Autocracy:*

Professional Elites in the Founding of the Ming Dynasty. Berkeley: University of California Press.

Davies, Glyn. 2002. *A History of Money: From Ancient Times to the Present Day.* 3rd ed. Cardiff: University of Wales Press.

De Vries, Jan. 1994. "The Industrial Revolution and the Industrious Revolution." *JEH* 54 (2):249-270.

Deng, Gang. 1993. *Development versus Stagnation: Technological Continuity and Agricultural Progress in Pre-Modern China.* Westport: Greenwood Press.

Di Cosmo, Nicola, ed. 2002a. *Warfare in Inner Asian History, 500-1800.* Boston: Brill.

——. 2002b. "Introduction: Inner Asian Ways of Warfare in Historical Perspective." In *Warfare in Inner Asian History, 500-1800.* Boston: Brill.

Dreyer, Edward L. 1982. *Early Ming China: A Political History, 1355-1435.* Stanford: Stanford University Press.

Durand, John D. 1960. "The Population Statistics of China, A. D. 2-1953." *Population Studies* 13 (3): 209-256.

——. 1974. "Historical Estimates of World Population: An Evaluation." *Population and Development Review* 3 (3): 253-296.

Earle, Peter, ed. 1974. *Essays in European Economic History, 1500-1800.* Oxford: Clarendon Press.

Eastman, Lloyd E. 1988. *Family, Fields, and Ancestors: Constancy and Change in China's Social and Economic History, 1550-1949.* New York: Oxford University Press.

Elvin, Mark. 1972. "The high-level equilibrium trap: the

causes of the decline of invention in the traditional Chinese textile industries. " In W. E. Willimot, ed. , *Economic Organization in Chinese Society*. California: Stanford University Press.

——. 1973. *The Pattern of the Chinese Past*. Stanford: Stanford University Press.

——. 1984. "Why China Failed to Create an Endogenous Industrial Capitalism. " *Theory and Society* 13: 7–46.

Endicott–West, Elizabeth. 1989. *Mongolian Rule in China: Local Administration in the Yuan Dynasty*. Cambridge, MA: Harvard University Press.

Epstein, S. R. 1994. " Regional Fairs, Institutional Innovation, and Economic Growth in Late Medieval Europe. " *The Economic History Review*, New Series 4 (3): 459–482.

——. 2000. *Freedom and Growth: The Rise of States and Markets in Europe, 1300–1750*. London: Routledge.

Fan, I – chun, 1993, *Long – distance Trade and Market Integration in the Ming – Ch'ing Period, 1400 – 1850*. Standford University PhD dissertation.

Farmer, Edward L. 1976. *Early Ming Government: The Evolution of Dual Capitals*. Cambridge, MA: Harvard University Press.

Feuerwerker, Albert. 1980. " Economic Trends in the Late Ch'ing Empire, 1870–1911. " In *The Cambridge History of China*, Vol. 11, *Late Ch'ing, 1800–1911*, ed. J. K. Fairbank and Kwang Ching Liu. New York: Cambridge University Press.

——. 1984. "The State and the Economy in Late Imperial

China. " *Theory and Society* 13 (3) :297-326.

——. 1995. *The Chinese Economy, 1870-1949*. Ann Arbor: Center for Chinese Studies.

Gernet, Jacques. 1962. *Daily Life in China: On the Eve of the Mongol Invasion, 1250-1276*. Trans. H. M. Wright. New York: Macmillan.

——. 1982. *A History of Chinese Civilization*. Trans. J. R. Foster. Cambridge: Cambridge University Press.

Gerschenkron, Alexander. 1962. *Economic Backwardness in Historical Perspective*. Cambridge, MA: Belknap Press of Harvard University Press.

——. 1968. "On the Concept of Continuity in History. " In *Continuity in History and Other Essays*. Cambridge, MA: Belknap Press of Harvard University Press.

Gibbs, Jack, and Walter T. Martin. 1962. "Urbanization, Technology and the Division of Labor: International Patterns. " *American Sociological Review* 27 : 667-677.

Gilboy, E. W. 1934. *Wages in Eighteenth-Century England*. Cambridge, MA: Harvard University Press.

Golas, Peter J. 1977. The Sung Wine Monopoly. Harvard University PhD dissertation.

——. 1988. "The Sung Economy: How Big?" *Bulletin of Sung Yuan Studies* 19 : 90-94.

——. 1995. "A Copper Production Breakthrough in the Song: The copper Precipitation Process. " *Journal of Sung Yuan Studies* 26 : 154-168.

Goldsmith, Raymond W. 1987. *Premodern Financial System: A Historical Comparative Study*. Cambridge: Cambridge University Press.

Goldstone, Jack A. 1984. " Urbanization and Inflation: Lessons from the English Price Revolution of the Sixteenth and Seventeenth Centuries. " *American Journal of Sociology* 89 (5): 1103-1142.

Goetzmann, William N. , and K. Geert Rouwenhorst, eds. 2005. *The Origins of Value: The Financial Innovations That Created Modern Capital Markets*. Oxford: Oxford University Press.

Grossman, Gregory. 1962. "The Structure and Organization of the Soviet Economy. " *Slavic Review* 21 (2):237-240.

——. 1963. "Notes for a Theory of the Command Economy. " *Soviet lavic Review* 21 (2): 237-240.

Haeger, J. Winthrop, ed. 1975. *Crisis and Prosperity in Sung China*. Tucson: University of Arizona Press.

Hartwell, Robert M. 1962. "A Revolution in the Chinese Iron and Coal Industries during the Northern Sung, 960-1126 AD" *JAS* 21 (2): 153-162.

——. 1966. " Markets, Technology, and the Structure of Enterprise in the Development of the Eleventh - Century Chinese Iron and Steel Industries. " *JEH* 26 (1): 29-58.

——. 1967, " A Cycle of Economic Change in Imperial China: Coal and Iron in Northeast China, 750-1350. " in *Journal of the Economic and Social History of the Orient*, Vol. 10, No. 1 (1967): 102-159.

———. 1982. "Demographic, Political and Social Transformation of China, 750-1550." *HJAS* 42 (2):539-593.

———. 1984. "Government Finance and the Regional Economics of China, 750 - 1250." In *Papers from the Conference on Spatial and Temporal Trends and Cycles in Chinese Economic History, 980-1980.* Bellagio, Italy.

Heijdra, Martin. 1998. "The Socio - Economic Development of Rural China during the Ming." In *The Cambridge History of China*, Vol. 8, *The Ming Dynasty, 1368 - 1644*, Part 2, ed. Frederick W. Mote and Denis Twitchett. New York: Cambridge University Press.

Hicks, John. 1969. *A Theory of Economic History.* Oxford, Oxford University Press.

Ho, Ping-ti. *Studies on the Population of China, 1368-1953.* Cambridge: Harvard University Press, 1959.

———1970. "An Estimate of the Total Population of Sung - Chin China." *Études Song: Demographie* (Paris) 1, No. 1: 34 - 53.

Hoffman, Philip T. 1996. *Growth in a Traditional Society: The French Countryside, 1450 - 1815.* Princeton: Princeton University Press.

Huang, Philip C. 1985. *The Peasant Economy and Social Change in North China.* Stanford: Stanford University Press.

———. 1990. *The Peasant Family and Rural Development in the Yangzi Delta, 1350-1988.* Stanford: Stanford University Press.

———. 2002. " Development or Involution in Eighteenth -

Century Britain and China? A review of Kenneth Pomeranz's *The Great Divergence: China, Europe, and the Making of the Modern World Economy.*" *JAS* 61 (2): 501-538.

Huang, Ray. 1974. *Taxation and Governmental Finance in Sixteenth-Century Ming China.* Cambridge: Cambridge University Press, 1974.

Hucker, Charles O. 1998. "Ming Government." In *The Cambridge History of China*, Vol. 8. New York: Cambridge University Press.

Hymes, Robert. 1986. *Statesmen and Gentlemen: The Elite of Fu-chou, Chiang-his, in Northern and Southern Sung.* Cambridge: Cambridge University Press.

———, and Conrad Schirokauer. 1993. *Ordering the World: Approaches to State and Society in Sung Dynasty China.* Berkeley: University of California Press.

———. 1976. "Japanese Foreign Trade in the Sixteenth and Seventeenth Centuries." *Acta-Asiatica: Bulletin of the Institute of Eastern Culture* 30: 1-18.

Ihara, Hirosi. 2001. "The Qingming shanghe tu by Zhang Zeduan, and Its Relation to Northern Song Society." *Journal of Song-Yuan Studies* 31: 135-56.

Johnson, Linda Cooke. 1993. *Cities of Jiangnan in Late Imperial China.* Albany: State University of New York Press.

———. 1995. *Shanghai: From Market Town to Treaty Port, 1074-1858.* Stanford: Stanford University Press.

Jones, Eric L. 1987. *The European Miracle: Environments,*

Economies, and Geopolitics in the History of Europe and Asia. 2nd ed. Cambridge: Cambridge University Press.

——. 1988. *Growth Recurring: Economic Change in World History.* Oxford: Clarendon.

——. 1990. "The Real Question about China: Why Was the Song Economic Achievement Not Repeated." *Australian Economic History Review* 30 (2): 5–22.

Kennedy, Paul M. 1989. *The Rise and Fall of the Great Powers: Economic Change and Military Conflict from 1500 to 2000.* New York: Vintage Books.

Koizumi, Teizo. 1972. "The Operation of Chinese Junks." In *Michigan Abstracts of Chinese and Japanese Works on Chinese History*, trans. Watson.

King, Frank H. H. 1965. *Money and Monetary Policy in China, 1845–1895.* Cambridge, MA: Harvard University Press.

King, Gregory. 1936. *Natural and Political Observations and Conclusions upon the State and Condition of England.* In *Two Tracts*, edited with an introduction by George E. Barnett. Baltimore: Johns Hopkins University Press.

Kracke, E. A., Jr. 1975. 'Sung K'ai – Feng: Pragmatic Metropolis and Formalistic Capital', in J. W. Haeger (ed.), *Crisis and Prosperity in Sung China.* Tucson, AZ: University of Arizona Press.

Kuhn, Philip, A. 2002. *Origins of the Modern Chinese State.* Stanford: Stanford University Press.

Kuznets, Simon. 1973. "Modern Economic Growth: Findings

and Reflections. " *The American Economic Review* 63 (3): 247 - 258.

Latimore, Owen. 1988. *Inner Asian Frontiers of China.* Hong Kong: Oxford University Press.

Lavely, William, and Wong, R. Bin. 1998. "Revising the Malthusian Narrative: The Comparative Study of Population Dynamics in Late Imperial China", *JAS*, Vol. 57, No. 3 (Aug.): 714-748.

Lee, James, and Wang, Feng. 1999. *One Quarter of Humanity: Malthusian Mythology and Chinese Realities.* Cambridge, MA: Harvard University Press.

Lee, Thomas, H. C. (also see Li Hongqi 李弘祺). 1985. *Government Education and Examinations in Sung China.* Hong Kong: Chinese University Press.

Levathes, Louise. 1994. *When China Ruled the Seas: The Treasure Fleet of the Dragon Throne 1405-1433.* New York: Simon & Schuster.

Li, Bozhong. 1998. *Agricultural Development in Jiangnan, 1620-1850.* New Tork: St. Martin's Press.

Li, Bozhong, 2003, "Was there a ' fourteenth - century turning point '? Population, Land, Technology, and Farm Management. " In *The Song - Yuan - Ming Transition in Chinese History*, ed. Paul J. Smith and Richard von Glahn. Cambridge, MA: Harvard University Press.

Lindert, Peter H. 1980. " English Occupations, 1670 - 1811. " *JEH* 40 (4): 685-712.

———. 1985. "English Population, Wages, and Prices: 1541-1913. " *Journal of Interdisciplinary History* 15: 609-634.

———, and Jeffrey G. Williamson. 1982. "Revising England's Social Tables, 1688-1812. " *EEH*19 (4): 385-408; 1983 20 (1): 94-109.

Liu, William Guanglin (also Liu, Guanglin). 2005. *Wrestling for Power: The Changing Relationship between the State and the Economy in Late Imperial China, 1000-1770.* Harvard University PhD dissertation.

———. 2015. "The Making of a Fiscal State in Song China, 960-1279. " *Economic History Review* 68 (1), 48-78.

Liu, James T. C. 1959. *Reform in Sung China: Wang An-shih (1021-1086) and His New Policies.* Cambridge, MA: Harvard University Press.

———. 1962. "An Administrative Cycle in Chinese History. " *JAS* 21 (2): 137-162.

———. 1978. "Liu Tsai (1165-1238): His Philanthropy and Neo-Confucian Limitations. " *Oriens Extremus* 25: 1-29.

———. 1988. *China Turning Inward: Intellectual - Political Changes in the Early Twelfth Century.* Cambridge, MA: Harvard University Press.

Ma, Laurence J. C. 1971. *Commercial Development and Urban Change in Sung China (960-1279).* Michigan Geographical Publication, No. 6. Ann Arbor: Michigan University Press.

Maddison, Angus. 1998. *Chinese Economic Performance in the Long Run.* Paris: OECD.

Mann, Susan. 1987. *Local Merchants and the Chinese Bureaucracy, 1750-1950.* Stanford: Stanford University Press.

Mathias, Peter. 1959. *The Brewing Industry in England, 1700-1830.* Cambridge: Cambridge Uni versity Press.

——. 1979. *The Transformation of England: Essays in Economic and Social History.* London: Methuen.

——, and Patrick Karl O'Brien. 1976. "Taxation in Britain and France, 1715 - 1810: A Comparison of the Social and Economic Incidence of Taxes Collected for the Central Governments. " *Journal of European Economic History* 5: 601-650.

——, and Barbara Sands. 1986. "The Spatial Approach to Chinese History: A Test. " JAS 45 (4): 721-43.

Mayhew, N. J. 1995. "Population, Money Supply and the Velocity of Circulation in England, 1300 - 1700. " *EHR*, New Series, 48 (2): 238-257.

Mazundar, Sucheta. 1998. *Sugar and Society in China: Peasants, Techonology, and the World Market.* Cambridge, MA: Harvard University Asia Center.

McKnight, Brian E. 1971. *Village and Bureaucracy in Southern Song China.* Chicago: University of Chicago Press.

McNeill, William H. 1976. *Plagues and People.* New York: Anchor Press.

——. 1982. *The Pursuit of Power: Technology, Armed Force, and Society since AD 1000.* Chicago: University of Chicago Press.

——. 1987. "The Eccentricity of Wheels, or Eurasian Transportation in Historical Perspective. " *The American Historical*

Review 92 (5): 1111-1126.

Mokyr, Joel. 1990. *The Lever of Riches: Technological Creativity and Economic Progress.* New York: Oxford University Press.

——, ed. 1993. *The British Industrial Revolution: An Economic Perspective.* Boulder: Westview Press.

Mote, Frederick W. 1961. "The Growth of Chinese Despotism." *Oriens Extremus* 8 (8): 1-41.

——, and Denis Twitchett. 1988. *The Cambridge History of China,* Vol. 7, *The Ming Dynasty, 1368 - 1644,* Part 1. New York: Cambridge University Press.

——. 1998. *The Cambridge History of China,* Vol. 8, *The Ming Dynasty, 1368 - 1644,* Part 2. New York: Cambridge University Press.

Myers, Ramon H. 1966. "Review on Amano, Chugoku nogyoshi kenkyu." *JAS* 25 (3): 509-10.

Neal, Larry. 1990. *The Rise of Financial Capitalism: International Capital Markets in the Age of Reason.* Cambridge: Cambridge University Press.

Needham, Joseph, ed. 1971. *Science and Civilisation in China.* Vol. 4, *Physics and Physical Technol ogy.* Part 3, *Civil Engineering and Nautics.* Cambridge: Cambridge University Press (SCCH).

——. 1986. "The Economic and Social History of Former Han." In *The Cambridge History of China.* Vol. 1, *The Ch'in and Han Empire, 221 B. C. -A. D. 220,* ed. Denis Twitchett and John K. Fairbank. New York: Cambridge University Press.

Nishijima, Sadao. 1986. "The Economic and Social History of Former Han," in *Cambridge History of China*, Vol. 1, *The Ch'in and Han Empires*, *221 B. C. -A. D. 220.*

North, Douglas C. 1981. *Structure and Change in Economic History*. New York: W. W. Norton & Company.

———, and Robert Paul Thomas. 1973. *The Rise of the Western World*. Cambridge: Cambridge University Press.

Oberst, Zhihong Liang. 1996. *Chinese Economic Statecraft and Economic Ideas in the Song Period (960-1279)*. Columbia University, PhD dissertation.

O'Brien, Patrick Karl. 1988. "The Political Economy of British Taxation, 1660-1815." *EHR*. 2nd ser. 41 (1).

———. 1991. *Power with Profit: The State and the Economy, 1688-1815*. London: University of London.

———. 1996. "Path Dependency, or Why Britain Became an Industrialized and Urbanized Econ omy Long before France" *EHR*, New Series, 49 (2): 213-249.

———, and Caglar Keyder. 1978. *Economic Growth in Britain and France, 1780 - 1914: Two Paths to the Twentieth Century.* London: George Allen & Unwin.

Ormrod, W. M., Margaret Bonney, and Richard Bonney. 1999. *Crises, Revolutions and Self - Sustained Growth: Essays in European Fiscal History, 1130-1830*. Stamford: Shaun Tyas.

O'Rourke, Kevin H., and J. H. Williamson. 1999. *Globalization and History: The Evolution of a Nineteenth - Century Atlantic Economy.* Cambridge, MA: MIT Press.

——. 1994. *A Monetary History of China* (*Zhongguo Huobi Shi*). Vols. 1 and 2. Trans. Edward H. Kaplan. Bellingham: Western Washington University.

Perdue, Peter. 1987. *Exhausting the Earth: State and Peasant in Hunan, 1500–1850.* Cambridge, MA: Harvard University Press.

Perkins, Dwight H. 1966. *Market Control and Planning in Communist China.* Cambridge, MA: Harvard University Press.

——. 1967. "Government as an Obstacle to Industrialization: The Case of Eighteenth-Century China. " *JEH 27 (4)*: 478–492.

——. 1969. *Agricultural Development in China, 1368 – 1968.* Chicago: Aldine.

Persson, Karl Gunnar. 1988. *Pre-industrial Economic Growth: Social Organization and Technological Progress in Europe.* Oxford: Blackwell.

Pomeranz, Kenneth. 2000. *The Great Divergence: China, Europe, and the Making of the Modern World Economy.* Princeton: Princeton University Press.

——. 2002. "Beyond the East – West Binary: Resituating Development Paths in an Eighteenth Century World. " *JAS 61 (2)*: 539–590.

Postan, Michael M. 1972. *The Medieval Economy and Society: An Economic History of Britain in the Middle Ages.* London: Weidenfeld and Nicolson.

——. 1973. *Essays on Medieval Agriculture and General Problems of the Medieval Economy.* Cambridge: Cambridge University Press.

Rawski, Evelyn S. 1972. *Agricultural Change and the*

Peasant Economy of South China. Cambridge, MA: Harvard University Press.

Rawski, Thomas G. 1989. *Economic Growth in Prewar China.* Berkeley: University of California Press.

——, and Lillian M. Li. 1992. *Chinese History in Economic Perspective.* Berkeley: University of California Press.

Rossabi, Morris, ed. 1983. *China among Equals: The Middle Kingdom and Its Neighbors, 10th - 14th Centuries.* Berkeley: University of California Press.

——. 1988. *Khubilai Khan: His Life and Times.* Berkeley: University of California Press.

Rowe, William T. 1984. *Hankow: Commerce and Society in a Changing Society.* Stanford: Stanford University Press.

——. 1985. "Approaches to Modern Chinese Social history." In *Reliving the Past: The Worlds of Social History*, ed. Oliver Kunz. Chapel Hill: University of North Carolina Press.

Rozman, Gilbert. 1973. *Urban Networks in Ch'ing China and Tokugawa Japan.* Princeton: Princeton University Press.

——. 1982. *Population and Marketing Settlements in Ch'ing China.* New York: Cambridge Uni versity Press.

Russell, J. C. 1958. *Late Ancient and Medieval Population.* Transactions of the American Philosophi cal Society New Series, No. 48, Part 3. Philadelphia: The American Philosphical Society.

Sands, Barbara, and Ramon H. Myers. 1986. "The Spatial Approach to Chinese History: A Test." *JAS 45* (4): 721-43.

Schumpeter, Joseph. 1954. "The Crisis of the Tax State. "

International Economic Papers 37(4): 5-38. Reprinted in 1991 in *The Economics and Sociology of Capitalism*, ed. Richard Swedberg and Joseph A. Schumpeter. Princeton: Princeton University Press.

——. 1968. *The Theory of Economic Development: An Inquiry into Profts, Capital, Credit, Interest, and the Business Cycle.* Cambridge, MA: Harvard University Press.

Schurmann, Herbert Franz. 1956. "Mongolian Tributary Practices of the Thirteenth Century." *Harvard Journal of Asiatic Studies* 19 (3/4): 304-389.

——. 1967. *Economic Structure of the Yuan Dynasty.* Translation of chapters 93 and 94 of the *Yuan Shih* 元史. Cambridge, MA: Harvard University Press.

Scogin, Hugh. 1978. "Poor Relief in Northern Sung China." *Oriens Extremus* 25: 30-46.

Sen, Amartya. 1982. *Poverty and Famines: An Essay on Entitlement and Deprivation.* Oxford: Clar endon Press.

Shiba, Yoshinobu. 1970. *Commerce and Society in Sung China.* Trans. Mark Elvin. Ann Arbor: University of Michigan, Center for Chinese Studies.

——. 1983. "Sung Foreign Trade: Its Scope and Organization." In *China among Equals*, ed. Morris Rossabi. Berkeley: University of California Press.

Skinner, G. William. 1964. "Marketing and Social Structure in Rural China, I-II." *JAS 24* (4):3-43; 25 (1): 195-228.

——, ed. 1977. *The City in Late Imperial China.* Stanford: Stanford University Press.

——. 1985a. "Rural Marketing in China: Repression and Revival. " *China Quarterly 103*: 393-413.

——. 1985b. "Presidential Address: The Structure of Chinese History. " *JAS* 44 (2):271-292.

Smith, John Masson, Jr. "Mongol and Nomadic Taxation. " *Harvard Journal of Asiatic Studies* 30:46-85.

Smith, Paul J. 1991. *Taxing Heaven's Storehouse: Horses, Bureaucrats, and the Destruction of the Sichuan Tea Industry, 1074- 1224.* Cambridge, MA: Harvard University Press.

——, and Richard Von Glahn, eds. 2003. *The Song-Yuan- Ming Transition in Chinese History.* Cambridge, MA: Harvard University Asia Center.

So, Billy K. L (苏启龙, also see Su Jilang 苏基朗). 1985. "The System for Registration of House holds and Population in the Sung Dynasty: An Institutional Analysis. " *Papers on Far Eastern History* 25 (3):1-30.

——. 2000. *Prosperity, Region and Institutions in Maritime China: The South Fukien Pattern, 946 - 1368.* Cambridge, MA: Harvard University Press.

Takaya, Yoshikazu. 1987. *Agricultural Development of a Tropical Delta.* Trans. Peter Hawkes. Honolulu: Uni versity of Hawaii Press.

T'ien, Jukang (also known as Tian, Rukang 田汝康). 1981. "Chêng Ho's Voyages and the Distribu tion of Pepper in China. " *Journal of the Royal Asiatic Society* 113 (2): 186-197.

Tilly, Charles, ed. 1990. *Coercion, Capital, and European*

States. Oxford, UK: Cambridge University Press.

Tilly, Richard. ed. 1999. *The State, the Financial System and Economic Modernization.* Cambridge: Cambridge University Press.

Titow, J. Z. 1972. *Winchester Yields: A Study in Medieval Agricultural Productivity.* Cambridge: Cam bridge University Press.

Tracy, James D. , ed. 1991. *The Political Economy of Merchant Empires.* New York: Cambridge Uni versity Press.

Twitchett, Denis C. 1962. "Land Tenure and the Social Order in T'ang and Sung China. " inaugural Lecture, November 28, 1961, School of Oriental and African Studies (London).

——. 1966. "The Tang Market System. " *Asia Major* 12 (2): 202–248.

——. 1968. "Merchant, Trade and Government in the Late Tang. " *Asia Major* 14 (1): 63–95.

——. 1970. *Financial Administration under the T'ang Dynasty.* 2nd edition. Cambridge: Cambridge University Press.

——. 2003. *Imperial China, 900 – 1800.* Cambridge, MA: Harvard University Press.

Vermeer, Edward B. , ed. 1990. *Development and Decline of Fukien Province in the 17th and 18th Centuries.* New York: Brill.

Von Glahn, Richard. 1996. *Fountain of Fortune: Money and Monetary Policy in China, 1000 – 1700.* Berkeley: University of California Press.

——. 2003. "Towns and Temple: Urban Growth and Decline in the Lower Yangtze Delta,1100–1400. " In Smith and Von Glahn.

Wang, Yeh – chien. 1973. *The Land Taxation in Imperial*

China, 1750-911. Cambridge, MA: Harvard University Press.

Watson, Andrew, trans. 1972. "Transport in Transition: The Evolution of Traditional Shipping in China." In *Michigan Abstracts of Chinese and Japanese Works on Chinese History*, No. 3. Ann Arbor: Center for Chinese Studies, University of Michigan.

Will, Pierre-Etienne, trans. 1990. *Bureaucracy and Famine in Eighteeth-Century China.* Stanford: Stanford University Press.

——, R. Bin Wong, James Lee, contributions by Jean Oi and Peter Perdue. 1991. *Nourish the People: The State Civilian Granary System in China, 1650 - 1850.* Ann Arbor: Center for Chinese Studies, University of Michigan.

Williamson, H. Raymond. 1935 - 1937. *Wang An Shih, a Chinese Statesman and Educationalist of the Sung Dynasty.* London: A. Probsthain.

Williamson, Jeffrey G. , and Kevin H. O'Rourke. 1999. *Globalization and History: The Evolution of a Nineteenth - Century Atlantic Economy.* Cambridge, MA: MIT Press.

Wong, R. Bin. 1990. "The Development of China's Peasant Economy: A New Formulation of Old Problems." *Peasant Studies* 18 (1): 5-26.

——. 1997. *China Transformed: Historical Change and the Limits of European Experience.* Ithaca: Cornell University Press.

——, and Pierre - Etienne Will. 1991. *Nourish the People: The State Civilian Granary System in China, 1650 - 1850.* Ann Arbor: Center for Chinese Studies, University of Michigan.

——, and Jean-Laurent Rosenthal. 2011. *Before and Beyond*

Divergence: The Politics of Economic Change in China and Europe. Cambridge, MA: Harvard University Press.

Yang, Lien-sheng. 1952. *Money and Credit in China: A Short History.* Cambridge: Harvard Uni versity Press.

Yamamura, Kozo. 1998. "From Coins to Rice: Hypothesis on the Kandaka and Kokudaka Systems." *Journal of Japanese Studies* 14 (2): 341-367.

——, and Kamiki, Tetsuo. 1983. "Silver Mines and Sung Coins: A Monetary History of Medi eval and Modern Japan in International Perspective." In *Precious Metals in the Late Medieval and Early Modern Worlds*, ed. J. F. Richards. Durham, NC: Carolina Academic Press.

日文

青山博士古稀紀念宋代史論叢刊行会、1974、『青山博士古稀紀念宋代史論叢』、東京、省心書房。

青山定雄、1963、『唐宋時代の交通と地誌地図の研究』、東京、吉川弘文館。

新宮学、1993、「南京還都」、『和田博徳教授古稀記念・明清時代法と社会』、東京、汲古書院、59-90頁。

愛宕元、1991、『中国の城郭都市―殷周から明清まで―』、東京、中央公論社。

愛宕松男、1953、「朱呉国と張呉国―初期明王朝の性格に関する一考察」、『文化』17 (6): 597-621。

——1973、「斡脱銭とその背景―13世紀モンゴル＝元朝における銀の動向」、『東洋史研究』32 (1): 1-27; 32

（2）：23-61。

——1988、『元朝史』、『愛宕松男東洋史學論集』第四
巻、東京、三一書房。

——1989、『東西交涉史』、『愛宕松男東洋史學論集』第
五巻、東京、三一書房。

市古尚三、1977、『明代貨幣史考』、東京、鳳書房。

池田温、1968、「中国古代物価の一考察1・2—天宝元年
交河郡市估案断片を中心として—」、『史学雑誌』77 巻 1 号
1-45 頁、2 号 45-64 頁。

——［1979］2007、『中国古代籍帳研究—概観・録文
—』、東京、東京大学東洋文化研究所。（中译本：《中国古代
籍帐研究》，龚泽铣译，北京：中华书局。）

池田静夫、［1939］1940、「北宋に於ける水運の發達」、
『東亞経済研究』23 巻 2 号 1-40 頁、23 巻 3 号 41-60 頁、23
巻 4 号 48-61 頁、23 巻 5 号 70-89 頁、23 巻 6 号 61-74 頁、
24 巻 1 号 45-70 頁、『支那水利地理史研究』、東京、生活社。

岩井茂樹、2004、『中国近世財政史の研究』、京都、京
都大学学術出版会。

岩見宏、1962、「湖広熟天下足」、『東洋史研究』20 巻 4
号、27 頁。

——1986、『明代徭役制度の研究』、京都、同朋舎。

岩生成一、1953、「近世日支貿易に関する数量的考察」、
『史学雑誌』62 巻 11 号、981-1019 頁。

奥山憲夫、1993、「明軍の給与支給について—正統・景
泰朝と中心に—」、『和田博德教授古稀記念・明清时代法と社
会』、東京、汲古書院、133-153 頁。

——2003、『明代軍政史研究』、東京、汲古書院。

大沢正昭、［1985］1996、「"蘇湖熟天下足"—「虚像」と「実像」のあいだ—」、『新しい歴史学のために』179 号、「宋代"江南"の生産力評價をめぐて」、『唐宋変革期農業社会史研究』、東京、汲古書院、235-252 頁。

——1993、『陳旉農書の研究：12 世紀東アジア稲作の到達点』、東京、農山漁村文化協会。

——1996、『唐宋変革期農業社会史研究』、東京、汲古書院。

金沢陽、1990、「明代景徳鎮民窯製品の販路について」、『山根幸夫教授退休記念明代史論叢』下巻、東京、汲古書院、885-902 頁。

加藤繁、［1953］1926、「唐宋の草市に就いて」、『史学雑誌』37 巻 1 号、『支那経済史考証』上巻、東京、東洋文庫、380-386 頁。

—— ［1953］1933a、「唐宋時代の草市及び其の發展」、『市村博士古稀記念東洋史論叢』、東京、冨山房。『支那経済史考証』1953、東京、東洋文庫、387-421 頁。

—— ［1953］1933b、「唐宋時代の市」、『経済学研究：福田徳三博士追憶論文集』、東京、森山書店。『支那経済史考証』上巻、東京、東洋文庫、347-379 頁。

——1953、『支那経済史考證』、東京、東洋文庫。（中译本：《中国经济史考证》，吴杰等译，北京：商务印书馆，1963。）

川越泰博、2001、『明代中国の軍制と政治』、東京、国書刊行会。

川勝守編集、1993、『アジアにおける生産と流通の歴史社会学的研究』、福岡、中国書店。

——1999、『明清江南市鎮社会史研究』、東京、汲古書院。

——2004、『中国城郭都市社会史研究』、東京、汲古書院。

木宮泰彦、1965、『日華文化交流史』、東京、冨山房。（中译本：《日中文化交流史》，胡锡年译，北京：商务印书馆，1980。）

衣川強、1970、「宋代の俸給について—文臣官僚お中心として—」、『東方学報』41 巻、415 -466 頁。

——1971、|官僚と俸給—宋代の俸給について続考—」、『東方学報』41 巻、177-208 頁。

岸本美緒、1990、「明末の田土市場に関する一考察」、『山根幸夫教授退休記念明代史論叢』下巻、東京、汲古書院、751-770 頁。

——1997、『清代中国の物価と経済変動』、東京、研文出版。

——1999、『明清交替と江南社会— 17 世紀中国の秩序問題—』、東京、東京大学出版会。

清木場東、1992、「唐代の水陸運賃について—脚法お中心として—」、『東洋史研究』50 巻 3 号、58-74 頁。

——1996、『唐代財政史研究—運輸編—』、福岡、九州大学出版会。

——1997、『帝賜の構造（唐代財政史研究、支出編）』、福岡、中国書店。

——2005、『北宋の商業活動』、福岡市、中国書店。

久保田和男、2000、「宋都開封の人口数についての一試論—在京禁軍数の推移を手がかりとして—」、『東洋学報』82巻2号、163-194頁。

——［2007］2010、『宋代開封の研究』、東京、汲古書院。(中译本:《宋代开封研究》,郭万平译,上海:上海古籍出版社,2010。)

黒木国泰、1993、「一条鞭法研究の課題と展望」、『和田博德教授古稀記念・明清時代法と社会』、東京、汲古書院、593-608頁。

小岩井弘光、1977、「南宋大軍兵士の給與錢米について—生券・熟券問題と關連して—」、『東洋史研究』35巻4号、87-117頁。

——1998、『宋代兵制史の研究』、東京、汲古書院。

小山正明、1992、『明清社会経済史研究』、東京、東京大学出版会。

佐久間重男、1943、「明代の商税制度」、『社會經濟史學』13（3）:31-60。

——1962、「明代景徳鎮窯業の一考察」、『清水博士追悼記念明代論叢』、清水博士追悼記念明代史論叢編纂委員会、東京、大安、457-488頁。

——1965、「明代における商税と財政との關係」、SGZH65（1-2）:1-28，46-65。

——1977、明清史論叢刊行会編『明清史論叢:中山八郎教授頌寿記念』、東京、燎原書店、271-301頁。

佐佐木達夫、1985、『元明時代窯業史研究』、東京、吉川弘文館。

佐竹靖彦等編集、1996、『宋元時代史の基本問』、東京、汲古書院。

斯波義信、1968、『宋代商業史研究』、東京、風間書房。

——1974、「宋代市糴制度の沿革」、『青山博士古稀紀念宋代史論叢』、東京、汲古書院、123-159 頁。

——1986、「宋代江南秋苗額考」、『中村治兵衛先生古稀紀念東洋史論叢』、中村治兵衛先生古稀記念東洋史論叢編集委員会、東京、刀水書房、303-319 頁。

——1988、『宋代江南経済史の研究』、東京、東京大学東洋文化研究所。

——1991、「宋代の消費、生産水準試探」、『中國史學』1（10）：147-72。

——2001a、『宋代江南経済史の研究　訂正版』、東京、汲古書院。

——2001b、「宋代の都市化を考える」、『東方學』102：1-18。

島居一康、1993、『宋代税政史研究』、東京、汲古書院。

清水博士追悼記念明代論叢編纂委員会編、1962、『明代史論叢：清水博士追悼記念』、大安、清水博士追悼記念明代史論叢編纂委員会。

周藤吉之、1950、「宋代の佃戸制—奴隷耕作との関聯に於いて」、『歴史学研究』143 号、20-40 頁、『中国土地制度史研究』、107-172 頁。

——1962a、『宋代経済史研究』、東京、東京大学出版会。

——1962b、「南宋の苧麻布生産とその流通過程」、『宋代経済史研究』、321-362。

——1962c、「宋代州県の職役胥吏の發展」、『宋代経済史研究』、655-816 頁。

——1965a、「宋代州県の職役胥吏の發展」、『唐宋社会経済史研究』、東京、東京大学出版会、655-816 頁。

——1965b、「宋代の郷村における店、市、歩の發展」、『唐宋社会経済史研究』、782-866 頁。

——1980、『中国土地制度史研究』、東京、東京大学出版会。

鈴木公雄、1999、『出土銭貨の研究』、東京、東京大学出版会。

曾我部静雄、1940、『開封と杭州』、東京、冨山房。

——1974、『宋代政経史の研究』、東京、吉川弘文館。

檀上寛、1980、「初期明王朝の通貨政策」、『東洋史研究』39 巻 3 号、527-556 頁。

——1995、『明朝専制支配の史的構造』、東京、汲古書院。

高橋芳郎、1978、「宋代佃户の身份問題」、『東洋史研究』37 巻 3 号、390-417 頁。

——2002、『宋代中国の法制と社会』、東京、汲古書院。

高谷好一、1982、『熱帯デルタの農業發展：ソナム、デルタの研究』、東京、創文社。

中国史・陶磁史論集編集委員会編集、1983、『中国史・陶磁史論集：佐久間重男教授退休記念』編集委員会、東京、燎原書店。

天野元之助、［1962］1979、『中国農業史研究』、東京、お茶の水書房。

寺田隆信、1968、「明末における銀の流通量について―あるいは蒋臣の鈔法」、田村博士退官記念事業会編『田村博士頌壽東洋史論叢』、京都、田村博士退官記念事業会。

――[1972] 1986、『山西商人の研究：明代における商人および商業資本』、京都、東洋史研究会。(中译本：《山西商人研究》，张正明等译，太原：陕西人民出版社，1986。)

長井千秋、1993、「南宋軍兵の給與―給與額と給與方式お中心に―」、梅原郁編集『中国世の法制と社会』、京都、京都大学学術出版会、249-292 頁。

長瀬守、1974、「宋代江南における水利開發 とくに觀縣としてその周城を中心として―」、『青山博士古稀紀念宋代史論叢』、東京、省心書房、315-337 頁。

――1983、『宋元水利史研究』、東京、国書刊行会。

中島楽章、1994、「明代中期の老人制と郷村裁判」、『史滴』15 号、16-30 頁。

中村治兵衛先生古稀記念東洋史論叢編集委員会編、1986、『東洋史論叢：中村治兵衛先生古稀記念』、東京、刀水書房。

中村哲等、1993、『東アジア専制国家社会経済』、東京、青木書店。

中村質、1988、『近世長崎貿易史の研究』、東京、吉川弘文館。

奈良修一、1993、「一七世紀中国における生絲生産と日本への輸入」、『和田博徳教授古稀記念・明清時代法と社会』、東京、汲古書院、469-490 頁。

西嶋定生、［1944］2002、「松江府における棉業形成過程について」、『社会経済史学』13 巻 11-12 号、1141-1148 頁、『西嶋定生東アジア史論集』第一巻『中国古代帝国の秩序構造と農業』、東京、岩波書店、243-250 頁。

——［1948］2002、「明代における木棉の普及について」、『史学雑誌』57 巻 4 号、57 巻 5・6 合号、『西嶋定生東アジア史論集』第一巻『中国古代帝国の秩序構造と農業』、251-300 頁。

——1966、『中國經濟史研究』、東京、東京大学出版会。

——2002、『西嶋定生東アジア史論集』第一～五巻、東京、岩波書店。

西岡弘晃、2004、『中国近世の都市と水利』、福岡、中国書店。

浜島敦俊、1982、『明代江南農村社会の研究』、東京、東京大学出版会。

速水融、1973、『日本における経済社会の展開』、東京、慶応義塾大学出版会。

——1988、『経済社会の成立 17 - 18 世紀（日本経済史 1）』、東京、岩波書店。

——1989、「近世日本の経済発展と Industrious Revolution」、『徳川社会からの展望―発展・構造・国際関係―』、東京、同文舘。

日野開三郎、1935a、「北宋時代に於ける銅鉄銭の鋳造額に就いて」、『史学雑誌』第 46 巻第 1 号、46-105 頁。

——1935b、「北宋時代の博糴に就いて」、『歴史学研究』4 巻 3 号、333-363 頁。

——1935c、「宋代の便糴に就いて」、『東洋学報』23 巻 1 号、365-417 頁。

——1936-1937、「北宋時代における銅鉄銭の需給に就いて」、『歴史学研究』6 巻 5 号 482-510 頁、6 号 663-685 頁、7 号 791-798 頁。

——1952a、「五代、北宋の歳幣、歳賜と財政—五代、北宋歳幣、歳賜考第二章—」、『東洋史学』第 6 輯、『日野開三郎東洋史学論集』第 10 巻、415-440 頁。

——1952b、「銀絹の需給上より見た五代・北宋の歳幣・歳賜」、『東洋学報』35 巻 1・2 号、『日野開三郎東洋史学論集』第 10 巻、441-500 頁。

——1982、『日野開三郎東洋史学論集』第 5 巻『唐・五代の貨幣と金融』、東京、三一書房。

——1983、『日野開三郎東洋史学論集』第 7 巻『宋代の貨幣と金融』、東京、三一書房。

——1989、『日野開三郎東洋史学論集』第 12 巻『行政と財政』、東京、三一書房。

藤井宏、1943a、「明代田土統計に関するの一考察(1)(2)(3)」、『東洋学報』30 巻 3 号 386-419 頁、30 巻 3 号 506-533 頁、31 巻 1 号 97-134 頁。

——1943b、「明代戸口食塩法に就いて」、『社会経済史学』13 巻 3 号、213-242 頁。

——1953、『新安商人の研究』、東京、東洋文庫。

船越泰次、1996、『唐代両税法研究』、東京、汲古書院。

星斌夫、1963、『明代漕運の研究』、東京、日本学術振興会。

――1971、『明清時代交通史の研究』、東京、山川出版社。

――1985、『中国社会福祉政策史の研究―清代の賑済倉を中心に―』、東京、国書刊行会。

細野浩二、1977、「耆宿制から里老人制へ―太祖の『方巾御史』創出をめぐって―」、明清史論叢刊行会編『明清史論叢：中山八郎教授頌寿記念』、東京、燎原書店、27-58 頁。

前田直典、1973、「元朝時代に於ける紙幣の価値変動」、『元朝史の研究』、東京、東京大学出版会、107-143 頁。

松井秀一、1976、「唐代における蚕桑の地域性について―律令制期の蚕桑関係史料を中心に―」、『史学雑誌』85 巻 9 号、1249-1189 頁。

――1981、「中国律令制期の蚕桑に関する若干の問題について―栽桑の規模と夏蚕の飼養を中心に―」、『史学雑誌』90 巻 1 号、1-35 頁。

――1990、「宋代の蚕桑及び絹帛生産研究序論（一）―地域性の考察を中心に―」、『札幌大谷短期大学紀要』22 号、1-58 頁。

――1991、「宋代の蚕桑及び絹帛生産研究序論（二）―地域性の考察を中心に―」、『札幌大谷短期大学紀要』23 号、1-66 頁。

――1992、「宋代の蚕桑及び絹帛生産研究序論（三）―地域性の考察を中心に―」、『札幌大谷短期大学紀要』25 号、1-64 頁。

明清史論叢刊行会編、1990、『明清史論叢：中山八郎教授頌寿記念』、東京、燎原書店。

宮崎市定、1943、『宋代宋初の通貨問題』、京都、星野書店。

——1950、東洋的近世、東京、教育タイムス社、『宮崎市定全集』第二巻。

——1952、「宋代以後の土地所有形体」、『東洋史研究』12巻2号、1-34頁。

——1953、「宋代州県制度の由来とその特色」、『史林』6巻2号、『宮崎市定全集』第十巻、216-245頁。

——1954、「明代蘇松地方の士大夫と民衆」、『史林』37巻3号、1-33頁、『宮崎市定全集』第十三巻、3-39頁。

——1966、「唐代賦役制度新攷」、『東洋史研究』14巻4号、249-272頁。

——1969、「洪武から永乐へ」、『東洋史研究』27巻4号、『宮崎市定全集』第十三巻、40-65頁。

——1971、「部曲より佃戸へ—唐宋間社会変革の一面」、『東洋史研究』29巻4号30-65頁、30巻1号1-32頁。

——1977-1978、「中国史」一・二、東京、岩波書店、『宮崎市定全集』第一巻。

——1991-1994、『宮崎市定全集』、東京、岩波書店。

宮澤知之、1984、「宋代先進地帯の階層構成」、『鷹陵史学』10：25-82。

——1993、「唐より明にいたる貨幣経済の展開」、『東アジア専制国家社会経済』、東京、青木書店、185-220頁。

——1998、『宋代中国の国家と経済』、東京、創文社。

——2007、『中国銅銭の世界—銭貨から経済史へ—』、京都、思文閣。

百瀬弘、1935a、「明代中国外国貿易」、中村哲夫・山根幸夫編『明清社会経済史研究』、東京、研文出版、1980年、3-21頁。

——1935b、「明代の銀産と外国銀に就いて」、中村哲夫・山根幸夫編『明清社会経済史研究』、東京、研文出版、1980年、22-70頁。

森正夫、1988、『明代江南土地制度の研究』（東洋史研究叢刊42）、京都、同朋舎。

——1992、『江南デルタ市鎮研究』、名古屋市、名古屋大学出版会。

古林森廣、1987、『宋代産業経済史研究』、東京、国書刊行会。

渡部忠世、桜井由躬雄、1984、『中国江南の稲作文化―その学際的研究』、東京、日本放送出版協会。

藪内清等、1967、『宋元時代の科学技術史論集』、京都、京都大学人文科学研究所。

——藪内清・吉田光邦等編、1970、『明清時代の科学技術史論集』、京都、京都大学人文科学研究所。

山田勝芳、1993、『秦漢財政収入の研究』、東京、汲古書院。

山根幸夫、1960、「明清時代華北における定期市」、『東京女子大學史論』8巻11号、493-504頁。

——1977、「明、清初の華北の市集と紳士、豪民」、明清史論叢刊行会編『明清史論叢：中山八郎教授頌寿記念』、東京、燎原書店、303-332頁。

——1995、『明清華北定期市の研究』、東京、汲古書院。

山脇悌二郎、1964、『長崎の唐人貿易』、東京、吉川弘文館。

柳田節子、1986、『宋元社會経済史研究』、東京、創文社。

——1995、『宋元郷村制の研究』、東京、創文社。

幸徹、1960、「北宋の過税制度」、『史淵』83 巻 12 号、81-105 頁。

——1964、「北宋時代の盛時における監當官の配置状態について」、『東洋史研究』23 巻 2 号、52-76 頁。

——1993、「唐宋時代における南北商業流通証券類についての諸問題」、川勝守編『東アジアにおける生産と流通の歴史社会学的研究』、福岡、中国書店、233-271 頁。

吉田光邦、[1966] 1972、「宋代の鐵について」、『東洋史研究』24 巻 4 号、『中国科学技術史論集』、東京、日本放送出版協会、353-371 頁。

——1972、「宋代の技術」、藪内清編『宋元時代の科学技術史』、京都、京都大学人文科学研究所、287-371 頁。

—— [1970] 1972、「景徳鎮の陶瓷生産と貿易」、藪内清・吉田光邦編集『明清時代の科学技術史論集』、京都、京都大学人文科学研究所、『中国科学技術史論集』、489-567 頁。

——1972、『中国科学技術史論集』、東京、日本放送出版協会。

吉岡義信、1978、『宋代黄河史研究』、東京、お茶の水書房。

索 引

彭慕兰书评[*]

　　从 1000 年到 1650 年，中国经济具有怎样的基本脉络？这是一个非常重大的议题，刘光临先生就此创作了一部极有价值的著作。（书名中用了"1500 年"，但讨论的时间下限实在此之后。）研究本身非常出色，而且作者提出了一些运用其数据的原创性方法。不过有些时候，该书建构的论证过程有欠精细，所提的观点也超出了其论证的界限。尽管如此，这本书将会激发学者就中国经济史上的一些根本性问题展开非常有益的讨论，因此非常值得一读。

　　大体上来说，刘光临的观点很难被反驳。作者指出，一方面，中国在宋代（约 960~1279 年）经历了令人瞩目的经济增长，同时各类市场在中国社会的作用也显著增加；另一方面，明朝开国君主朱元璋试图重建一个由基本上自给自足的、去货币化的村庄所组成的理想世界，相关的种种政策对中国经济造成了沉重的打击。中国用了很长时间才从明初的重击中恢复过来。许多学者认为，中国在 1500 年已经回到了至少与宋朝的繁荣程度相当的市场经济。但刘光临的看法不同，他认为这种恢复至少要迟到 1600 年甚至更晚。将视野扩展到中国之外，刘光临认为这个历史案例充分证明，各种市场制度在刺激经济从极低的发展水平开始增长这一方面发挥了核心作用。

　　他的前三个观点——宋代的市场化、宋代的相对繁荣，以

＊　原文 2017 年 6 月发表于 EH. Net，中文版由本书译者李春圆首次译出。——编注

及明初政策的破坏性——获得了广泛认可。可能引发争议的首先是程度问题：究竟有多繁荣，有多市场化，明初造成的冲击有多大又持续了多久？其次的争议点则集中于因果逻辑，也就是各种其他因素所发挥的作用。例如，刘光临对宋代的技术发明着墨甚少，包括火药的发明、指南针、纸币，以及从东南亚引进早熟水稻品种等，只是注意到有一些最重要的发明并没有很快传播开来。有些学者会认为这些发明（包括印刷术等始于唐代的发明）极大地推动了宋代——在部分地区甚至延续到元代——的经济增长。虽然我们永远无法获得将增长动力精确分解到不同因素所需的数据，但依然有可能进一步就各因素的相对权重展开有意义的讨论。类似地，我们能知道的是，13 世纪的宋元战争在一些地区（特别是华北、四川）造成了毁灭性冲击，在另一些地区（长江中下游以及更南方的区域）则影响甚微；但是，区域之间不同演变历程的相对重要性仍有待阐明，而这一问题又深刻影响到刘光临把 11~16 世纪生活水平的明显停滞或下降完全归因于明初反市场政策的看法是否合理。

本书的一大贡献，是综合性地论述了从宋代的发展到宋代以后的衰落这一转折性变化。类似的看法（如 Elvin，1973）曾经流行一时，但近年来逐渐让位给另一种看法，即认为那几百年中始终存在渐进的发展（Smith and von Glahn，2003）。刘光临充分发掘、利用了并不完美的数据，估算出 980 年至 1109 年之间年均人口增长率达 0.92%，这在前近代社会是一个极高的数字。借助大量的研究论著，刘光临阐述了有关农业发展的大量证据，例如，资本深化特别是对灌溉的大规模投资，又如耕牛使用量的增加等。从逻辑上来说，这些变化理应显著提升农业亩产量，从而保障总人口在增加超过 2 倍之后仍然能维持与此前相当甚至还有所提升的饮食水平。

但遗憾的是，有关宋代实际亩产量的优质数据很少。刘光临注意到，珀金斯广为人知的估算（和关于宋代产出的绝大部分其他估算类似）是以农业地租为基础推测而来，而这些地租数字涉及的土地大多是学田。他进一步认为，学田的租率常常低于市场租率，这使推测的亩产量有所低估，而且百姓经常只把他们最贫瘠的土地捐给学校；与此同时，珀金斯的部分晚期数据出自农书，体现的应该是偏高估的情况。由此，刘光临进一步认为，虽然珀金斯那影响深远的研究带给人们一种印象，即在相应的数百年里始终存在缓慢而持续的进步，但这很可能只是一个统计假象。相比之下，刘光临更倾向于旧的看法，即宋代出现了经济大繁荣，而之后的元明清则几乎没有进步。以周生春的研究为基础，刘光临试图从人口、平均粮食消费等数据逆推 13 世纪长江下游地区的亩产量，所得结果在各州府之间差异很大，但总体来说接近我们对现代农业出现以前的各时期亩产估值的最高点。这个结论没有给元、明甚至清代的农业成长留下多少空间。

这个看法如能得到证实，将是非常重要的发现，但我对此尚存疑问。部分的疑问来自个人经验，因为我以前也曾经用类似的方法估算 18 世纪各种农作物的产出并得到极高的估算结果。[1] 另

———————————

[1] 因为在部分地区缺少非粮食作物的耕地面积数据，所以我决定以公认的人口、粮食消费、进口等数据为基础，来估算有多少土地会被投入非粮食作物的生产上。然后，我用所得土地面积乘以保守估计的非粮食作物单产，所得数字极大，迫使我用各种方法加以调整，甚至仅凭主观将一个案例里的非粮食作物耕地面积减少了一半。最终得到的结果仍然相当于——有些甚至远远超过——前人估算的最高值。我并没有打算将这些估算全部丢弃，而且很欣慰看到这一方法获得认同。但在这里我还是要有所保留，尤其考虑到刘光临还没有像我那样对他估算的结果加以调整。

外，他的数据（尤其是表 7-8）还有一些技术问题，尽管这些问题应该还不至于根本性地改变结论。① 我想，我们最多可以肯定的是，宋代有一些农民几乎实现了前近代最高的亩产量，同时随着时间推移，其他越来越多的农民逐渐追赶上来——但我们完全无法确定这一追赶完成的时间跨度是几十年，抑或是几百年。

对绝大部分的非食品项目在宋代的人均消费，我们完全没有数据来进行严肃的估算。有一些逸闻显示消费有所提高，但刘光临选择不依靠这些资料，而是通过估算无技术劳力的实际工资，来证明宋代是 20 世纪以前的中国生活水平最高的时期。在欧洲，我们可以找到教堂和学校建筑工人的长期工资数据。但在中国，我们找不到类似的针对特定地方的、相对标准化职业的长期私人雇工工资记载，所以刘光临建构了数据相对丰富的士兵工资长期序列；同时我们缺乏足够的商品价格数据来构建长期物价指数，因此刘光临采用粮食价格作为数据序列的通货膨胀因子。最终得到的数据序列的起点（1004 年）就是实际工资最高点，接下来约一百七十年里在剧烈波动中呈现整体下落态势，之后则相对稳定，直到明代初年实际工资陡然下降，晚明时期略有恢复，但到清初又一次下降（见图 E-1）。

刘光临拼合完成的数据序列对学界大有助益，但它是否真的能够体现普通人的生活水平？对此，我们应当保持相当谨慎的态度。历代官府并不是通过真正的劳动力市场雇用士兵的，不同时期军队招募的制度背景或当兵所享有的（工资之外的）

---

① 周生春的数字主要使用元代的度量衡，相关的换算很复杂。在与我通过电子邮件交流之后，刘光临尝试就一个州的数据加以重算，所得结果比周生春的原数低 1%。

待遇也并不相同。进一步说，即使我们有可靠的私人部门工资序列，也不一定就意味着它能成为估算民众生活水平的可靠依据，更不能像刘光临（本书页边码第133页）所主张的那样，用它来代表人均GDP。在中国帝制后期，雇工从未超过劳动力总数的15%。绝大多数农民要么拥有自己的土地，要么拥有相对稳定的佃权（特别是在清代），因此他们所挣的远远超过无技术劳工的收入——根据我对18世纪的初步估算（以及对数据条件更佳的20世纪的估算），平均来说前者是后者的3倍。有许多现象可以支持这一看法，特别是佃农、小土地所有者能够抚养家庭，而无技术劳工很难负担得起婚姻。另外，就人均GDP而言，我们还必须考虑富裕家庭高收入的影响。最后，同样重要的是，工资与农户平均收入之间的比例很有可能会随时间而发生改变，特别是在帝制后期还出现了佃户田面权（tenant usufruct rights）的逐渐强化；如果真是这样，那么我们即使有足够完善的工资序列，大概也无法从中看到我们所期望的有关整体生活水平的情况。

不过，即使说刘光临未能成功证明他最雄心勃勃的那些主张，我们也必须承认他在许多具体实证问题的论证上确实是成功的。特别是揭示宋代相对繁荣而明初急剧衰退的证据如此之多，以至我们即使能就单个指标提出质疑，也很难全面否认这些证据的意义。货币供应在明初急剧收缩，随后导入的（用于国家支付的）宝钞也很快变得一文不值。商税下降了，可以想象长途贸易也会下降。从约1050年到约1400年，工资的下降幅度非常之大，这也不可能完全用数据误差来解释。本书后半部分有一项独立的估算，认为从1121年（宋朝丢失华北前夕）到1420年间，长三角的人均产出基本上保持稳定，而华北的人均收入则可能下降了 50% 之多。刘光临还很有力地揭示，宋代百姓比明初百姓更加自由，同时在经济上可能也更加平等——尽管为不平等而忧心忡忡的宋代文献是如此之多，使人不禁要相信它们必有所本。

接下来的问题是如何解释这些差异。刘光临的答案简单直白：宋朝对市场的依赖促进了繁荣和平等，而明初对市场的压制起了反作用。在这里我觉得，刘光临的论述有些执着于一个简单的对比，而结论超出了其论据所能支撑的范围。

各种市场机制的影响在宋代日益深刻，进而刺激了经济增长，这一点是应该被承认的。首先受到影响的应该就是南方农业的增长，它需要大量的（特别是水利方面的）投资，而如果宋朝延续了此前各朝代对土地私有制的限制，那么农业投资的规模肯定达不到历史现实的水平。有了南方农业产出的剩余，加上河道带来的相对便利的运输，便出现了令人瞩目的商业增长和城市化。宋元时期中国的对外贸易极为繁荣，与长江以北的海岸相比，长江以南的沿海良港数量多得多，所以中国经济重心的南移也很有利于对外贸易的发展。

不过，即使是在南方，国家也为对外贸易提供了关键基础设施（尽管其作用随时间推移而下降），并且经常直接参与其中。而在北方，无论是消费者市场，还是在史无前例的军费规模的刺激下出现的冶铁业的超前增长，都高度仰赖宋代政府修建的庞大运河系统和集中于首都地区的巨大需求。另外，一系列发明一定也为宋代的强劲增长贡献良多。

明初重回地方性封闭经济的企图产生了严重而深远的负面影响，这一点我想大部分人都会同意。但我们也应该注意到，刘光临估算的 1121～1420 年出现的产量下降集中于华北，而这一区域在这一时期内经历了一系列重大的冲击，包括来自北方的非汉民族（包括最具破坏性的蒙古人）进入中原时的三波军事活动、元明易代的长期战乱、明初两个皇子之间的内战，以及黄河不断出现的严重泛滥——其中两次泛滥大幅改变了黄河河道走向（近四千年中这样的改道事件只发生了六次），并彻底消灭了重建宋代运河系统的可能性。相比之下，同时期的南方（四川除外）或者没有，或者只是非常轻微地受到这些冲击的影响。明朝的政策当然也造成了很大破坏，但各种破坏因素的相对重要性还有待进一步深入分析，因此目前我们还不能轻易接受刘光临的论述——他几乎把明朝开国皇帝的反市场政策当成了唯一的因素。

另外，刘光临经常用"管制经济"（command economy）这一概念统括明代所有的"斥商主义"（anti-commercialism）行为，并将之与一个理想的"市场经济"进行对比（如本书页边码第 1、4~12、134~136、197、199 页）。对此，我也持保留态度。任何一个前近代国家都无法长期执行真正的"管制经济"所必需的强力干预。明朝或许比其他大部分王朝更有执行力，但到 1425 年前后，明朝的大规模财产再分配和强制移民都已经结束，土地、劳动力又回归了私人市场交易。[①]另外，匠户签发制度在 15 世纪瓦解，官方朝贡体制之外的对外贸易也逐渐回归，等等。但这些并不表示明朝的"斥商主义"态度已经终结，也不意味着这种态度的影响已经消除。问题还有很多，其中之一是明王朝从未尝试为私人经济提供必

---

① 例如，一组难得的家户层面的记录显示，徽州一个拥有一定地产的家庭在（入明之后不久的）1391 年到 1432 年之间总计进行了不少于 18 次土地买卖。参见 Von Glahn，2016：291-293。

需的货币，由此带来的危害影响明朝百姓上百年。[①] 货币方面
的失败最初或许是一个强大国家试图推行"管制经济"的一
环，但后来很快演变成截然不同的东西——更具体地说，变成
了一个相对弱势的国家没有能力去推行那些本来可以同时造福
私人经济与国家自身的干预政策。

　　继明朝之后的清朝（1644～1912 年）对管制经济肯定没
有兴趣，而且经常努力推动市场发展——尽管也没有一直这样
做；同时，国家收入占 GDP 的比重也从宋代军事财政体制下
的最少 10%（最高可能达 20%）下降到了只有 2%。[②] 但清朝
竟然提供了中国历史上最为稳定的铜钱——这是绝大多数日常
交易使用的货币，同时，白银为大额交易提供了还算充足的货
币；并且，清朝为许多重农主义的事业动员了相当多的资源，
包括兴修水利、调控粮价、推广农业和手工业最先进技术等。
（从比例上说，清朝的军费开支远远小于宋朝或明朝的，这为
政府低攫取、高服务的模式创造了条件。[③]） 在一百五十年的
时间里，这些因素共同推动了令人瞩目的人口与经济增长。有
趣的是，有三位重要的经济史家——洛伦·兰特（Loren
Brandt）、马德斌、托马斯·罗斯基（Thomas Rawski）——丝
毫不反对市场，但又都认为政府弱小是清代经济发展未能更上
一层楼的主要原因：一个统治着广大国土的小政府，没有能力

---

① Von Glahn（1996）和 Kuroda（2000）认为，这个问题最终在清代得到了
　　一定程度的解决。
② Perkins, 1967: 492. 关于清代，参见 Wang, 1973: 133。Golas（1988:
　　93-94）认为宋代这个数字是 24%，但又承认其似乎并不合理；Hartwell
　　（1988: 79-80）认为略高于 10%。
③ 关于军费开支，可以比较 Hartmann（2013: 29）和周育民（2000: 36-
　　38）。

阻止土匪、豢养私人武装的地方精英、不法胥吏等各色地方强
力人物侵扰地方市场和财产权。① 很显然，类似的侵扰问题也
存在于晚明，只是其严重程度无论在哪个时期都难以被精确衡
量。但它仍然提醒我们，"市场经济"与"管制经济"的简单
对比不足以让我们充分理解国家与市场的多重关系——对帝制
中国是如此，对其他地方也是如此。

　　无论如何，这是一部令人瞩目的著作，它展示了宋代经济
市场化带来的巨大活力，也展示了这些成就到明中叶时至少在
部分地区所出现的深度衰退。同样令人瞩目的是，作者非常努
力地将许多其他学者仅仅做出了定性描述的历史趋势数据化，
书中的许多附录经常和正文一样富有启发性。研究的结果虽然
并不像书中有时候示意的那样具有革命性或决定性，但肯定会
在未来很长的时间里启发更多富有成效的讨论。

参考文献

Brandt, Loren, Debin Ma and Thomas Rawski. 2014. "From Divergence to Convergence: Reevaluating the History behind China's Long Economic Boom." *Journal of Economic Literature* 52 (1): 45-123.

Elvin, Mark. 1973. *The Pattern of the Chinese Past.* Stanford: Stanford University Press.

Goals, Peter, 1988. "The Sung Economy: How Big?" *Bulletin of Sung-Yuan Studies* 20: 89-94.

Hartmann, Charles. 2013. "Sung Government and Politics," in John Chafee and Dennis Twitchett, eds. *The Cambridge History of China*, Volume V

---

① Brandt Ma and Rawski, 2014: 60, 76, and 79.

Part 2, *Sung China, 960-1279*. Cambridge: Cambridge University Press.

Hartwell, Robert. 1988. "The Imperial Treasuries: Finance and Power in Song China." *Bulletin of Sung-Yuan Studies* 20: 18-89.

Kuroda Akinobu. 2000. "Another Monetary Economy: The Case of Traditional China." in A. J. H. Latham and Heita Kawakatsu, eds, *Asia - Pacific Dynamism, 1500-2000*. London: Routledge.

Perkins, Dwight. 1967. "Government as an Obstacle to Industrialization: The Case of Nineteenth-Century China." *Journal of Economic History* 27 (4): 478-492.

Perkins, Dwight. 1969. *Agricultural Development in China, 1368 - 1968*. Chicago: Aldine Publishing.

Smith, Paul, and Richard Von Glahn, eds. , 2003. *The Song - Yuan - Ming Transition in Chinese History*. Cambridge: Harvard Asia Center.

Von Glahn, Richard. 1996. *Fountain of Fortune: Money and Monetary Policy in China, 1000-1700*. Berkeley: University of California Press.

Von Glahn, Richard. 2016. *The Economic History of China: From Antiquity to the Nineteenth Century*. Cambridge: Cambridge University Press.

Wang Yeh - chien. 1973. *Land Taxation in Imperial China, 1750 - 1911*. Cambridge, MA: Harvard University Press.

周育民，2000，《晚清财政与社会变迁》，上海：上海人民出版社。

斯波义信书评[*]

由于评论的时间极其有限，请允许我只简单谈三点。第一点是，我很欣赏刘光临教授就如何解释明代前半期中国经济增长步伐"放缓"等问题所做的论证。换句话说，为什么曾经（在北宋晚期）达到了中国经济史高峰的经济增长大潮在明代前半叶步入了急剧衰退？何炳棣就这一问题做了开创性研究，并给出了一个略显粗糙的答案，他一方面将灾难性的衰退归咎于元明易代造成的破坏和混乱，另一方面推论说复苏早从 1420 年代（大运河功能恢复的时期）就开始了。简言之，何炳棣描述的情形偏向乐观，且未能解释几乎持续到明王朝末年的长期"放缓"的程度。刘光临教授的论文对这一问题的论述比何炳棣的更完善、更有说服力。他认为明代前中期出现的人口下降应该归因于"管制经济"的负面效果。"管制经济"最初由明朝开国皇帝颁行，一直延续到 16 世纪中期，内容包括强制推行自给自足式经济模式（subsistent economy）、强制移民、军屯、去货币化等各项政策。（罗荣邦曾经相似地把明初政策与明朝海上力量兴衰联系起来进行了讨论。）1540 年大致是海外白银大量流

---

* 原文是在第 17 届世界经济史大会（京都，2015 年 8 月）上斯波义信对刘光临《中国农业模式的演变及农业产量变化研究：约公元 1000～1500 年》（William Guanglin Liu, "A study of the Evolution in China's Farming Patterns and Changes in Agricultural Productivity, ca, 1000-1500"）的评述，中文版由本书译者李春圆首次译出。——编注

入明代中国的开端，也可以说，是明代中国以自给自足为基础（subsistence-based）的封闭政策瓦解的开始。

下面谈第二点。在评估宋代人口增长的背景时，刘光临教授结合了需求侧、供给侧两方面因素，然后得出结论说："耕地面积的增加和单位面积产量的提高，在很大程度上满足了（宋代）人口增长带来的日益增加的粮食需求。"他可能是第一个从"生产"、"消费"和"生活水平"三者相互关系的角度来分析宋代经济增长原因的学者。尽管还存在若干有待进一步阐明的点，但大体上我同意他的评估。首先，刘光临教授，以及伦敦政经学院经济史教授邓钢（Kent G. Deng），认为向来的宋代"农业革命"一说基本上有所夸大，我对此表示赞同。宋代确实出现了农具技术进步、耕畜使用和新种子引入、轮作制度改进、肥料使用改良，等等，但这些进步究竟在多大程度上推动了总产出的增加？这一点并不清楚。其次，我们也不应该忽视宋代是一个"前所未有的大开垦的时代"，与之相伴的是水利技术推广运用的显著进步，尤其是在中国中部和东南部。基于对现存资料的分析，我的印象是中国南部（除了福建省和江苏、浙江两省的部分地区外）的人地比例总体上对当地农民外来移民有利。正如晚唐至宋代长江下游水田水利设施修建的相关数据所揭示的，大型水利设施的建设和用水人群订立水则的行为是晚唐至宋代的现象。同时，如果我们从明清记载中追寻相关设施在后代的情况，就会发现史料的关注点从设施建设本身转向了相关设施的本来功能的维护或修复。我的初步看法是，经济发展的动因首先来自交通的改善，紧接着是沿着这类交通路线的移民和开垦，然后是劳动分工推动居民进入专业化生产，等等。

　　最后一点并不是评议，而是建议。在评估"生活水平"时，亩产量、人均粮食消费等数据从根本上来说都是有用的。同时，宋史研究者确实找到了相关数据，虽然仅有极少数保存至今，但它们仍然提供了人均和户均消费、亩产量以及类似的组合信息。这类数据中，有一些提到了：①家庭规模；②家庭农场的管理规模；③亩产量；④户均的粮食、衣物、日常用品和其他支出的数量，以及各部分的大致分配比例；⑤户均的税赋支出量；⑥农户的市场参与。我们已经知道，中国历史上农户平均的粮食日消费量或年消费量的变动极其微小。由此似可推论，运用上述综合性信息的史料将能更好地揭示"生活水平"的改善或恶化。

万志英书评[*]

  在日本和西方，或许也在中国，宋代"经济革命"一直以来都是中国历史长时段叙事的一个重要组成部分。这一理论认为，宋代"经济革命"是一个根本性的分水岭，在此之前的中国社会受到国家法律和财政政策的强力形塑、约束，在此之后的"晚期帝制时代"则有各种竞争性市场力量提高了社会和经济的流动性。近几十年来，这场早熟的宋代经济革命也逐渐进入全球史的标准叙事并据有一席之地。同时进入全球史叙事的，还有18世纪前后中国与快速上升的西北欧地区之间的一场经济发展"大分流"。明清中国是延续了稳步的经济增长，还是滑入劳动与资本回报不断下降的马尔萨斯陷阱？围绕这一问题的激烈争论迄今尚未停息，但绝大部分学者都同意，技术停滞和前近代各项市场制度的局限性抑制了革命性的经济变迁。明清时期的政治经济被概括为"农业家长制"，在这里国家既不干预市场经济的扩张，也不积极采取措施来鼓励商业发展。近年来的全球经济史研究也把经济发展的"大分流"归因于政治经济而非市场制度，其观点是：早期近代欧洲经济持续增长的动力并不是市场自治和斯密型的市场扩张，而是诸多扩张性重商主义国家的政策刺激。

---

  [*] 原文发表于 *T'oung Pao* 102-4-5（2016）：566-570，中文版由本书译者李春圆首次译出。——编注

刘光临也建立了一套解释"中国市场经济"兴衰，即宋代经济革命的政治经济学叙事。按照他的说法，宋朝政府是一个积极推动货币经济发展的"亲市场的国家力量"（pro-market state power），反过来宋朝政府的税收也绝大部分来自贸易和消费部门。这里刘光临将"宋朝政府"视为一个不变的实体，虽然他的绝大部分史料只取自 11 世纪后期的王安石变法期间。与宋朝不同，明朝开国皇帝朱元璋拒斥宋朝的政治经济原理，而是进一步强化了始于元朝的各种发展趋势并最终回到了"管制经济"，这阻滞了市场的发展，造成从生产到收入的剧烈下滑。这一经济衰退的灾难性影响延续了好几个世纪，一直到明代后期才随着商业复苏而有所缓解。在刘光临看来，中国经济一直到 18 世纪才接近（但仍未超过）11 世纪的生产和收入水平。

这本书看似在讲一套政治经济学叙事，也谈到了朱元璋的经济哲学和政策，但基本上对宋朝的实际经济政策（或者这些政策的演变历程）完全没有讨论。相反，刘光临想通过定量测算人口、工资、生产、国民收入、货币供应、贸易规模、税收等数据，来比较宋、明、清等各时期的经济表现。除了人口、税收数据之外，从现存的中国史料中获取其他数据极其困难。但是，刘光临为了拿出数字来验证他对比宋代"市场经济"与明代"管制经济"的那些基本命题，还是做了一连串的计算。我敬佩他致力于定量研究的进取心，但他的方法论有太多虚假之处，由此得到的结果也是问题重重。

这本书有约 120 个表格、8 篇附录，看似一座量化的宏伟大厦，但它的地基只有一套数字，即刘光临估算的士兵实际工资。这套数字被用于代表人均收入，进而成为估算国民收入的基础。士兵实际工资的测定暴露出实证计量上的许多困难，因为宋代的士兵按月支取钱粮、每半年配发衣装，而明代前期绝大部分士兵都被要求（基于配授的军屯土地）自给自足，只有很少数的士兵能够以各种方式得到国家的完全资助。要把士兵的名义工资换算为实际工资，还必须计算生活成本——对此，刘光临显然只是很粗略地用了米价来代替。刘光临没有披露具体的工资数据，只是构建了几组体现士兵实际工资随时间变化的指数，它们在11~12世纪呈现剧烈的波动，在13世纪急速下滑，到14世纪仍然延续下降趋势，一直到16世纪才部分地恢复到13世纪的水平。但是，这一系列做法建立在许多不可靠的假设基础之上。例如，北宋时期的粮价只有在畸高或畸低时才被记录下来，这些数据和正常价格水平相差很大，所以这一时期的指数数字在50到800之间波动应该只是体现了现存价格数据的散乱，而不可能是士兵实际工资在不到一个世纪的时间里波动幅度达到16倍。不仅如此，士兵工资并不是市场价格，而是由政府决定的，特别是在由世袭军户承当军役的明朝。宋朝依靠职业士兵，或许他们的薪水会高于某个最低生存水平。但明代的情况未必如此，特别是在15世纪，明朝用来发军饷的纸币已彻底崩溃，迫使政府用苏木、胡椒等进口商品来代替。

然而最重要的是，士兵实际工资可以代表人均收入这一假设本身就不成立。在早期近代的英国与荷兰，超过一半的劳动力从事挣工资的职业。但晚期帝制中国的经济被小家庭农场主导，全职的雇佣工人只占人口的很小部分（不超过10%）。研究显示，清代中国的雇佣工人工资远远低于家庭农场的收入，因此雇佣工资不能代表平均生活水平。

尽管有这些方法论上的严重缺陷，刘光临还是信心满满地用他的士兵实际工资数据简单乘以总人口数，来计算国民总收入（这自然又把人均收入与士兵实际工资简单等同起来）。估算20世纪以前的任何一个国家的国民收入都是很棘手的事。近年来出现了对明清GDP的一些研究，它们的结果差异极大，原因之一是对中国经济中农业、工业、服务业等部门相对比重的基础认识差异很大。但至少，所有这些工作都试图估算产出，而不是简单地假设全体人口都生活在与雇佣工人一样的最低生存水平上。刘光临的结论说，1080年的国民收入比1400年高了8~10倍，也比1580年高了5倍（本书页边码第133页）。但奇怪的是，他选择以银计价的"实际收入"来展示这种差异。根据他自己提供的数字，当用米来计价时，前后的差距会急剧缩小：1400年的收入达到1080年水平的一半，1580年的收入则达到了1080年的65%。可以认为，以米计价的收入才是更加具有代表性的实际收入指数。类似的差异程度问题，也存在于刘光临估算的其他项目上，如人均贸易量（北宋比明初高7~10倍）、人均货币供应（1120年比1550年高2.5~7倍）等。

刘光临将上述各时代间的巨大差异（及其背后的商业消亡）归因于朱元璋对"管制经济"的回归——刘光临相信这是8世纪中叶安史之乱以前中国历代王朝的典型经济形式。我自己也长篇论述过朱元璋对市场经济的反感以及他的各项压制市场经济的政策，包括用实物农业税取代曾经在宋代占据主导的来自商业、消费领域的货币税，重新引入在宋代已经被货币税取代的人身军役与劳役，将贵金属、铜钱去货币化而代之以官方纸币，籍没江南这一全国最富裕地区的地主、富商的财产，禁止私人海外贸易，等等。刘光临认为朱元璋的政策严重阻碍了市场经济，并导致了经济繁荣程度剧烈下降，对此我也完全同意。但是，刘光临把朱元璋的财政政策称为"管制经济"，并暗示当时的贸易退化到了物物交换的水平，这就既歪曲了那些政策的目的，也歪曲了它们所造成的后果。刘光临找到了1400年税收占国民收入比重比1080年高70%的数据，想用它来证明朱元璋的管制经济大幅增加了国家的财富攫取。但这些数据竟然都是用银计价的，而宋、明两朝在相关时期的财政会计中都不用银。如果我们将相关数据换算为用米计价，那么明初的税负就会下降到只有宋代的约1/3（见本书表6-7，页边码第134页）。

刘光临讨论江南农业发展的那一章最终透露出来，他的管制经济概念实际上派生自中华人民共和国早期几十年里曾经采用的国家掌控经济计划的苏联模式。在这一章里，他断言朱元璋籍没江南大地主的"政策出人意料地在长三角实现了更大幅度的土地再分配"，进而说"这一独特的案例清楚地表明，明朝第一位皇帝成功地把他的权力投射到了中国基层的广大农村社会"。读到这里，我们不禁要联想：刘光临的宋朝"亲市场"国家模型也是在类比1978年以后中国的经济改革与市场自由化。但令人意外的是，刘光临事实上闭口不谈宋朝的财政政策或财政哲学，只给了这么一段议论："宋代中央政府实施了许多重商主义政策，例如，确保充足的货币供应，保护私有财产和合同执行，促进对外贸易，货币化财政支出和政府采购，以及使用汇兑票据，等等。所有这些都降低了交易成本，促进了贸易发展。"（页边码第90页）这整句话对宋朝国家来说或许——至少在某些时刻——是成立的，但这不意味着我们就可以说它是"亲市场"的，尤其是考虑到刘光临所区分的市场经济、管制经济概念内涵的话。颇有讽刺意味的是，刘光临所用的数据大多出自 11 世纪 70 年代的王安石政府，而王安石变法所依据的那些重商主义色彩浓厚的理论恰恰主张国家应当直接控制大量长途贸易、金融甚至部分生产领域。在早期近代欧洲的经典重商主义下，国家会努力加强其国内的商人阶级从而与外国对手竞争；王安石式的重商主义与之正相反，它的目标是用国家机构取代私人企业家。简单地给宋朝财政体制贴上一个"亲市场"的标签，只会荒谬地扭曲其真实的性质。

这本书几乎每一页上都有不可靠的史实陈述或分析论述。最触目惊心的错误之一是刘光临将户籍登记的"客户"概念直接等同于无地农户或城市贫民。宋代制度史学者早已达成共识，"客户"只是一个居所和税收的范畴，很多时候客户是拥有并耕种土地的。例如，柳田节子就认为，区域之间的"客户"差异反映的是国家深入社会能力的差异，不能简单地将其视为财产指标。另一个代表性的错误是刘光临拒绝接受李伯重、大泽正昭、斯波义信等一众学者都同意的看法，即集约型农作技术只有到了 13 世纪甚至更晚的时候才在长江三角洲低地平原得到广泛应用。为此他援引了周生春的研究，后者放弃了有关产量、农业技术、生态变迁等方面的证据，转而试图通过估算消费量来推算稻米产量。但周生春的论证本质上是一种同义反复，因为他是从人口密度来推算消费量的，这意味着人口密度同时决定了农业产出。（按照周生春的计算，江南粮食产出中进入跨州贸易的只占 3%，从刘光临声称的宋代市场经济的眼光看，这是个令人诧异的极低比例。）刘光临自己估算宋、明农业产出变化时（本书表 7-7，页边码第 153 页），使用了李伯重对农场规模和亩产量的估算，却无视了李伯重的农户规模下降这一重要论点。他的理由是"这一问题尚无定论"，但这只是毫无反证支持的随意论断。像这样为达目的而选择性使用证据的地方在这本书里还有很多。

定量的分析对比较经济史学贡献良多，但我们必须警惕前近代社会特别是帝制中国的定量数据的局限性。统计数字一旦生成，就会获得独立的生命，同时也会获得某种确定性的光环并掩盖原始史料的模糊性质。我并不反对这本书所呈现的中国经济史轨迹的总体轮廓，相反，我非常赞同刘光临有关明代早期经济萧条的许多结论。刘光临深信政治经济对经济发展的重要性，也深信明代财政政策对市场经济的毁灭性影响，对这些我也认同。但是我相信，他为了取得能说明中国经济长期表现的统计证据而用的那些方法论不是学术正途，对经济史学领域是有害的。刘光临用市场经济、管制经济等概念重新定义中国政治经济，这一做法将外生的现代范畴加诸帝制中国，是对帝制中国财政管治的理念、目标、制度和后果的误读。考虑到刘光临为这项研究所投入的巨大努力，这样的结果实在是令人遗憾。

对万志英书评的简单回应[*]

　　学术发展贵在自由批评与平等讨论。本书英文版在 2015 年甫出版，万志英教授为维护美国宋学领域一向严肃的学术原则，不惜花费诸多时间撰写书评在《通报》上发表，令我感动且惶恐。万教授认为"这本书几乎每一页上都有不可靠的史实陈述或分析论述"，而且进一步指出我所"用的那些方法论不是学术正途，对经济史学领域是有害的"。令我倍感惶恐的是，我不止一次认真读完万教授的书评，然后对照英文原书，在字里行间居然发现不了哪怕一处如万教授所指摘的谬误和不实。至于万教授一再批驳的本书中一些理论概念之应用，也常常是他对这些概念的源头做了单一方向（甚至常常不是经济史经典方向）的狭窄界定所致。由于篇幅限制，我在这里仅仅指出三项万教授在书评里面混淆的主要事实。

　　第一，本书的性质：本书不是如万教授以为的一套"政治经济学叙事"，而是旨在运用经济学方法研究宋明时期市场经济的周期、结构和国民收入变化，而我在书中对于官方数据尤其重视并做了系统考证，在比较唐宋明清历史数据特色时提出了"何炳棣之惑"这一问题并做了初步的解答，所以也算是一部历史学专著。我当然明白政治经济学和经济学之间的学

---

　　* 万志英书评发表后，刘光临曾以电子邮件的形式对万志英提到的问题进行回复，因应本书出版，特邀刘光临整理其论点，在此简单回应。——编注

科差别，所以本书完全不以宋朝财经政策为主要研究对象，而且也计划将宋元国家政策作为下一部英文书的研究目标并正在努力写作中，只是困惑于万教授为何一再指鹿为马，将一部经济学专著认定为伪冒的政治经济学研究？

第二，本书确实涉及国民收入（national income）和人均生活水平（living standard per head）之研究，但并非如万教授所言，"看似一座量化的宏伟大厦，但它的地基只有一套数字，即刘光临估算的士兵实际工资"。读者浏览各章节会发现，全书花了几乎 2/3 的篇幅来收集和讨论中国经济史数据，而有关国民收入的研究仅占全书的 1/8。当然，国民收入和人均生活水平都是现代经济学概念，中国经济史是否应该研究上述问题呢？我在本书后记中交代，这其实是受已故北大经济学家陈振汉和哈佛大学教授珀金斯（我的博士论文指导老师）的影响和要求，也是追随已故美国宋史研究先驱者郝若贝教授的研究路径。郝若贝教授于 1988 年在美国《宋元研究》（*Journal of Song-Yuan Studies*）杂志上发表了一篇文章，开头就提及他正在利用宋朝士兵工资来重建国民收入，其方法也是以白银（克）为计量单位。万教授常常在其他地方称颂郝若贝是二战后英语世界宋代经济史的奠基者并以继承和发扬其研究传统而自豪，为何对郝若贝在晚年曾运用这一方法却视而不见？更有意思的是，万教授发表了本篇书评以后，又在由其主编的《剑桥中国经济史》上卷中专门辟有一章讨论从宋到清人均生活水平的变化，并邀请经济学者陈志武和彭凯翔撰写，他们所利用的宋朝工资数据与本书相同者在一半以上而其结论也大体一致。万教授如此区别对待，的确令我惶恐，这岂不真是传说中的"只许州官放火，不许百姓点灯"？

　　第三，前已指出，除了理论和方法之争外，万教授还认为"这本书几乎每一页上都有不可靠的史实陈述或分析论述"，并提供了四五个具体证据，涉及粮价、客户数据的性质、银钱和米的价格比以及税收负担的计算等，这虽然离他讲的本书几乎每一页都有谬误的指控还有很大距离（英文版正文共 200 页、附录及注释共 127 页，按其指控，本书至少得出现 327 个谬误），但仍然值得重视。我仔细且反复审视了这四五个例证后愕然发现，其中大部分问题涉及（白）银（铜）钱价格比和人均税负跨朝代比较等量化标准问题，万教授却因为无一例外地错误理解了价格史和财政史有关表达或相互关系而提出了让人意想不到的指控。万教授长期研究宋明社会经济史，在主编《剑桥中国经济史》以前一向采用定性方法对这一时期的一些历史事实加以拣选和描述，却从来没有尝试过任何数量研究，哪怕是简单的数字计算和比例示图，所以其写作的最大特点就是在叙述中展开一个又一个故事，而缺乏深刻明确的结论。但是本书涉及定量研究的计算并不复杂，大约稍稍具备本科社会科学及统计学入门知识的人就可以处理这些问题，从而辨识出我和万教授在这四五个问题上究竟何者看法为是。

　　上述所言只是为了帮助读者阅读万教授的书评而做的一些初步解释。古人云闻过则喜，为尊重万教授起见，我将在他处发表文章以全面而具体地回应万教授书评中的所有指责。如果读者对于本书应用的社会科学概念和计量方法还有兴趣并愿意做进一步的讨论，还希留意。

中文版后记

　　记得那是在 2002 年春天一个晴朗明媚的下午，在哈佛大学 Littauer 二楼一间宽大的办公室里面，德怀特·珀金斯教授严肃地盯着坐在办公桌对面的我，用低沉缓慢而又不容怀疑的语气说："这就是你的博士论文题目了。"

　　几个月前我已经通过了资格考试，成为博士候选人，此时正在准备以元明松江府历史为主题撰写一篇关于地方社会的博士论文，我选择将北宋中期以来的经济和人口变动作为论文的第一章，算是对社会变动的背景研究。为此我准备了一些从《宋会要辑稿》《明实录》等基础史料中搜集而来的经济和财政数据，同时又一次细致通读了中文学界关于宋明经济史的论著。当时以恢复高考后的 77 届、78 届为主体的中国学者正在飞速崛起，他们关于宋代经济规模和财政制度的研究令我耳目一新、受益匪浅。珀金斯从很早便开始研究中国经济史，他在 1969 年出版的《中国农业的发展》一书以明朝建立的 1368 年为开端，涵盖从明清至 20 世纪 60 年代的中国农业经济变迁，是研究传统中国社会经济的必备参考书，所以我才想到向他汇报我搜集到的一些资料并请教该如何撰写论文首章。但出乎意料的是，珀金斯本人对这些资料的热情与关注度比我还要高，他在迅速初步核实了其中数据的可靠性后，就迫不及待地要求我将毕业论文的主题转向宋元明清时期国民收入的长期变动，而重点则是从北宋到明代中期这五百年。我虽满心狐疑，却并未拒绝这个任务，暂时放下了对江南地方社会的研究计划，走上了中国经济史研究之路，而我当时并没有意识到这一转向对我个人学术规划产生的重大影响。虽然内心里我总以为这只是一次短暂的别离，我很快就会回到自己熟悉并热爱的历史研究领域，但等到本书英文版在 2015 年问世时，我的人生已经过去了十三个春秋，而且那是最有创造力的十多年，所以回首往事，不由得感慨万千。

这本书的写作虽然从经济学的概念出发，并采用量化的经济分析为基本方法，但它的作者毕竟是一位历史学者，书中对历史数据的扎实考证构成了经济分析的基础，所以我更想在中文版后记里强调一下这本书对于实证性历史研究的贡献。我在北京大学求学的 20 世纪 80 年代，时值学术重新振兴之际，围绕史学界"五朵金花"所展开的争鸣仍未停息，社会经济史研究也迎来高潮，一时成果迭出。譬如，许涤新、吴承明先生主编的《中国资本主义发展史》第一卷《中国资本主义的萌芽》（人民出版社，1985）就是运用马克思主义政治经济学研究明清市场经济的扛鼎之作，而傅衣凌先生的《明清社会经济史论文集》（人民出版社，1982）和《明清社会经济史变迁论》（人民出版社，1989）相继出版，也给关心传统中国社会变迁的历史系本科学生带来思想观念的解放和社会史方法的启迪。我在北大的读书岁月，也是改革开放的黄金时代，青年学子对未来充满憧憬，同时也对当下和过去发生的一切有太多的好奇和困惑。青春的记忆里总有抹不掉的苦涩，幸赖这些经典著述的滋养，我在燕园的学习生活虽磕磕碰碰，但也有收获时的充实。举其大者，梁方仲先生曾尝试收集各朝历史数据，编

写了《中国历代户口、田地、田赋统计》，其遗著由上海人民
出版社在 1980 年正式刊印，这是经济史领域第一次对前近代
中国经济数据做大规模、跨朝代的整理。比之规模更大而只涵
盖一朝的还有由北京大学经济学家陈振汉先生主持的《清实
录》经济史料的整理，《〈清实录〉经济史资料·农业编》
（北京大学出版社，1989）包括了 1820 年以前清朝的人口、
田地、赋税等资料。陈振汉以为，"这些记载不止是清王朝的
政府财政史料，而且同时是清代中国的国民经济史资料"。①
历史学者对于数字的态度则更为谨慎，同一时期由龚泽铣翻译
的池田温先生所著《中国古代籍帐研究》（中华书局，1984）
有力引导了国内学者对户籍、籍账等官方经济文书做细致的考
证，以此来对照二十四史、《通典》等所载户籍和赋役规定，
也是从微观层次验证或修补对王朝制度的原有理解。当然，这
一时期国外学术的介绍输入和国内学术研究的推进是同步的，
德怀特·珀金斯所著《中国农业的发展》一书也在 1984 年
由复旦大学经济系伍丹戈教授翻译成中文出版，而何炳棣先生
《明初以降人口及其相关问题》也随后由葛剑雄翻译、上海古
籍出版社在 1989 年出版。何著虽较晚引进，英文原书却先于
珀金斯之著出版，首先令人信服地论证了明代洪武年间人口数
据的可信赖性，从而为珀金斯研究农业经济的长期变迁提供了
扎实的明初数据基础。

　　就中国古代史研究而言，数据何以值得重视，甚或某程度
上值得学者信赖的资料有哪些的问题一直聚讼纷纭。当我在美

---

① 陈振汉：《〈清实录〉的经济史料价值——〈《清实录》经济史资料〉一
书前言》，《北京大学学报（哲学社会科学版）》1985 年第 6 期，第 45～
46 页。

国攻读博士期间再次细致阅读社会经济史资料时，社会史和经济史之间的分歧已经日益明显。抛开两者在方法论上的尖锐对立，中国经济史研究也一直受限于历史数据的数量和质量。虽然前述梁方仲先生的《中国历代户口、田地、田赋统计》一书收集的户口、田赋数据贯穿了两汉至清朝的两千多年，但在实际研究中系统利用王朝官方数据者寥寥。当时国内数量经济史领域的先驱吴承明先生重构了 16 世纪以来明清市场的规模和结构，对于 1500 年以前的经济变动和市场兴衰则弃之不论。而国外学术界对于中国历史数据的质疑由来已久，特别是宋代官方人口数据中的户丁（口）比例问题一直被当作宋朝统计作假的铁证，究其原因又是宋朝官吏能力低下、社会民众漏报瞒报风气盛行。早在第二次世界大战期间，日本学者宫崎市定、加藤繁和日野开三郎就围绕宋代官方人口数据中户、丁和口的定义和统计口径展开了争论。其中加藤繁主张漏口说，即民众在官方户籍登记时为躲避服役而大量瞒报家庭成员数目，特别是男丁数目；而日野开三郎和曾我部静雄则主张诡名子户说，即当时百姓为逃避赋税而在名义上分家析产，这造成官方登记中户数虚多而每户人口规模太小。[①] 上述两说，尤其是诡名子户说，在二战后英美学界有广泛影响，所以不少试图系统运用数据研究中国经济史的学者也就止步于明清时期，珀金斯教授对中国传统农业长期变迁的研究正是选取了明初洪武体制确立这一时间点作为起始点。

诚如傅斯年所言，史学只是史料学，而且史学进步的空间

---

① 有关讨论见曾我部静雄「宋代と身丁錢と戶口數問題」『宋代財政史』、421—427 頁。

一则依赖能扩张它研究的资料，一则依赖能扩充它做研究时应
用的工具。① 中国经济史的研究欲取得进展，如何理解并利用
传统文献中保存的官方历史数据就成为必须突破的瓶颈，而对
数据本身及其制度生成基础的理解又是突破瓶颈的关键前提。
特别值得一提的是唐长孺、汪篯先生的研究，他们善于将历史
文献中的残存数据和当时的制度特色相结合并互相佐证，这尤
其给我启发。1980 年以来中国学界关于宋代人口调查制度的
研究也取得了重大进展，宋史学者皆倾向于将宋代一般户口登
记中的家庭成员资格认可为男丁或男口，不含女口，而漏口或
诡名子户等不实申报行径则不足以造成如此重大的差异。② 搞
清宋代官方人口汇报实践上的这一特色，不仅有助于增强对宋
代人口数据质量的信心，更说明研究宋代经济和财政制度的运
作是理解宋代官方数据的基础。人口数据之外，对宋代土地数
据的认识在这一时期也有意外的突破：何炳棣很早就提出，明
代洪武朝人口和耕地数据是明清时期（乃至包括民国在内）
唯一可靠的官方数据；20 世纪 80 年代，他又试图在里甲制度
之外寻求洪武耕地数据的制度性来源，并追溯至南宋时期，指

① 傅斯年：《历史语言研究所工作之旨趣》，载《傅斯年全集》第三卷，长
沙：湖南教育出版社，2003，第 1、6~7 页。
② 20 世纪 70~80 年代的相关研究有：梁庚尧《南宋农村户口概况》（载
《沈刚伯先生八秩荣庆论文集》，台北：联经出版公司，1976，第 145~
150 页；后又收入《南宋的农村经济》，台北：联经出版公司，1985）指
出，女口从一开始就不被包括在宋代地方例行户口记载内，而南宋州县
每年呈交上司的户籍格式，"只提到丁，不提及女口"，他还从安置流民
与灾荒统计出发，论证每户实际口数多为 4~10 口；So, Billy K. L.,
"The System for Registration of Households and Population in the Sung Dynasty:
An Institutional Analysis," in *Papers on Far Eastern History*, 25 (Mar, 1982),
1-30；穆朝庆：《两宋户籍制度问题》，《历史研究》1982 年第 1 期，第
147~157 页。

出南宋绍兴年间李椿年推行的经界法从技术和制度上奠定了后来明代洪武时期官方土地汇报相对真实的基础。① 至此困扰学界长达半个世纪之久的宋代人口和耕地数据问题基本解决，而国内宋代经济和财政史的研究也走向复兴，成果丰盛，② 与明代社会经济史研究相映生辉。彼时我正在学问的入门处盘桓摸索，朦胧中感觉到两者之间有许多关联，特别是许多共同的研究课题，如货币化、市场化和城市化；但在研究特色上也有重大差别，譬如，明清史学者对于明代嘉靖万历朝的制度变革和市场发展多采用叙事性描述，而宋史学者对两宋经济和财政问题的论证则侧重于制度兼数据，常常让数据说话，使用一些"量化"证据。到我动笔撰写博士论文时，复旦大学出版社的六卷本《中国人口史》已经结齐出版，其中吴松弟的"辽宋金元时期"和曹树基的"明时期"两卷是其中翘楚，对于史料的掌握和分析颇有见地，也再好不过地展示出宋、明时期官方人口数据特色的根本差异。

就历史研究而言，本书体现了史料学上的进展，即对理解宋朝数据可靠性及其原因有重要贡献。由于宋朝官方数据的相对可靠，我写博士论文时就将中国历史上市场研究的上限往前推到了公元 1000 年，其基础数据则源自北宋神宗朝的《中书备对》一书。2005 年毕业后，我计划将博士论文主要部分改写成英文书稿，开始系统地整理北宋官方经济数据，并在正文后面的附录部分对 1000～1400 年官方宏观经济数据做了分门

① 何炳棣：《中国古今土地数字的考释和评价》，北京：中国社会科学出版社，1988。
② 举其重要者有以漆侠先生为首的保定学派的研究、郭正忠关于商税和榷盐的研究，以及包伟民关于宋代地方财政的研究。

别类的考证和梳理。在此基础上，我也将中国历史上经济数据的质量和特色做了比较，并名之为"何炳棣之惑"，即为何宋代数据在质量上远胜明清数据，即便其时期更早，史料保存相对不算丰富，数据数量也逊于明清时期。而且在传统王朝里，宋朝也是唯一在文献中保存了可靠市场数据的王朝。我将这种看似矛盾的现象归因于宋朝独特的国家能力，盖数据就是信息，而相对准确可靠的信息收集和处理能力则是近世财政国家确立的核心技术。黄仁宇在《万历十五年》中把能否从数目字上管理国家视为国家近代化的前提，而黄氏通过对明代财政体制运作的专门研究发现，包括明朝在内的传统中国王朝在制度运作上不能和世界历史衔合，都是因为政府在数目字管理这一技术层面上无所作为，而企图以道德层面的简单约束来解决问题。最近刘志伟教授提出，将中国王朝时期的贡赋体系作为一种非市场体制来认识，超越西方经济学的逻辑，并进一步将传统中国经济体制定义为"贡赋国家"。[①] 本书关于 11 世纪中国市场经济的研究则揭示了另外一种宋朝模式，即市场的扩张与国家税收能力同步增长的近世财政国家。希望中文版的面世能有助于对这一问题的讨论。

现代经济社会学多用"内嵌性"（embededness）一词来刻画传统时期经济与社会的关系之紧密且不可分割，虽然经济史研究者对这一概念不持异议，但这不妨碍他们从经济周期的角度来观察传统社会的变动。食货学派基于人口减少、城市衰退

---

① 黄氏有关讨论见黄仁宇《万历十五年》，北京：生活·读书·新知三联书店，1997，第 13、49~75、245、268~372 页；刘志伟《代序：中国王朝的贡赋体制与经济史》，载《贡赋体制与市场：明清社会经济史论稿》，北京：中华书局，2019。

和货币消失等重要现象，将东汉至魏晋隋唐的社会经济定义为中古自然经济或封建社会经济，这是从经济周期出发研究长时段社会变动的范例。[①] 16 世纪以后的社会经济史研究深受施坚雅的宏观区域理论影响，强调以基层集市交换为基础而生成的市场和人口周期，但实际上多转向以地方社会为对象的社会史研究，利用经济数据研究明清经济周期者寥寥。虽然日本和欧美学界关于唐宋变革的研究蔚为壮观，与以 16 世纪之后社会经济变革为主流的国内研究形成对照，不过两者之间的对话并不多见，这时我常常思考的问题就是：从唐朝安史之乱（755~763 年）开启的唐宋变革到 1500 年以后的明清变革的启动，其间的经济变迁究竟是否构成一个长周期；如果确实如此，那么它是一种循环再现，还是有重大的结构变化并构成实质的经济增长？

本书关于宋元明之间经济周期的研究有两点新意，第一点就是对这一时期人口的长期变动做了全面认真的梳理和比较。人口变动是宏观经济变动的基础，从此意义上讲，传统社会的经济史就是人口史。幸赖复旦大学中国历史地理研究所学者集体编纂的多卷《中国人口史》，我们对于宋元明时期的人口数据有了全面认识，在此基础之上才能进一步分析农业、城市和国民经济诸部门的结构性变化。上述方向的研究仍处于初步阶段，但同样具有重要意义，本书也在其列。第二点是，本书从市场的角度对这一时期传统经济中的货币化部分，包括货币供应和流通、城市化和水运发达程度、价格和工资以及国家财政

[①] 食货学派关于中国古代经济周期和社会变动的代表作品有：全汉昇：《中古自然经济》，《史语所集刊》第十本，1940；何兹全：《汉魏之际封建说》，《历史研究》1979 年第 1 期；何兹全：《中国古代社会》，郑州：河南人民出版社，1991。

的货币化程度等因素，做了初步的量化分析和比较。这些实证性研究的分析框架在当代经济学中均属常识，而我在撰写本书有关章节时常以吴承明关于明清国内市场规模与结构的研究为规范，将这一范式应用到 11 世纪的宋朝经济和市场，并与 16世纪做了初步比较。吴承明承认商业"也是在宋代有了飞跃发展"，并且"形成各级市场"，但他没有对宋明两代的贸易规模和结构进行对比，主要因为他遵循进化史观，将宋代商业主体活动，如墟集贸易、城市市场以及区域市场，均视为"封建商业"，故与宋代货币经济的量化研究失之交臂。后来李伯重在研究江南农业劳动生产率变迁时，也承继了吴氏这一观点而未能考虑市场交易对宋代江南农户家庭收益的正面影响。作为晚辈学者，我甘附量化研究之骥尾，也是深信这一方法在可靠数据支持下必能深化我们对传统社会长时段变迁的认识。

　　本书英文版在美国出版的初衷是想回应西方学者关于中国王朝后期历史的理论解释。从周期和长时段变迁角度研究中国历史是美国汉学的一大特色，施坚雅从微观的社会史角度出发，在 20 世纪 70 年代即提出中国传统社会从"中世纪城市革命"到"晚期中华王朝城市"的周期性发展，进而将帝制中期的中国（middle imperial China，指宋代中国）和帝制晚期的中国（late imperial China，指明清中国）看成由十个相互影响而又自主的宏观区域组成，每个区域因而具有各自不同的兴衰周期，将其叠加起来就得到了宋朝以来中国历史发展的结构。[①] 除了少数经济学者提出质疑以外，施坚雅的观点广受拥护，很快成为

---

① G. William Skinner, "Presidential Address: The Structure of Chinese History", *Journal of Asian Studies*, Vol. 44, No. 2 (Feb., 1985), 271-292.

美国中国史研究的主流观点，其宏观区域及发展周期假说几乎无人不晓，其著作也成为博士生资格考试的必读参考文献。郝若贝虽然认识到施坚雅关于中国历史结构的假说缺乏系统数据和全面具体论证，但在施坚雅的影响之下，他也舍弃了经济史研究框架而转向社会史研究，提出从北宋国家精英控制向南宋–明地方社会的转型以解释宋元明这一历史时期的变迁逻辑。在西方历史学者中，郝若贝对中国经济史研究的贡献无人匹敌，他很早就尝试用社会科学方法分析18世纪以前的中国社会经济史，开创性地引入了"早期煤铁工业革命"等概念，并强调经济周期性问题，特别是北方中国经济的长时段变迁，甚至还尝试估算宋朝人均国民收入，故其学术转向进一步推动了美国宋明史研究的社会史风潮。我对社会史转向不持异议，甚至计划参与其中，只是困惑于中国在历史上是否还可以作为一个整体加以研究。

不管施坚雅还是郝若贝，都提及跨区域的交流和联系，这当然包括货币流通和长途贸易规模，以及传统国家的财政和军事动员能力，但对于这些超出地方/区域层次的宏观问题，西方中国史学者基本上选择了回避。所以本书在英文学界是第一次尝试根据历史数据从宏观角度比较唐宋变革和明清变革，我在书中勾勒了中国经济从11世纪的显著发展（或曰长期景气）到13世纪和14世纪的剧烈收缩，而且这一进程伴随了经济生活的去货币化。16世纪国内市场复兴，也再次开启了市场周期的上升阶段，但我也指出，关于这次市场经济发展，由于缺乏可靠的宏观数据，巧妇难为无米之炊，故研究者倾向于采用社会史方法。由此或可做进一步申论，即施坚雅–郝若贝的社会转型和宏观区域模式之所以在西方学界风行，也是因为这一假说因应了明清时期国家能力衰弱、缺乏可靠经济数据这一资料困境，学者们转向社会史和地方史以求突破。面对这种数据匮乏的窘境，本书在研究明代中后期经济变革时也难免捉襟见肘，虽然我在有关章节里沿用吴承明的做法，重构了明代货币经济的规模，但这不能弥补缺乏原始数据的研究不足，此点也遭到一些学者如彭慕兰的批评。此次中文版特意收录了他的文章以供读者参考，希望青年研究者能够后来居上，真正化解明代国内市场量化研究中无据可依的尴尬。

本书将宋元明时期经济周期转换与人口长期变动紧密关联，指出 13 世纪和 14 世纪经济衰退，特别是一开始在北方出现的长期衰退，在很大程度上与人口总量的减少有直接关系，进而突出了元代在中国经济史上的重要性，这可以视为本书在传统经济周期研究上的一大贡献。以往国内和国际学界主流研究虽承认元朝统一战争和元明之际的社会动荡给当时经济造成严重破坏，却均以为随着统一政权的建立，有所谓"与民休息"的和平红利，经济很快得以恢复并顺利走上发展之路。现有数据首先揭露了以下事实：这一时期总人口从 1 亿多跌落到 6000 万，同时伴随着管制经济体系对市场经济的取代。虽然这些结论只是初步的，还有待今后全面深刻的研究，但其意义重大，因为从全球史的角度看，中国在 13 世纪和 14 世纪经历了重大的经济衰退，其程度可能不亚于黑死病对欧洲封建主义的冲击。然而，结果迥异，中国和西欧显然在 13～15 世纪走向了不同的发展方向。从费正清（John King Fairbank，1907～1991）、赖肖尔（Edwin Oldfather Reischauer，1910～1990）开始，西方中国史研究主流因受内藤假说影响，一向强调从宋代到清代中国社会和经济的积累性发展，显然忽略了两宋和元明之间中国社会因为元朝统一而产生的经济衰退和社会断裂，清代社会经济的传统性极有可能是忽必烈开创的"新"传统，包括在定都北京的政治框架下北方的长期衰落和南北之间的经济分化，这一课题亟待后来研究者重视。

在经济周期和结构变迁之外，我又探讨了这一时期人均生活水平的变化。本书始于对现存历史数据的史料学考证，继之以对传统经济长时期变化的考察，虽然牵涉到价格、人口周期和经济货币化等因素，但关注的也多属于历史中已经发生的现象，与历史学追求的"具体的真实"这一目标，虽不中亦不远矣。在关于人均生活水平长期变化的讨论中，我使用了国民生产总值、农业劳动生产率、人均 GDP 和最低工资等指标，这些绝非当时历史现实中存在的具体事物，而是经济学概念，且旨在追求抽象之真实，与史学研究的本来旨趣颇有差距。国民经济收入是 20 世纪现代经济学和统计学致力发展的一个领域，巫宝三在二战爆发以前就开始对当时的中国经济做国民经济研究，抗战期间已有刘大均、刘大中、巫宝三等学者的估算成果发表。[1] 张仲礼在 1962 年出版的《中国士绅的收入》一书中发表了对 19 世纪中国国民经济的估算，[2] 而关于清朝和更早时期的研究在整个 20 世纪则尚付阙如。珀金斯在《中国的农业发展》一书中依据张仲礼的推算，研究了晚清贸易规模所占国民经济的比重，并试图推算北宋时期的长途贸易规模，但限于对数据质量的疑惑而对结论颇有保留。在这种情况下，有关传统王朝时期中国国民经济的研究一直未有推进。在

[1] 马国英：《从民间到官方：民国时期国民收入核算》，《安徽师范大学学报（人文社会科学版）》2022 年第 3 期（第 50 卷），第 46~53 页。

[2] Chang Chung-Li, *Income of the Chinese Gentry*, University of Washington Press, 1962.

珀金斯的鼓励和指导下，我在博士论文中选取了三个标准年份对应北宋中期、明代早期和明代中晚期，重建了当时的国民经济和人均收入。后来在写作本书英文版时，我又将其加以修改并作为第三部分第六章和附录 E、附录 F 收入本书，这些内容大约占全书篇幅的 1/8。本书英文版出版后，万志英教授在《通报》上发表长篇书评，以为这一研究一无是处，"对已有宋明经济史研究只起到了破坏作用"，这当然主要是因为本书采用了国民经济和人均收入的估算方法。我与万志英教授结识已久，刚到哈佛大学就蒙万志英教授发来电子邮件指点如何学习中国经济史，他特别告诫我不可以用数据或计量方法来研究1700 年以前的中国经济。其后他也在若干评论和专著中介绍和评论我的研究，有赞有弹，以肯定居多。万志英教授对本书持百分之百的否定评价，以我对他的了解，这绝非个人恩怨，而当是出于对学术真实的追求。在征得万志英教授同意后，此次中文版也将其评论附在书后以利读者学习。

经济史是介于历史学和经济学中间的一门交叉学科，其进步主要得益于两个学科的支持和对话。在 20 世纪 80 年代，美国经济学界的量化革命如火如荼，历史学界随后也逐渐完成了文化史转向，两者在方法论上的冲突日益加剧，对话基础不复存在，从事经济史研究的双方关系如同怨偶互动，互助之心顿失，而灭此朝食之气大涨。汉学或中国学研究本来就处于美国学术研究的边缘，在资源和人力上与欧洲研究或美国研究不可相提并论，而经济史研究更属于边缘的边缘，在此冲突中几乎遭遇灭顶之灾。早在珀金斯向我布置博士论文题目时，我就知道此路遍布荆棘且前途未卜。彼时我在哈佛大学东亚系学习，自然熟悉系里老师和同学对于经济史的看法，在得知我的论文选题后，他们还主动善意地提醒我，为何要做这么一个"materialistic"（物质倾向）的题目。系里的演讲如果座无虚席，一定是关于文化、宗教和文学方面研究进展的最新动向或争论的，这自然清楚预示了一个以经济史为论文题目的博士毕业生未来找工作时的黯淡前景。[①] 然而，我对经济史的热情居然压倒对于未来找不到教职或找到了也无法生存的恐惧，让我一直坚持研究这一课题，日复一日，直到本书英文版出版的 2015 年。十三年间甘苦自知，不断袭来的挫折感一直没有驱走我写作的动力。设若它竟不幸成为利用历史数据和量化方法研究宋元明时期中国经济的最后一本英文专著，我毋宁相信这是我个人能力的缺陷，而非英文学术界已经收到中国经济史研究的死亡通知书。

支持我写作本书的最大动力源自我在北京大学长达七年的学习。马克垚教授是我在北大历史系的硕士指导老师，他启迪我认识到传统中国的经济和制度在 1800 年以前的大部分时期相对于西欧是发达甚或领先的，双方都是农业社会，所以可以做系统的比较研究，而其本人的中西比较研究则选择了宋代以前的中国社会，这是因为中世纪欧洲社会在大部分时间里过于落后，与汉唐不甚发达的农业社会比较最相宜。我因此体会到，所谓量化研究只适用于欧洲历史这一老生常谈其实并不成立，只要有可靠的历史数据就能够进行量化历史研究，而不管传统中国还是中世纪欧洲，可靠数据只存在于个别区域和少数朝代。就 1300 年以前的欧亚大陆而言，宋朝产生了一批相对可信的官方经济数据，为从宏观角度研究传统市场经济运作提

① 坦白讲，即使万幸找到一份预聘－长聘（tenure-track）工作，以后的晋升考核也会因为跨学科研究带来的潜在冲突而风险重重，甚至饭碗不保。

供了扎实基础，这不仅对中国历史研究弥足珍贵，对如何从中国的角度理解全球历史也有深远意义。

宋明国民收入的研究更当追溯到我和北大经济史研究的情愫。源于历史学的训练，我一直认可"只有具体的才是真实的"这一史学方法论原则，同时也对经济史中演绎方法的作用感兴趣。1993 年我到《历史研究》编辑部工作，曾几次回北大向陈振汉先生求教经济史的研究目的和方法。陈先生 1940 年在哈佛大学取得经济学博士学位后回国执教，因求学时受熊彼特（Joseph Schumpeter，1883~1950）影响，主张经济理论、经济史和统计学并重，可谓实证（历史数据）面向的经济研究先驱者。他多次鼓励我从事宋代经济史研究，以为北大历史系有邓广铭先生开创的宋史研究，其成就蜚声中外，故北大历史学和经济学应当携手推进宋代经济史研究。其实很多年前，他就专门找过当时的历史系主任田余庆教授和经济系主任厉以宁教授，提出让历史系学生加入中国历史上国民经济变动这一课题，这一提议最后因各种问题而未果。有一次我采访他时，他特意起身从书架上抽出一本伊懋可写的《中国的历史之路》（The Pattern of the Chinese Past，1973），走近告诉我，这本书的观点意义重大，但通篇均是描述而没有采用任何数据作为证据来做量化验证，书中主张宋代经济出现了种种革命性进步，这在社会科学看来是没有经过严谨实证检验的。他最后恳切表示，他还在从事清朝国民经济收入的研究，期望有人从事宋代经济的量化研究。回忆昔时场景，其人其言，似在眼前；但当时我无论如何也没有想到七八年后我会在一所美国大学里选定类似题目写作博士论文——如果没有珀金斯的一再要求，这也不可能发生。最终结果或可告慰陈先生当年的殷切嘱托。

尤有可言者，经济史研究的前途在于其本土基础是否深厚。现代学术机构中的学科分裂，以及人文学科在全球呈现的衰落趋势，是历史学向文化史转型的大背景，在此背景之下，未来历史学院系培养经济史研究人员的前景不容乐观。经济史学科的生存从根本上有赖于其在本国史研究乃至本国社会中的地位，以美国历史为对象的量化经济史不仅生存无虞，而且培养了大量学者，包括数名诺贝尔经济学奖获得者，这是因为美国民众关心其先民开荒拓土、建设家园乃至称霸全球的经济历程。美国历史研究上的重大争议，譬如，奴隶制与南北战争、铁路建设、大萧条等，都由量化经济研究首先开启而后各方参加、反复论战。美国经济学者为了在论战中立于不败之地，不惜花费大量时间和人力收集和整理历史档案，完美体现了经济史既是经济学又是历史学这一学科原则。可是，中国经济史课题，如近代史中太平天国运动对社会经济的影响，不是美国量化经济史研究的首选，美国学者也不必专门跑到中国各地档案馆收集有关资料加以研读，因为太平天国及其影响不是美国民众日常文化中的兴趣所在。作为一名由北大历史学系训练的学生，我并没有受过系统完整的经济学训练，自不量力地写作本书最多是做到尽力而已。我殷切希望的是，北京大学正在学习经济学的众多专业学生能够认真学习历史考证和搜集资料的方法，投身于宋代经济史研究。毕竟范仲淹、欧阳修、王安石、苏东坡、朱熹等诸多大儒活跃于这个朝代，而且为中国普通民众仰慕至今，他们的政治生活和政策主张究竟和当时的经济活动有什么关联，这应该成为经济学专业学生思考的问题。大而言之，中国经济学对本国经济史的关注和重视应当被视为该学科走向成熟和自信的重要标志。本书中文版之问世如能有助于实现上述愿景，则拙著抛砖引玉的作用就可以说完美实现了。

任何严肃学术著作的问世都以前期的学术研究为基础。读者或许注意到我在本书中以商榷之姿多次提及吴承明、李伯重的研究，这是因为我认真学习并在很大程度上运用了他们的逻辑和方法。作为实证性研究的经济史，所谓研究分歧的产生，一是在理论或框架层次，一是在具体环节或例证解释。吴承明关于明清国内市场研究的规范意义，我在前面已经提及；李伯重对于江南千年间农业耕作方法随人口的增加而趋于集约化之主张，呼应了珀金斯早前的研究观点，而其分析在实证和逻辑上都更为严密，成为当前分析传统中国农业经济的基础框架。本书提出的商榷之处则是我在运用这些研究框架的前提下对一些具体环节做出的修正；没有他们筚路蓝缕的实证性量化研究，则本书能否问世尚属疑问。还有很多对本书写作有贡献和帮助的师友，我在英文版致谢中都已提及，这里不再重复。此处要补充的是，感谢日本学者斯波义信的鼓励。英文版出版后，他极为重视，在东洋文库办公室里两次和我会面，晤谈时我注意到他在书页上贴了各色标签，几乎遍布全书各处，使得当时书桌上摆放的这本书似乎厚了不少。他对本书还有用英文所写的书面意见，集中讨论了"中国北方农业的衰退"这一节，我也委托本书译者将其译为中文附于书后。另外，本书中文版校样曾送武汉大学经济学院彭凯翔教授和北京大学经济学院管汉晖教授审阅，我在这里对他们提出的宝贵意见表示感谢。当代一本学术著作的写作必然是以已有的研究成果为参照的，我在完成本书十多年后回头反思，这个过程其实就是我个人的学习之旅。我在撰写本书时充分继承了前人的学术成果，特别是21世纪以来国内学者关于宋史研究的突破与进展给了我许多启迪，故在这里对曾经引导我思考的诸多前辈和同人不能不怀感恩之情。

最后感谢社会科学文献出版社,特别是本书编辑沈艺、王敬两位女士。本书的翻译一波三折,主要是因为难以寻觅到一位通晓历史又掌握经济分析术语的译者,最终出版社编辑和我商量后,邀请厦门大学李春圆副教授负责翻译。英文原书成于我一人之手,书中广泛引用原始资料和二手研究,正文后又有八个附录,牵涉到林林总总的计算,且成书时校对不足。此次出版前,沈艺、王敬女士一直耐心督促我细致核正翻译稿乃至英文原书中出现的诸多问题。在两位编辑的建议和帮助下,我借此机会修正了许多不规范的表述或引文舛误,还纠正了一些细部的、不影响主要结论的计算错误。

刘光临

2023 年 12 月写于中山大学

康乐园东北区 316 号人文高研院

(原岭南大学伦敦会屋)

图书在版编目（CIP）数据

繁荣与衰退：中国市场经济：1000～1500 年 / 刘
光临著；李春圆译. --北京：社会科学文献出版社，
2024.7

书名原文：The Chinese Market Economy，1000-1500

ISBN 978-7-5228-3291-3

Ⅰ.①繁…　Ⅱ.①刘…　②李…　Ⅲ.①中国经济史-
市场经济-研究-宋代②中国经济史-市场经济-研究-
明代　Ⅳ.①F129.2

中国国家版本馆 CIP 数据核字（2024）第 042030 号

繁荣与衰退
—— 中国市场经济（1000～1500 年）

著　　者 / 刘光临
译　　者 / 李春圆

出 版 人 / 冀祥德
责任编辑 / 沈　艺
文稿编辑 / 王　敬
责任印制 / 王京美

出　　版 / 社会科学文献出版社·甲骨文工作室（分社）（010）59366527
　　　　　地址：北京市北三环中路甲 29 号院华龙大厦　邮编：100029
　　　　　网址：www.ssap.com.cn
发　　行 / 社会科学文献出版社（010）59367028
印　　装 / 三河市东方印刷有限公司

规　　格 / 开　本：889mm×1194mm　1/32
　　　　　印　张：19.875　字　数：463 千字
版　　次 / 2024 年 7 月第 1 版　2024 年 7 月第 1 次印刷
书　　号 / ISBN 978-7-5228-3291-3
著作权合同
　　　　　 / 图字 01-2019-1976 号
登 记 号
定　　价 / 128.00 元

读者服务电话：4008918866